# 근재집

이 책은 2020 · 2021년도 정부(교육부)의 재원으로 한국고전번역원의 지원을 받아 수행된 '권역별거점연구소협동번역사업'의 결과물임.

This work was supported by Institute for the Translation of Korean Classics-Grant funded by the Korean Government.

한국고전번역원 한국문집번역총서 / 성신여자대학교 고전연구소 · (사)해동경사연구소

# 근재집 1

## 近齋集

박윤원 지음
朴胤源

성백효 옮김
김성은
이영준
이정은

## 일러두기

1. 이 책의 번역 대본은 한국고전번역원에서 간행한 한국문집총간 제250집에 실린《근재집(近齋集)》으로 하였다. 번역 대본의 원문 텍스트와 원문 이미지는 한국고전종합DB(http://db.itkc.or.kr)에서 확인할 수 있다.
2. 내용이 간단한 역주는 간주(間註)로, 긴 역주는 각주(脚註)로 처리하였다.
3. 한자는 필요한 경우 이해를 돕기 위하여 넣었으며, 운문(韻文)은 원문을 병기하였다.
4. 맞춤법과 띄어쓰기는 한글 맞춤법과 표준어 규정을 따랐다.
5. 이 책에서 사용한 부호는 다음과 같다.

   ( ) : 번역문과 음이 같은 한자를 묶는다.
   〔 〕: 번역문과 뜻은 같으나 음이 다른 한자를 묶는다.
   " " : 대화 등의 인용문을 묶는다.
   ' ' : " " 안의 재인용 또는 강조 문구를 묶는다.
   「 」: ' ' 안의 재인용을 묶는다.
   『 』: 「 」 안의 재인용을 묶는다.
   《 》: 책명 및 각주의 전거(典據)를 묶는다.
   〈 〉: 책의 편명 및 운문·산문의 제목을 묶는다.

차례



## 근재집 제1권

### 부賦



### 시詩

## 근재집 제2권

### 시詩

## 근재집 제3권

### 시詩

# 《근재집(近齋集)》 해제

이영준 | 성신여자대학교 고전연구소 선임연구원

## 1. 머리말

본서는 근재(近齋) 박윤원(朴胤源, 1734~1799)의 《근재집(近齋集)》 32권 16책을 국역한 것으로, 우리글로 옮긴 책은 모두 6책이다. 본 번역은 한국고전번역원의 권역별거점연구소 협동번역사업의 하나로, 2020년부터 2022월까지 3년 동안 성신여자대학교 고전연구소 및 사단법인 해동경사연구소가 진행한 것이다. 본서의 저본은 《한국문집총간》 250책에 실려 있는 《근재집》으로, 1817년(순조17)에 전사자(全史字)로 간행한 초간본-규장각장본(奎4425-v.1-16)-이다.

본 해제는 《근재집》을 비롯한 문인 홍직필(洪直弼, 1776~1852)의 《매산집(梅山集)》과 박종여(朴宗輿, 1766~1815)의 《냉천유고(冷泉遺稿)》, 박운수(朴雲壽, 1797~1841)의 《덕은유고(德隱遺稿)》, 조병덕(趙秉悳, 1800~1870)의 《숙재집(肅齋集)》, 송병선(宋秉璿, 1836~1905)의 《연재집(淵齋集)》 등 개인 문집에 보이는 묘지(墓誌)·묘갈(墓碣)·행장(行狀)·시장(諡狀)·유사(遺事)·언행록(言行錄)·연기(年記) 및 《승정원일기》, 《일성록》, 《조선왕조실록》 등 관찬 사료에 보이는 유관 내용에 토대하여 박윤원의 가계와 생애를 살펴본 다음에 《근재집》의 간행 경위와 구성 내용, 박윤원의 학문과 사상을 간략하게 소개해 보고자 한다.

## 2. 근재 박윤원의 가계와 생애[1]

박윤원의 본관은 반남(潘南)이고 자는 영숙(永叔)이며, 호는 근재(近齋)이다. 반남 선생(潘南先生) 박상충(朴尙衷, 1332~1375)의 15세손으로, 증조는 박태원(朴泰遠, 1660~1722), 조부는 박필리(朴弼履, 1685~1752), 부친은 박사석(朴師錫, 1713~1774)이다. 모친은 기계 유씨(杞溪兪氏, 1711~1761)로, 김창협(金昌協, 1651~1708)의 막냇사위인 유수기(兪受基, 1691~1729)의 딸이다.

박윤원은 영조 10년(1734) 5월 5일 자시(子時)에 한성(漢城) 북부(北部) 사직동(社稷洞)의 집에서 출생하였다. 박윤원의 집안이 한성에 거주하게 된 것은 박환(朴煥, 1584~1671)이 남부(南部) 장흥동(長興洞)으로 옮겨와 정착하면서부터이다. 이후 박필리는 1736년(영조12)에 인왕산 자락인 북부 장동(壯洞)의 세심대(洗心臺)가 있는 곳에 자리 잡았고, 1750년(영조26) 여름까지 여기에 거처하였다. 박윤원은 여기에서 자랐다고 한다.-《근재집》 권21 〈세심대유거기(洗心臺幽居記)〉, 권31 〈가록(家錄)〉》- 박사석은 사직동으로 옮겨서 살다가 1750년에 북부 팔판동(八判洞 삼청동(三淸洞))의 교하정(皎霞亭)이 있는 곳에 자리 잡았다. 참고로 박윤원의 가계를 도표로 소개하면 다음과 같다.

1 이 부분은 《승정원일기》, 《일성록》, 《조선왕조실록》 등 관찬 사료를 비롯한 하기 자료들을 참조해 기술하였음을 밝혀둔다. 《梅山集》 卷38 〈近齋朴先生墓誌銘-幷序-〉, 卷49 〈近齋朴先生行狀〉; 《冷泉遺稿》 卷5 〈先考近齋先生府君言行錄〉, 卷6 〈先考近齋先生府君遺事〉; 《德隱遺稿》 卷2 〈祖考近齋先生府君年記〉, 卷2 〈先居記〉; 《肅齋集》 卷24 〈贈資憲大夫吏曹判書兼成均舘祭酒行繕工監監役近齋朴先生諡狀(崇禎紀元後四癸亥五月日)〉; 《淵齋集》 卷33 〈近齋朴先生-胤源-墓碣銘-幷序-〉.

始　祖 朴應珠

二　世 朴　宜

三　世 朴允**茂**

四　世 朴　秀

五　世 朴**尙**衷

六　世 朴　訔

七　世 朴　**葵**(艹)

八　世 朴**秉**文

九　世 朴**林**宗

十　世 朴兆**年**

十一世 朴　**紹**(糸)

十二世 朴**應**川

十三世 朴**東**民

十四世 朴　**煥**(火)

十五世 朴**世**城

十六世 朴**泰**遠

十七世 朴**弼**履

十八世 朴**師**錫

十九世 **朴胤源**(正)　金在淳(正)　朴準**源**(正)　金英材(側)　李普濂(側)　李顯楫(側)　趙最謙(側)

二十世 朴宗輿　　朴宗輔　朴宗慶

二十一世 朴雲**壽**　　朴岐**壽**(出)　朴岐**壽**(系)

박윤원은 8세(1741, 영조17)에 조모 전의 이씨(全義李氏, 1684~1756)가 누에 치고 길쌈하는 것을 보고 '양잠가(養蠶歌)'를 지었으며, 10세(1743, 영조19)에는 과시(科詩)를 지었다. 15세(1748, 영조24)이던 해에는 사서삼경을 다 완독하였다. 그해 8월에 관례(冠禮)를 치른 다음 안동 김씨(安東金氏, 1734~1781)를 아내로 맞아들였다.

이후 28세(1761, 영조37)이던 해 5월 25일에 모친상을 당하였다. 30세이던 1763년(영조39) 5월 30일에 박사석이 아산 현감(牙山縣監)으로 임명되자, 아산으로 가서 부친을 임소에서 모셨다. 32세이던 1765년(영조41) 12월 3일에 박사석이 삼등 현령(三登縣令)으로 임명되자, 이듬해 여름에 삼등으로 가서 부친을 임소에서 모셨다가 그 이듬해 가을에 한성으로 왔다.

35세이던 1768년(영조44) 8월 13일, 박윤원은 미음(渼陰)으로 가서 67세인 김원행에게 납자(納剌 명함을 바침)한 다음 배알하고, 학문(學問)·시사(時事)·예법 등 다양한 화제로 이야기를 나누었고 당일 석실서원(石室書院)에서 묵었다.

여기서 박윤원과 김원행의 관계를 살펴볼 필요가 있다. 박윤원은 김원행에게 자신을 '척질(戚姪)'-제문에서는 '척종질(戚從姪)'-이라고 일컬었는데, 박윤원의 외조부 유수기는 김창협의 막냇사위이고 김원행은 김창협의 손자로 입양되었기 때문에 김원행은 박윤원의 모친 기계 유씨의 외갓집 사촌 오빠이다. 다시 말해, 김원행은 오촌 아저씨가 되는 셈이다.

崇謙 — 元行

金尚憲 光燦 — 壽恒 — 昌協 —

(外)兪受基 — 兪氏 — 朴胤源

이해 12월 21일에 있었던 정사에서 박사석은 공주 판관(公州判官)으로 임명되어 동월 25일에 하직하였다. 그래서 이듬해인 1769년 봄에 공주로 가서 부친을 임소에서 모셨다. 이때 임성주(任聖周), 김지행(金砥行)을 만나 강론하였다. 38세이던 1771년(영조47) 6월 22일에 박사석이 암행어사의 서계(書啓)로 말미암아 파직되자, 한성으로 와서 삼청동에서 살았다. 39세이던 1772년 7월 7일에 김원행이 향년 71세를 일기로 졸하자, 석 달간 가마(加麻)하고, 동년 9월에 양주(楊州) 도산(陶山)에 안장되자 회장(會葬)하였다. 41세이던 1774년(영조50) 10월 20일에 박사석이 향년 62세를 일기로 졸하자, 동년 12월 6일에 양주(楊州) 금곡(金谷) 축석령(祝石嶺)의 선영 부근에 안장하였다. 이후로는 거업(擧業)을 전폐하였다.

48세이던 1781년(정조5) 3월 16일에 처상을 당하였다. 51세이던 1784년(정조8) 2월에 오재순(吳載純)이 계방(桂坊)에 추천하였고, 이듬해 겨울에는 《송자대전(宋子大全)》 간행에 장보유사(章甫有司)로서 일을 담당하였다. 54세이던 1787년(정조11) 2월 11일에 질녀 박씨가 납폐(納幣)를 치르고 유빈(綏嬪)으로 책봉되었는데, 연례(宴禮)에 참석하지도 않고, 이후로는 만나지 않았다.

59세이던 1792년(정조16) 12월 12일에 선공감의 가 감역관(假監役官)으로 임명되었으나 신병(身病)으로 정장(呈狀)하여 동월 17일에 체직되었다. 60세이던 1793년(정조17)에는 좌의정 김소리(金履素)가 경명행수(經明行修)로 천거하고, 우의정 김희(金憙)가 경연관으로 천거하였으나 척리(戚里)이라는 이유로 등용되지 못하였다. 63세이던 1796년(정조20) 봄에는 우의정 윤시동(尹蓍東)이 천거하였다. 64세이던 1797년(정조21) 2월 11일에는 김종수(金鍾秀)가 원자의 입학을 맞이하여 천거하였다.

65세이던 1798년(정조22)에 원자(元子)를 위한 강학청(講學廳)이 설치되어 좌의정으로 있었던 이병모(李秉模, 1742~1806)가 박윤원을 서연관으로 천거하여 1월 17일에 원자궁(元子宮) 요속(僚屬)으로 뽑혀 아뢰어졌고, 부사용(副司勇)에 단망으로 부직되었다. 하지만 박윤원은 끝끝내 나아가지 않았는데, 이는 이병모가 1796년(정조20) 진하사(進賀使)로 청(淸)나라에 들어가 황극전(皇極殿)에 지어 바친 "비루한 한(漢)·당(唐)이야 말할 것이 뭐 있겠는가. 요순보다 어진 임금을 다행히 몸소 만났도다.〔陋矣漢唐何足道, 賢於堯舜幸躬逢.〕"라는 시를 보고 그를 '춘추의 죄인'이라 여겼기 때문이었다.[2]

이듬해 1월 17일 자시(子時)에 취현방(聚賢坊) 정동(貞洞)의 집에서 향년 66세를 일기로 졸하였다. 동년 5월 9일에 과천현(果川縣) 남태령(南泰嶺) 운만리(雲滿里)에 안장되었다. 이후 1845년(헌종11) 1월에 대사헌으로 추증되었고, 1863년(철종14) 11월 16일에 '문헌(文獻)'이라는 시호를 내렸다.

**2** 《正祖實錄 22年 1月 11日》, 《純祖實錄 3年 3月 26日》, 《艮齋集 後編續 卷7 全齋先生語錄》

## 2. 《근재집》의 간행 및 구성과 내용[3]

### 1) 간행 경위

평소 '이문재도(以文載道)'의 관점을 견지해 '인문입도(因文入道)'를 추구한 박윤원은 부화(浮華)한 문사를 지양하였기에 자신의 글을 직접 편찬하지는 않은 듯하다. 본 문집의 간행을 위해서 아들 박종여와 문인 홍직필이 유고 정리를 주관하였다. 또한, 홍직필의 《매산집》을 비롯하여 박종여의 《냉천유고》, 박종경(朴宗慶)의 《돈암집》, 박운수의 《덕은유고》 등을 살펴보면, 문집의 편차·교정·산삭 등의 작업에 유한준(兪漢雋), 김재순(金在淳), 임로(任魯), 오희상(吳熙常), 박운수 등이 참여한 사실을 알 수 있다.

홍직필의 연보(年譜)에 의하면, 그가 27세이던 1802년(순조2) 1월에 스승의 유고를 교정하였다고 한다. 박종여는 이 교정 원고를 박윤원의 지인·문인들에게 보내 도움을 받았는데, 대개 1805년경에 사역(寫役)이 끝나고 시집을 먼저 산정한 다음에 문집을 편차한 것으로 보인다. 그러나 김지행의 묘도 문자와 관련해서 홍직필은 박종여와 의견이 일치하지 않았다. 홍직필이 33세이던 1808년(순조8) 8월에 박종여에게 답한 편지 가운데

"돌아가신 선생의 문고(文稿) 2질을 삼가 받아서 소중히 보관하였습

3 이 부분은 김성애(2001); 장유승(2011); 김윤정(2011), (2012)을 참조해 기술하였음을 밝혀둔다.

> 니다. 밀암 어른의 묘갈명은 시집(詩集)에 실려 있는 만시〔誄辭〕와 함께 받들어 여러 번 읽었고, 이어서 보내주신 가르침을 참고하여 자세히 살펴보았습니다.……우리 선생께서는 본래 나름대로의 판단 기준이 있어서 경중을 비교하신 것이니, 백세에 길이 남을 일을 도모함에 있어 어찌 털끝만큼이라도 사실이 아닌 말씀을 하셨겠습니까. 묘갈명으로 만시의 본지(本旨)를 찾아보고 만시로 묘갈명의 남은 뜻을 본다면, 누가 "같은 부류에 비견하였다."라고 말하지 않을 수 있겠습니까. 설령 만시는 없고 명문만 있더라도 말하는 자들의 자부(資斧)가 되기에 부족한데, 하물며 '천재서기(千載庶幾)'라는 구절이 함께 남아서 나란히 전하는 경우에 있어서이겠습니까. 이 때문에 원집에 편집하지 말라는 가르침에 대해 감히 명령을 받들지 못하는 것입니다."

라고 한 내용이 보인다. 이를 통해 박종여는 김지행의 묘도 문자를 원집에서 빼자는 입장인 반면 홍직필은 이를 절대 빼서는 안 된다고 주장하여 서로 의견 충돌이 있었음을 알 수 있다. 이후 박종여는 문집 간행을 하지 못한 채 1815년에 죽었다.

결국 문집은 홍직필과 박윤원의 조카 박종경이 주관하여 간행하였다. 그 구체적인 간행 연도는 알 수 없지만 유관 기록에 의하면, 1816년 3월[4] 아니면 1817년[5]으로 추정된다. 아마도 박종경이 활자를 주조해 선친의 문집인 《금석집(錦石集)》을 먼저 간행하고, 선친이 유명에 따

4 《梅山集》 卷7 〈上潁西任丈-丙子至月少望-〉, 《敦巖集》 卷10 〈年譜〉

5 《德隱遺稿》 卷2 〈先考瑞興府使府君言行錄〉

라 《오세유고(五世遺稿)》를 간행한 다음에 본 문집을 간행한 것으로 보이는데, 그 시기가 1816년 말에서 1817년이었으리라. 즉, 문집의 완간은 1817년경에 마무리되었을 것으로 추정된다.

다시 정리하면, 본 문집은 아들 박종여와 문인 홍직필이 정리해 유한준, 김재순, 임로, 오희상, 박운수 등의 손길을 거쳐 32권 16책으로 편찬되었고, 이를 조카 박종경이 1817년에 전사자(全史字)로 간행한 것이다. '전사자'란 박종경이 1816년(순조16)에 사사로이 주성한 동활자로, 일명 '돈암인서체자(敦巖印書體字)'이다. 본 문집의 광곽(匡郭)은 네 변이 모두 단선인 사주단변(四周單邊), 판심(版心)은 아래로 향한 까만 어미가 위쪽에만 있는 상하향흑어미(上下向黑魚尾), 각 엽(葉) 안은 줄이 그어져 있는 유계(有界), 반 엽당 10항(行) 20자(字)로 주(注)는 소자(小字) 쌍항(雙行)이다.

현재 초간본은 규장각(奎4423, 4425, 5148), 장서각(K4-5798), 국립중앙도서관(한古朝46-가1), 고려대학교 중앙도서관(D1-A80), 성균관대학교 중앙도서관(D3B-135) 등에 소장되어 있다.

### 2) 구성과 내용

《근재집》(奎4425-v.1-16)[6]의 구성은 총 32권 16책이다. 문집 전체 목록인 〈총목(總目)〉은 권 1의 첫머리에, 권별 목록은 해당 각 권에 수록되어 있으며, 본 문집에 관한 서문이나 발문 및 부록 등은 없다.

**6** 이 밖에도 한국학중앙연구원 소장 《근재집》(K4-5798), 국립중앙도서관 소장 《근재집》(일산古3648-25-39, 한古朝46-가1) 등이 참고할 만한 자료가 된다.

권 1부터 권 3까지는 〈운부(雲賦)〉 1수, 그리고 연도순으로 편집된 총 426수의 시(詩)-총 327제(題)-가 수록되어 있다. 아우 박준원(朴準源)-평숙(平叔)-과 주고받은 시가 가장 많으며, 매부 김재순-중관(仲寬)-, 유한준-여성(汝成)-, 김원행, 홍낙순(洪樂舜)-백능(伯能)- 등과 주고받은 시도 있으나 수창(酬唱)이나 화운(和韻)은 많지 않다. 만시(輓詩)는 유한소(兪漢蕭), 김이곤(金履坤), 김지행, 어용빈(魚用賓), 오윤상(吳允常)-사집(士執)- , 신응현(申應顯) 등을 위해 지은 것이다. 아울러 부친 박사석의 임소인 아산(牙山), 삼등(三登), 공주(公州) 및 평양과 송도 등지를 유람하고 지은 시가 많다. 권1을 살펴보면, 1749년에 여주(驪州)의 처가에 갔을 때 지은 〈여강객회(驪江客懷)〉, 집안 종 이강(二江)이 죽자 이를 애도한 〈도이강(悼二江)〉 등은 젊은 시절의 작품이고, 〈아주지감(牙州志感)〉부터 〈등영보정(登永保亭)〉까지는 아산 현감인 부친을 따라가 임소에서 모셨던 기간인 1763년부터 1765년경까지의 시이다. 〈황학루(黃鶴樓)〉부터는 삼등 현령인 부친의 임소에서 모셨던 기간인 1766년부터 1767년까지 평양 일대, 송도 등지를 둘러보고 지은 시이다. 〈미호배찬선김공(渼湖拜贊善金公)〉부터 〈알석실서원(謁石室書院)〉까지는 35세이던 1768년에 김원행을 처음 만나고 석실서원에서 머무르며 지은 시이다. 권2는 1769년에 공주에 갔을 때 금강을 유람하고 지은 시들 및 1783년에 지은 〈제석술희(除夕述喜)〉까지 실려 있으며, 권3은 1798년에 가졌던 친족간의 모임을 읊은 〈중수영원계시(重修鴒原禊詩)〉가 '절필(絶筆)'로서 맨 마지막에 수록되어 있다.

권4부터 권20까지는 600편 남짓 되는 서신이 수록 되어 있는 부분으로, 본 문집 가운데 최다 분량을 차지하고 있다. 대체적으로 수신 대상을 기준으로 삼아 분류되어 있는데, 권4부터 권6까지는 스승 김원행-7편-을 비롯하여 김지행-29편-, 임성주-18편-, 처족 안동 김씨 일가에게 보낸 편지 등이 수록되어 있다. 권6의 뒷부분부터 권17까지는 김원행의 아들 김이안(金履安)-17편-을 비롯하여 임정주(任靖周)-51편-, 이정인(李廷仁)-58편-, 유한준-23편-, 오윤상-29편-, 오희상-23편-, 김종선(金宗善)-18편-, 홍직필-65편-, 이대의(李戴毅)-여홍(汝弘)-, 박명벽(朴命壁)-계립(季立)-, 윤선대(尹善大)-인지(仁之)- 등 문인·지우 등에게 보낸 서신이 수록되어 있다. 거개 경서(經書)와 예(禮)에 관한 문목(問目)의 답으로, 송시열(宋時烈)의 견해를 원용하면서 이를 인정하고 따르는 태도를 보이는 것이 주목할 만하다. 김이안과의 서신은 《미호집》의 간행과 관련된 것이며, 유한준에게는 문장이 뛰어나다고 칭찬하면서도 실학(實學)-경학(經學)-에 힘써 도(道)에 근본을 두고 경(經)을 주로 삼아 도문일치(道文一致)를 권면한 내용이 많아 박윤원의 문장에 대한 관점과 견해를 짐작해 볼 수 있다. 권18부터 권20까지는 종숙부(宗叔父) 박사윤(朴師尹), 족제(族弟) 박지원(朴趾源)-미중(美仲)- 등 일가친척과 아우 박준원-69편-, 조카 박종보(朴宗輔)-8편-, 아들 박종여에게 보낸 서신이다. 박준원과의 서신은 경서의 의난처에 대한 답이 많은데, 이를 통하여 박준원이 형 박윤원을 스승처럼 섬겼음을 확인할 수 있다.

전체적으로 서신들은 경학, 성리학, 예학 등에 관한 문답이 많으며, 불교와 양학(洋學)-서학(西學)-의 폐해를 언급해 배척하는 내용도 있다. 이러한 서신들과 '잡저(雜著)' 가운데 예(禮)에 관한 박윤원의 견해는 부문별로 나뉘어 《근재예설(近齋禮說)》에도 수록되어 있다.

권21에는 서(序) 22편과 기(記) 14편이 수록되어 있다. 우선 서(序)

를 살펴보면, 김이형(金履亨)-가회(嘉會)-, 유한준(兪漢雋), 김만근(金晩根), 유언제(兪彦銻) 등을 위해 지은 송서(送序)와 한(漢)·위(魏)의 오언시를 모은 선집《한위오언(漢魏五言)》, 유한준의 작품집《유여성문고(兪汝成文稿)》, 사마천의《사기》가운데 자서(自序)와 열전 등 20편을 뽑아 편찬한 선집《마사선(馬史選)》의 취지를 쓴 것 등 문집과 선집 등 서적에 대한 서(序)와 1763년 아산에서 아우 박준원과 만나 수창한 시에 쓴〈학산화두시서(鶴山和杜詩序)〉, 부친과 함께 속리산과 옥천(沃川), 회덕(懷德), 문의(文義) 등지를 둘러 보고 지은 시에 쓴〈금강시서(錦江詩序)〉, 유언민(兪彦民)의 행년록(行年錄)에 대한 서(序)와 증조 박태원의《송담유고(松潭遺稿)》, 조카 박종보가 간행한 사돈 원경유(元景游)의《유안당시고(遺安堂詩稿)》에 쓴 서(序) 등이 수록되어 있다. 기(記)는 연도순으로 수록되어 있다. 1759년에 지은〈사기(射記)〉를 비롯하여 아산에 있는 오대교(五教臺), 충무공(忠武公)의 현충사(顯忠祠), 관호정(觀湖亭)에 대한 기(記)가 있다.〈의서암기(宜書庵記)〉는 아우와 함께 남산(南山) 필동(筆洞)에 독서하는 장소로 마련한 암(庵)에 대한 기(記)이며, 삼등의 황학루, 공주의 만하루(挽河樓)의 기(記), 1750년 여름까지 인왕산 자락 세심대에서 유년기를 지내던 일을 회상하며 지은〈세심대유거기(洗心臺幽居記)〉가 있다.

권 22는 제발(題跋) 8편, 명(銘) 8편, 잠(箴) 4편, 찬(贊) 17편, 전(傳) 4편, 논(論) 2편, 설(說) 5편이 수록되어 있다. 유희경(劉希慶)의《촌은집(村隱集)》과 성헌징(成獻徵)의《통허재집(洞虛齋集)》에 대한 발(跋), 아우 박준원의〈몽금강산시(夢金剛山詩)〉와 선조 박소의 시에 대한 제후(題後), 선조 박상충의 상소에 대한 발(跋) 등이 있다.

〈양한당좌우잠(養閒堂座右箴)〉은 말년에 아우와 함께 머물던 당에 적은 잠(箴)이고, 〈역대명신상찬(歷代名臣像贊)〉은 장량(張良)부터 방효유(方孝孺)까지 중국의 명사 17인에 대한 찬(贊)이다. 또 이순신의 후손인 이봉상(李鳳祥), 이홍무(李弘茂)가 무신란(戊申亂) 때 충절을 지키다 죽은 일을 입전한 〈충신이홍무전(忠臣李弘茂傳)〉이 있다. 설(說)은 우리나라 부녀의 머리모양이 중화를 따르지 않고 오랑캐의 풍속을 따른 것이라고 비판해 배척한 〈체설(髢說)〉, '홍긍필(洪兢弼)'이란 이름을 《상서(尙書)》〈익직(益稷)〉의 글을 인용해 '홍직필(洪直弼)'-자는 '백응(伯應)'-이라고 고쳐 지어준 〈홍백림개명설(洪伯臨改名說)〉 등이 있다. 〈인도심위미설(人道心危微說)〉은 인심·도심과 정일(精一)에 대해 자세하게 설명하였다.

권23부터 권24까지는 잡저 18편이다. 〈삼례(三禮)〉에서는 관례(冠禮), 친영(親迎), 시제(時祭) 등 세 가지의 중요한 예(禮)를 거론하며, 사대부라면 반드시 이를 실행하도록 조정이 법령으로 제정할 것을 주장하였다. 〈가훈(家訓)〉은, 부인에게 내린 세 가지 경계-부자(夫子), 구고(舅姑), 매사(妹姒)-인 증내삼장(贈內三章), 조카 박종보에게 써준 여섯 가지 경계-무경농(務耕農), 근독송(勤讀誦), 득사우(得師友), 돈행의(敦行誼), 신언어(愼言語), 광지의(廣志意)-인 육조계어(六條戒語), 조카 박종경의 처인 질부 이씨에게 준 여덟 가지 경계-수사회(受師誨), 승친훈(承親訓), 칙부행(飭婦行), 사부자(事夫子), 봉구고(奉舅姑), 대제사(待娣姒), 근태교(謹胎教), 성곤범(成閫範)-인 팔조여계(八條女誡), 측실을 경계하여 적서의 구분과 차등을 강조한 계측실문(戒側室文), 딸에게 내린 여계(女誡), 어린아이에게 내린 동계(童戒), 노비의 본분과 행실에 대해 경계한 계노비문(戒奴婢文) 등으로 구성되어 있다. 〈논조포사(論趙苞事)〉에는 후한(後漢)

의 조포와 진(晉)의 주효(周虓)에 관한 일을 견주어 충(忠)과 효(孝)를 모두 다 지킬 수 없는 경우 효(孝)를 택해야 한다는 내용이 담겨 있다. 또한 사재감(司宰監) 서원(書員)인 중인(中人)으로서 학문을 좋아하였던 김익춘(金益春)과 향리에 살며 권세가의 노복에게 모욕을 당해도 위의를 잃지 않았던 서생 이몽리(李夢鯉)에 관한 기사가 있다. 권 24의 〈치도대강(治道大綱)〉은 치론(治論), 관론(官論), 정전제(井田制) 등에 관한 단편적 글귀들의 집록이다. 〈태재록(汰哉錄)〉은 상제(喪祭)의 의절에 관한 내용이며, 〈정지록(貞智錄)〉은 예(禮), 학문, 인물성론(人物性論) 등에 대한 우리나라 학자들의 설이 많이 보인다. 박윤원의 학맥과 연관된 김창협(金昌協), 임성주, 김지행 등의 의견이 주를 이루며 양학의 폐해를 말하였다.

권25부터 권26까지는 차략(箚略)과 차의(箚疑)로, 《대학》, 《논어》, 《맹자》, 《중용》, 《시경》, 《서경》, 《역경》, 《의례》, 《주자대전》 등과 관련해서 주자의 설과 소주(小註) 및 고주(古註)를 아울러 치밀하게 비교하고 검토하여 주자가 채택하지 않았던 이유와 자신이 파악한 주요 의미 등을 요약해 놓았다. 홍직필이 지은 묘지명의 병서(幷序)에서 "여러 경에 대한 차략을 전부 다 미처 다시 정리하지 못하였다.〔羣經箚略 皆未及再修焉〕"라고 한 언급에 근거해 볼 때 본 문집의 2 권 분량은 일부분에 불과하며, 아마도 이를 훨씬 웃도는 방대한 분량이었을 것으로 생각된다.

권27은 제문(祭文) 24편, 고문(告文) 3편이 수록되어 있다. 제문은 연도순으로 수록되어 있다. 그 대상은 묘도 문자의 대상과 겹치기도 하는데, 장인 김시관(金時莞, 1698～1755), 15세의 나이로 안동 김씨(安東金氏)인 김재순에게 시집가 향년 27세를 일기로 세상을 떠난 누이동생, 김정겸(金貞謙, 1709~1767)에게 시집간 둘째 고모, 장모 남양 홍씨(南陽洪氏, 1697~1770), 외숙 유언민(兪彦民, 1709~1773), 스승 김원행, 팔촌 형 박성원(朴盛源, 1711~1779), 서종조 박필풍(朴弼豊, 1711~1780), 부인 안동 김씨(安東金氏, 1734~1781), 진사 심사존(沈師存)에게 시집간 사촌 누나, 제수 원주 원씨(原州元氏, 1740~1783), 오윤상(吳允常, 1746~1783), 아들 박종여의 처 한산 이씨(韓山李氏, 1766~1786), 서종숙 박사영(朴師英, 1729~1786), 유로주(兪老柱)-사옹(史翁)-, 임성주, 김용겸(金用謙), 이현즙(李顯楫)에게 시집간 서매, 김이안, 김병구(金柄球)에게 시집간 종손녀(從孫女), 임정주, 족질 박종복(朴宗福, 1732~1798)-사수(士受)-, 여광덕(呂光德, 1759~1797) 등이다. 고문은 아우 박준원을 대신해 지은 2편과 1790년에 지은 증조 박태원 및 배위 평산 신씨에 대한 고매지문(告埋誌文)이 들어 있다.

권28부터 권31까지는 애사(哀辭) 7편, 행장 10편, 묘지 3편, 묘지명 9편, 묘표 1편, 묘갈명 1편, 유사(遺事) 2편과 가록(家錄)이다. 애사는 권욱(權頊)-경지(敬之)-, 김양순(金養淳)의 처 이씨, 김인로(金仁老)-수백(壽伯)-, 김이형(金履亨)-가회(嘉會)-, 김택순(金宅淳)-여거(汝居)-, 김종선(金宗善)의 모친 연안 이씨, 유한준의 아들 유만주(兪晩柱)-백취(伯翠)-를 위해 지은 것이다. 행장은 선고(先考), 선비(先妣), 김재순의 처인 망매, 외숙, 망실, 외조모, 장모, 둘째 고모, 둘째 고모부인 김정겸, 김이곤(金履坤) 등을 위해 지은 것으로, 그 대상이 거의 일가이다. 묘지는 증조고 및 조고와 조비를 위해 지은 것이다. 묘지명은 제수, 김재순의 처인 망매, 자부, 외조, 외사촌 형 유한운(兪漢雲), 막내 고모부 이현곤(李顯坤) 및 그의 부친 이엄(李淹), 홍직필의 모친 음성 박씨, 문인 여광덕을 위해 지은 것이다. 묘표는 증조고, 묘갈명은 김지행을 위하여 지은 것이다. 유사는 오윤상·김용겸과 관련된 일화나 언행 등을 짤막하게 기록한 것이다. 가록은 김수증(金壽增)의 《곡운집(谷雲集)》 권3에 있는 '가기(家記)'를 본받아 집안의 세세한 일을 자손들에게 알려주기 위해 기록한 것이다.

권32는 김원행의 어록이다. 1768년 8월 13일, 미음으로 찾아가서 미호를 처음 뵙던 때의 대화부터 이후 1770년 7월 20일, 영동(永同)으로 갈 때까지 찾아뵙고 가르침을 받은 일을 44개 조로 기록하였다.

문집은 으레 해당 문집 저자에 대한 묘도 문자가 부록으로서 함께 간행된다. 그러나 본 문집에는 이러한 부록이 없다. 홍직필의 〈제근재선생실기후(題近齋先生實記後)〉에 의하면, 본래 박종여가 박윤원 사후에 곧 실기(實記)를 별도로 간행하려고 계획한 것으로 보인다. 그래서 실기를 정리하고 오희상에게 행장을 부탁하였는데, 박종여와 오희상이 차례대로 죽는 바람에 1833년경에 홍직필이 담당하게 되었다. 묘지명 역시 홍직필이 찬하였는데, 여기에 박운수가 죽은 사실이 나오는 것으로 보아 아마도 이는 1841년 이후에 작성된 것으로 보인다. 그러나 결국 실기 편찬·간행 작업은 실행되지 못하였다.

본 문집과는 별도로 간행된 8권 4책의 《근재예설》이 있다. 이는 박윤원의 손자 박운수와 질손 박기수(朴岐壽, 1774~1845)의 주도하에 편찬되었다. 이 책 역시 전사자본(全史字本)으로 본 문집에서 예(禮)에 관한 조목을 뽑아 분류하여 편집·간행된 예서였다. 《근재예설》은 원래 박윤원의 후손들이 자기 집안에서 활용할 예서로 편집하였다가 후에 간행하게 된 것으로 보인다. 박운수는 1816년 《근재예설》의 편찬과 간행과 관련해서 홍직필에게 조언을 구하기는 하였지만, 홍직필은 직접적으로 참여하지 않았다.

《근재예설》은 《예의유집(禮疑類輯)》의 영향을 많이 받았다. 《예의유집》은 《사례편람(四禮便覽)》을 편찬한 이재(李縡)의 고제(高弟) 박성원(朴聖源, 1697~1767)이 조선 학자들의 예설을 집대성한 예서로 총 26권 15책의 거질이다. 찾아보기 편하게 분류하고 항목을 세우는 '유서(類書)' 형식으로서 독창적인 체제를 갖추고 있는데, 방대한 항목들이 대목(大目)-소목(小目)-차소목(次小目)으로 배열되어 구성이 체계적이다.

한편 연구에 의하면, 박윤원은 정조(正祖)와 서신을 주고받았는데, 이는 박윤원이 세상을 떠나기 전까지 서신을 교환한 것으로 확인된다. 그러나 본 문집에는 정조의 어찰이 전혀 실려 있지도, 언급도 되지 않고 있다. 그 이유는 박윤원이 정조에게 올린 편지가 남아 있었지만, 한낱 개인의 문집에 수록하기가 어려워서였다.

## 4. 근재의 학문과 사상[7]

박윤원의 학문과 사상 중에서 특기할 만한 점은 그가 낙론(洛論)의 정통(正統)을 계승한 인물로서 예학(禮學)에 대한 조예가 상당하다는 것이다. 박윤원의 연원은 김원행, 이재, 김창협, 송시열, 김장생(金長生)까지 소급된다. 박윤원은 스승 김원행을 비롯하여 김지행·임성주

**7** 이 부분은 김윤정(2011), (2012); 이영준(2017), (2020); 김병목(2022)의 내용에 토대하여 작성한 것이다.

에게 영향을 받았고, 홍직필에게 학문을 전수하였다. 홍직필의 학문은 임헌회(任憲晦, 1811~1876)에게 이어졌고 또 이는 전우(田愚, 1841~1922)에게 이어졌다. 이것이 19세기 낙론의 정통 학맥이다. 홍직필은 1792년(정조16) 9월 20일에 편지를 써서 올리고[8] 17세의 나이로 박윤원을 정동(貞洞)으로 가서 찾아뵙고 제자가 되었다.[9] 박윤원은 홍직필의 초명인 긍필(兢弼)과 초자인 백림(伯臨)을 각각 직필(直弼)과 백응(伯應)으로 바꾸어 주었다.[10]

박윤원은 '천명지위성(天命之謂性)' 중에 '천(天)'의 의미라든지 '성(性)'과 동(動)·정(靜)의 관계 등등 성리학 전반에 걸쳐 많은 설(說)을 남겼는데, 그중 성리학의 핵심 관건인 '심(心)'과 '명덕(明德)'에 관한 견해가 눈여겨볼 만하다.

박윤원이 살았던 18세기에는, 그 이전의 조선성리학에서 주목을 받지 않았던 '명덕'이 부각된다. 연구에 의하면, 17세기까지 주된 담론은 '본체(本體)'에 관한 것이었는데, 이이(李珥)가 '기발리승일도(氣發理乘一途)'와 '이통기국(理通氣局)' 등 기호학파의 명제를 도출함으로써 본체에 대한 이해는 어느 정도 마무리되었다. 이후 학자들의 초점은

**8** 이는 書贄의 禮, 즉 편지를 폐백으로 삼아 스승이 되어 주기를 요청하는 예로, 현재 《매산집》 권5에 실려 있는 〈上近齋朴先生〉이 바로 이것이다.

**9** 《梅山集》 卷53 附錄 年譜에 의하면 "壬子先生十七歲" 조에 "九月往拜近齋朴先生于貞洞"라고 하였다.

**10** 《梅山集》 卷53 附錄 年譜에 의하면 "壬子先生十七歲" 조에 "先生初諱兢弼字伯臨, 近齋先生爲改今諱與字, 遂引尙書其弼直惟動丕應徯志之文, 朱子天地生萬物, 聖人應萬事, 直而已之語, 作字說以期勉焉. -不知的在何年, 姑附于此.-"라고 하였다. 이는 《近齋集》 卷22에 실려 있는 〈洪伯臨改名說〉 참조.

본체를 현실에 구현할 주체인 심(心)으로 옮겨져 허령(虛靈), 미발(未發), 명덕 등에 대한 논의가 본격적으로 이뤄진 것이다.

박윤원의 스승 김원행은 심(心)을 귀신(鬼神)으로 정의함으로써 그 위치를 기(氣)와 이(理)의 사이에다 정하였는데, 심(心)은 허령불매를 통해 천리를 내포하고 이를 정(情)으로 드러내기 때문에 그러한 것이었다. 그래서 김원행은 '명덕'을 '심(心)의 존칭'으로 보았다. 김창협을 비롯하여 이재와 김원행의 주장에 따르면, '명덕'이란 다름 아닌 심(心)의 지각능력이며, 이 능력은 성인이나 범인이 모두 동일하다는 것이다. 하지만 이들은 심(心)을 명덕으로 이해하는 데에서 그쳤고, '심(心)의 순선(純善)'을 주장하는 데까지 나아가지는 않았다.

박윤원은 '명덕이란 심(心)의 지각능력이고, 성인과 범인이 모두 똑같으며, 심(心)은 기질(氣質)과 구분되는 순수한 것이다.'라고 주장한 낙론의 기존 명덕론을 수용하면서 '심(心)의 순선'을 주장하였다. 아울러 기(氣)의 정(精)·조(粗)를 가지고 심(心)과 기질을 구분하였으며, 명덕을 '심(心)의 허령불매'에 대한 존칭으로 간주하였다. 또한 심(心)은 순선하기 때문에 성(性)을 갖추고 정(情)을 행할 수가 있으며, 이러한 심(心)은 오로지 하나일 뿐, 병통은 없다고 인식하였다. 성인은 외부 사물에 접하지 않은 불도불문(不睹不聞)의 상태와 사려미맹(思慮未萌)·지각불매(知覺不昧)의 미발상태가 일치하지만, 범인은 그렇지 못하므로 불도불문의 상태에 이르기 위해 동시(動時) 공부의 중요성이 강조된다는 것이다. 이는 범인의 심(心)이란 항상 혼란하여 성(性)의 체단을 확인할 수 있는 미발상태를 경험할 수가 없다고 본 것이다. 특히 범인의 마음은 언제나 혼란하여 고요할 수가 없으므로 동시 공부를 통해 정시(靜時)에 이르는 것이 우선이기에 박윤원은 동(動)·정

(靜)을 관통하는 공부로서 '계신공구(戒愼恐懼)'를 강조하였다. 박윤원은 명덕을 통해 심(心)의 순선을 강조하여 심(心)에 내재한 이(理)-성(性)-의 온전한 발현을 방해하는 요소를 제거하면 사람은 누구나 다 성인이 될 수 있다는 성리학의 대전제에 대한 확신이 있었다.

박윤원의 심(心)과 명덕에 관한 견해는 오희상과 홍직필에게 이어졌다. 이들 역시 기(氣)의 본(本)·말(末)로 심(心)과 기질을 구분하였으며, 명덕을 심(心)의 존칭으로 보았다. 또한, 면재(勉齋) 황간(黃幹, 1152~1221)의 형기신리 설(形氣神理說)을 수용하여 심(心)을 신(神)으로 여겼다. 이는 모두 심(心)과 기질을 구분하고 명덕을 허령불매한 심의 능력으로 이해한 박윤원의 영향이다.

한편 박윤원의 예설(禮說)을 살펴보면, 그는 기본적으로 사덕(四德)의 하나인 '예(禮)' 그 자체에 큰 의미를 부여하여 수신(修身)의 결과가 드러나는 것으로 생각하였고, '경(敬)' 위주로 실천해야 함을 강조하였다. 다시 말해 '경(敬)'으로 '계구(戒懼)와 신독(愼獨)'을 하면 예(禮)가 자연스레 행해지고 관혼상제의 의절이 모두 그 마땅함을 얻을 수 있다고 본 것이다.

박윤원은 예(禮)를 궁구하며 고금(古今)의 마땅함을 참작해 상례(常禮)와 변례(變禮)를 분석하고 절충하는데 체계가 있었기 때문에 사람들이 의심나는 변례를 만나면 반드시 그에게 문의하여 바로잡고자 하였다. 박윤원은 도성 및 경기 일대 학자들과 편지를 주고받으며 예설을 교류하였고 수많은 답문을 남겼다.

예(禮)에 관한 대표적인 저술로, 먼저 〈삼례(三禮)〉를 들 수 있다. 여기서는 '예(禮) 중에 반드시 행해야만 하는 세 가지'로서 관례(冠禮), 친영(親迎), 시제(時祭)를 언급해 역설하였다. 그는 삼례가 행해지지 않아 성인지도(成人之道)와 존비지의(尊卑之義)가 없고 자손이 감시지사(感時之思)를 펼 수 없으므로 풍속이 어그러진다고 보았다. 세속에서 관례의 삼가례(三加禮)를 행하지 않고 단지 상투로 대신하는 점, 친영하지 않고 장인의 집에 들어가는 '입장가(入丈家)'를 하는 점, 그리고 기제(忌祭)를 대제라 하면서 시제는 거의 행하지 않는 점을 비판하였다. 시속에 대한 비판을 통해 예(禮)의 근본을 확인하고자 하였음을 알 수 있다. 한편으로 18세기 후반에도 여전히 이 삼례가 조선사회에 뿌리내리지 못했음을 확인할 수 있는 부분이다.

또한 〈태재록(汰哉錄)〉을 살펴보면, 당시 예(禮)를 실천함에 있어 부딪히는 세밀한 문제에 대해 자신의 의견을 개진하였다. 먼저 출산 시나 두창에 걸린 아이가 있을 때는 제사를 지낼 수 없다고 보았다. 당시의 집이 옛 제도만큼 크지 않고, 비복의 수도 적어서 출산과 제사로 나눌 수 없다는 점을 지적하였다. 조금이라도 불결하고 미안할 때는 제사를 지내지 않는 편이 낫다고 본 것이다. 또 반함(飯含)에 대해서는 '근세에 혹 행하지 않는 자가 있다.'라고 지적하면서 반드시 행해야 한다고 보았다. 각사(角柶)는 쓰지 않아도 되지만, 보기에 나쁘다는 이유로 '차마 입을 비워둘 수 없는 뜻'을 폐할 수는 없다고 주장했다. 반함을 반대하는 대표적인 인물이 바로 이익(李瀷, 1681~1763)이었다. 그는 반함하여 입이 닫히지 않는 것은 눈이 닫히지 않는 것과 같다며 그 부당성을 주장하였던 것이다. 그러나 박윤원은 예경에 나오는 절차로서 성인이 예(禮)를 만든 본의에 따른 것이라고 생각했다. 이외에도 〈태재록〉에는 시속의 잘못된 예를 지적한 부분이 많다. 초혼(招魂)할 때 지붕에 올라가서 하는 것이 예(禮)에 맞는데, 시속에서는 따르지 않는 점, 부녀와 노복들이 주로 행하는 사자반(使者飯)은 불사

(佛事)의 일환이므로 반드시 엄금해야 한다는 점을 강조하였다. 한편, 유밀과(油蜜果)는 예(禮)에는 나오지 않지만, 사용한지 오래되었고 조상이 좋아하시던 음식이면 제사상에 올릴 수 있다고 보았다. 제주(祭酒)도 조상이 좋아하시던 종류로 올릴 수 있지만, 시장에서 사서 쓰지는 말 것을 당부했다. 시속의 잘못된 관행을 비판하면서도, 예(禮)의 원칙에 어긋나지 않는 경우에 대해서는 대체로 인정하는 입장을 취했다. 또한 〈원례(原禮)〉에서는 박윤원의 예론(禮論)을 살펴볼 수 있다. 박윤원은 예(禮)의 절문(節文)으로서의 역할을 제심 순정(制心順情) -억심 인정(抑心因情)-으로 규정하였다. 이는 마음의 혼란함을 막아 절제하고 정의(情意)의 자연스러운 발로로 말미암아 문식하는 것이 바로 예(禮)의 본령으로, 제심(制心)과 순정(順情)은 얼핏 보면 상치한 듯하나 기실 하나라는 것이다.

박윤원은 예(禮)와 심(心)의 관계를 강조하면서 중(中)의 개념과 관련지었다. 주돈이의 〈태극도설〉에서 예(禮)를 중(中)으로 표현한 것은 예(禮)가 정(情)이 발할 때 과불급(過不及)을 조절하여 도(道)에 맞게 하는 역할을 하기 때문이라고 설명하였다. 또한 음양오행상 심(心)과 예(禮)는 모두 화(火)에 해당하고, 각각 몸과 오상의 가운데 위치한다는 점을 강조하였다. 예(禮)는 마음을 다하는 이(理)가 밖으로 드러난 것이고 예(禮)가 없으면 심(心)의 이(理)인 중(中)을 행할 수 없다고 파악하였다. 아울러 박윤원은 '벽이단(闢異端)'의 관건이 바로 예(禮)임을 강조하였다.

이러한 박윤원의 예설은 이후 18, 19세기 낙론계 예설에 큰 영향을 끼쳤다. 특히 제자 홍직필의 예설 역시 원칙적인 예법을 고수하는 가운데에 인정(人情)을 참작하여 '변통(變通)'의 방법을 제시하고 있다. 이는 바로 스승의 '처변(處變)'의 방법과 일맥상통하는 것이다. 홍직필은 박윤원 사후 그 문집을 편집하는 데에 중요한 역할을 하였으며, 박윤원의 손자 박운수와 질손 박기수(朴岐壽, 1774~1845)가 주도하여 《근재예설》을 편찬할 적에 조언을 해주었다.

이 학맥에서는 공통적으로 사후에 그 후손 또는 문인에 의해 예설서(禮說書)를 편찬하는 작업이 진행되었다는 특징이 있다. 《근재예설》은 박윤원의 손자 박운수와 질손 박기수의 주도하에 편찬되었고 《매산선생예설》은 문인 이진옥(李鎭玉)[11]의 주도하에 편찬되었으며 《전재선생예설》은 문인 전우(田愚)에 의해 편찬되었고[12] 《간재선생예설》은 문인 권순명(權純命)에 의해 편찬되었다.[13] 특히 《전재선생예설》의 총목(總目)은 관혼례(冠昏禮), 통례(通禮), 상례(喪禮), 제례(祭禮), 국례(國禮), 국휼(國恤)로 구성되어 있고 《간재선생예설》의 총목(總目)은 관혼례(冠昏禮), 통례(通禮), 상례(喪禮), 제례(祭禮), 국례(國禮), 국복변례(國服變禮), 국애(國哀), 잡록(雜錄)으로 구성되어 있는 것을 볼 때, 이 두 책은 이진옥이 편집한 《매산선생예설》의 체재에 영향을 받았을 것으로 추측된다. 특히 전우는 이진옥과 함께 《매산선생예설》

**11** 생몰년 未詳. 본관은 全義, 자는 士蘊이며, 孤潭 李純仁(1533~1592)의 10세손이다. 《孤潭逸稿 卷5 家狀, 孤潭逸稿跋》 현재 병인년(1866, 고종3)에 木活字로 인행된 초간본(규장각古3428-322)에는 신해년(1851, 철종2) 윤월과 임자년(1852, 철종3) 4월에 이진옥에게 보낸 매산의 답서가 실려있다.

**12** 《全齋先生禮說 跋》 "右全齋先生禮說四篇, 卽愚之所編輯也.……乙巳復月旣望門人田愚謹跋."

**13** 《艮齋先生禮說 跋》 "右艮齋先生禮說六卷, 門人權純命編輯, 陳泰鉉印行.……庚午季夏門人吳震泳謹書."

교정 작업에 참여했었기 때문에 당시의 경험이 《전재선생예설》의 편찬에 반영된 것으로 보인다. 이렇듯 체계적인 예서의 편찬은 18, 19세기 낙론계 예설의 특징이라고 할 수 있다.

## 참고문헌


朴雲壽, 『德隱遺稿』(한국문집총간 속 121)

朴宗輿, 『冷泉遺稿』(한국문집총간 속 109)

宋秉璿, 『淵齋集』(한국문집총간 329~330)

趙秉悳, 『肅齋集』(한국문집총간 311)

洪直弼, 『梅山集』(한국문집총간 295~296)

국립중앙도서관 https://www.nl.go.kr/

국사편찬위원회 승정원일기 https://sjw.history.go.kr/main.do

규장각한국학연구원 규장각원문검색서비스 https://kyudb.snu.ac.kr/index.jsp

한국고전번역원 한국고전종합DB https://db.itkc.or.kr/

한국학중앙연구원 장서각 디지털 장서각 https://jsg.aks.ac.kr/

김병목, 「近齋 朴胤源의 明德論 硏究」, 성균관대학교 동양철학과 박사, 2022.

김성애, 「近齋集(해제)」, 『영인표점 한국문집총간 해제』 5, 2001.

김윤정, 「18세기 禮學 연구-洛論의 禮學을 중심으로」, 한양대학교 사학과 박사, 2011.

______, 「18세기 京華士族의 禮學-近齋 朴胤源의 『近齋禮說』을 중심으로-」, 『향토서울』 82, 2012.

이영준, 「梅山 禮說에 대한 一考察-『梅山先生禮說』 「通禮」를 통해 본 梅山의 宗統傳承에 관한 인식-」, 『한문고전연구』 34, 2017.

______, 「近齋 朴胤源의 喪禮觀 小考-『近齋禮說』 「喪禮」를 중심으로-」, 『고전과 해석』 32, 2020.

장유승, 「국립고궁박물관소장 정조 어찰의 수신자 고증」, 『정조어찰』, 2011.

근재집

제1권

# 詩시 賦부

# 부 賦

## 구름에 대한 부

雲賦

| | |
|---|---|
| 높은 산꼭대기에 | 高山之頂 |
| 큰 바위가 많으니 | 多巨石 |
| 흙의 정기가 뼈처럼 솟아 있고 | 土精聳骨 |
| 벼랑의 기운이 씨처럼 맺혀 있네 | 崖氣結核 |
| 울퉁불퉁하고 우뚝 솟아 | 盤陁碨磊 |
| 호랑이가 웅크린 듯 토끼가 엎드린 듯하네 | 虎蹲冤伏 |
| 이끼가 끼어 위를 덮고 | 苔蘚上覆 |
| 폭포수가 가운데에서 부딪히며 떨어지네 | 泉瀑中激 |
| 구름 기운이 뭉게뭉게 일어 | 有氣浡滃 |
| 부딪히며 나오더니 | 觸而出焉 |
| 푸른 하늘에 올라 | 升于上淸 |
| 삽시간에 사방에 도달하네 | 須臾四達 |
| 신령스런 물 신선의 입에서 뿌려지고 | 播靈液於仙噓 |
| 신묘한 광채 용이 뿜어내어 날리네 | 颺神光於龍噴 |
| 이에 비가 내리려 하면 먼저 모이고 | 欲雨沛而先集 |

눈이 내리려 하면 저절로 많아지네 將雪下而自繁
이 기운이 是氣也
구름이 됨을 나는 아노라 吾知其爲雲
옛날을 상고하면 稽于古
구름이 하늘로 올라감이 수라는 것이 위편에 드러나고[1] 則上需著於韋編
비구름이 인다고 파경의 글에 읊어져 있으며[2] 有渰咏於葩章
당사에는 나아가면 햇볕 같음을 아울러 들었고[3] 唐史竝擧於日就
추경에는 또한 운예를 바란다고 하였네[4] 鄒經亦云其霓望

1 구름이……드러나고 : 이 내용은 《주역》 〈수괘(需卦) 상전(象傳)〉에 "구름이 하늘로 올라감이 수(需)이니, 군자가 보고서 음식을 먹고 연락(宴樂)을 하느니라."라고 한 구절을 원용한 것이다. 위편(韋編)은 무두질한 가죽끈으로 엮은 책이라는 뜻으로, 《주역》의 별칭이다. 공자께서 말년에 《주역》을 즐겨 읽어 가죽끈이 세 번이나 끊어졌다는 '위편삼절(韋編三絶)'의 고사에서 왔다. 《史記 卷47 孔子世家》

2 비구름이……있으며 : 이 내용은 《시경》 〈소아(小雅) 대전(大田)〉에 "비구름이 뭉게뭉게 일어나 서서히 비를 내려〔有渰萋萋, 興雨祁祁.〕"라는 구절이 있기 때문에 이렇게 말한 것이다. 파경(葩經)은 《시경》을 가리키는 말이다. 한유(韓愈)의 〈진학해(進學解)〉의 "《시경》은 바르고 꽃봉오리와 같다.〔詩正而葩.〕"라는 구절에서 유래하였다.

3 당사(唐史)에는……들었고 : 당사는 요(堯) 임금 때의 당나라의 역사로, 요 임금의 훌륭한 인덕(仁德)을 흰 구름에 비유하면서도 햇볕에도 비유하였던 역사서의 내용을 말한 것인바, 《사기》 〈오제본기(五帝本紀)〉에 "요 임금은 이름이 방훈이니, 그 인덕은 하늘과 같았고, 그 지혜는 신과 같았으며, 가까이 나아가 보면 따스한 햇볕과 같았고, 멀리서 바라보면 비를 내려 주는 구름 같았다.〔帝堯者放勳, 其仁如天, 其知如神, 就之如日, 望之如雲.〕"라고 보인다.

4 추경(鄒經)에는……하였네 : 운예(雲霓)는 구름과 무지개를 이르고 추경은 추나라 사람인 맹자가 지은 《맹자》를 이른다. 이 내용은 《맹자》 〈양혜왕 하(梁惠王下)〉에 "백성들이 탕왕(湯王)이 정벌해 주기를 바라되, 마치 큰 가뭄에 구름과 무지개를 바라듯

| | |
|---|---|
| 우나라의 백공들은 예의가 충만함을 노래하였고[5] | 虞工歌於禮漫 |
| 주나라 선왕은 빛이 도는 것을 탄식하였네[6] | 姬宣歎於昭回 |
| 헌황은 이를 취하여 관직을 기록하였고[7] | 軒皇取之於紀官 |
| 노공은 관대에 올라 이를 기록하였네[8] | 魯公書之於登臺 |
| 그 만물을 적셔주는 공용과 | 其潤物之功用 |
| 세상의 재앙과 상서에 응함이 | 應世之災祥 |
| 참으로 영험하고 또 기이하네 | 信乎其靈且異矣 |

이 하였다.〔若大旱之望雲霓也.〕"라는 구절이 있으므로 이렇게 말한 것이다.

**5** 우(虞)나라의……노래하였고 : 우나라는 순(舜)임금의 나라 이름이다. 이 내용은 순임금이 오현금을 타면서 〈남풍(南風)〉이라는 시를 노래로 부르자, 경성(景星)이 출현하고 경운(卿雲)이 일어났는데 이때 백공(百工)들이 서로 화음을 맞춰 노래하기를, '경운이 찬란하니, 예의(禮儀)가 충만해지도다.〔禮漫漫兮.〕 해와 달이 빛나니, 매일 아침이 계속되도다.'라고 노래하였으므로 이렇게 말한 것이다. 《歷代史選 太古紀》《역대사선》은 이시선(李時善, 1625~1715)이 중국사를 쉽게 살펴볼 수 있도록 증선지(曾先之)의 《십팔사략(十八史略)》과 강지(江贄)의 《자치통감절요(資治通鑑節要)》를 취사하여 삼황 오제(三皇五帝)부터 명나라까지를 간략하게 정리한 중국 역사서이다.

**6** 주(周)나라……탄식하였네 : 주나라 선왕(宣王)이 극심한 가뭄에 비를 내려주기를 간절하게 기도한 내용을 담은 〈운한(雲漢)〉 시에 "저 밝은 은하수여, 빛이 하늘을 따라 돌도다.〔昭回于天.〕"라고 하였으므로 이렇게 말한 것이다. 원문의 '희(姬)'는 주나라 왕실의 성씨이다.

**7** 헌황(軒皇)은……기록하였고 : 헌황은 황제(黃帝) 헌원씨(軒轅氏)를 이른다. 황제는 구름으로 일을 기록하였기 때문에 백관(百官)의 장관(長官)을 모두 '운(雲)'으로 명명하였으므로 이렇게 말한 것이다. 《春秋左氏傳 昭公17年》

**8** 노공(魯公)은……기록하였네 : 노공은 춘추시대 노(魯)나라 희공(僖公)이다. 이 내용은 《춘추좌씨전》 희공 5년 정월 기사에 "5년 봄 주왕(周王) 정월 신해삭(辛亥朔)에 동지(冬至)가 들었다. 희공이 시삭(視朔)하고서 드디어 관대(觀臺)에 올라 운물(雲物)을 관망(觀望)하고서 기록하였으니 예이다.〔遂登觀臺以望而書, 禮也.〕"라고 보인다.

하늘에 가득한 것을 보면　觀其彌于天
기운이 자욱하게 일어나고　則蒕蒀靉霴
찬란한 문채가 퍼졌다 사라지며　斐亹播逸
분분하고 무성하며　紛紛郁郁
그윽하고 울창하여　冥冥鬱鬱
혹은 사람이 서 있는 듯하고　或如人立
혹은 말이 치달리는 듯하며　或如馬馳
혹은 서로 읍하는 듯하고　或如相揖
혹은 서로 버티는 듯하다　或如相持
처음에는 빙빙 돌아 숲에서 일어나다가　初縈紆而作林
홀연 바람에 날려 옷 모양을 이루고　忽婆娑而成衣
처음에는 너울너울 새처럼 날다가　始翩躚而鳥翔
다시 꿈틀꿈틀 용이 나는 듯하네　復蜿蜒而龍飛
이에 하늘이 푸른 성을 만든 듯하고　於是天設青城
상제가 붉은 일산을 편 듯하며　帝張紫蓋
옥녀가 장막을 드리운 듯하고　玉女垂帷
신령스런 선관(仙官)이 깃발을 세운 듯하네　靈官建旆
여와씨의 돌처럼 영롱하고[9]　媧石玲瓏
신기루처럼 우뚝 솟아 있으며　蜃樓峥嶸

**9** 여와씨(女媧氏)의 돌처럼 영롱하고 : 여와씨는 중국 신화에서 인류의 시조로, 복희씨(伏羲氏)의 누이이다. 공공씨(共工氏)가 축융(祝融)과 싸워서 지고 분한 마음에 머리로 부주산(不周山)을 들이받아 천주(天柱)가 부러지자, 오색의 돌을 갈아 하늘을 기웠으므로 이렇게 말한 것이다. 《補史記 三皇本紀》

조각으로 나뉘면 비단처럼 펼쳐지고　　碎片錦開

점을 가하면 그림이 밝게 드러나네　　加點畫明

산을 삼키면 봉우리들이 기이함을 더하고　　呑山則峯巒添奇

강을 비추면 물결들이 서로 무늬를 이루네　　照江則波瀾交紋

연기가 도우면 아름답고 간드러지며　　烟助媚而嫋娜

바람이 불면 나른히 있다가 분분해지네　　風起懶而紛紜

아 용태의 무궁함이여　　嗟容態之無窮

진실로 다 말하기 어렵네　　固難得而悉云

저 이정[10]에 낙엽이 지니　　若乃離亭木落

나그네 길에 국화가 지고 있네　　客路菊殘

산은 길게 뻗어오고 물은 멀리 흘러가는데　　山長水遠

노래 마치니 술이 떨어졌네　　歌闋酒闌

말 옆의 외로운 그림자 바라보며　　瞻孤影之傍馬

정처 없이 모이고 흩어지는 것 사랑하네　　憐聚散之無定

지는 해에 발걸음 더뎌지니　　行遲遲於落日

수레에 기대에 눈물을 흘리네　　倚征轅而淚迸

또 변방 사막의 풀이 마르고　　又如沙塞草白

수루의 달이 검은데　　戍樓月黑

차가운 딱따기 소리 들려오고　　寒柝傳聲

긴 횡적이 한 곡조 보내오네　　長笛送曲

**10** 이정(離亭) : 성곽 밖의 길가에 행인이 잠시 휴식하도록 세웠던 정자로, 옛사람들이 모두 여기에서 서로 송별하였으므로, 전하여 길 떠나는 사람에 대한 송별의 자리를 의미하게 되었다.

| | |
|---|---|
| 진영의 참담함을 우러러 생각하고 | 仰陣上之慘惔 |
| 살기가 깊이 맺혀 있음을 슬퍼하네 | 悲殺氣之蘊結 |
| 만 리 밖 고향 생각에 | 懷家鄉兮萬里 |
| 암담하여 혼이 끊어지려 하네 | 魂黯黯而欲絶 |
| 혹은 외로운 신하와 절개 있는 선비가 | 或乃孤臣節士 |
| 배척되어 멀리 유배 가서 | 疏斥流放 |
| 상담의 지초와 난초를 차고[11] | 佩湘潭之芷蘭 |
| 남쪽 변방의 자욱한 장독(瘴毒) 속에서 머물렀네 | 滞蠻荒之烟瘴 |
| 하늘을 바라보니 음침한 기운에 막혀 있고 | 瞻天兮陰氛隔 |
| 해를 바라보니 뜬구름 기운에 흐릿하네 | 視日兮浮氣迷 |
| 소인이 임금의 총명 가리는 것을 근심하고 | 憫宵人之蔽聰 |
| 황혼에 만날 기약 어긋나는 것 원망하여 | 怨黃昏之違期 |
| 충분의 마음 쌓여도 하소연할 곳 없으니 | 菀忠憤而靡訴 |
| 홀로 강개하며 한숨 짓네 | 獨慷慨而歔欷 |
| 저 은둔한 선비 세상을 피하여 | 至夫隱士遯世 |
| 스스로 높은 의표(儀表)를 지켜 | 自守高標 |
| 옥과 비단을 오연(傲然)히 사양하고 | 辭玉帛而偃蹇 |
| 거문고와 책을 즐기며 소요하네 | 樂琴書而逍遙 |

**11** 상담(湘潭)의……차고 : 상담은 초(楚)나라의 충신인 굴원(屈原)이 유배되었다가 죽은 곳으로, 흔히 유배지의 의미로 쓰인다. 이 내용은 굴원이 지은 《초사(楚辭)》 권1 이소(離騷)에 "강리와 벽지를 몸에 두르고 가을 가을의 난초 엮어서 허리에 찼다오.〔扈江蘺與辟芷兮, 紉秋蘭以爲佩.〕"라는 내용이 있으므로 이렇게 말한 것이다. 원문의 '지(芷)'는 저본에 '기(芰)'로 되어있으나, 《초사》의 원문에 의거하여 바로잡아 번역하였다.

처마에 깃든 상서로운 구름과 마주하고　對片霱之棲簷
한가로운 마음이 자신과 똑같은 것 사랑하네　愛閑情之一般
어떻게 임금님께 이것을 가져다주랴[12]　詎堪持而贈君
가볍게 움직여 산을 나갈까 두려워하니　恐輕擧而出山
사람을 감동시키고 회포를 일으키는 것이　其所以感人而興懷者
또한 그 단서가 여러 가지이리라　蓋亦異其端矣
고금의 흥망에　若乃古昔興亡
세계가 뒤집어지고　世界翻覆
붕우들이 헤어지고 모이며　朋友離合
영웅들이 등장했다 사라지네　英雄闔闢
참으로 무상하여 변하고 바뀌니　繽無常而變改兮
모든 그 형상이 이 구름에 있네　揔厥象之在玆
어찌 다만 맑고 궂은 날씨 점칠 뿐이랴　豈惟占於陰晴兮
참으로 사물의 이치를 유추할 수 있네　定物理之可推
흘러감은 비록 빠르고 느림이 다르나　行雖異於疾舒兮
끝내 똑같이 소멸됨으로 돌아가네　歸竟同於消滅
어찌 장수하고 요절함에 마음을 움직이랴　寧壽殀之動心兮
천명에 편안하여 기뻐하고자 하노라　庶安命而爲悅

**12** 어떻게……가져다주랴 : 남조(南朝) 제(齊)나라 고제(高帝)가 산중에 사는 은사 도홍경(陶弘景)에게 산중에는 무엇이 있느냐고 묻자, 도홍경이 〈산중에 무엇이 있느냐고 물으시므로 시를 지어 답함〔詔問山中何所有賦詩以答〕〉이라는 제목의 시를 지었는데 여기에 "산중(山中)에 무엇이 있는가? 언덕 위에 흰 구름 많구나. 스스로 기뻐할 뿐이니, 이것을 임금님께 드릴 수 없네.〔不堪持贈君.〕"라는 구절이 있으므로 이렇게 말한 것이다. 《太平廣記 卷202 高逸 陶弘景》

| | |
|---|---|
| 저 의롭지 못한 부귀여 | 彼不義之富貴兮 |
| 공자께서는 뜬구름처럼 보셨고[13] | 孔聖視而如浮 |
| 붕새의 날개가 하늘에 드리운다고 비유함이여 | 比鵬翼於垂天兮 |
| 장주의 허망한 말 비웃노라[14] | 笑莊周之繆悠 |
| 범수는 혀를 잘 놀려 스스로 높은 지위에 이르렀고[15] | 雎掉舌而自致兮 |
| 사마천은 또 천리마 꼬리에 붙기를 바랐네[16] | 遷又希其附驥 |
| 나는 명예와 이익을 구해서는 안 됨을 아니 | 吾知名利之不可求兮 |
| 스스로 자신의 뜻을 따르기를 원하노라 | 願自從于己志 |
| 종일토록 날아오르는 구름을 보니 | 玩終日之飛揚兮 |
| 일찍이 어찌 근심스러운 생각 있겠는가 | 曾何有乎愁思 |
| 앞 시내를 건너며 꽃을 구경하니 | 過前川而賞花兮 |
| 한낮의 경치 담담함을 기뻐하며[17] | 欣午景之澹澹 |

**13** 저……보셨고 : 《논어》 〈술이(述而)〉에 "나물밥에 물을 마시고 팔을 베고 눕더라도 즐거움이 또한 그 속에 있으니, 떳떳하지 못한 부귀는 나에게 뜬구름과 같다.〔不義而富且貴, 於我如浮雲.〕"라는 공자(孔子)의 말씀이 있으므로 말한 것이다.

**14** 붕새의……비웃노라 : 《장자》 〈소요유(逍遙遊)〉에 "북쪽 바다에 곤(鯤)이라는 물고기가 있는데, 기운차게 떨쳐 날아오르면 그 날개가 마치 하늘에 드리운 구름과 같다.〔其翼若垂天之雲.〕"라는 구절이 있으므로 이렇게 말한 것이다.

**15** 범수(范雎)는……이르렀고 : 범수는 원래 위(魏)나라 사람으로 중대부(中大夫) 수가(須賈)를 섬겼는데, 오해를 받아 위나라의 상국(相國) 위제(魏齊)에게 모진 매를 맞고 거의 죽음에 이르렀다가 살아나자, 진(秦)나라로 도망하여 뛰어난 언변으로 소왕(昭王)에게 중용되어 정승이 되었으므로 이렇게 말한 것이다. 《史記 卷79 范雎蔡澤列傳》

**16** 사마천(司馬遷)은……바랐네 : 사마천이 지은 《사기》 〈백이열전(伯夷列傳)〉에 "백이와 숙제(叔齊)가 비록 어질었지만 공자(孔子)를 얻어서 이름이 더욱 빛났고 안연(顔淵)이 비록 학문에 독실하였지만 파리가 천리마 꼬리에 붙어 천 리를 가듯 공자 덕분에 행실이 더욱 드러났다."라는 구절이 있으므로 이렇게 말한 것이다.

| | |
|---|---|
| 반묘의 네모진 연못에 임하니 | 臨方塘之半畝兮 |
| 하나의 거울에서 하늘빛을 구경하노라[18] | 觀天光於一鑑 |
| 참으로 선철들이 즐거워하신 바여 | 諒前哲之所樂兮 |
| 내 이분들 말고 누구와 더불까 | 吾靡斯而與誰 |
| 이미 멀리 유람함에 깨달음이 있으니 | 旣有悟於遠覽兮 |
| 어찌 말을 늘어놓아 글을 짓지 않겠는가 | 盍敶辭而述之 |
| 곤륜산의 주나라 노래를 부끄러워하고[19] | 羞周謠於崑崙兮 |
| 고당의 초나라 부를 비루하게 여기네[20] | 陋楚賦於高唐 |

**17** 앞……기뻐하며 : 이 내용은 명도(明道) 정호(程顥)가 지은 〈춘일우성(春日偶成)〉 시의 "엷은 구름 상큼한 바람 정오가 다 되는 때, 꽃을 찾고 버들 따라 앞 시내를 건너네.〔雲淡風輕近午天, 傍花隨柳過前川.〕"라는 구절을 원용한 것이다.

**18** 반묘(半畝)의……하노라 : 반묘는 작은 넓이라는 의미로 1묘는 대략 80평 정도의 넓이이다. 이 내용은 주자가 지은 〈관서유감(觀書有感)〉 시의 "반묘의 네모진 연못 거울처럼 펼쳐지니, 하늘빛 구름 그림자 그 안에서 배회하네.〔半畝方塘一鑑開, 天光雲影共徘徊.〕"라는 구절을 원용한 것이다.

**19** 곤륜산(崑崙山)의……부끄러워하고 : 주(周)나라 목천자(穆天子)가 일찍이 천하를 유람하다가 곤륜산에서 서왕모(西王母)의 손님이 되어 서왕모에게 술잔을 올렸는데, 서왕모가 목천자를 위해 "백운(白雲)이 하늘에 있으니 산릉(山陵)이 절로 생기도다. 도로가 아득히 멀고 산천(山川)이 가로막혔으나, 청컨대 그대는 죽지 말아서 부디 다시 찾아올 수 있기를."이라고 노래하자, 목천자가 "내가 동토(東土)로 돌아가 화평하게 중국을 잘 다스려서, 만백성이 고루 태평해지거든 그대를 만나러 오리니, 삼 년에 이르러 여기 들판으로 돌아오리라."라고 화답했다는 전설이 있으므로 이렇게 말한 것이다. 목천자는 목왕(穆王)으로 유람을 좋아하여 팔준마(八駿馬)를 타고 천하를 유람하였는데, 초(楚)나라 지방에서 행방불명되었다.

**20** 고당(高唐)의……여기네 : 고당은 누대의 이름이고 초나라 부는 〈고당부(高唐賦)〉를 이르다. 초나라의 양왕(襄王)이 송옥(宋玉)과 고당에서 놀았는데, 송옥이 말하기를 "옛날에 선왕(회왕(懷王))께서 고당에서 노시다가 낮잠이 들어 꿈속에서 무산(巫

붓을 잡고 곰곰이 생각하여　握弗律而潛思兮
도의 묘함을 밝혀 문장을 이루네　闡道妙而成章
다음과 같이 끝맺음을 하노라　亂曰
아득히 먼 옥우[21] 뜬구름에 막히니　玉宇遼闊浮雲塞兮
달이 그림자를 감추고 별빛이 어두워지네　月輪韜暎星晦色兮
갑자기 바람이 불어와 음기가 흩어지니　倏而風來陰氣闢兮
혹은 동쪽으로 혹은 서쪽으로 가서 마침내 흔적이 없네　或東或西遂無迹兮
비유하자면 사람의 마음이 외물에 혼탁해지는 것과 같으니　譬如人心爲物濁兮
성과 경으로 다스리면 밝은 명을 회복할 수 있네　誠敬以治明命復兮
저 구름이 일어났다 사라지는 것을 보고 사욕을 경계하니　瞻彼起滅戒私慾兮
영대[22]를 깨끗이 하여 하늘과 함께 밝아지길 바라노라　庶潔靈臺共天廓兮

山)의 선녀를 만나 놀았는데, 선녀가 이별하는 즈음에 말하기를, '첩은 무산의 남쪽 고구(高丘)의 산속에 사는데, 아침이면 떠가는 구름이 되고 저녁이면 내리는 비가 되어 매일 아침과 저녁마다 양대(陽臺)의 아래에 있습니다.' 하였습니다."라고 하였으므로, 이렇게 말한 것이다. 《文選 卷19 高唐賦》

**21** 옥우(玉宇) : 경루옥우(瓊樓玉宇)의 줄임 말로 신화 속에 나오는 월궁(月宮) 속의 누각을 이르는데, 여기서는 임금이 사는 궁궐을 비유하였다.

**22** 영대(靈臺) : 마음을 가리킨다. 《장자》 〈경상초(庚桑楚)〉에 "영대에 들여놓아서는 안 된다.〔不可內於靈臺.〕"라고 하였는데, 곽상(郭象)의 주(注)에 "영대라는 것은 마음이다."라고 하였다.

# 시 詩

## 낮잠
午眠

| | |
|---|---|
| 뜨락의 나무 짙은 그늘에 가랑비가 나리니 | 庭樹陰濃細雨來 |
| 장미꽃은 지고 해당화는 피었구나 | 薔薇花落海棠開 |
| 한가로운 서재 적적한데 사람이 높이 누었으니 | 閑齋寂寂人高臥 |
| 나뭇잎 사이로 꾀꼬리 울음소리 낮잠을 깨우네 | 隔葉鶯聲午夢廻 |

## 여강 나그네의 회포

驪江客懷

| | |
|---|---|
| 갑자기 강호의 나그네가 되어 | 忽作江湖客 |
| 도도히 오랫동안 돌아가지 못했네 | 滔滔久不歸 |
| 차가운 하늘 때로 멀리 바라보니 | 寒天時極目 |
| 기러기들 남쪽을 향해 날아가네 | 鴻雁向南飛 |

## 풍계에서

楓溪

| | |
|---|---|
| 잔설이 소나무 오솔길을 덮어 가리니 | 殘雪迷松逕 |
| 지팡이 짚고 가는 마음 참으로 한가롭네 | 携筇意正閑 |
| 해가 떠오르니 누각의 그림자 고요하고 | 日將樓影靜 |
| 봄이 되자 계곡의 물소리 다시 들리네 | 春入澗聲還 |
| 그윽한 경계는 진세 밖인 듯하고 | 幽境疑塵外 |
| 격조 높은 담화는 세간을 벗어나네 | 高談出世間 |
| 서로 바라보며 주인과 나그네를 잊으니 | 相看忘主客 |
| 우리는 모두 시내와 산을 좋아한다오 | 同是愛溪山 |

## 선원 김 선생[23]의 영당을 배알하다

謁仙源金先生影堂

| | |
|---|---|
| 늙은 측백나무 무성하여 사당 담장에 그늘 드리우니 | 老柏森森蔭廟墻 |
| 충신의 유상이 사당 안에 있네 | 忠臣遺像在中堂 |
| 바위에 쓰인 글 또 우암 어른의 필적이니[24] | 巖題更有尤翁筆 |
| 이 땅에 해와 달의 광채 영원히 남으리라 | 此地長留日月光 |

**23** 선원(仙源) 김 선생 : 선원은 김상용(金尙容, 1561~1637)의 호로, 자는 경택(景擇), 본관은 안동(安東)이다. 1590년(선조23) 증광 문과에 급제하고 벼슬이 우의정에 이르렀다. 1636년 병자호란 때 종묘(宗廟)와 사직(社稷)의 신주(神主)를 받들고 빈궁과 원손을 수행하여 강화도에 피난하였다가 성이 함락되자 성의 남문루(南門樓)에 있던 화약을 폭파시키고 순절하였다.

**24** 바위에……필적이니 : 석실서원에 있는 석실서원묘정비(石室書院廟庭碑)는 우암이 지은 것이나 글씨는 곡운(谷雲) 김수증(金壽增)의 글씨이다. 김수증이 선고 김광찬(金光燦)을 청음 김상헌의 묘소 아래쪽에 부장(祔葬)한 뒤에 옆에 작은 집을 짓고 도산정사(陶山精舍)라고 이름하였는데, 당시 우암 송시열이 취석(醉石)이라는 큰 글씨를 써주었고 4년 뒤인 1672년(현종13) 김수증이 지금의 비석을 만들고 여기에 각자(刻字)하였는데 데 이 비석의 글씨를 말한 것으로 보인다.

# 가을비

秋雨

작은 서재에 오동 잎 이미 성근데　小院梧桐葉已稀
서풍이 비를 몰고 사립문으로 들어오네　西風吹雨入柴扉
풀에 의지한 귀뚜라미는 젖을까 근심하겠고　寒蟲依草應愁濕
숲속에 들어가 잠든 새는 또한 날지 않네　宿鳥投林也不飛
나무를 스치는 가을 소리[25] 베개 곁에 이르고　淅瀝秋聲偏到枕
가랑비 떨어지는 밤빛이 바로 옷에 묻어나네　霏微夜色正生衣
등불 앞에 홀로 누워 괴로운 시를 읊으며　燈前獨臥吟詩苦
반평생 뜻과 사업 이루지 못한 것 서글퍼하네　半世空嗟志業違

**25** 나무를……소리 : 이 내용은 당나라의 문호 구양수(歐陽脩)가 밤에 글을 읽다가 서남쪽에서 나는 다양한 소리를 듣고 동자에게 알아보게 하자, 동자가 "별과 달은 밝고 깨끗하며 밝은 은하수는 하늘에 있으니, 사방에는 사람 소리가 없고 이 소리는 나무 사이에서 나옵니다.〔聲在樹間.〕"라고 대답한 구절을 원용한 것이다. 《古文眞寶 後集 卷6 秋聲賦》

## 평사로 부임하는 외숙 유공[26] 언민 을 받들어 작별하다
奉別舅氏兪公 彦民 評事之行

| | |
|---|---|
| 승명려[27]에서 숙직하신 것이 몇 년입니까 | 厭直承明問幾秋 |
| 나가서 막부에 참여하니 참으로 깨끗한 유람입니다 | 出參蓮幕儘淸遊 |
| 변방의 산 절벽처럼 솟은 것 오직 장백산이니 | 塞山壁立惟長白 |
| 큰 붓으로 시를 지어야 짝할 수 있을 것입니다 | 大筆題詩可與侔 |

두 번째 其二

| | |
|---|---|
| 선왕의 공업 국경을 개척하였으니 | 先王功業拓山河 |
| 두만강은 고요히 흘러 파란이 일지 않겠지요 | 豆滿江流靜不波 |
| 태평성대라 지금은 격문이 적으니 | 聖代卽今書檄少 |
| 남루에 화촉 밝히고 아름다운 노래 들으시겠지요 | 南樓華燭聽嬌歌 |

**26** 외숙 유공(兪公) : 유언민(兪彦民 1709~1773)으로 자는 이천(伊天), 호는 석은(石隱), 본관은 기계(杞溪)이다. 1743년(영조19) 정시 문과에 급제한 다음 주로 삼사(三司)에 근무하였고 벼슬은 도승지에 이르렀다.

**27** 승명려(承明廬) : 한(漢)나라 때 황제의 침소(寢所)인 승명전(承明殿) 곁에 있던 집으로, 시신(侍臣) 들이 숙직하던 곳이다. 유언민이 시종신인 삼사(三司)에 주로 근무하였기 때문에 이렇게 말한 것이다.

## 봄날 필운대를 바라보며

春日望弼雲臺

| | |
|---|---|
| 유람객들 봄놀이하러 오고 가니 | 遊客探春去復來 |
| 아침마다 수레와 말들 필운대로 향하네 | 朝朝車馬向雲臺 |
| 꽃떨기들은 야박한 사람 마음 같지 않으니 | 花叢不似人心薄 |
| 빈한한 선비 뜨락 앞에도 절로 피어나네 | 寒士庭前亦自開 |

## 늦은 봄

暮春

| | |
|---|---|
| 앞 시내 수양버들 푸른 실처럼 늘어지고 | 前川楊柳拂青絲 |
| 향기로운 풀에 연기 어리니 한낮의 해는 더디 가네 | 芳草和烟午景遲 |
| 삼월의 풍광 저무는 것 안타까워하지 마라 | 莫惜風光三月暮 |
| 떨어지는 꽃잎이 오히려 필 때 보다 낫다오 | 落花猶勝見開時 |

## 흥을 보내다

遣興

| | |
|---|---|
| 뜰 앞의 여름 나무에서 시원한 바람 절로 불어오니 | 庭前夏木自淸風 |
| 종일토록 주렴 드리워져 온 집안이 텅 비어 있네 | 盡日簾垂一院空 |
| 어린 제비 두 마리 꽃 떨어진 뒤에 함께 오고 | 乳燕雙來花落後 |
| 우는 새들 나뭇잎 무성한 곳에 많이 있네 | 啼禽多在葉深中 |
| 경물 구경으로 인해 새로운 시흥 이루고 | 詩因觀物成新興 |
| 마음 보존하기 위해 옛 글공부 잇네 | 書爲存心續舊功 |
| 또 기쁘게도 집이 가난해도 술은 있어 | 且喜家貧猶有酒 |
| 때때로 도옹처럼 홀로 술잔 기울이노라[28] | 時時獨酌似陶翁 |

**28** 때때로……기울이노라 : 도옹(陶翁)은 동진(東晉) 때의 은사이자 시인인 도연명(陶淵明, 372~427)이다. 도연명은 매우 궁핍한 삶을 살았으나 술을 매우 좋아하여 자신이 지은 많은 시에서 술을 예찬하였고, 주성(酒聖)으로 불렸으므로 이렇게 말한 것이다.

# 무더위

苦熱

| | |
|---|---|
| 아지랑이와 먼지에 푸르고 푸른 하늘인데 | 野馬塵埃色蒼蒼 |
| 6개월 동안 남쪽 바다에 큰 붕새가 날아가네[29] | 六月南溟大鵬翔 |
| 해풍은 다만 궁발 북쪽에서 불어도[30] | 海風但吹窮髮北 |
| 육지에서는 서늘한 기운 만들어 내지 못하네 | 不與平陸作微凉 |
| 우러러보니 하늘에 뜨거운 해가 나오니 | 仰視中天赫曦出 |
| 용을 타고 적제가 부상에서 오네[31] | 騎龍赤帝來扶桑 |

**29** 아지랑이와……날아가네 : 이 내용은 《장자》 〈소요유(逍遙遊)〉에 "붕새가 남쪽 바다로 날아 옮겨갈 때에는 큰 날개로 바다의 수면을 3천 리나 치고 회오리바람을 타고 9만 리 꼭대기까지 올라간다. 그리하여 여기 북쪽 바다 상공을 떠나서 6개월을 계속 난 뒤에 비로소 한 번 크게 숨을 내쉰다. 공중에 떠 있는 아지랑이와 티끌은 천지 사이의 살아 있는 생물들이 입김을 서로 내뿜는 데서 생겨나는 현상이다. 하늘이 푸르고 푸른 것은 그 본래의 제 빛깔인가. 아니면 멀어서 끝이 없기 때문인가. 붕새가 아래를 내려다 볼 때에도 이와 같을 것이다.〔鵬之徙於南冥也, 水擊三千里, 摶扶搖而上者九萬里. 去以六月息者也. 野馬也, 塵埃也, 生物之以息相吹也. 天之蒼蒼, 其正色耶? 其遠而無所至極耶? 其視下也, 亦若是則已矣.〕"라고 한 말을 원용한 것이다.

**30** 해풍은……불어도 : 궁발(窮髮)은 풀과 나무가 나지 않는 북극(北極)의 불모지를 가리키는 말이다. 《장자》 〈소요유(逍遙遊)〉에 "초목이 나지 않는 불모지의 북쪽에 검푸르고 어두운 바다가 있다."라고 하였으므로 이렇게 말한 것이다.

**31** 용을……오네 : 적제(赤帝)는 중국 고대 신화의 다섯 천제(天帝) 가운데 하나로, 남쪽에 있으면서 여름을 관장하는 화(火)의 신이다. 부상(扶桑)은 전설상 나무의 이름으로 해가 뜰 때 이 나무 아래에서 솟아나고 떠오른다고 하는바, 해가 뜨는 동쪽을 가리키기도 한다.

| | |
|---|---|
| 붉은 거울이 공중에 올라 우주를 불태우니 | 紅鏡上空燒寰宇 |
| 축융[32]의 맹렬한 위세 불 깃발을 펼치네 | 祝融威烈火旗張 |
| 모래와 옥이 타고 금과 은도 녹아 흐르니 | 砂焦玉熠金銀流 |
| 갖가지 벌레들 다 같이 화상을 입네 | 蝙蝡肖翹咸爛傷 |
| 아 우리 백성들이 더위 먹어 죽으려 하니 | 嗟我小民暍欲死 |
| 본바탕이 양주의 월[33] 지역을 겪은 적이 없어서라네 | 其性未曾學粤揚 |
| 만백성이 오 지역의 물소[34]처럼 숨을 헐떡이니 | 萬人喘息如吳牛 |
| 좁은 집에 찌는 듯한 아침 햇볕 참으로 괴롭네 | 蝸廬政苦蒸朝陽 |
| 귀족들 집안의 화려한 누각엔 상쾌한 기운 통하고 | 貴里錦棚通爽氣 |
| 대신들 집의 무소뿔[35]은 시원한 달빛과 통하여 | 侯家寶犀徹流光 |
| 다른 곳에 무더위 있음을 알지 못하니 | 不知外邊有炎熱 |
| 시원함을 기꺼이 사방과 함께 나누려 하겠는가[36] | 肯分淸凉同四方 |

**32** 축융(祝融) : 여름과 불을 관장하는 신으로 적제(赤帝)와 같다.

**33** 양주(揚州)의 월(粤) : 양주(揚州)는 중국 양자강 이남의 동남쪽에 해당하고, 월은 그 지역에서도 제일 남쪽의 더운 지역인 광동성(廣東省) 일대를 이른다.

**34** 오(吳) 지역의 물소 : 진(晉)나라의 만분(滿奮)이 평소 바람을 두려워하여 무제(武帝)에게 "저는 오 지역의 물소[吳牛]가 달을 보고 헐떡이는 것과 같은 체질입니다."라고 하였는데, 이에 대한 유준(劉峻)의 주(註)에 "지금의 물소는 강회(江淮) 지방에서만 살기 때문에 오우(吳牛)라고 한다. 남쪽 지방은 매우 더운데 이 소가 더위를 꺼려서 달을 보고도 해로 착각하기 때문에 달을 보고 헐떡인다."라고 하였다. 《世說新語 言語》

**35** 무소뿔 : 무소뿔은 성질이 차가워 더위를 풀 수 있기 때문에 '벽서서(辟暑犀)'라고 일컬어졌는바, 《본초강목(本草綱目)》 권51상(上) 〈수지이(獸之二) 서(犀)〉의 주에 "《백공육첩(白孔六帖)》에 말하였다. '벽서서라는 것이 있었는데, 당나라 문종이 그것을 손에 넣어서 여름에 더위를 씻을 수 있었다.'〔白孔六帖 有辟暑犀 唐文宗得之 夏月能淸暑氣〕"라고 보인다.

**36** 다른……하겠는가 : 이 내용은 북송(北宋)의 문호인 소동파(蘇東坡)가 지은 시

사신들은 언덕과 습지의 길에서 얼음물을 마시고[37] 行人飲氷原隰路

나그네들은 역병이 있는 고을에서 언덕을 팠네[38] 羈客穿岸瘴癘鄉

더구나 나는 병든 몸으로 삼복더위에 칩거해 況余病骨三庚蟄

옷을 단정히 입고 앉으려니 마음이 발광하네 整衣欲坐心發狂

흰 모시 홑적삼도 무명 옷보다 두꺼우니 白紵單衫厚於綿

밥상을 대하자 끓는 물 더듬듯 땀이 줄줄 對食汗飜如探湯

정신과 심기가 혼탁해져 답답하게 깨지 못하여 神昏氣濁鬱未醒

종일 늘어져 베개에 기대고 엎드려 있네 終日低垂伏枕傍

온 나라가 큰 화로여서 도망갈 곳이 없으니 萬國洪爐無所逃

〈유공권의 연구를 채우다〔足柳公權聯句〕〉의 내용을 원용한 것이다. 유공권은 당나라 문종(文宗) 때의 문신이자 명필이다. 문종이 "사람은 모두 무더위 괴로워하지만, 나는 여름해가 긴 것을 좋아하네.〔人皆苦炎熱, 我愛夏日長.〕"라는 두 구를 짓고 학사들에게 연구(聯句)를 짓도록 하였다. 이때 유공권이 "훈풍이 남쪽으로부터 불어오니, 전각엔 시원한 기운이 일어나네.〔薰風自南來, 殿閣生微凉〕"라는 연구를 짓고 대궐 벽에 쓰니 문종이 매우 감탄하였다. 후대의 소동파가 이 연구에는 임금과 신하가 찬미하는 내용만 있고 경계하는 내용이 없다고 여겨 "한 번 이런 곳으로 거처를 옮기면, 괴로움과 즐거움 길이 서로 잊고 마네. 원컨대 이런 베풂을 고르게 하여, 맑은 그늘 사방에 나누어 주었으면.〔一爲居所移, 苦樂永相忘. 願言均此施, 淸陰分四方.〕"이라는 네 구를 더 지어 채워 여덟 구를 만들어 군주에게 충성하고 백성을 사랑하는 뜻을 덧붙였다.

**37** 사신(使臣)들은……마시고 : 무더운 여름에 멀고 험한 길을 가는 사신의 노고를 표현한 말로, 《장자》 〈인간세(人間世)〉에 "내가 아침에 사신의 명을 받고 저녁에 얼음물을 마셨다."라고 한 데서 온 말이다.

**38** 나그네들은……팠네 : 후한(後漢)의 명장(名將) 마원(馬援)이 교지(交趾)를 공격하며 남방의 무릉(武陵)에 있는 호두산(壺頭山)에 이르렀을 때 혹독한 무더위를 만나 역병(疫病)으로 죽는 사졸들이 늘어나고 자신도 병에 걸리자, 마침내 언덕을 파 굴을 만들어서 더운 기운을 피하였던〔穿岸爲室以避炎氣〕 고사를 원용한 것이다. 《後漢書 卷24 馬援列傳》

| | |
|---|---|
| 천지를 바라보면 온통 망망하네 | 眼看天地都茫茫 |
| 하삭에서 술 마시던 원소를 생각하고[39] | 河朔縱酒思袁紹 |
| 버드나무 아래에서 대장일하던 혜강을 생각하네[40] | 柳下鍊鍛憶嵇康 |
| 소나무 숲에서 이슬 마시는 매미가 되고 싶고 | 乞爲松林吸露蟬 |
| 장강과 한수에서 헤엄치는 방어가 되고 싶네 | 願作江漢泳水魴 |
| 어이하면 신선의 부엌에서 비설산[41]을 얻어서 | 安得仙竈飛雪散 |
| 설탕물 대신 마셔 번민을 씻고 몸을 편안히 할까 | 滌煩寧軀代蔗漿 |
| 저녁에 하루살이들이 창가에서 어지러이 나니 | 窓間蟣蠓夕亂飛 |
| 대자리와 돌상을 쓸 수가 없네 | 無賴竹簟與石床 |
| 사계절이 고르게 나뉘어 번갈아 바뀌니 | 四序平分相迭代 |
| 때마침 서풍이 불어 밤에 서리 내리리라 | 會有金風吹夜霜 |

**39** 하삭(河朔)에서……생각하고 : 하삭은 중국의 황하(黃河) 이북 지역을 가리키며 원소(袁紹)는 후한(後漢) 말기의 군벌이다. 유송(劉松)이 하삭에 가서 원소의 자제들과 삼복더위에 피서를 명분으로 술판을 벌이고 밤낮없이 마셔 댄 고사가 있으므로 이렇게 말한 것이다. 《初學記 歲時部上 夏避暑飮》

**40** 버드나무……생각하네 : 혜강(嵇康)은 삼국시대 위(魏)나라의 명사(名士)로 죽림칠현(竹林七賢) 중의 한 명이다. 쇠로 기물을 만드는 것을 좋아하여 집안의 큰 버드나무 아래에 못을 둘러 파고, 무더운 여름철이면 거기에 앉아 대장일을 하며 기물을 만들었다. 《晉書 卷49 嵇康傳》

**41** 비설산(飛雪散) : 더위에 땀이나 열이 나지 않도록 해주는 신비한 약인 비상산(飛霜散)을 가리킨 것으로 보인다. 비상산은, 혹자가 포박자(抱朴子)에게 더위를 타지 않는 방도를 묻는 질문에 포박자가 "입하(立夏) 날에 육임(六壬)·육계(六癸)의 부적을 복용하거나, 육계의 기운을 운행하거나, 현빙환(玄氷丸)을 복용하거나, 비상산을 복용하는 것이다."라고 대답한 구절에 보인다. 《抱朴子 內篇 卷3 雜應 卷15》

## 달밤

月夜

| | |
|---|---|
| 베개와 자리 깨끗하여 잠이 없어서 | 枕席清無寐 |
| 초당에 기대어 시를 짓노라 | 題詩倚草堂 |
| 오동나무에는 가을이 참으로 빨리 찾아오고 | 梧桐秋正早 |
| 귀뚜라미 울음소리에 밤이 처음 길어졌네 | 蟋蟀夜初長 |
| 달 아래 앉아 있으니 온 몸이 하얗고 | 坐月全身白 |
| 바람을 맞으니 온 얼굴이 시원하네 | 當風一面凉 |
| 마음을 살펴봄에 참으로 묘함을 깨달아 | 觀心渾覺妙 |
| 또다시 못가를 맴돌며 서성이노라 | 且復繞池塘 |

## 김 중관 재순 이 방문하여 달 아래 앉아 시를 얘기하다가 밤이 깊어 자리를 파해서 시 한 수를 읊었는데 다음날 아침에 써서 보여주고 화답을 구하였다

金仲寬 在淳 來訪 坐月話詩 夜深而罷 吟得一詩 翌朝書示求和

새로운 이야기 태반이 시 읊는 것이었으니 新談太半是吟哦
그윽한 경치 기약한 듯 달이 언덕으로 떠올라오네 幽事如期月上坡
나는 원소에 봉 자를 쓴 뜻 안타까워하는데[42] 憐我元宵題鳳意
그대 오늘 저녁 달 아래 거닐며 찾아왔네 枉君今夕步蟾過
눈이 사라지니 꽃의 넋이 앞 숲에서 움직이고 雪殘花魄前林動
바람이 부니 솔바람 소리 먼 골짝에서 크게 들려오네 風度松聲遠壑多
초경 알리는 북소리에 서로 전송하고 헤어지니 更鼓初鳴相送罷
외로운 등불 적적한데 서재 문을 닫았네 孤燈寂寂閉書窩

**42** 나는……안타까워하는데 : 원소(元宵)는 정월 대보름 밤을 이른다. '봉(鳳) 자를 쓴 뜻'은 주인 없는 집을 방문하고 돌아온 것을 비유하는 말이다. 진(晉)나라 여안(呂安, ?~263)이 천 리 멀리 있는 혜강(嵇康, 224~263)의 집을 찾아갔다가, 만나지 못하고 그의 형 혜희(嵇喜)만을 만나보았는데, 문에다 '봉(鳳)' 자를 써 놓고 돌아간 고사에서 연유한다. '봉(鳳)' 자를 파자(破字)하면 '평범한 새〔凡鳥〕'가 되는 바 이는 혜희가 평범한 사람임을 가리킨 것으로, 범인(凡人) 혹은 용렬한 사람을 가리키는 비유로도 쓰인다. 《世說新語 簡傲》

## 눈 내린 뒤에 달빛이 작은 문을 환히 비추거늘 깊은 밤에 홀로 앉아 스스로 아름다운 흥취를 이루다

雪後月色 皎然盈戶 夜深獨坐 自成佳趣

| | |
|---|---|
| 달이 오늘 밤에 유난히 하얀데 | 月從今夜白 |
| 숲의 눈빛과 서로 어울리네 | 林雪色相宜 |
| 물건을 비추니 응당 숨김이 없고 | 燭物應無隱 |
| 마음을 엿보니 감히 속임이 있으랴 | 窺心敢有欺 |
| 밝은 빛 누가 보지 못하리오 | 明光誰不見 |
| 깨끗한 기운 내가 먼저 아노라 | 灝氣我先知 |
| 천년 전 염계의 표상[43] | 千載濂溪像 |
| 어렴풋이 생각이 여기에 있네 | 依俙想在玆 |

**43** 염계(濂溪)의 표상(表象) : 염계는 중국 호남성(湖南省) 도현(道縣) 여산(廬山) 기슭에 있는 물 이름이다. 북송(北宋)의 학자인 주돈이(周敦頤)가 염계에서 갓끈을 씻고 즐기며 스스로 호를 염계라고 지었는데, 이는 초(楚)나라 굴원(屈原)이 지은 〈어부사(漁父辭)〉의 "창랑의 물이 맑으면 나의 갓끈을 씻는다."라는 구설을 떠올리며 스스로 속세에 뜻이 없음을 보인 것이며 인품이 고상하여 광풍제월(光風霽月)로 알려졌으므로 이렇게 말한 것이다. 《伊洛淵源錄 卷1》

## 장원서[44] 뜨락에 있는 소나무를 읊다
詠苑署園中松

| | |
|---|---|
| 푸른 소나무 작은 뜨락에 홀로 서있는데 | 蒼松獨立小園中 |
| 추운 세모에도 열사의 바람[45] 항상 불어오네 | 歲暮長吹烈士風 |
| 어찌하여 사람 따라 한 날에 죽지 않았는가 | 何不隨人同日死 |
| 하늘이 이 나무를 남겨 순결한 충정 드러냈네 | 天留此樹表精忠 |

뜨락의 소나무는 성삼문(成三問) 공이 심은 것이다.

**44** 장원서(掌苑署) : 조선시대 궁중(宮中)의 원(園)・유(囿)・화초(花草)・과물(果物)에 관한 일을 관장하던 관청으로 1466년(세조12)에 상림원(上林園)을 개칭한 것이다.

**45** 열사(烈士)의 바람 : 열사는 충렬(忠烈)스러운 선비라는 의미로, 세조(世祖)가 1455년 단종(端宗)을 상왕으로 내몰고 왕위를 찬탈하자, 세조를 제거하고 상왕을 복위시키려다가 멸족(滅族)의 화를 당한 성삼문(成三問)을 가리킨 것이다.

## 이강을 애도하다

悼二江

| | |
|---|---|
| 나의 종 이강이 어찌하여 죽었는가 | 我僕二江胡爲死 |
| 슬프고 쓰라린 나의 마음 오랫동안 이어지네 | 我心悲酸久未已 |
| 옛날 네가 총각 시절 청소할 적에 | 昔汝總角供灑掃 |
| 이미 총명하여 나의 지시를 잘 따랐었지 | 已能慧悟隨頤指 |
| 주인의 병 근심하여 대청 옆에서 시중들었고 | 自憂主病侍廳邊 |
| 약 달이고 차 끓이느라 밤에도 잠 못 잤었지 | 鍊藥煎茶夜未眠 |
| 때로 바깥문에서 손님을 맞이하면 | 有時應門引賓客 |
| 직접 술잔을 받들어 잘 주선하였네 | 手擎盃觴善周旋 |
| 장성해서는 재능이 많고 사리를 잘 이해하니 | 長大多能頗解事 |
| 가난한 집안의 온갖 일을 혼자 도맡았네 | 貧家百役一身萃 |
| 마음이 깨끗하고 정직하여 주인을 속이지 않아 | 中心白直不欺主 |
| 석숭의 노비 웅교[46]에 지금 버금갈 수 있네 | 石奴熊翹今可二 |
| 보는 자들이 뛰어남을 칭찬하여 혹 자로 불러주고 | 觀者稱奇或字呼 |
| 노예의 무리로 대하지 않았으나 | 待之不以奴隷徒 |
| 너의 마음 더욱 공손하여 감히 태만하지 않아서 | 汝心益恭不敢惰 |

**46** 석숭(石崇)의 노비 웅교(熊翹) : 웅교는 원래 서진(西晉)의 대부호였던 석숭의 노비였는데 성품이 청렴하고 정직하였으며 선비의 풍모가 있었다. 황문랑(黃門郎) 반악(潘岳)이 그를 보고 남나은 인물이라고 칭찬하고 석숭에게 권하여 면천(免賤)해 주어 향리로 보내게 하였는데, 후일 웅교의 손자인 웅원(熊遠)이 동진(東晉)의 대신(大臣)이 되었다. 《晉書 卷71 熊遠列傳》

온몸이 고달프도록 하루 종일 분주히 일하였네　朝暮奔走疲筋膚
동산에 올라 땔나무 베어 방구들을 따뜻하게 하고　登園伐薪煖房堗
숲에 들어가 아욱을 뜯어 음식에 이바지하였네　入林剪葵供庖廚
마구간에서 말을 기르면 말이 또 살찌니　槽間養馬馬又肥
자기 돈 아끼지 않고 콩과 여물 배불리 먹였네　不愛私錢充豆芻
수십여 년 동안 충정을 다하여　數十餘年殫赤忠
오직 주인과 함께 동고동락하였네　苦樂惟與家主同
촛불을 잡고 여러 번 견생에게 독서하라 권하였고[47]　持燭屢勸甄生讀
수레를 엮어 한자의 곤궁함을 보내고자 하였네[48]　結車欲送韓子窮
내가 말하길 네 주인이 어찌 오랫동안 가난하겠느냐　我謂汝主豈長貧
마땅히 면천하여 주어서 이 공을 보답겠다 하였는데　會當免役酬此功
손수 심었던 뜨락의 꽃이 하루 저녁에 시들어　手種園花一夕枯
갑자기 흉조에 놀랐는데 너의 몸이 죽었구나　忽驚凶兆殞汝躬

**47** 촛불을……권하였고 : 견생(甄生)은 북위(北魏) 시대에 관료를 지낸 견침(甄琛)으로, 자는 사백(思伯)이다. 견침이 수재(秀才)로 천거되어 집을 떠나 도성에서 벼슬을 할 적에 해야 할 독서에 더 매진하지 않고 바둑에 푹 빠져서 밤새도록 노예를 시켜 촛불을 잡게 하였는데, 노예가 졸기라도 하면 매질까지 하였다. 마침내 노예가 "주인님께서 만약 독서를 하신다면 촛불 잡는 일을 감히 사양치 못할 것이나, 바둑이 뭐가 그리 중요하단 말입니까."라고 하자, 크게 부끄러워하여 경사(經史)를 부지런히 익혔다는 고사가 있는바, 박윤원 자신을 견침에 견주어 표현한 것이다. 《古今事文類聚 續集 卷18 燈火部 燃燭奕碁》

**48** 수레를……하였네 : 한자(韓子)는 당나라의 문호 한유(韓愈)를 높여 칭한 것으로, 그가 항상 자기를 괴롭히는 다섯 궁귀(窮鬼)를 물리치기 위해 〈송궁문(送窮文)〉을 지었는데, 여기에 "주인이 종을 시켜 버들 엮어 수레를 만들게 하고, 풀을 묶어 배를 만든 뒤 …… 자신을 빈궁하게 만드는 귀신에게 세 번 읍하며 고한다."라고 하였으므로 이렇게 말한 것이다.

| | |
|---|---|
| 가볍게 염하여 얕게 묻으니 또한 슬퍼할 만한데 | 薄斂淺埋亦可悲 |
| 휘장과 차일로 보답하지 못했으니[49] 실로 부끄럽네 | 帷蓋無報吾實怩 |
| 친구들이 왕왕 편지로 위로하니 | 親知往往書相慰 |
| 인간 세상에 선을 권하는 일 끝내 어렵게 되었네 | 人世勸善終難爲 |
| 참으로 심장과 등뼈 같은 충신[50]과 다름없었는데 | 正如藎臣效心膂 |
| 푸른 하늘은 어찌하여 빨리 이를 빼앗아갔는가 | 蒼天何爲速奪去 |
| 나는 수족이 없어져 어쩔 수가 없으니 | 我無手足措未得 |
| 무슨 일인들 지금부터 너를 생각하지 않으랴 | 何事從今不思汝 |
| 옷걸이와 책상을 누가 단정히 정리해주며 | 衣架書床孰齊整 |
| 채소밭과 과원을 누가 호미로 김매랴 | 蔬田果圃孰鋤除 |
| 종이 천 명 있은들 어떻게 너를 대신할 수 있으랴 | 縱有千僮贖何由 |
| 나머지들은 모두 억세고 약아빠져 거두기가 어렵네 | 餘者桀黠皆難收 |
| 거름을 지고 땔나무 옮기는 일도 싫어하여 | 擔糞曳柴猶厭苦 |
| 구석으로 머리 돌리고 원망하는 소리 그치지 않네 | 向隅怨詈聲不休 |
| 어디에서 이강과 같은 자를 얻어 | 何處得來如二江 |
| 힘든 일 맡겨 주인을 근심하지 않게 하랴 | 執役不令其主憂 |

**49** 휘장과……못했으니 : 이강의 죽음에 자신의 배려가 제대로 미치지 못했음을 안타까워 한 것이다. 공자(孔子)가 기르던 개가 죽자 자공(子貢)을 시켜 묻게 하고서 이르기를 "해진 휘장을 버리지 않는 것은 죽은 말을 싸서 묻기 위함이요, 해진 수레 덮개를 버리지 않는 것은 죽은 개를 싸서 묻기 위함이다.〔敝帷不棄, 爲埋馬也; 敝蓋不棄, 爲埋狗也.〕"라고 하였으므로 이렇게 말한 것이다. 《禮記 檀弓下》

**50** 심장과……충신 : 이 내용은 주 목왕(周穆王)이 군아(君牙)를 대사도(大司徒)에 임명하면서 "지금 그대에게 명하노니, 그대는 나를 도와 나의 다리와 팔과 심장과 등뼈가 되라.〔作股肱心膂.〕"라고 한 구절을 원용한 것이다. 《書經 周書 君牙》

## 상계원에서

上溪園

| | |
|---|---|
| 아름드리나무들 무수히 많고 | 亂木圍無數 |
| 기이한 꽃들 이름을 알 수 없네 | 奇花名不知 |
| 그늘진 벼랑 항상 비 기운 띠고 | 陰崖常帶雨 |
| 흐르는 물이 절로 못을 만드네 | 流水自生池 |
| 정자가 예스러우니 진세의 마음 끊기고 | 亭古塵心絶 |
| 시가 깨끗하니 저녁 해가 넘어가네 | 詩淸晩景移 |
| 깊은 숲은 산보할 만하여 | 深林容散步 |
| 원숭이들과 서로 따라 걷노라 | 狙狖與相隨 |

## 선원 김 선생의 사제[51]를 지내는 날에 감회를 쓰다
仙源金先生賜祭日 志感

| | |
|---|---|
| 강화도에서 한 번 제사한 것이 바로 이 해이니 | 一酹沁州已此年 |
| 백운처럼 깨끗한 임금님 제문에 향도 피어오르네 | 白雲宸藻又香烟 |
| 대명의 일월 아직도 어둡지 않으니[52] | 大明日月猶非晦 |
| 승상의 사당[53] 영원히 옮겨가지 않으리라 | 丞相祠堂永不遷 |
| 충신의 혼을 성스러운 군주께서 유독 슬퍼하시나 | 偏悼忠魂惟聖主 |
| 오랑캐의 운명이 오래 가니 이 하늘을 어이할까 | 久延胡命奈皇天 |
| 사람들이 성대한 예 구경하러 다투어 달려오나 | 人觀盛禮爭奔走 |
| 병든 나는 시내 남쪽에서 홀로 서글퍼하네 | 病我溪南獨悵然 |

**51** 선원(仙源) 김 선생의 사제(賜祭) : 선원 김 선생은 김상용(金尙容, 1561~1637)으로 자세한 내용은 70쪽 주23 참조. 사제는 임금이 관리를 보내어 죽은 신하에게 제사를 지내 주던 일을 말한다.

**52** 대명(大明)의……않으니 : 원문의 '대명일월(大明日月)'은 '명나라의 천지요 숭정의 세상'이란 의미의 '대명천지 숭정일월(大明天地崇禎日月)'을 줄인 말로, 대명은 명나라를 높여 부른 것이고, 숭정은 명나라의 마지막 황제인 의종(毅宗)의 연호이다. 이 구절은 명나라가 이미 멸망하여 천하가 오랑캐 땅이 되었지만 우리나라만은 존주대의(尊周大義)를 지키고 있다는 뜻이다. 《寒水齋集 卷22 舟村祠堂記》

**53** 승상(丞相)의 사당 : 승상은 진(秦)나라 이후 정승을 가리키는바, 곧 우의정을 지낸 김상용의 사당을 가리킨 것이다.

## 김서오 이주 를 애도하다

悼金敍五 履周

| | |
|---|---|
| 삼월에 온화한 바람 불어와 | 三月和風發 |
| 만물이 모두 즐거이 꽃을 피우는데 | 欣欣物皆榮 |
| 어이하여 이러한 시절에 | 如何此時節 |
| 그대는 끝내 생을 마쳤단 말인가 | 君乃殞其生 |
| 스스로 단명하리라는 글을 썼으니 | 自書短命辭 |
| 어쩌면 죽음을 미리 알았으리라 | 或者有前知 |
| 만일 본심이 깨끗하지 않았다면 | 倘非本心淸 |
| 신령스런 깨달음이 어찌 이와 같았으랴 | 靈悟詎如斯 |
| 나는 일찍이 혼인의 연고로 | 嘗以婚姻故 |
| 그대가 아름다운 선비임을 진작 알았네 | 早識爲佳士 |
| 타고난 자질이 빼어나고 정결하여 | 天姿秀而潔 |
| 깨끗함이 아름다운 옥과 같은데 | 皎若琳琅美 |
| 더구나 나와 동갑이라 | 與我同年甲 |
| 둘 다 격의 없이 좋아하였네 | 情好兩無隔 |
| 추억하건대 저 이호의 객사에서 | 憶在梨湖館 |
| 한 자리에서 함께 책을 읽었네 | 讀書共一席 |
| 해서를 쓰면 묘한 기예를 부러워하고 | 作楷羡妙藝 |
| 시를 지으면 뛰어난 솜씨에 못 미쳤네 | 爲詩讓高手 |
| 내 감히 아재로 자처할 수 있었으랴 | 我敢叔自處 |
| 그대를 붕우로 대하였네 | 待君以朋友 |

| | |
|---|---|
| 마음을 논하며 밤 늦도록 얘기하노라면 | 論心永夜言 |
| 달빛 밝은 강가 누대에 눈이 내려있었네 | 月白江樓雪 |
| 서로 수백 리를 떨어져 있어서 | 相別數百里 |
| 벗을 그리워하는 생각 가슴속에 맺혔네 | 雲樹思耿結 |
| 지난겨울 삼청동에 들어왔을 때 | 去冬入三淸 |
| 백미[54]를 가까이 하게 되어 매우 기뻤네 | 頗喜近白眉 |
| 걸어서 왕래할 수 있으니 | 步屧可來往 |
| 여기에서 자주 만나기를 기약하였네 | 源源期在玆 |
| 이 일이 갑자기 크게 어긋나서 | 此事忽大謬 |
| 그대를 보내어 황천에 눕게 하였네 | 送君臥泉臺 |
| 세월이 또한 많이 지나서 | 日月亦云久 |
| 내 그리운 마음 더욱 슬퍼지니 | 我懷逾悲哀 |
| 춘부장의 한을 어이 말하랴 | 尙說尊爺恨 |
| 호서에 계셔서 미처 돌아오지 못하셨네 | 湖駕未及復 |
| 청상의 과부와 어린 고아만이 있으니 | 孀婦與稚孤 |
| 눈길이 가는 곳마다 참혹하네 | 觸境應慘目 |
| 그대를 애도하는 글을 전하고자 하나 | 欲致誄君章 |
| 두 줄기 눈물 더할까 두렵노라 | 恐添雙淚落 |

**54** 백미(白眉) : 걸출한 인물을 일컫는 말이다. 삼국시대 촉(蜀)나라 마량(馬良)이 다섯 형제 가운데에서 가장 뛰어났는데, 그의 눈썹에 흰 털이 있었으므로 백미라고 불렀다는 고사에서 유래한 것이다. 《三國志 卷39 蜀書 馬良傳》

## 분매를 읊어 김장 철행 에게 올리다

詠盆梅呈金丈 喆行

| | |
|---|---|
| 취약하여도 양기를 붙들 수 있고 | 脆亦扶陽氣 |
| 추워도 이른 봄소식을 알리네 | 寒猶占早春 |
| 처음은 반쪽을 단장하였으나 | 粧成初半面 |
| 향기가 이미 전신에서 풍겨나네 | 香發已全身 |
| 홀로 서서 항상 달을 맞이하고 | 獨立常邀月 |
| 깊이 처하여 진세를 피하려 하네 | 深居欲避塵 |
| 나의 시가 동벽에 부끄러워[55] | 吾詩愧東壁 |
| 화신[56]에 화답할 수 없네 | 未足答花神 |

**55** 나의……부끄러워 : 자신의 시문(詩文)이 뛰어나지 못하다는 겸사이다. 동벽(東壁)은 별자리 이름으로 문장을 주관하는 벽수(壁宿)를 이르는데 천문(天門)의 동쪽에 있기 때문에 이렇게 칭한다.

**56** 화신(花神) : 꽃을 관장하는 신(神)이란 의미로, 꽃의 정신(精神)이나 기품(氣稟)을 이르는 말이다.

## 밤에 읊다

夜吟

| | |
|---|---|
| 어두워지는 저녁이라 산은 더욱 먼데 | 暝光山更逈 |
| 눈이 쌓여 골짝은 그대로 그윽하네 | 積雪洞仍幽 |
| 외로운 새는 깊이 숲속에 숨어들고 | 孤鳥深藏藪 |
| 성긴 별들은 희미하게 누대 가까이에 있네 | 疏星淡近樓 |
| 날씨가 추우니 병든 몸에 해롭고 | 天寒妨病骨 |
| 한 해가 저무니 곤궁한 시름 있네 | 歲暮有窮愁 |
| 잠들지 못하여 다시 높이 시를 읊으니 | 不寐還高詠 |
| 등잔불 베개 옆에 켠 채로 있네 | 燈花枕畔留 |

## 평창에서 여러 가지를 읊다

平倉雜詠

| | |
|---|---|
| 홀로 산창 아래에 서있으니 | 獨立山窓下 |
| 솔바람 불어 나그네 옷깃을 날리네 | 松風吹客衣 |
| 눈이 녹았어도 몇 조각은 남아있고 | 雪殘留數片 |
| 해가 떨어졌으나 남은 광채가 있네 | 日落有餘輝 |
| 사찰의 범석[57]은 구름과 함께 있고 | 梵釋雲同在 |
| 어린 나무꾼은 새와 함께 돌아오네 | 樵童鳥與歸 |
| 쌀자루 빈 것 근심하지 않으니 | 不愁空米橐 |
| 경서와 사서로 굶주림 잊을 수 있네 | 書史可忘饑 |

**57** 범석(梵釋) : 불가의 용어로 색계(色界)의 제천왕(諸天王)과 욕계(欲界)의 제석천왕(帝釋天王)을 이르는 말이다.

## 강을 건너다
渡江

| | |
|---|---|
| 모랫길 강과 점점 가까워지니 | 沙路江轉近 |
| 어지러이 널린 돌들이 마치 바둑알 같네 | 亂石如棊環 |
| 나루의 나무들 참으로 무성한데 | 津樹正扶疏 |
| 돛단배 그림자 그 사이에서 나오네 | 帆影出其間 |
| 말에서 내려 차가운 강가에 서서 | 下馬立寒汀 |
| 해 질 무렵 뱃사공 부르노라 | 落日喚篙師 |
| 작은 배가 나를 싣고 가니 | 小舟載我去 |
| 옷 위로 봄바람 불어오네 | 春風衣上吹 |
| 배에 앉아 아름다운 산 풍경 구경하니 | 坐看山色好 |
| 배가 느리게 가는 것 싫지 않노라 | 舟行不厭遲 |
| 강물에 신록이 비춰 출렁이니 | 江水漾新綠 |
| 물속에서 노니는 물고기의 즐거움 알 수 있네 | 游魚樂可知 |

## 삼전도 비[58]

三田碑

강물은 무한한 부끄러움 띠고 흐르니　江帶無限媿
비석의 노출된 표면 가증스럽네　石露可憎面
뇌공[59]의 손을 빌려다가　願借雷公手
이 비를 천만 쪽으로 부숴버렸으면 하노라　碎此千萬片

**58** 삼전도(三田渡) 비 : 남한산성에서 농성하던 인조(仁祖)가 청(淸)나라 태종(太宗)에게 항복한 뒤, 청나라의 강요에 의해 태종의 공덕을 칭송하여 비에 새긴 '대청황제공덕비(大淸皇帝功德碑)'로 인조가 항복한 장소인 삼전도에 세워졌으므로 이렇게 칭하였다.

**59** 뇌공(雷公) : 중국 전설에 나오는 우레를 맡은 신을 이른다.

## 응청각에서 거문고 소리를 듣다

凝淸閣聽琴

| | |
|---|---|
| 나그네가 거문고 들고 이르니 | 客子携琴至 |
| 높은 누각에 달빛 차갑네 | 高樓月色寒 |
| 다시 못가를 따라가다 거문고 소리 들으니 | 復從池上聽 |
| 물속에서 타는 듯하노라 | 疑是水中彈 |

## 또다시 읊다

又賦

| | |
|---|---|
| 고요한 밤에 거문고 소리 들리고 | 夜靜絲桐語 |
| 가을빛은 푸른 못에 가득하네 | 秋光滿碧池 |
| 소리는 흐르는 물 따라 매끄럽고 | 聲隨流水滑 |
| 마음은 흰 구름과 함께 느긋하네 | 意與白雲遲 |
| 달 아래서 거문고 타는 것 처음이라 좋고 | 月下彈初好 |
| 소나무 사이에서 들으니 더욱 기이하여라 | 松間聽更奇 |
| 마음 기르는 일 응당 이것에 의지하여야 하니 | 養心應賴此 |
| 나는 금사[60]에게 배우고 싶네 | 吾欲學琴師 |

**60** 금사(琴師) : 거문고를 연주하는 악사(樂師)를 이른다.

## 동지에 감회를 쓰다
冬至書懷

해는 한 오라기 실 만큼씩 길어지고[61]　白日一線長
밝은 달은 완전히 둥그네　明月十分圓

15일이 동지(冬至)였으므로 말한 것이다.

해는 길어졌다 짧아지고 달은 찼다 기우니　長短與圓缺
세월은 흐르는 냇물처럼 끊임없이 흐르네　光陰若逝川
책상머리의 새 책력을 보니　床頭見新曆
나의 인생 또 나이 한 살 더 먹었네　我生又一年
공명이 늦음 한하지 않고　不恨功名晚
다만 학문의 공력 깊지 못함 한하노라　但恨學力微
하나의 양에 도심이 생겨나니[62]　一陽生道心
오늘 밤 지난날의 잘못을 깨닫네　今夜知前非
관문을 닫고 부디 잘 길러야 하니[63]　閉關須善養

**61** 해는……길어지고 : 동지 이후로 날마다 해가 일선분(一線分)씩 길어지므로 이렇게 말한 것이다. 《형초세시기(荊楚歲時記)》에 "진(晉)나라와 위(魏)나라 때 궁중(宮中)에서 붉은 실로 해그림자를 측정하였는데, 동지 이후로는 해그림자가 날마다 실 한 오라기만큼씩 길어진다.〔日影添長一線.〕"라고 보인다.

**62** 하나의……생겨나니 : 복괘(復卦 ䷗)의 초구 효사를 이른 것이다. 《주역》의 십이벽괘(十二辟卦)에서 동짓달이 되면 여러 음효(陰爻)의 아래에 양효(陽爻) 하나가 처음 생겨나는 복괘가 되므로 이렇게 말한 것이다.

**63** 관문(關門)을……하네 : 《주역》의 괘효(卦爻)에서 복괘(復卦 ䷗)는 우레를 상징

성인의 가르침 어찌 감히 어기랴 聖訓寧敢違

하는 진(震)과 땅을 상징하는 곤(坤)이 합쳐진 것으로 한 양효(陽爻)가 처음 생기기 때문에 동지(冬至)를 상징한다. 〈복괘 상전(象傳)〉에 "우레가 땅속에 있는 것이 복괘이니, 선왕(先王)이 이것을 보고서 동짓날에는 관문을 닫아〔至日閉關〕 장사꾼과 여행자들이 다니지 못하게 하였으며 임금이 지방을 시찰하지 않았다."라고 하였으므로 이렇게 말한 것이다.

## 북창에 들어가다

入北倉

| | |
|---|---|
| 사찰이 어디 있는지 굳이 물을 것 있으랴 | 僧寺何須問 |
| 관청의 누각에서도 한가롭게 지낼 수 있네 | 官樓可占閑 |
| 바위는 옛날 앉았던 곳에 환하고 | 石明曾坐處 |
| 꽃은 옛날 피었던 산에 피었네 | 花發舊棲山 |
| 솔방울 때때로 떨어지고 | 松子時時落 |
| 초동은 날마다 돌아오네 | 樵童日日還 |
| 기심을 내 이미 잊으니[64] | 機心吾已忘 |
| 새가 날아서 창가로 다가오네 | 飛鳥近窓間 |

**64** 기심(機心)을……잊으니 : 기심은 기회를 보아 상대방을 해치려는 마음을 이른다. 《열자(列子)》의 "어떤 사람이 바닷가에 이르러 무심히 앉아 있자, 백로와 백구들이 무수히 날아와 함께 놀았는데, 다음날 기회를 엿보아 잡으려는 마음을 품자, 해조(海鳥)들이 눈치를 채고는 일체 가까이 오지 않았다."라는 내용의 고사에 보인다. 처음에는 해조를 어떻게 하겠다는 기심을 잊었기 때문에 서로 무심하게 친해진 것이요, 뒤에는 해조를 잡겠다는 기심이 있었기 때문에 해조가 피한 것이다.

## 목천에서 외할아버지 묘소에 참배하다

木川拜外王父墓

| | |
|---|---|
| 소자가 늦게 태어나 슬하에 없었으니 | 小子生違膝 |
| 존령께서 어찌 제 얼굴을 아시랴 | 尊靈詎識顔 |
| 울면서 보는 것은 오직 옛 묵적이고 | 泣看惟舊墨 |
| 절하여 뵙는 것은 바로 빈산이네 | 拜謁是空山 |
| 소나무는 높은 바람 뒤에 서있고 | 松立高風後 |
| 정자는 흘러가는 물 사이에 멈춰있네 | 亭留逝水間 |
| 유명 간이 응당 멀지 않으리니 | 幽明應不遠 |
| 덕스러운 가르침 몸소 받는 듯하여라 | 德誨恍躬攀 |

## 학교산[65]

鶴橋山

| | |
|---|---|
| 옛사람 백학을 타고 | 昔人乘白鶴 |
| 이 산 중에 와서 놀았다네 | 來遊此山中 |
| 서쪽을 바라보면 푸른 바다 넓으니 | 西望滄海闊 |
| 현주[66]는 아득하여 통하기 어렵네 | 玄洲杳難通 |
| 학이 늙어 능히 변화할 수 있으니 | 鶴老能變化 |
| 한 번 소리 내어 긴 무지개 토해내네 | 一聲吐長虹 |
| 곧바로 까마귀와 까치의 재주를 빼앗아 | 直奪烏鵲巧 |
| 자라와 악어의 공을 빌리지 않았네[67] | 不假黿鼉功 |
| 기이한 일 누가 능히 전하랴 | 異事誰能傳 |
| 인하여 이 산의 이름이 되었네 | 因之名此山 |
| 이내 몸 천년 뒤에 오니 | 我來千載後 |
| 청산은 옛 모습 바뀌지 않았네 | 青山不改顔 |

**65** 학교산(鶴橋山) : 지금의 충청남도 아산시(牙山市) 영인면(靈人面) 아산리에 있는 산의 이름이다.

**66** 현주(玄洲) : 선인(仙人)이 산다는 열 개의 섬 가운데 하나로 북해(北海)에 있는데 금지(金芝)와 옥초(玉草)가 많이 난다고 한다. 《海內十洲記 玄洲》

**67** 곧바로……않네 : 칠월칠석에 까마귀와 까치가 모여 견우와 직녀를 위해 은하에 오작교(烏鵲橋)를 만든다는 전설이 있고 주나라의 목왕(穆王)의 전설에 "물고기, 자라, 악어로 다리를 만들어 드디어 춘산(春山)에 올랐다."라고 하였으므로 이렇게 말한 것이다.

신선은 청도[68] 위로 돌아가고 仙歸淸都上
학은 오색구름 사이로 날아갔네 鶴去綵雲間
산을 올라 부질없이 서글피 바라보니 登山空悵望
신선의 학 어느 때나 돌아올까 仙鶴幾時還

**68** 청도(淸都) : 옥황상제가 산다는 천상(天上)의 궁전을 가리킨다. 《楚辭 遠遊》

## 아주[69]에서 감회를 쓰다

牙州志感

| | |
|---|---|
| 할머니께서 귀녕[70]한 지역에 | 王母歸寧地 |
| 가군께서 읍재가 되어 계시네[71] | 家君作宰居 |
| 유풍이 남은 현산(峴山)을 바라보노라니 | 流風瞻峴峀 |
| 지극한 한이 반악의 판여에 맺히네[72] | 至恨結潘輿 |
| 옛 자취 어루만지면서 뜰의 감나무를 생각하고 | 撫迹思庭柿 |
| 상심 속에서 바닷물고기 올리네 | 傷心薦海魚 |
| 머리가 하얗게 센 관비가 살아 있어서 | 白頭官婢在 |
| 옛이야기 나누매 눈물이 소매에 가득하네 | 話舊淚盈裾 |

**69** 아주(牙州) : 지금의 충청남도 아산시를 이른다.

**70** 귀녕(歸寧) : 친정집으로 돌아가 부모에게 문안함을 이른다.

**71** 가군(家君)께서……계시네 : 가군은 자신의 부친을 이르는 말이다. 박윤원의 부친은 박사석(朴師錫, 1713~1774)으로 1763년(영조39)에 아산 현감(牙山縣監)에 제수되었다.

**72** 지극한……맺히네 : 반악(潘岳)은 진(晉)나라의 문신이자 시인으로 자가 안인(安仁)이며 판여(板輿)는 부들방석을 깐 노인용 수레인데 주로 지방관이 늙은 부모를 효성으로 모시는 것을 비유한다. 반악이 벼슬을 그만두고 지은 〈한거부(閑居賦)〉에 "태부인(太夫人)을 판여에 모시고 가벼운 수레에 오르시게 한 뒤 멀리 궁성을 유람하고 가까이 집안 뜨락을 소요하게 해 드린다."라고 보인다. 여기서는 박윤원의 할머니인 전의 이씨(全義李氏)를 부친인 박사석이 아산에 부임하여 모시고 가 효성으로 섬겼는데 지금은 돌아가셨으므로 이렇게 말한 것으로 보인다.

# 감회를 쓰다

志感

범공이 여러 아들에게 말하기를　　范公語諸子
오중에서 밥 짓던 일 잊지 말라고 하였네[73]　　未忘吳中爨
대인께서 백리 고을 읍재가 되시니　　大人宰百里
옛 현자와 똑같이 탄식하네[74]　　昔賢同一歎

**73** 범공(范公)이……하였네 : 범공은 북송(北宋)의 명재상인 범중엄(范仲淹)을 가리킨다. 범중엄이 정승인 참지정사(參知政事)가 되었을 때에 여러 아들에게 말하기를 "내가 가난했을 적에 너의 어머니와 함께 우리 어버이를 봉양하였는데 너의 어머니가 몸소 불을 때어 밥을 지었으나 우리 어버이는 달고 맛있는 음식을 일찍이 충족하지 못하였다. 그런데 지금은 후한 녹봉을 얻으니, 어버이를 봉양하고자 하나 어버이가 계시지 않고, 네 어머니가 또한 일찍 죽었으니, 내가 가장 한스럽게 여기는 바이다. 차마 너희들로 하여금 부귀의 즐거움을 누리게 할 수 있겠느냐. … 조상으로부터 이래로 덕을 쌓은 지 백여 년만에 비로소 나에게서 발효(發效)하여 큰 벼슬에 이르렀으니, 만약 나 혼자만이 부귀를 누리고 종족을 구제하지 않는다면 다른 날 어떻게 조상을 지하에서 뵐 수 있겠으며, 이제 무슨 낯으로 집안의 사당에 들어갈 수 있겠느냐."라고 하고는 고향 오현(吳縣)에 좋은 전지(田地) 수천 묘(畝)를 사들여 범씨의장(范氏義莊)을 만들고 그 전지의 조(租)를 거두어 저축해 두었다가 친척들 중에 혼가(婚嫁)나 상장(喪葬)을 치르지 못하는 자에게 공급해 주었으므로 말한 것이다. 《宋史 卷314 范仲淹列傳》《小學 嘉言》

**74** 대인(大人)께서……탄식하네 : 대인은 아산 현감(牙山縣監)에 제수된 박윤원의 부친 박사석을 이른다. 후한(後漢) 환제(桓帝) 때 고성령(考城令) 왕환(王奐)이 구람(仇覽)을 낮은 관직인 주부에 임명했다가, 이것이 큰 인재를 작은 곳에 쓰는 것임을 알고 "가시나무는 봉황이 깃들 곳이 아니니, 백리 고을이 어찌 대현이 있을 곳이겠는가.〔百里豈大賢之路?〕"라고 탄식했던 고사가 있으므로 이렇게 말한 것이다.

현감의 녹봉 적다고들 하나　縣俸雖云薄
그래도 열 식구를 기를 수 있다오　猶堪十口養
임금님의 은혜 오늘에 있으나　主恩有今日
사람의 일은 옛날과 다르네　人事異疇曩
어찌 석포[75]에 물고기가 없으랴마는　豈無石浦魚
밥을 먹고자 하니 먼저 창자가 끊어지네　欲餐先摧腸
더구나 또 이곳 산천은　況復此山川
우리 외가[76]의 고향이네　云我外氏鄉
읍지(邑誌)를 보며 선조의 자취를 생각하고　觀誌思先迹
사람을 만나면 아우의 항렬이라 칭하네　逢人稱弟行
나의 애통함 어느 때에나 그치랴　余痛何時已
여기에 이르니 서글픔이 더하네　到此增感傷
돌아보건대 우리 외숙은　瞻言我舅氏
바로 목천의 여막에 계시네　乃在木川廬
한 필의 말로 자주 왕래하니　匹馬數來往
만나며 눈물만 줄줄 흘리네　相對涕漣如

**75** 석포(石浦) : 아산만에 있는 백석포(白石浦)를 가리킨다.

**76** 외가(外家) : 박윤원의 모친은 기계 유씨(杞溪兪氏)로 유수기(兪受基)의 따님이다.

## 아우 평숙[77] 준원 의 운에 차운하다

次弟平叔 準源 韻

| | |
|---|---|
| 고을 가운데 닭과 개들도 조용한 시골집에서 | 邑中鷄犬靜村廬 |
| 한가로이 높은 누대에 기대어 조망하기 시작하는데 | 閑倚高樓眺望初 |
| 구름이 바다 어구 가리니 돛단배 그림자 멀어지고 | 雲擁海門帆影遠 |
| 해가 공관에 기우니 버드나무 그늘 성기네 | 日斜公館柳陰疏 |
| 손님 오니 산 빛이 시편 속에서 보이고 | 客來山色詩篇裏 |
| 아전들 흩어지니 새소리 문서 뒤에서 들리네 | 吏散禽聲簿牒餘 |
| 듣건대 유명한 동심사가 가까이 있다 하니 | 聞說東深名寺近 |
| 승려와 함께 나는 이곳에서 책을 읽고자 하노라 | 伴僧吾欲讀殘書 |

**77** 평숙(平叔) : 박준원(朴準源, 1739～1807)의 자로, 호는 금석(錦石)이다. 순조(純祖)의 생모인 수빈 박씨(綏嬪朴氏)의 부친이다. 1786년(정조10) 사마시에 합격하고 벼슬이 호조 판서에 이르렀다.

## 해미의 이씨 친척 천배 과 작별하다

別海美李戚 天培

| | |
|---|---|
| 똑같이 청강의 후손으로[78] | 同是淸江後 |
| 푸른 바다 가운데에서 서로 만났네 | 相逢滄海中 |
| 헤어지니 두 귀밑머리 쇠었고 | 分離雙鬢白 |
| 이틀 밤 묵으니 등불 하나 밝혔네 | 信宿一燈紅 |
| 눈물 흘리며 할머니[79] 생각하고 | 有淚思王母 |
| 시를 논하며 만옹[80]을 추억하네 | 論詩憶晩翁 |
| 가여워라 그대 내일 길을 떠나는데 | 憐君明日發 |
| 해진 무명옷에 찬바람 두려워하네 | 敝褐畏寒風 |

**78** 똑같이 청강(淸江)의 후손으로 : 청강은 이제신(李濟臣, 1536~1583)의 호로, 자는 몽응(夢應), 본관은 전의(全義)이다. 남명(南冥) 조식(曺植)의 문하로 1564년(명종19) 문과에 급제하고 벼슬이 함경북도 병마절도사에 이르렀다. 이천배(李天培)의 내력은 자세하지 않으나, 청강 이제신의 후손으로 보인다. 박윤원 또한 이제신의 외손(外孫)이므로 이렇게 말한 것이다.

**79** 할머니 : 박윤원의 친할머니인 전의 이씨(全義李氏)로 익산 군수 이만시(李萬始)의 따님이다.

**80** 만옹(晩翁) : 호에 '만(晩)' 자가 들어가는 인물을 높여 칭한 것으로 보이나 누구를 말하는지는 미상이다.

## 이 장군 순신 의 쌍검가
李將軍 舜臣 雙劍歌

| | |
|---|---|
| 장군이 허리에 두 자루 보검을 차시니 | 將軍腰帶雙寶劍 |
| 광채는 연꽃과 같고 기운은 무지개와 같네 | 光如蓮花氣如虹 |
| 광채가 찬란하여 사람의 시선을 빼앗으니 | 精芒炫晃奪人瞳 |
| 보아도 자웅을 구분할 수 없네[81] | 視之不可分雌雄 |
| 어느 나라 시장에서 천금을 주고 사왔는가 | 千金買來何國市 |
| 오구와 연비[82]보다 훨씬 뛰어나네 | 絶勝吳鉤與燕匕 |
| 충의로 담금질하고 갈아 칼날을 만드니 | 忠義淬礪爲鋒鍔 |
| 공과 신물이 서로 맞았네 | 公與神物兩相得 |
| 왜구의 전선들 하늘을 뒤덮은 채 쳐들어오니 | 島夷舳艫蔽天來 |
| 쌍검을 들고 남방으로 나가 왜적을 토벌하였네 | 提出南方討國賊 |
| 한 검으로 마음에 맹세하니 천지가 감동하고 | 一劍誓心天地動 |
| 한 검으로 피를 물들이니 산하가 깨끗해졌네 | 一劍染血山河清 |

**81** 자웅(雌雄)을……없네 : 보검에도 암컷과 수컷이 있으나 이를 구별할 수 없음을 말한 것이다. 춘추시대 오(吳)나라의 명장(名匠)인 간장(干將)이 아내 막야(莫邪)와 함께 한 쌍의 보검을 주조하고 이를 자신 부부의 이름을 따 양검(陽劍 수컷검)을 간장, 음검(陰劍 암컷검)을 막야라고 하였다고 한다. 《吳越春秋 闔閭內傳》

**82** 오구(吳鉤)와 연비(燕匕) : 오구는 춘추 시대 오(吳)나라에서 주로 만들어진 갈고리 모양으로 휘어진 병기(兵器)를 이르는데, 후에는 예리한 검을 뜻하는 말로 쓰인다. 연비는 연(燕)나라 태자 단(丹)에게 진왕(秦王) 암살의 청부를 받은 자객 형가(荊軻)가 진왕을 만나면서 지도에 숨겨간 비수(匕首)를 가리킨 것으로 보인다.

영문(營門)에 구름 캄캄하니 살기가 덮여 있고　　壁門雲黑殺氣暗
창해에 해가 붉으니 차가운 빛 밝네　　滄海日赤寒光明
천군을 지휘하니 호령이 엄숙하고　　指揮千軍號令肅
뱃머리에 우뚝 서서 삼척검을 세웠네　　船頭屹然樹三尺
싸우기 전에 먼저 적의 간담 놀라게 하니　　未戰先已驚賊膽
가등청정과 소서행장[83]이 모두 피하였네　　清正行長皆辟易
처음 옥포의 물에 임하여 낮에 칼을 씻었고　　晝洗初臨玉浦水
다시 부산의 돌에 의지하여 밤에 칼을 갈았네　　夜磨更倚釜山石
대장기는 공명의 백우선[84]과 같았고　　麾如孔明白羽扇
꽂아 놓은 화살은 가벼운 수레의 대황전[85]과 같았네　　揷如輕車大黃箭
이 검으로 적진을 대함에 오랫동안 대적할 자 없으니　　此劍臨陣久無敵
백여 번의 싸움으로 우리나라 정돈하였네　　整頓靑丘百餘戰
한번 노량에서 별이 공중에서 떨어진 때부터　　一自露梁星墮空
지금까지 영락하여 먼지 낀 상자 속에 있네　　至今零落塵匣中

**83** 가등청정(加藤淸正)과 소서행장(小西行長) : 두 사람 모두 임진왜란 당시 일본군을 이끌고 우리나라를 침략한 일본의 장수이다.

**84** 공명(孔明)의 백우선(白羽扇) : 공명은 삼국시대 촉한(蜀漢)의 승상인 제갈량(諸葛亮)의 자이다. 백우선은 백조(白鳥)의 깃으로 만든 부채를 이르는데, 제갈량이 진중(陣中)에서 항상 소여(素輿)를 타고 윤건을 쓰고 백우선을 손에 들고 삼군(三軍)을 지휘한 이래로, 지휘관이 군중에서 군대를 지휘하는 데에 사용하였다.

**85** 대황전(大黃箭) : 대황에 쓰이는 화살을 이른 것으로 보인다. 대황은 활의 종류로 《사기》〈이장군 열전(李將軍列傳)〉에 보이는데, 남조(南朝) 때 송(宋)나라 배인(裴駰)이 지은 《사기집해(史記集解)》에 위소(韋昭)의 말을 인용하여 "뿔을 깎아 붙인 쇠뇌이니, 색이 노랗고 몸체가 크다."라고 주하였다.

백암곡[86] 안의 충신의 고택(故宅)에 白巖谷裏忠臣宅
자손들이 지켜와 무궁하게 전해지네 子孫守之傳無窮
남쪽 지방의 부로들이 나를 향해 말하기를 南州父老向余言
밤마다 붉은 기운이 긴 하늘에 뻗친다 하네 夜夜紫氣亘長天
이끼를 깨끗이 닦아내고 한 번 살펴보니 拂拭苔紋爲一見
옛날 새겼던 여덟 글자 아직도 완연하네 舊刻八字猶宛然
오호라 嗚呼
벽 위에 두 마리 용 허공으로 날아오르며 우네 壁上二龍空飛鳴
보검이여 보검이여 劍兮劍兮
우리나라가 중흥한 것은 너의 공력이네 我國中興是爾力
너희 보검과 장군은 爾與將軍
함께 만고의 명성이 있네 同有萬古名

충무공(忠武公)의 두 자루 보검(寶劍)이 지금 자손의 집에 남아 있다. 검면에 공이 스스로 새긴 명문(銘文)이 있으니, 하나는 "삼척검(三尺劍)으로 하늘에 맹세하니 산하가 빛이 변한다." 하였고, 하나는 "한번 휘둘러 소탕하니 피가 산하에 물든다."라고 하였다.

**86** 백암곡(白巖谷) : 속칭 배암밭으로 지금의 아산시 백암리에 있는데 이곳에 충무공 이순신 장군의 고택과 사당이 있다.

## 토정[87]의 유적을 생각함에 감회가 있어 쓰다
憶土亭遺迹有感

| | |
|---|---|
| 선생의 유택 호수와 산에 가득하니 | 先生遺澤滿湖山 |
| 기이한 풀과 꽃이 손에 잡힐 듯하네 | 異草奇花若可攀 |
| 못 물은 어망 치는 곳에 채워졌고 | 池水塡來魚網處 |
| 고을의 누대는 학교 사이로 옮겨졌네 | 郡樓移置鶴橋間 |
| 조수 들어오니 호걸스런 말씀 아직도 남아있고 | 潮生豪傑言猶在 |
| 비석에서 우니 백성들의 눈물로 본래 얼룩져있네[88] | 碑泣人民淚自斑 |
| 푸른 바다에서 때로 밝은 달이 나옴을 바라보니 | 滄海時看明月出 |
| 백년 전의 혼백이 어렴풋이 다시 돌아온 듯하네 | 百年精爽怳重還 |

**87** 토정(土亭) : 이지함(李之菡, 1517~1578)의 호로, 자는 형백(馨伯), 본관은 한산(韓山), 시호는 문강(文康)이고 서경덕(徐敬德)의 문하이다. 생애의 대부분을 마포 강변의 흙으로 만든 움막집에서 청빈하게 지내 토정이라는 호가 붙었다. 1573년(선조6) 유일(遺逸)로 천거되고 아산 현감 등을 역임하였는데 이이(李珥) 등 당대의 명사들과 교유하였으며 역학(易學)과 천문(天文)·지리(地理) 등에 해박하여 많은 기행(奇行)을 남겼다.

**88** 조수(潮水)……얼룩져있네 : 천문과 지리에 밝은 토정 이지함이 아산 현감으로 부임했을 적에 이 지역 해안에 지각 변동이 있을 것을 예측하여 백성들을 효유(曉諭)하여 안전한 지역으로 대피하게 하였는데, 대부분의 백성들이 이를 믿지 않고 불만을 가졌으나, 얼마 후에 실제로 육지가 바다가 되는 지각 변동이 일어났다. 이에 백성들이 그의 공덕을 사모하여 해안에 비석을 세웠다고 한다.

## 이 충무공의 사당을 지나며

過李忠武廟

| | |
|---|---|
| 우리 동방에도 다시 무후처럼 어진 이 있으니[89] | 吾東還有武侯賢 |
| 나그네들 옛 사당 앞에서 서글퍼하네 | 過客傷心古廟前 |
| 깨끗한 충성 해를 꿰뚫는 것을 알고자 하면 | 欲識精忠能貫日 |
| 부디 검의 기운이 아직도 하늘을 찌름을 보아라 | 須看劍氣尙衝天 |
| 노량의 남은 한 부질없이 물만 흘러가고 | 露梁餘恨空流水 |
| 백암곡의 유허에는 다만 저녁연기 피어오르네 | 巖谷遺墟但暮烟 |
| 남만에게 당한 국가의 치욕 아직 설욕하지 못했는데 | 國恥南蠻猶未雪 |
| 금년에 사신들이 또 배를 타고 간다오 | 今年使者又乘船 |

**89** 우리……있으니 : 무후(武侯)는 삼국시대 촉한(蜀漢)의 명재상인 제갈량(諸葛亮)의 시호로 본래 충무후(忠武侯)인데 복성(複姓)인 제갈 뒤에 붙여 부르기 쉽게 무후라고 한 것이다. 이순신 장군의 시호도 충무이고 두 분 모두 병략(兵略)이 뛰어나고 충성심이 지극하였기 때문에 이렇게 말한 것이다.

## 밤에 앉아서 평숙과 함께 읊다

夜坐與平叔賦

| | |
|---|---|
| 서실에 등불 밝히고 밤이 깊도록 앉았으니 | 書室懸燈坐更深 |
| 펄펄 날리는 눈 반 쯤 주렴을 침범하네 | 騷騷飛雪半簾侵 |
| 타향의 매화꽃은 새봄의 뜻 알려오고 | 他鄕梅動新春意 |
| 먼 골짝의 소나무는 세모의 마음 품고 있네 | 遠壑松含暮歲心 |
| 일 없는 관동은 창 아래에서 졸고 | 無事官僮窓下睡 |
| 시를 좋아하는 아우는 밤중에도 시를 읊네 | 喜詩阿弟夜中吟 |
| 강호가 마음에 맞으면 모름지기 즐겨야 하니 | 江湖適性須爲樂 |
| 거울 속 백발은 금하지 못할 듯하네 | 鏡裏霜毛恐不禁 |

## 초천을 지나면서 부제학 김공[90] 시찬 을 배알하다
過茗泉 拜副學金公 時粲

백발에 관직이 없으니 마음은 절로 한가한데 白首無官心自閑
시내와 산 지팡이 짚고 가니 날아갔던 학 돌아왔네 溪山扶杖鶴飛還
골짝의 이름이 청학동(靑鶴洞)이기 때문에 말한 것이다.
야로들이여 자리를 다툴 만하다[91]고 말하지 마오 休言野老堪爭席
이미 세상에서 청고한 명성 가득 얻은 분이네 已得淸名滿世間

**90** 김공(金公) : 김시찬(金時粲, 1700~1766)으로 자는 치명(穉明), 호는 초천(茗川), 본관은 안동(安東)이다. 1735년(영조11) 증광 문과에 급제하고 벼슬이 부제학에 이르렀다.

**91** 자리를 다툴 만하다 : 춘추시대 양자거(陽子居)란 사람이 여관에 묵을 적에 처음에는 그가 예모를 엄격히 차린 까닭에 사람들이 그를 매우 조심스럽게 대접했는데, 그가 노자(老子)의 "정말로 충실한 덕은 부족한 것처럼 보인다."라는 가르침을 받고 나서 소탈한 태도를 보인 이후로는 사람들이 그와 더불어 '좋은 좌석을 서로 다툴〔爭席〕' 정도로 친숙해졌다는 고사를 인용한 말이다. 《莊子 寓言》

## 공호[92]에서

貢湖

| | |
|---|---|
| 봄 하늘 멀리 바라보니 먼지 한 점 없고 | 春天極目絶氛埃 |
| 성 아래 층층 바다는 만경으로 열려있네 | 城下層溟萬頃開 |
| 빼어난 산 빛은 평택에서 나오고 | 秀色山從平澤出 |
| 차가운 조수 소리는 수원에서 오네 | 寒聲潮自水原來 |
| 바람이 별포에서 일어나니 외로운 배가 올라오고 | 風生別浦孤舟上 |
| 해가 멀리 물가로 저무니 한 마리 새가 돌아오네 | 日暮遙汀獨鳥廻 |
| 늙은 측백나무 창연히 높은 언덕에 서있으니 | 老柏蒼然危岸立 |
| 파도가 흔들어도 꺾인 적이 없네 | 波濤震撼不曾摧 |

**92** 공호(貢湖) : 아산에 있는 공진창(貢津倉) 앞바다를 가리킨다. 공진창은 충청도 40여 고을의 세곡(稅穀)을 저장하였던 창고로 세곡을 이곳에 보관하였다가 경창(京倉)으로 조운(漕運)하였다.

## 평숙과 함께 공호에서 놀다

與平叔同遊貢湖

| | |
|---|---|
| 여러 고을의 산봉우리 내 앞에 나열되어 있으니 | 列郡峯巒在我前 |
| 푸른 물결 푸른 하늘까지 오르내리네 | 滄波上下盡靑天 |
| 섬의 안개빛은 어부 집을 에워싸고 | 島光霧捲漁人戶 |
| 돛의 구름 그림자는 상선을 따라가네 | 檣影雲隨賈客船 |
| 처음엔 높이 솟구치는 급한 조수를 보았는데 | 蕩潏初看潮勢急 |
| 다시 깨끗한 하늘에 걸려있는 석양을 보았네 | 空明復是夕暉懸 |
| 근원을 찾아 곧바로 서쪽 끝까지 가고자 하니 | 尋源直欲窮西極 |
| 만 리의 긴 바람에 마음 아득해지네 | 萬里長風意渺然 |

## 공진성[93] 위에서 바다를 구경하다

貢津城上觀海

| | |
|---|---|
| 층층의 성이 긴 호수에 임해 있으니 | 層城枕長湖 |
| 아래로 바닥없는 골짝에 임하였네 | 下臨無底谷 |
| 머리 돌려 바라보니 서북쪽이 트여서 | 回首西北裂 |
| 산봉우리들 중복되어 있지 않네 | 峯巒失重複 |
| 푸른 물결 어이 이리도 넓은가 | 滄波一何闊 |
| 온갖 냇물들 폭주하듯 모여드네 | 百川如輳輻 |
| 물이 가득 차 천지간이 열리고 | 瀰漫開天地 |
| 넘실대며 지축을 능멸하네 | 蕩漾凌坤軸 |
| 만 리 멀리서 강한 바람 불어오니 | 長風萬里動 |
| 노한 파도들 서로 거세게 부딪치네 | 怒濤相蹙蹙 |
| 귀를 기울여 우렛소리 들으니 | 側耳聞雷霆 |
| 모발이 송연하여 두려워지네 | 毛髮竦以肅 |
| 조금 있다가 갑자기 날이 개이니 | 俄頃倏開霽 |
| 잔잔한 물결 비단 무늬처럼 깨끗하네 | 纖漪淨紋縠 |
| 누가 알았으랴 웅걸스러운 그 풍광이 | 詎知雄傑態 |
| 다시 이처럼 마음과 눈에 사랑스러울 줄을 | 復此媚心目 |
| 아득히 섬들을 알아볼 수 있더니 | 蒼茫辨島嶼 |
| 가물가물 어부의 집 보이네 | 明滅見漁屋 |

**93** 공진성(貢津城) : 공진창을 둘러쌓은 석성(石城)을 이른다.

상선은 어느 고을에서 왔는가 商船自何郡
물오리와 갈매기들 따라 다니네 鳧鷺與相逐
조수가 들어와 성 밑을 할퀴더니 潮來囓城根
조수가 빠지니 다시 평평한 뭍이네 潮去復平陸
물이 들었다가 빠지는 것 누가 주관하는가 噓噏誰主張
마치 귀신이 숨어 있는 듯하네 若有神鬼伏
산은 여섯 자라 등에 떠있는 듯하고[94] 山浮六鰲背
구름은 여러 용의 뱃속에서 나오는 듯하네 雲出群龍腹
해와 달이 서쪽에 있으니 日月從西懸
약목[95]을 부여잡고 오르는 듯하여라 怳疑攀若木
봉래산과 영주산 어렵지 않게 이르고 蓬瀛不難到
자지[96]를 움켜쥘 수 있을 듯하여라 紫芝如可掬
좁은 진세를 굽어보니 俯視塵寰窄
우리 유가의 도 위축됨을 면하였네 吾道免跼蹐
평소 장유[97]를 좋아하여 平生喜壯遊

**94** 산은……듯하고 : 이 내용은 발해(渤海)의 동쪽에 있는 대여(岱輿), 원교(員嶠), 방호(方壺), 영주(瀛洲), 봉래(蓬萊)의 다섯 신산(神山)이 조수에 밀려 표류하여 정착하지 못하므로, 천제(天帝)가 금색의 자라 15마리로 하여금 이 산들을 머리에 이게 하여 비로소 산 들이 정착하였는데, 뒤에 용백국(龍伯國)의 거인(巨人)이 자라 6마리를 낚아 갔기 때문에 대여, 원교의 두 산은 서극(西極)으로 표류해 버리고, 세 산만 남았다는 전설이 있으므로 이렇게 말한 것이다. 《列子 湯問》

**95** 약목(若木) : 곤륜산 서쪽 끝 태양이 붉게 지는 곳에 있다는 전설상의 나무이다. 《산해경(山海經)》 권17 〈대황북경(大荒北經)〉에 "대황(大荒)에 형석산(衡石山)과 구음산(九陰山)과 형야산(泂野山)이 있는데, 그 위에 적색의 줄기와 청색의 잎과 적색의 꽃이 핀 나무가 있으니, 그 이름이 약목이다."라고 보인다.

**96** 자지(紫芝) : 불로장생의 영약(靈藥)으로 알려진 자줏빛의 영지(靈芝)를 이른다.

| | |
|---|---|
| 곧바로 사독[98]을 다 구경하고자 하였는데 | 直欲窮四瀆 |
| 지난 해 학교산에 오니 | 前年來鶴山 |
| 이 호수가 산림과 접하였네 | 玆湖接林麓 |
| 때로 남쪽 정자 쪽을 바라보면 | 時向南亭望 |
| 아득히 한 잔의 물 엎어 놓은 듯하였네 | 渺如杯水覆 |
| 오늘 유쾌하게 눈을 떠 보니 | 今日快開眸 |
| 쓸쓸하고 외로운 회포 탁 트이네 | 胸懷豁幽獨 |
| 비로소 바다가 광대하여 | 始信溟渤大 |
| 원기가 오래 함축되었음을 아노라 | 元氣久涵蓄 |
| 밤낮으로 도도히 흘러가서 | 日夜去滔滔 |
| 미려에서 새는데도 조금도 줄어들지 않네[99] | 尾閭洩不縮 |
| 바다를 바라보아도 굳이 놀랄 것이 없으니 | 望洋未須驚 |
| 여울을 살피는 이치 이미 익숙하다오[100] | 觀瀾理已熟 |
| 가을 파도가 성할 때를 기다려 | 會待秋濤盛 |
| 다시 놀러 올 것도 점칠 수 있네 | 重遊且可卜 |

**97** 장유(壯遊) : 장쾌한 유람이라는 뜻으로 큰 뜻을 품고 먼 지역을 유람함을 이른다.

**98** 사독(四瀆) : 중국의 네 개의 큰 강이란 뜻으로 양자강(揚子江), 황하(黃河), 회수(淮水), 제수(濟水)를 가리키는 말이다.

**99** 미려(尾閭)에서……않네 : 이 내용은 《장자(莊子)》 〈추수편(秋水篇)〉의 "천하의 물은 바다보다 더 큰 것이 없으니, 모든 물이 끊임없이 모여도 찰 줄 모르고 미려로 끊임없이 새어 나가도 마를 줄 모른다."라는 구절을 원용하였다. 미려는 바닷물이 새어 빠지는 곳으로, 바다의 동쪽에 있다고 한다.

**100** 여울을……익숙하다오 : 이 내용은 《맹자》 〈진심 상(盡心上)〉의 "물을 보는 데에는 방법이 있으니, 반드시 그 여울을 살펴보아야 한다."라는 구절을 원용한 것이다. 이에 대해 주자(朱子)는 "흐르는 물을 보면 근원이 있음을 알 수 있다."라고 풀이하였다.

## 답청[101] 하루 뒤에 중관[102]과 함께 공진에서 놀면서 호 자 운을 얻다

踏青後一日 與仲寬同遊貢津 得湖字

관성에 말을 매어두고 푸른 풀밭에 앉으니 官城繫馬坐青蕪
저물녘에 호수에 떠있는 고깃배들 한가로이 구경하네 閑看漁舟晚泛湖
바다 가까이에 있는 보리밭은 먼저 윤기가 흐르고 近海麥田先得潤
구름 속의 매도는 외로움 이기지 못하네 入雲苺島不勝孤
차가운 조수 육지에 다다르니 서리인가 눈인가 의심하고 寒潮蹙地疑霜雪
석양이 산 모습 바꿔 한 폭의 그림을 만드네 夕照飜山作畫圖
그대 평소 내포[103]를 유람한 것 아노니 知子平生遊內浦
공진에 비해 풍광이 어떠한가 風光誰似貢津無

**101** 답청(踏青) : 음력 삼월 삼짇날이나 청명절에 산이나 들로 나가 푸른 풀을 밟으며 음식을 먹고 마시면서 봄을 즐기던 풍속인데, 답백초(踏白草)라고도 한다. 특별히 삼월 삼짇날을 답청절(踏青節)이라고 부르는데, 이날은 새봄이 찾아옴을 기뻐하여 술과 음식을 장만해 경치가 좋은 산이나 계곡을 찾아가 꽃놀이를 하고, 새 풀을 밟아 봄을 즐기는 것이라고 해서 붙여진 이름이다.

**102** 중관(仲寬) : 박윤원의 매제인 김재순(金在淳, 1773~1817)으로 중관은 그의 자이고 본관은 안동이다. 1774년(영조50) 식년 생원시에 장원으로 합격하고 벼슬이 동지돈녕부사(同知敦寧府事)에 이르렀다.

**103** 내포(內浦) : 본래 충청도 당진(唐津)에 있는 작은 포구인데, 뒤에 이곳을 중심으로 한 10여 고을을 가리키는 지명이 되었다. 지금은 충청남도 도청 소재지인 홍성군(洪城郡)과 예산군(禮山郡) 접경지역을 내포신도시라고 칭한다.

## 부친께서 갑곶진[104]을 지나시며 한 율시를 지으셨으므로 공경히 차운하다

家君過甲串津有一律 敬次

| | |
|---|---|
| 큰 강 나루에 조운선 닻을 내리고 있는데 | 漕舟繫纜大江津 |
| 전쟁터의 슬픈 노래 노에 부딪치는 때라오 | 戰地悲歌擊楫辰 |
| 하늘이 금성탕지를 마련해 준은 국가를 위해서인데 | 天設金湯應爲國 |
| 사람들은 술을 가지고 도리어 제 몸을 도모하네 | 人將杯酒却謀身 |
| 남루에 해가 저무니 정축년을 생각하는데[105] | 南樓日暮思丁丑 |
| 북극성이 돌더니 다시 갑신년[106]이 돌아왔네 | 北極星廻遇甲申 |
| 시구 모두 바다에 조종하는 뜻[107] 머금고 있으니 | 詩句摠含朝海意 |

**104** 갑곶진(甲串津) : 강화부(江華府) 동쪽 10리 지점에 있는 나루의 이름이다.

**105** 남루(南樓)에……생각하는데 : 병자호란이 발발한 병자년 이듬해 정축년에 종묘·사직의 신주를 받들고 빈궁(嬪宮)과 원손(元孫)을 수행하여 피난 와 있던 판돈녕부사(判敦寧府事) 선원(仙源) 김상용(金尙容)이 강화도가 함락되자, 남문루(南門樓)에서 화약에 불을 붙여 자폭한 일이 있으므로 이렇게 말한 것이다.

**106** 갑신년(甲申年) : 명나라 의종(毅宗)의 연호 숭정(崇禎) 17년인 1644년(인종 22)이다. 이해 3월 이자성(李自成)이 북경을 포위하여 함락시키자, 의종이 황후와 황자, 공주들을 모두 죽게 하고 만세산(萬歲山)에서 자결하여 명나라가 멸망하였는데, 그 후 청나라가 이자성을 몰아내고 중국 천하를 차지하였다.

**107** 바다에 조종(祖宗)하는 뜻 : 제후국인 우리나라가 정통을 갖춘 천자국인 명나라에 사대(事大)하는 뜻을 말한 것이다. 조종은 원래 제후가 천자에게 가서 뵙는 것으로, 봄에 뵙는 것을 조(朝)라 하고 여름에 뵙는 것을 종(宗)이라 하는데, 강물이 바다에 들어가는 것 역시 제후가 천자국에 가는 것과 같다고 하여 조종이라고 한다. 《서경》 〈우공(禹貢)〉에 "마치 백관이 임금에게 조회하듯, 장강과 한수가 바다로 모여든다.〔江

호수 정자에서 한번 읊조리며 복장을 정돈하노라　湖亭一讀整衣巾

漢朝宗于海.〕"라고 보인다.

## 복구정에 올라 바위에 새겨져 있는 우암 어른의 시를 보고 공경히 그 운에 차운하다

登伏龜亭 見尤翁詩刻在石上 敬次其韻

| | |
|---|---|
| 냇가에 신령스런 거북 엎드려 있으니 | 川上靈龜伏 |
| 느티나무 가에 나그네 말 머물러 있네 | 槐邊客馬停 |
| 낙서의 이치를 관찰하는 뜻으로[108] | 洛書觀理意 |
| 지팡이 짚고 옛날 정자에 오르던 일 생각하노라 | 杖屨憶登亭 |

**108** 낙서(洛書)의……뜻으로 : 낙서는 우왕(禹王)이 홍수를 다스릴 적에 낙수(洛水)에서 얻은 신령스런 거북의 등에 새겨진 45개의 점으로 이루어진 문양으로, 우왕은 이것을 보고 홍범구주(洪範九疇)를 지었다고 하므로 이렇게 말한 것이다.

## 조운을 읊은 시

運漕詩

| | |
|---|---|
| 고을 사람들 북을 치며 물귀신에게 굿하니 | 邑人打鼓賽水神 |
| 신풍산 아래에서 조운선이 출발하네 | 信風山下漕船發 |
| 거마로 가는 것처럼 안전하라고 경계하니 | 行如車馬戒舟楫 |
| 황새목 같은 여덟 섬 사이를 평지처럼 지나가네 | 八島鸛項平地越 |
| 연해에 있는 일곱 고을의 곡식 세금으로 바치니 | 沿海貢稅七州粟 |
| 배마다 각각 오백 곡을 실었네 | 船船各載五百斛 |
| 금년의 조운 늦출 수가 없으니 | 今年轉運不可遲 |
| 서울의 창고가 자못 비었다네 | 洛陽府庫頗虛縮 |
| 국가의 일이라 바다 건너는 것 꺼리지 않으니 | 王事不憚重溟涉 |
| 관가에서 천 리 먼 길을 작은 배에 맡겼네 | 官家千里寄一葉 |
| 타루[109]에 해가 나오자 화려한 일산 펄럭이고 | 柁樓日出華蓋飜 |
| 해문에 하늘이 먼데 화각[110] 소리 시끄럽네 | 海門天長畫角喧 |
| 장년과 삼로[111] 웃으며 서로 경하하니 | 三老長年笑相慶 |

**109** 타루(柁樓) : 키를 잡는 선실(船室)의 다락을 이른다.

**110** 화각(畫角) : 군중(軍中)에서 쓰는 관악기의 하나인데 죽통과 비슷하며 대나무나 가죽 등으로 만든다. 겉에 채색 그림이 있어 이렇게 칭한다.

**111** 장년(長年)과 삼로(三老) : 중국 삼협(三峽) 지역에서 타수(舵手)와 고사(篙師)를 높여 칭하는 말로, 일반적으로 뱃사공을 뜻한다. 당나라 두보(杜甫)가 지은 〈발민(撥悶)〉시에 "장년(長年)과 삼로(三老)여 멀리서 그대들 사랑하니, 키를 틀고 배를 모는 솜씨가 귀신같아라."라고 보인다.

| | |
|---|---|
| 비바람 불지 않아 물결이 마치 거울과 같네 | 風雨不動波如鏡 |
| 작은 고을 어진 명성 자처하지 않고 | 小邑仁聲不自居 |
| 아름다운 징조를 우리 성왕께 돌리네 | 休徵歸之我王聖 |
| 달이 밝을 적에 조수를 타고 김포를 지나가고 | 金浦月明乘潮濟 |
| 돛을 올려 곧바로 서강 아래 정박하네 | 揚帆直泊西江底 |
| 호조 판서 처음으로 배를 사열하고 | 戶部尙書初閱船 |
| 태창의 낭관은 쌀을 창고에 넣으라고 재촉하네 | 太倉郎官催納米 |
| 이 쌀이 백성들이 기른 것임을 잘 보아서 | 請看此米民所種 |
| 유사들은 진실로 아껴 쓸 것을 생각하여야 하네 | 有司固合思節用 |
| 궁궐에서는 매번 세금 줄이라는 조서 내리시니 | 九重每下薄賦詔 |
| 해마다 군현에서는 부세 바르게 하기를 바라노라 | 年年郡縣惟正供 |

## 도중에서 아우를 그리워하다

途中憶家弟

| | |
|---|---|
| 외로이 가는 뜻 무료한데 | 孤征意無賴 |
| 머리 돌려 보니 기러기 날아가네 | 回首雁飛過 |
| 해가 지는데 괴롭게 말을 달리니 | 落日驅馳苦 |
| 가을바람에 이별이 많구나 | 秋風離別多 |
| 인간은 장차 백발이 되려 하는데 | 人間將白髮 |
| 말 위에서 우선 소리 높여 노래하네 | 馬上且高歌 |
| 돌아가 호숫가 정자의 달을 대하면 | 歸對湖亭月 |
| 그대를 그리는 마음 다시 어떻겠는가 | 思君復若何 |

## 냇물을 건너가다

涉川行

팔월에 장맛비 크게 쏟아지니　八月陰雨壯
큰 내가 강물처럼 불어났네　巨川漲如江
가을 물 흉흉하게 소리내며 흘러가니　秋水鳴洶洶
바위에 부딪쳐 마치 서로 치는 듯하네　觸石如相撞
길가는 나그네 건널 수가 없는데　行子不可涉
사방을 바라보아도 배가 없네　四望無舟筏
언덕 위에 사람의 상투 보이니　岸上見人髻
소리쳐 불러 강을 건네주는 인부로 삼았네　呼作越川卒
맨몸으로 물을 건너오더니　赤身渡水來
두 어깨에 나그네 업고 내를 건너네　雙肩負客去
속으로 두려워하지 말라고 하더니　語以心勿恐
거듭 염려할 것이 없다고 말하네　重言可無慮
물속을 마치 육지처럼 걸어가니　入水行如陸
물을 배처럼 빨리 건너네　過水疾如船
삽시간에 헐떡이던 숨 진정시키더니　須臾定喘息
이미 백사장 앞에 서있네　已立平沙前
말을 타고 장차 다시 가려하면서　騎馬將復行
전대 속의 돈을 주었네　投以橐中錢
그대의 힘이 아니었다면　若非爾輩力
나의 목숨 어찌 온전했으랴　性命詎得全

여러 사람 건네준 공 또한 크고 濟衆功亦大
물에 빠진 사람 구해준 뜻 참으로 어지네 拯溺意誠仁
비로소 알겠노니 물에 자맥질하는 자는 方知泅水者
바로 좋은 기술을 가려 배운 것임을 正是擇術人

## 죽은 누이를 생각하면서 슬픈 마음을 쓰다

思亡妹述悲

광진 나루 위에 비가 부슬부슬 내리는데 廣津江上雨霏霏
지난해 팔월에 붉은 명정이 휘날렸네 去年八月丹旐飛
형제들이 이승에서 하늘을 향해 통곡하니 兄弟人間哭向天
외로운 혼 한번 가서 어느 때에나 돌아오랴 孤魂一去何時歸
추억하건대 옛날 너를 가까운 이웃에 시집보내어[112] 憶昔送汝嫁比隣
아름다운 패옥과 예쁜 웃음으로 자주 왕래하였네 儺佩瑳笑往來頻
오직 살았을 때에 멀리 헤어지지 말자고만 말했으니 只言生時無遠離
죽어 이별하여 길이 슬픔 머금을 줄 어찌 알았으랴 誰知死別長含悲
평구[113]에 봄풀이 이미 무성한데 春草平丘已萋萋
너의 궤연은 홀로 풍계[114]에 있구나 獨有筵几在楓溪
어린 딸은 어미 죽은 것 알지 못하고 稚女不知阿孃歿
어미 부르며 젖을 찾고 때때로 우네 呼孃索乳時時啼
이 울음소리 듣자 나도 눈물이 떨어지는데 我聞此聲淚隨落
하물며 지하의 너의 혼백은 얼마나 서글프랴 況汝地下傷魂魄
아름다운 모습과 선한 자질 다시는 볼 수 없으니 婉容淑質不復見

112 가까운 이웃에 시집보내어 : 안동 김씨 김재순(金在淳)에게 시집갔는바, 김재순에 대해서는 121쪽 주102 참조할 것.

113 평구(平丘) : 옛날 평구역이 있던 곳으로, 현재 남양주시 삼패동 일대이다.

114 풍계(楓溪) : 지금의 남양주시 수석동 일대이다.

| | |
|---|---|
| 지금 마을 사람들 모두 안타까워 탄식하네 | 至今閭里咸嗟惜 |
| 초가집의 유자[115]는 문장을 잘하는 선비이니 | 茅廬兪子文章士 |
| 너의 아름다운 규범 칭송하여 애사를 지었네 | 稱述懿範哀辭作 |
| 이 글을 가지고 구천에 있는 너를 위로하고자 하니 | 欲持此文慰九泉 |
| 후인들 이것을 보고 너의 어짊을 알리라 | 後人可使知汝賢 |

**115** 유자(兪子) : 박윤원의 먼 인척이자 친구인 유한준(兪漢雋, 1732~1811)을 가리킨 것으로, 자는 여성(汝成), 호는 저암(著菴), 본관은 기계(杞溪)이다. 1768년(영조 44) 진사시에 합격하고 벼슬이 형조 참의에 이르렀다. 유한준이 박 유인(朴孺人)을 위해 애사(哀辭)를 지었는데, 이 글은 《자저(自著)》 권23 〈애사〉에 '박 유인 애사'라는 제목으로 실려 있다. 이글에서 유한준은 자신이 박 유인의 이성팔촌(異姓八寸)이라고 밝히고 있다.

## 구월 구일에 나그네의 회포를 쓰다

九日旅懷

| | |
|---|---|
| 바닷가에 가을바람 일어나니 | 海國秋風起 |
| 호숫가 정자에 저녁 해가 기우네 | 湖亭暮景斜 |
| 십 년 동안 이미 술을 마시지 못하였고 | 十年已無酒 |
| 구일에도 국화꽃 피지 못하였네 | 九日未開花 |
| 나그네가 된 몸 병이 많고 | 爲客身多病 |
| 세상을 서글퍼하니 귀밑머리 하얗게 세려 하네 | 傷時鬂欲華 |
| 높은 곳에 오른들 다시 무슨 흥이 있으랴 | 登高復何興 |
| 머리 돌려 바라보니 고향은 아득히 머네 | 回首故鄕遐 |

## 갑신년 맹추에 홍주에 이르러 장인 김공 시관 묘에 배알하다
甲申孟秋 至洪州拜岳翁金公 時莞 墓

어지러운 나무에 가을 매미 소리 참으로 애처로운데 亂木秋蟬響正哀
빈산에 말을 멈추고 홀로 배회하네 空山駐馬獨徘徊
지금 온들 어이 용모를 접할 수 있으랴 今來那得容顏接
다만 황량한 묘소를 향하여 허리 구부리고 맴도노라 只向荒原傴僂廻

두 번째 其二

도를 배우나 명성을 이루는 일 기약할 수 없는데 學道成名不可期
다시는 검은 머리 소년의 시절이 아니로세 髮蒼非復少年時
공의 묘소 지나가니 부끄러운 마음 어이 없으랴 經過公墓能無愧
평소 두터이 받았던 지우 헛되이 저버렸네 虛負平生受厚知

## 비가행
悲歌行

| | |
|---|---|
| 갑신년[116] 삼월 초칠일 저녁에 | 甲申三月初七夕 |
| 구름 캄캄하니 하늘에 한 줄기 빛도 없네 | 暮雲慘惔天無色 |
| 조선의 지사가 울며 하늘을 향하여 | 朝鮮志士泣向天 |
| 눈물 흘리며 숭정[117] 연간의 일을 말하려 하노라 | 垂淚欲說崇禎年 |
| 숭정 연간의 일을 차마 말할 수 없으니 | 崇禎年事不忍說 |
| 숭정 황제가 사직을 위하여 목숨을 바쳤네 | 崇禎皇帝殉社稷 |
| 수황정[118] 앞의 초목 우거지고 | 壽皇亭前草木深 |
| 산해관 아래 연기와 먼지 자욱하네[119] | 山海關下烟塵黑 |
| 선우[120]가 곧바로 와서 금궁에 앉으니 | 單于直來坐金宮 |

**116** 갑신년 : 1644년으로 틈왕(闖王) 이자성(李自成)이 북경을 포위하여 함락시키자 명(明)나라의 마지막 황제인 의종(毅宗)이 황후와 황자, 공주들을 모두 죽게 하고 만세산(萬歲山)에서 자신의 시체를 훼손할지언정 백성들을 괴롭히지 말라는 유언을 남기고 목매 자살하였다.

**117** 숭정(崇禎) : 의종 황제의 연호이다.

**118** 수황정(壽皇亭) : 의종 황제가 자살한 만세산에 있는 정자이다.

**119** 산해관(山海關)……자욱하네 : 산해관은 만리장성 동쪽 끝에 있는 요새로 '천하제일관(天下第一關)'으로 칭해지기도 하는데, 거란과 여진 등 북동쪽 유목민으로부터 북경(北京)을 방어하는 전략적 요충지이다. 갑신년 당시 오삼계(吳三桂)가 청나라 군대의 침입을 막고 있었는데, 북경이 틈왕 이자성에게 함락되고 의종 황제가 자살하자 청나라 태종에게 귀순하여 청군에게 남진(南進)의 길을 열어 주었으므로 이렇게 말한 것이다.

| | |
|---|---|
| 만백성들 모두 변하여 오랑캐가 되었네 | 萬姓盡化爲犬戎 |
| 누가 한나라 의복 바꾸지 않았는가 | 何人不改漢衣服 |
| 우리나라에는 아직도 주나라의 해와 달 비추네 | 我國猶懸周日月 |
| 장군 임공이 이해에 별세하니[121] | 將軍林公是歲歿 |
| 북벌을 하지 못하여 만고에 한을 남겼네 | 萬古遺恨失北伐 |
| 대명의 한 그루 나무[122] 해동에 심겨지니 | 大明一樹植海東 |
| 해마다 금원에 꽃이 절로 붉게 피네 | 年年禁苑花自紅 |
| 아직도 비린내 나는 먼지 중원을 더럽히고 있으니 | 尙見腥塵汙中原 |
| 주씨[123]는 지금 자손이 한 명도 없네 | 朱氏于今無子孫 |
| 인간에 황조[124]가 끝난 해가 돌아오니 | 人間歲回皇祚訖 |
| 향화가 밤에 조종문[125]으로 들어오네 | 香火夜入朝宗門 |

**120** 선우(單于) : 본래 옛날 흉노(匈奴) 추장의 명칭인데 여기서는 청(淸)나라 황제를 가리킨 것이다.

**121** 장군……별세하니 : 임공은 당대의 명장인 임경업(林慶業, 1594~1646)을 가리켰다. 철저한 친명배청파(親明排淸派)의 무장(武將)으로 병자호란 이후 청나라의 지원 요청에 군대를 이끌고 갔으나 명나라 군과 비밀리에 교섭하여 전투를 피하였다. 뒤에 이러한 사실이 드러나 청나라로 압송되던 중 탈출하여 명나라로 망명하여 청나라와 싸우다가 생포되었는데, 조선으로 압송되었다가 심기원(沈器遠)의 역모에 가담하였다는 모함을 받고 장살되었다. 임경업의 몰년은 1646년인데 이해(1644년)라고 한 것은 미상이다.

**122** 대명(大明)의……나무 : 명나라에서 전래된 것으로 알려진 대명도(大明桃)라는 복숭아나무를 가리킨 것으로, 대명은 명나라를 높여 칭하는 말이다.

**123** 주씨(朱氏) : 명나라를 건국한 주원장(朱元璋)의 후손을 가리킨다.

**124** 황조(皇祚) : 명나라 황제가 재위한 기간을 이른다.

**125** 조종문(朝宗門) : 대보단(大報壇)으로 향하는 남쪽 문의 이름이다. 대보단은 1704년(숙종30)에 임진왜란 때 원병을 보내 우리나라를 구원해 준 명(明)나라 신종(神

황제의 영혼 근엄하게 보좌에 앉으신 듯하니　皇靈彷彿儼寶座
풍마와 운기[126]가 보좌 왼쪽으로 내려오네　風馬雲旗降帝左
초가집에서 초나라 소왕(昭王)을 제사 지낼 뿐[127]　只有茅屋祭楚昭
끝내 비수를 가진 형가를 전송하는 사람 없네[128]　竟無匕首送荊軻
폐백을 가지고 북쪽 요하로 달려가니　皮幣北走遼河濱
공경들 다만 오랑캐의 노여움 두려워할 뿐이네　公卿但畏虜人嗔
내 이 해를 만나 부질없이 크게 한숨 쉬며　我逢此歲空太息
한밤중에 슬피 노래하니 모발이 곤두서네　中夜悲歌豎毛髮
첫 번째 비풍[129]을 노래하니 눈물이 비 오듯 하고　一歌匪風淚如雨

宗)의 은혜를 기리기 위해 창덕궁 후원에 세운 제단인데, 1749년(영조25)에 명나라 태조(太祖)와 마지막 임금인 의종(毅宗)도 합사(合祀)하였다.

**126** 풍마(風馬)와 운기(雲旗) : 의종의 신령이 제사에 반응하여 강림함을 비유한 표현이다. 한(漢)나라 무제(武帝) 때 만든 교사가(郊祀歌)에 "천지 신령의 수레는 검은 구름을 얽고〔結玄雲,〕……천지 신령이 내려오실 때 바람처럼 빠른 말을 타시네.〔若風馬.〕"라고 하였다. 《漢書 卷22 禮樂志》

**127** 초가집에서……뿐 : 초나라 소왕(昭王)의 사당이 선성(宣城)에 있는데, 당나라 때 한 칸 모옥(茅屋)이 남아 있어 백성들이 매년 10월에 모여 제사를 지내고 있으므로, 한유(韓愈)가 〈제초소왕묘(題楚昭王廟)〉의 시에 "오히려 나라 사람들이 옛 덕을 생각하여, 한 칸 모옥에서 소왕을 제사하네.〔一間茅屋祭昭王〕"라고 하였는바, 이를 원용하였다.

**128** 끝내……없네 : 형가(荊軻)는 전국시대 협객으로 연(燕)나라 태자 단(丹)의 부탁을 받고 진시황(秦始皇)을 죽이러 떠날 적에, 태자와 그 일을 아는 빈객들이 모두 흰 의관을 입고서 나와 노제(路祭)를 지내고 전송하였는데 이 때 태자 단이 조(趙)나라 서부인(徐夫人)에게 백금을 주고 구하여 독약으로 담금질한 비수(匕首)를 가지고 갔으므로 이렇게 말한 것이다. 《史記 卷86 刺客列傳 荊軻》

**129** 비풍(匪風) : 《시경》 〈회풍(檜風)〉의 한 편명으로, 현인(賢人)이 주(周)나라 왕실이 쇠미해지는 것을 근심하고 탄식하는 내용이 담겨있다.

두 번째 하천[130]을 노래하니 눈물이 눈발처럼 흐르네 二歌下泉淚如雪
아아 나의 노래는 참으로 괴로우니 嗚呼我歌歌正苦
푸른 하늘은 말이 없고 나의 가슴만 찢어지네 蒼天無語我膽裂

**130** 하천(下泉) : 《시경》 〈조풍(曹風)〉의 한 편명으로, 주나라 왕실이 무너지자 소국이 곤폐(困弊)하여 주나라 서울을 생각한다는 내용이 담겨있는바, 위의 〈비풍〉과 함께 명나라가 멸망한 것을 주나라에 빗대어 말한 것이다.

## 아우를 그리워하다

憶弟

| | |
|---|---|
| 그대와 작별한 지 얼마나 되었는가 | 與君別幾時 |
| 북풍이 어느덧 차가워졌네 | 北風忽已寒 |
| 달 아래 기러기들 울며 날아가니 | 鴻雁月下鳴 |
| 나의 외로운 꿈 놀라 깨네 | 驚我孤夢殘 |
| 산천이 아득히 막혀있으니 | 山川渺以阻 |
| 머리 들어 바라보며 길게 탄식하노라 | 矯首發長嘆 |
| 가서 함께 놀고자 하나 | 欲往從之遊 |
| 얼음과 눈에 길 가기가 어렵네 | 氷雪行路難 |

# 평숙이 주서[131]를 읽는다는 말을 듣고 읊어 보이다

聞平叔讀朱書吟示

| | |
|---|---|
| 웅대하구나 주자의 글이여 | 大哉朱子書 |
| 육경의 깊은 뜻을 발명하였네 | 六經發蘊蓄 |
| 만 가지 이치 오묘하여 궁구하기 어려운데 | 萬理妙難窮 |
| 하나하나 대나무 쪼개듯 분석하였네 | 一一剖如竹 |
| 총령[132]의 불교를 강력히 배척하고 | 力排葱嶺佛 |
| 육상산[133]을 글로 물리쳤네 | 辭闢象山陸 |
| 몽매한 자들의 어리석음을 깨우치니 | 群蒙豁昏蔽 |
| 밝은 해가 양곡[134]에서 나오는 듯하네 | 皦日出暘谷 |
| 옛 도가 비록 여기에 있으나 | 古道雖在此 |

**131** 주서(朱書) : 일반적으로 주자의 편지글을 이르는바, 조선조에서는 주자의 편지글을 숭상하여 퇴계는 《주자서절요(朱子書節要)》를 편찬하였고, 정조 때에는 《주서백선(朱書百選)》을 만들어 널리 선비들에게 읽게 하였다. 여기서는 주자의 문집인 《주자대전(朱子大全)》을 가리킨 것으로 보인다.

**132** 총령(葱嶺) : 파미르고원으로, 불교가 이곳을 통하여 들어왔기 때문에 불교 또는 선가(禪家)를 비유하는 말로 쓰인다.

**133** 육상산(陸象山) : 상산은 남송의 철학자인 육구연(陸九淵, 1139~1192)의 호로, 주자의 이학(理學)에 반대하여 '심즉리(心卽理)'의 주관적 유심론(唯心論)을 근간으로 하는 심학(心學)을 주장하였는데, 후대에 왕양명(王陽明)에게 계승되었다.

**134** 양곡(暘谷) : 전설 속의 해 뜨는 곳을 말한다. 《서경》 〈요전(堯典)〉에 "희중(羲仲)에게 따로 명하여 우이(嵎夷)에 살게 하니 그곳이 바로 해 뜨는 양곡이다."라고 보인다.

| | |
|---|---|
| 지금 사람들은 대부분 읽지 않네 | 今人多不讀 |
| 반고와 사마천의 역사서에 눈썹과 머리 세고 | 班馬肖眉髮 |
| 노자와 장자의 책에 마음이 좀먹네 | 老莊蠹心腹 |
| 기이한 맛 다투어 스스로 좋아하여 | 奇味競自悅 |
| 도리어 곡식과 콩을 버리누나[135] | 反棄粟與菽 |
| 그대가 주자의 유편을 안고 | 喜君抱遺編 |
| 밤낮으로 익숙히 연구하는 것 기쁘네 | 日夜硏究熟 |
| 바로 아교풀 단지[136]를 버려야 하니 | 正宜去膠盆 |
| 어찌 구슬 상자를 사는 것과 같이 하랴[137] | 肯似買珠櫝 |
| 파리[138]에도 응당 습득할 것이 있을 것이니 | 笆籬應有拾 |
| 돌아오면 내 괄목상대하리라 | 歸歟吾刮目 |

**135** 곡식과 콩을 버리누나 : 곡식과 콩은 우리가 일상적으로 먹는 음식으로, 사람들이 기이한 역사책이나 노장(老莊)의 글을 좋아하여 평상적인 주자의 글을 읽지 않음을 이른다. 주자가 이천(伊川) 정이(程頤)를 기린 〈화상 찬(畫像贊)〉에 "삼베와 명주베와 같은 글이요 콩과 곡식과 같은 맛이다.〔布帛之文, 菽粟之味.〕"라고 보인다. 《晦庵集 卷85 六先生畫像贊 伊川先生》

**136** 아교풀 단지 : 선가(禪家)의 용어로 어느 문자에 집착하여 사고(思考)의 자유가 구속당함을 비유하는 말이다.

**137** 어찌……하랴 : 춘추시대 초(楚)나라 사람이 옥으로 꾸미고 향기를 쐰 목란(木蘭) 상자에 보배로운 구슬을 담아서 정(鄭)나라에 가서 팔자 어떤 정나라 사람이 상자만 사고 구슬을 돌려주었다는 고사가 있으므로 이렇게 말한 것이다. 《韓非子 外儲說》

**138** 파리(笆籬) : 쓸모가 없어 울타리에 버려진 물건이란 의미의 '파리변물(笆籬邊物)'을 줄여 쓴 말이다.

## 뜻을 보임

見志

| | |
|---|---|
| 내 마음 어찌 즐겁지 않겠는가 | 我心曷不樂 |
| 다행히 대장부의 몸이 되었네 | 幸爲丈夫身 |
| 글공부를 업으로 삼으니 | 詩書以爲業 |
| 절로 성현과 가까워지네 | 自與聖賢親 |
| 성현은 바로 나의 스승이시니 | 聖賢卽我師 |
| 나에게 진리를 보여주셨네 | 視我萬理眞 |
| 마음은 비록 지극히 작으나 | 方寸雖至微 |
| 우주를 충분히 경륜할 수 있네 | 宇宙足彌綸 |
| 만일 도를 얻을 수 있다면 | 苟能得斯道 |
| 사람 된 것 거의 헛되지 않으리라 | 庶不虛爲人 |
| 금수들은 한갓 꿈틀거릴 뿐이요 | 禽獸徒蠢動 |
| 초목은 모두 떠도는 먼지이네 | 草木皆浮塵 |
| 이 광명한 보배를 가지고 | 願持光明寶 |
| 의를 따르고 인을 실천하기를 원하노라 | 循義而蹈仁 |

## 잡시

雜詩

일반 사람들은 의리를 알지 못하여　衆人不識義
이익 좇기를 맹금이 새를 쫓듯이 하네　逐利如鷙鳥
분분하게 분쟁을 일으켜　紛紛生戈戟
터럭처럼 작은 이익을 다투네　所爭毫髮小
나는 진실로 이러한 세태 비루하게 여기니　余誠鄙此態
분수 지키며 곤궁함을 달게 여기노라　守分甘枯槁
병이 많으니 양생술을 배우고　多病學養生
문장을 지음은 도에 들어가고자 해서이네　爲文欲入道
이 외에 다시 무엇을 바라랴　此外復何求
유유자적하며 일생을 마치리라　優游以終老

두 번째 其二

일찍이 두 이랑의 밭만 있었어도　早有二頃田
육국 재상의 인수를 차지 못했으리라[139] 하였으니　不佩六國綬

**139** 일찍이……못했으리라 : 이 내용은 전국시대 유세가(游說家)인 소진(蘇秦)의 말이다. 소진이 진왕(秦王)을 설득하였으나 실패하여 몹시 가난한 생활을 하였는데, 진(秦)나라에 맞서기 위해서는 나머지 여섯 제후국이 합종(合從)하여야 한다는 소진의 주장이 받아들여져 일약 육국(六國) 재상의 인수(印綬)를 차고 종약장(縱約長)이 되었다. 이에 금의환향하였는데, 평소 냉대하던 일가친지들의 환대를 받자, "가령 내가 낙양(洛陽) 교외에 좋은 땅 두 이랑만 가지고 있었다면, 어떻게 육국 재상의 인수를 찰

일찍이 소진을 비웃노니 嘗笑蘇季子
이 말 참으로 누추하네 此語良足陋
장부가 사해에 두는 뜻은 丈夫四海志
공을 도모할 뿐 부유함을 도모하지 않네 謀功不謀富
태공은 낚시질하다가 정승이 되었고[140] 太公罷漁釣
이윤은 농사짓다가 몸을 일으켰네[141] 伊尹起耕耨
철인을 만나 볼 수 없으니 哲人不可見
경세제민을 누가 능히 연구하랴 經濟誰能究

수 있었겠는가."라고 하였다. 《史記 卷69 蘇秦列傳》

**140** 태공(太公)은……되었고 : 태공은 강태공(姜太公)으로, 성은 강(姜)이고 씨는 여(呂)이며 이름은 상(尙)인데, 위수(渭水) 가에서 낚시를 하다가 주(周)나라의 문왕(文王)을 만나 사부(師傅)로 등용되고 문왕이 별세한 뒤에 무왕(武王)을 도와 은(殷)나라의 폭군 주왕(紂王)을 토벌하고 주나라를 천자국으로 만들어 백성들을 편안하게 하였으므로 이렇게 말한 것이다.

**141** 이윤(伊尹)은……일으켰네 : 이윤은 은(殷)나라 시조인 탕왕(湯王)의 재상으로 포악한 걸왕(桀王)을 쳐서 하(夏)나라를 멸망시켜 은나라의 왕업을 이룩하고 왕도 정치를 시행한 인물인데, 유신(有莘)의 들에서 농사를 짓다가 탕왕의 초빙을 받고 세상에 나왔으므로 이렇게 말한 것이다.

## 움직이는 바위

動石

아산의 동림사(桐林寺)에 있다.

| | |
|---|---|
| 온갖 바위가 본래 고요한데 | 萬石本皆靜 |
| 이 한 바위만이 어이하여 움직이는가 | 一石胡爲動 |
| 운근[142]이 흔들려 안정되지 못하니 | 雲根搖不定 |
| 굳센 뼈대가 우뚝 솟은 듯하네 | 秋骨起如竦 |
| 혹자는 신령스러운 거북이 변한 것이라 하고 | 或言靈龜變 |
| 혹자는 신선이 변한 것이라 하니 | 或言仙人化 |
| 그 말이 지극히 아득하여 | 其說極冥茫 |
| 듣는 자들 다만 놀랄 뿐이네 | 聞者徒驚訝 |
| 하늘과 땅은 매우 교묘하여 | 天地蓋大巧 |
| 온갖 괴이한 종류가 갖추어져있네 | 奇詭萬類具 |
| 물은 차가운데 온천이 있고 | 水寒有溫井 |
| 불이 뜨거운데 완포[143]가 있다오 | 火熱有浣布 |
| 바위는 진실로 완고한 물건이나 | 石固物之頑 |
| 움직이는 것이 없음을 어찌 알랴 | 動者安知無 |

**142** 운근(雲根) : 산에 있는 바위를 가리키는 말로 구름이 바위에 부딪혀서 일어난다고 하여 구름의 뿌리라고 한 것이다. 두보(杜甫)의 시에 "충주(忠州) 고을은 삼협(三峽) 안에 있어서 마을의 인가가 운근(雲根) 아래 모여 있네."라고 하였는데, 그 주(註)에 "오악(五嶽)의 구름이 바위에 부딪혀 일어나기 때문에, 구름의 뿌리라고 한 것이다." 라고 보인다. 《杜少陵詩集 卷14 題忠州龍興寺所居院壁》

**143** 완포 : 화완포(火浣布)를 줄여 쓴 것으로, 불에 타지 않는 베를 이른다.

| | |
|---|---|
| 내 지금 이 이치를 말하여 | 我今語此理 |
| 제해[144]의 어리석음 열어주고자 하네 | 欲闢齊諧愚 |
| 듣자하니 부호들 사는 마을에서는 | 傳聞貴里間 |
| 원림을 만들어 마음껏 즐긴다 하네 | 園林恣歡娛 |
| 영롱한 태호의 돌이 | 玲瓏太湖質 |
| 평천의 경치에 뒤섞여 있네[145] | 錯落平泉色 |
| 기이한 구경거리 자못 나열하였는데 | 異觀頗羅列 |
| 이 바위는 옮겨갈 수가 없었네 | 此石移不得 |
| 어찌 한 수레의 힘이 없었으랴마는 | 豈無一車力 |
| 다만 귀신이 두려워 못 가져갔으리라 | 秖應畏鬼神 |
| 이에 범왕의 집[146]에 | 却令梵王宅 |
| 홀로 진기한 보물의 자리 독차지하였네 | 獨專瑰奇珍 |
| 몸을 흔들자 머리를 흔들어 | 掀身若掉頭 |
| 진세를 향하고 싶지 않은 듯하네 | 不肯向塵境 |
| 끝내 이 아름다운 바위가 | 終愛此石美 |
| 저절로 움직이다가 다시 고요해짐을 사랑하노라 | 自動還是靜 |

**144** 제해(齊諧) : 《장자》 〈소요유(逍遙遊)〉에, "제해라는 것은 기괴한 일을 기록한 것이다.〔志怪者.〕"라고 보이는데, 책으로 보는 견해와 사람으로 보는 견해가 갈린다.

**145** 영롱한……있네 : 태호(太湖)는 중국 소주(蘇州)에 있는 큰 호수인데, 여기에서 나오는 태호석(太湖石)이 유명한바, 복잡한 형태의 구멍이 많이 뚫린 모습이 기이하여 정원석으로 많이 쓰인다. 평천(平泉)은 당나라 이덕유(李德裕)의 별장인 평천장(平泉莊)으로 기화 요초와 진귀한 소나무, 괴석(怪石) 등이 많이 있었다.

**146** 범왕(梵王)의 집 : 불교의 사찰을 이르는 말이다. 범왕은 불교 호법신(護法神) 중의 하나로 대범천왕(大梵天王)・대범왕(大梵王)이라고도 한다

## 선영에 성묘하다

省先墓

| | |
|---|---|
| 해가 지나도록 성묘를 못 했는데 | 經年闕省掃 |
| 이제 오니 눈물이 더욱 흐르네 | 今至淚逾滋 |
| 새봄의 파란 풀빛을 보고 | 看草新春色 |
| 해 질 때에 까마귀 소리 듣노라 | 聽烏落日時 |
| 서리와 이슬 자주 시절이 바뀌니 | 露霜頻改節 |
| 소나무와 편백나무 더욱 가지가 번성하였네 | 松柏轉多枝 |
| 장차 청명이 가까워 오니 | 且看淸明近 |
| 다시 술잔과 제기 들고 오리라[147] | 重來觴豆持 |

**147** 장차……오리라 : 청명(淸明)의 절기에는 한식절(寒食節)이 함께 이르는바, 이때 성묘하고 제사를 지내므로 말한 것이다.

## 유여성 한준 이 와서 유숙하면서 시를 지었으므로 그 시에 차운하다

兪汝成 漢雋 來宿有詩 次之

| | |
|---|---|
| 오두막집 문을 홀로 닫아 친구가 적으니 | 衡門獨掩親朋少 |
| 그대가 간곡하게 필마로 와서 머무는 것 감사하네 | 感子慇懃匹馬停 |
| 한밤중 호방한 이야기에 자주 무릎을 치고 | 中夜豪談頻擊節 |
| 반평생 교분은 오래도록 형체를 잊었네[148] | 半生交誼久忘形 |
| 푸른 바다에 샛별처럼 천 리 멀리 헤어졌고 | 曉星滄海分千里 |
| 구름 낀 산에 봄 새 우는데 한 정자에 함께 있네 | 春鳥雲山共一亭 |
| 하늘의 뜻은 다만 좋은 손님 머물게 하려고 | 天意秪應留好客 |
| 우선 차가운 눈이 섬돌과 뜨락에 가득 내리네 | 且看寒雪滿階庭 |

**148** 형체를 잊었네 : 이 내용은 외형적인 예법이나 나이 따위를 초월하여 한마음으로 맺은 깊은 교분을 이르는 말이다. 당나라의 시성(詩聖) 두보(杜甫)가 친구 정건(鄭虔)에게 준 〈취시가(醉時歌)〉에 "형체를 잊고 너니 나니 하는 사이〔忘形到爾汝〕, 통음(痛飮)하는 것이야말로 진정 나의 스승일세."라고 보인다. 《杜少陵詩集 卷3》

## 동작 나루를 지나며

過銅津

| | |
|---|---|
| 성을 나옴에 진세의 일 없는데 | 出郭無塵事 |
| 비가 내리니 강의 경치 다시 새롭네 | 江光雨更新 |
| 배에 앉으니 산이 저절로 움직이고 | 坐船山自動 |
| 물에 임하니 백로들과 서로 친하네 | 臨水鷺相親 |
| 호숫가에 정자가 많으나 | 湖上多亭子 |
| 누각 안에는 주인이 적네 | 樓中少主人 |
| 누가 나에게 빌려주어 머물게 해서 | 誰能借我住 |
| 꽃나무와 대나무에 경륜을 부치게 할까 | 花竹寄經綸 |

## 생일에 읊다

生日

| | |
|---|---|
| 나의 생일 어느 날에 있는가 | 生日在何日 |
| 바로 단오절에 있다오 | 乃在端午節 |
| 어릴 때에 생일을 만나면 | 兒時逢生日 |
| 기뻐하여 스스로 즐거워하였네 | 欣欣自歡悅 |
| 어머니가 손수 바늘에 실을 꿰어 | 母氏手持線 |
| 나의 흰 모시옷을 만들어주시고 | 縫我白紵衣 |
| 어머니가 손수 음식을 장만하여 | 母氏躬備饌 |
| 나에게 살진 돼지고기와 소고기를 먹여주셨네 | 啖我猪牛肥 |
| 어머니가 별세한 뒤에는 | 自從母氏歿 |
| 종신토록 이러한 즐거움이 없네 | 終身無此樂 |
| 구로의 은혜[149] 길이 생각하니 | 長念劬勞恩 |
| 눈물이 줄줄 흘러 밥을 물리치네 | 泣涕食爲却 |
| 해마다 창포를 보면 | 年年見菖蒲 |
| 시절이 빨리 흘러감을 감탄하네[150] | 感歎時序速 |

**149** 구로(劬勞)의 은혜 : 구로는 부모가 자식을 낳아 기르느라 수고함을 이른다. 《시경》 〈소아(小雅) 육아(蓼莪)〉에 "슬프고 슬프다 부모여, 나를 낳으시느라 몹시 수고하셨다.〔哀哀父母, 生我劬勞.〕"라고 보인다.

**150** 해마다……감탄하네 : 창포(菖蒲)는 일종의 향초(香草)로 약재로도 쓰이는바, 음력 5월 5일 즉 단오가 되면 이날 여인들이 창포를 끓인 물로 머리를 감는 풍속이 있으므로 말한 것이다.

| | |
|---|---|
| 누가 말하였는가 명절에 탄생하면 | 誰言名日降 |
| 복록을 많이 누릴 운명이라고 | 其命多吉福 |
| 다른 사람들은 구경[151]을 기뻐하여 | 他人喜具慶 |
| 생일 저녁에 풍악을 베푸는데 | 絲管弧夕張 |
| 나의 인생은 좋은 때를 만나지 못하여 | 我生應不辰 |
| 생일에 홀로 슬퍼하노라 | 生日獨悲傷 |

**151** 구경(具慶) : 양친이 모두 살아계심을 이른다.

## 유여성이 나에게 시를 주므로 그 운을 따라 화답하였다

### 兪汝成贈余以詩 用其韻和之

| | |
|---|---|
| 옛날 유자와 함께 놀면서 | 昔與兪子遊 |
| 날마다 문장을 논하였네 | 日日論文章 |
| 문장 짓는 이 일을 내 어찌 잘하랴 | 玆事吾豈能 |
| 그대는 실로 한과 당의 문장에 가까웠네 | 君實逼漢唐 |
| 반마[152]와 막상막하이고 | 班馬相上下 |
| 이두[153]와 난형난제라네 | 李杜相頡頏 |
| 준마가 빨리 달려 | 奔如騏驥疾 |
| 하루에 천 리 길을 가는 것과 같았네 | 一日千里壃 |
| 십가[154]가 어찌 미칠 수 있으랴 | 十駕何由及 |
| 땀이 흘러 감히 당하지 못하였네 | 汗流不敢當 |
| 우리 모두 이제 노쇠해지니 | 吾儕今且衰 |
| 문장의 예리한 칼날 비로소 거두었네 | 鋒鍔始斂藏 |
| 소년 시절 배운 것을 회상하니 | 回思少年學 |

**152** 반마(班馬) : 《한서》를 쓴 반고(班固)와 《사기》를 쓴 사마천(司馬遷)을 병칭한 말로, 한나라 때의 대표적인 역사가이자 문장가이다.

**153** 이두(李杜) : 당나라의 시인인 시선(詩仙) 이백(李白)과 시성(詩聖) 두보(杜甫)의 병칭이다.

**154** 십가(十駕) : 둔한 말이 열흘 동안 달리는 것으로, 《순자(荀子)》〈수신(修身)〉에 "준마는 하루에 천 리를 가지만, 둔마도 열흘 동안 부지런히 가면〔駑馬十駕,〕 역시 천 리를 갈 수 있다."라고 보이는데, 여기서는 재주 없는 자신을 겸칭한 말이다.

| | |
|---|---|
| 다만 몇 줄의 문장이었네 | 秖是數墨行 |
| 문장은 도에 있어서 | 文章之於道 |
| 옥구슬 속의 어목이라오[155] | 魚目與琳琅 |
| 남쪽으로 유람함에 바다가 웅장하니 | 南游溟渤壯 |
| 바다를 바라보고 대방가를 부러워하였네[156] | 望洋羨大方 |
| 긴 글로 자신의 뜻을 보였으니 | 長書見我意 |
| 옛날 어리석고 망령되었던 것 후회하였네 | 宿習悔愚狂 |
| 육경은 쟁기와 같으니 | 六經如耒耜 |
| 비로소 좋은 기물임을 믿노라 | 始信其器良 |
| 어찌 달과 이슬[157]을 꾸밀 필요가 있으랴 | 何用飾月露 |
| 헛된 명성 다만 과장할 뿐이라오 | 虛譽徒夸張 |
| 그대의 시에도 말하기를 | 君詩復有云 |
| 성인의 말씀 밝고 또 자세한데 | 聖言明且詳 |

**155** 옥구슬 속의 어목(魚目)이라오 : 물고기의 눈알〔魚目〕은 가짜 구슬을 이른다. 진(晉)나라 노심(盧諶)이 지은 〈증유곤(贈劉琨)〉시에 "야광이 물고기 눈알에 비춘다.〔夜光報於魚目.〕"라는 구절에 대한 이선(李善)의 주에 "물고기 눈알이 진짜 구슬을 어지럽힌다.〔魚目亂眞珠.〕"라고 한 데서 유래하였다.

**156** 바다를……부러워하였네 : 대방가(大方家)는 문장이나 학술이 뛰어난 사람을 이르는 말이다. 《장자(莊子)》〈추수(秋水)〉에 황하(黃河)의 신인 하백(河伯)이 자신이 다스리는 황하의 물이 불어나자 의기양양하다가 북해(北海)에 이르러 끝없이 펼쳐진 물을 보고는 북해의 신 북해약(北海若)에게 "내가 당신이 사는 여기에 이르지 않았으면 위태로웠을 것입니다. 나는 장차 대방가의 비웃음을 받을 것입니다.〔吾長見笑於大方之家.〕"라고 하였으므로 이렇게 말한 것이다.

**157** 달과 이슬 : 이는 음풍농월(吟風弄月)의 소재인 풍화월로(風花月露)를 줄여 쓴 말로 사시(四時)의 경치를 말한 것인데, 화려하나 내용이 없는 시문(詩文)을 비유한다.

| | |
|---|---|
| 문장과 도는 서로 떨어지지 않으니 | 文與道不離 |
| 도가 보존되어야 문장이 없어지지 않는다네 | 道存文不亡 |
| 끝내 질탕하게 같은 곳으로 돌아가니[158] | 同歸竟爛漫 |
| 서로 기약함 어찌면 이리도 긴가 | 相期一何長 |
| 남의 비단옷 원치 않고 | 不願人錦繡 |
| 남의 고량진미 원치 않으며 | 不願人膏粱 |
| 다만 만 가지 이치를 밝게 알아서 | 但願明萬理 |
| 담장 너머에 있는 사람을 꿰뚫어 보기를 원하노라[159] | 洞如見垣牆 |
| 서명에서 일원을 이해할 수 있고[160] | 西銘會一源 |
| 태극은 오상을 갖추었네[161] | 太極具五常 |

**158** 끝내……돌아가니 : 이 내용은 한유(韓愈)가 지은 〈별지부(別知賦)〉의 "처음에는 들쭉날쭉 차례가 달랐으나 끝내는 호탕하게 한 물결로 흐른다.〔卒爛漫而同流.〕"라는 구절을 원용한 것이다.

**159** 담장……원하노라 : 명의(名醫) 편작(扁鵲)이 환자를 직접 진찰하지 않고도 환자의 오장 육부를 꿰뚫어 보았듯이, 만물의 이치를 통달함을 이른다. 《사기》 〈편작열전(扁鵲列傳)〉에 "편작은 그의 말에 따라 30일 동안 약을 먹으면 담장 한쪽 너머에 있는 사람을 꿰뚫어 볼 수 있었다.〔扁鵲以其言飮藥三十日, 視見垣一方人.〕"라고 보이는데, 《사기색은(史記索隱)》이라는 주석서에 "담장 너머에 있는 사람을 꿰뚫어 봄을 이른다."라고 풀이하였다. 저본에는 '원장(垣臟)'으로 되어있는바, 장은 운에도 맞지 않으므로 장(牆)으로 보고 번역하였다.

**160** 서명(西銘)에서……있고 : 〈서명〉은 북송(北宋)의 장재(張載, 1020~1077)가 좌우명으로 쓴 글로, 유학(儒學)에서 추구하는 도(道)의 체(體)를 설명하였기 때문에 이렇게 말한 것이다. 일원(一源)은 하나의 근원이란 의미로 만물의 본성(本性)인 태극(太極) 즉 이(理)를 가리킨다.

**161** 태극(太極)은 오상(五常)을 갖추었네 : 태극은 본성을 이르며, 오상은 사람의 다섯 가지 떳떳한 본성으로 인(仁)·의(義)·예(禮)·지(智)·신(信)을 가리킨다.

요부[162]는 이를 크게 펼쳤으니　堯夫大鋪舒
왕도와 패도며 오제와 삼황[163]이었네　王霸與帝皇
자양[164]은 은미하고 심오한 이치를 분석하여　紫陽析微奧
크고 작은 것 드러내지 않음이 없네　巨細無不彰
하늘이 덮어 주고 땅이 실어주며　天覆而地載
물고기는 물속에 잠겨있고 새는 공중을 나네　魚潛而鳥翔
우리는 다행히 몽매함을 개발하여　吾徒幸發蒙
순자(荀子)와 양주(楊朱)에 빠지지 않게 되었네　庶不溺荀楊
차츰차츰 부화함을 제거하고　稍稍去浮華
하나하나 상처를 완전히 치료하리라　一一完疣瘡
그대와 함께 이 마음을 간직하니　與君秉此心
걸음걸이 나아갈 방향을 알게 되었네　趨步知其鄕
문장은 백가를 내치고　文辭黜百家
삼왕[165]의 예악 높이리라　禮樂尊三王
오직 명예를 바라서는 안 되니　惟名不可求

**162** 요부(堯夫) : 송(宋)나라의 학자 소옹(邵雍, 1011～1077)의 자이다. 호는 안락와(安樂窩), 시호는 강절(康節)인데 흔히 소강절로 불린다.

**163** 오제(五帝)와 삼황(三皇) : 옛날 중국의 훌륭한 제왕들로 삼황은 태호 복희씨(太昊伏羲氏)·염제 신농씨(炎帝神農氏)·황제 헌원씨(黃帝軒轅氏)를 말하며, 오제는 전욱(顓頊)·소호(少昊)·제곡(帝嚳)·제요(帝堯)·제순(帝舜)을 가리킨다.

**164** 자양(紫陽) : 주자(朱子)의 별호이다. 주자의 부친 주송(朱松)이 자양산에서 독서하였는데, 뒤에 주자가 복건(福建)의 숭안(崇安)에 살면서 정사(精舍)의 이름을 자양서실(紫陽書室)이라고 명명한 데서 붙여진 호칭이다.

**165** 삼왕(三王) : 하(夏)나라의 우왕(禹王), 상(商)나라의 탕왕(湯王), 주(周)나라의 문왕(文王)·무왕(武王)을 이른다.

| | |
|---|---|
| 명예는 몸의 재앙이 되는 일이 많네 | 名多是身殃 |
| 책을 읽는 것을 농사일로 삼고 | 讀書以爲耕 |
| 도를 맛보는 것으로 양식을 삼으리라 | 味道以爲糧 |
| 백 년 동안의 좋은 벗 얻으니 | 百年得良友 |
| 지극한 즐거움 함께 한가히 누리리라 | 至樂共徜徉 |

## 날씨가 개다

晴

높은 정자에 주렴 거두자 장맛비 개이니　簾捲高亭積雨收
신령스러운 산 푸른데 엷은 노을이 떠있네　靈山蒼翠淡霞浮
고을 사람들 해가 나오자 다투어 시장에 가고　縣人日出爭爲市
어부는 바람이 가벼우니 우선 배를 띄우네　漁子風輕且放舟
벌들이 해당화에 모이니 특별히 소란함을 깨닫고　蜂集海棠偏覺鬧
꾀꼬리 문 앞의 버드나무에서 우니 다시 그윽함 사랑하노라　鶯啼門柳更憐幽
쾌청한 날씨에 앞 냇가를 향해 가노라니　乘晴可向前川去
고사에 맑은 시내 몇 굽이가 흐르네　古寺淸溪幾曲流

## 고시
古詩

| | |
|---|---|
| 담장 위에 채소 꽃 자라니 | 墻頭菜花生 |
| 잠자리들 날아 담장을 오르내리네 | 蜻蜓上下飛 |
| 뜨락에 목련화 피니 | 庭中木蓮發 |
| 나비들 함께 돌아오네 | 蛺蝶相與歸 |
| 저 벌레들의 마음도 | 彼哉物之情 |
| 각각 향기로운 꽃을 스스로 찾는구나 | 各自探芳菲 |
| 은자(隱者)가 지팡이 짚고 서서 | 幽人倚杖立 |
| 이를 대하여 부질없이 탄식하네 | 對此空歎唏 |

## 물고기를 잡는 노래

打魚歌

들녘에 한 길 높이 제방을 쌓으니　野田築堤高丈餘

제방 아래 물이 깊어 좋은 물고기 많네　堤下水深多嘉魚

관아의 하인들 어망 들고 다투어 몰려와서　官僮操網爭來集

옷을 벗고 무리 지어 물속으로 들어가네　解衣作隊水中入

병혈[166]을 오르내리며 물고기를 몰고 가다가　上下丙穴驅魚去

차르르 그물을 펼쳐 물에 넣었다가 들어 올리니　罛聲濊濊沈仍擧

작은 물고기는 수초 사이로 혹 교묘히 숨는데　小魚罥草或巧匿

큰 물고기는 노하여 뛰어올랐다가 다시 저절로 떨어지네　大魚怒跳還自落

내 이때 손님 모시고 앞 내를 건너다가　我時携客過前川

함께 버드나무 가에 앉아 낚시하는 것 구경하네　共觀漁釣坐柳邊

이 일에서 나는 자적(自適)함을 취하려 할 뿐인데　玆事吾欲秖取適

어부들은 도리어 많이 잡은 것 자랑하네　漁父却自誇多獲

입에 붉은 꼬리 물고 있으니 사람이 수달과 같고　口含朱尾人如獺

손으로 은빛 고기 던지니 동이가 못과 같네　手擲銀鱗盆似澤

**166** 병혈(丙穴) : 좋은 물고기가 나오는 동혈(洞穴)로, 동혈의 입구가 병향(丙向)으로 뚫렸다 하여 이렇게 칭하는데, 《방여승람(方輿勝覽)》 권59 〈달주(達州)〉에 "명통현(明通縣) 정협(井峽) 속에 있다. 구멍이 모두 10개인데 모두 맛이 좋은 물고기가 나온다." 하였다. 좌사(左思)의 〈촉도부(蜀都賦)〉에도 "좋은 물고기는 병혈에서 나오고, 좋은 나무는 부곡에서 나온다.〔嘉魚出丙穴, 良木攢襃谷.〕"라고 보인다.

음식 만드는 아낙 칼을 들고 물고기 잘라 삶고　　饔女操刀割鮮烹
다시 흰 회를 쳐서 소반을 가득 채우네　　復有雪膾盤中盈
평소 좋아하는 것이 없다고 스스로 믿었는데　　平生自信無所好
어구 펼쳐놓은 오늘 저녁 다시 마음이 기쁘네　　矢魚今夕還娛情
후일 공호에서 물고기 잡는 자를 보면　　他日貢湖見漁者
기심[167]이 또다시 생겨날까 두렵노라　　機心猶恐萌又生

**167** 기심(機心) : 자기 자신의 이익을 위하여 교묘하게 도모하는 마음을 말한다. 자공(子貢)이 우물을 파고 물을 항아리로 옮겨 밭에 붓는 노인에게 기계(機械)를 쓰기를 권하니. 노인이 "기계를 사용하면 기심이 생기고 기심이 생기면 순수하고 결백함이 갖추어지지 못하고 순수하고 결백함이 갖추어지지 못하면 신묘한 본성이 안정을 잃는다. 본성이 안정을 잃으면 도(道)가 깃들지 않는다."라고 대답하였다는 고사에 보인다. 《莊子 天地》

## 개호에 이르러 주인이 물고기를 구경하러 모도에 갔다는 말을 듣고 읊다

到介湖 聞主人觀魚往茅島

| | |
|---|---|
| 처음으로 오서산(烏棲山) 방면을 알아 | 始識烏山面 |
| 멀리서 석포 머리에 임하였네 | 遙臨石浦頭 |
| 친구는 가을 물에 막혀있으니 | 故人秋水隔 |
| 먼 길 온 나그네는 해거름에 유숙하네 | 遠客夕陽留 |
| 비가 지나가니 단풍 젖어있고 | 雨過丹楓濕 |
| 조수가 밀려오니 갈매기 떠도네 | 潮來白鳥浮 |
| 물고기 구경하는 것 나 또한 좋아하니 | 觀魚吾亦好 |
| 우선 모주[168]로 향하고자 하노라 | 且欲向茅洲 |

**168** 모주(茅洲) : 모도(茅島)와 같다.

## 영보정[169]에 오르다

登永保亭

| | |
|---|---|
| 흥이 일어 급히 말을 모니 | 興逸催驅馬 |
| 바람 안은 배처럼 빨리 가네 | 行如一棹風 |
| 누대는 높이 나는 새 위에 임하였고 | 樓臨高鳥上 |
| 산은 큰 바다 가운데 솟아있네 | 山出巨溟中 |
| 천하에는 유랑하는 자들 많지만 | 宇宙多遊子 |
| 문장은 홀로 취옹[170]이라오 | 文章獨翠翁 |
| 우선 탕탕하게 드넓은 석양에 놀라니 | 且驚西日盪 |
| 하늘 속의 경치를 어찌 다 볼 수 있으랴 | 空裏境何窮 |

**169** 영보정(永保亭) : 지금의 충남 보령시 오천면에 소재한 충청 수영(水營) 안의 가장 큰 정자이다. 경치가 아름다울 뿐만 아니라 바닷가 쪽에 있어서 서해안 바다가 가장 멀리 보이는 요지이다.

**170** 취옹(翠翁) : 박은(朴誾, 1479~1504)으로, 호가 읍취헌(挹翠軒)이기 때문에 이렇게 칭한 것이다. 자는 중열(仲說), 본관은 고령(高靈)이다. 갑자사화(甲子士禍)에 연루되어 26세의 나이로 요절하였다. 용재(容齋) 이행(李荇)과 더불어 16세기 초 한시 문단을 대표하는 시인인데, 정조(正祖)는 그를 '조선조에서 제일가는 시인'으로 추앙하였다. 박은이 영보정에 대해 지은 시가 《신증동국여지승람》 제20권 〈충청도(忠淸道) 보령현(保寧縣)〉에 실려 있는데 아래와 같다.
"땅은 절박해 다하여도 천경(千頃)의 바다는 궁하지 않아서, 산을 열어 오히려 한 머리의 조수(潮水)를 받아들이고 있구나. 빠른 바람이 안개를 쫓으니 물은 거울 같은데, 주저(洲渚)가에 사람 없이 새들만이 스스로 노래 부른다. 나그네 길에 맑은 경치 만나면 매양 한탄을 일으키는 법, 해(임금) 있는 곳 바라보고 다시금 고향이 먼 것을 깨달았다. 고심(苦心)해 읊으며 떠나지 못해도 새로운 말이 떠오르지 않아서, 떨어지는 해 먼 하늘 가로 빠지는 것을 수심에 찬 채 바라보고 있노라."

## 수영에서 배를 타고 한산사[171]로 향하면서 당나라 시인의 시[172]에 차운하다

自水營乘舟向寒山寺 次唐人韻

| | |
|---|---|
| 한산사에 해가 뜨니 하늘의 안개 걷히고 | 日出寒山霧捲天 |
| 노 젓는 소리에 졸던 백구들 놀라 일어나네 | 櫓聲驚起白鷗眠 |
| 나의 여정 갑자기 강남 길을 지나가니 | 我行忽過江南路 |
| 황학루 가에 우선 배를 매어두었네 | 黃鶴樓邊且繫船 |

**171** 한산사(寒山寺) : 보령현(保寧縣 지금의 충청남도 보령시)에 있는 사찰 이름이다. 《국역 신증동국여지승람 제20권 충청도 보령현》

**172** 당나라 시인의 시 : 당나라 시인은 대종(代宗) 때에 활약한 문신이자 시인인 장계(張繼)를 이르며, 시는 장계가 소주(蘇州) 한산사(寒山寺)에서 지은 〈풍교야박(楓橋夜泊)〉을 이르는바, 시의 내용은 아래와 같다. "달 지고 까마귀 울고 서리는 하늘에 가득한데, 강교(江橋)와 풍교(楓橋) 사이에 고깃배 등불들 마주하여 졸고 있네. 고소성(姑蘇城) 밖 한산사에서, 한밤중 종소리가 나그네 배에 들려오네." 《全唐詩 卷242 楓橋夜泊》 소주의 한산사가 유명한데, 보령에도 한산사가 있으므로 장계의 시에 차운한 것이다.

## 황학루[173]에서

黃鶴樓

옛 사찰 외로운 배로 찾아오니　古寺移孤棹
가을 산에서 흰 구름을 바라보노라　秋山望白雲
호수의 빛은 땅을 따라 달라지고　湖光隨地別
누대 그림자는 조수에 따라 나누어지네　樓影帶潮分
풍경 소리 고요한데 승려는 어디로 갔는가　磬靜僧何去
소나무 깊으나 학 우는 소리 들리지 않네　松深鶴不聞
앉아있노라니 기다림이 있을 듯하여　坐來如有待
내 여러 신선을 부르고자 하노라　吾欲喚仙群

**173** 황학루(黃鶴樓) : 보령현에 있던 누각으로 영보정에서 바다 너머로 바라보이는 산자락에 있었다고 한다.

## 염촌 이숙 덕주 이 방문하여 감회를 기록한 시를 지어 가군께 올리니 가군께서 나에게 화답하라고 명하시므로 삼가 이 시를 써서 이숙에게 편지와 함께 보내다[174]

廉村李叔 德周 來過 有志感詩 呈于家君 家君命胤源和之 謹書此以簡李叔

| | |
|---|---|
| 아산의 관아에서 촛불 켜고 자리를 나란히 하여 | 官燭牙州席共聯 |
| 서로 만나 옛이야기 하니 흘러간 세월 감회가 깊네 | 相逢話舊感流年 |
| 나무는 외할머니께서 오셨을 때 심은 것이고 | 樹思王母來時種 |
| 선정비는 선생께서 떠나신 뒤에 전해진 것이네[175] | 碑見先生去後傳 |
| 상전벽해에 쏟아지는 눈물 감당하지 못하는데 | 桑海不堪懸涕淚 |
| 동향[176]에서 더구나 다시 산천을 마주함에 | 桐鄉況復對山川 |

**174** 염촌(廉村)……보내다 : 이 시는 박윤원이 부친 박사석(朴師錫)의 명을 받고 박사석의 입장에서 지은 시이다. 이숙(李叔)은 자세한 인적 사항은 고증되지 않으나 이 시의 내용으로 보아 박윤원의 5촌 외숙으로 보인다. 박사석의 모친은 전의 이씨(全義李氏)로 이만시(李萬始)의 따님인데, 이만시는 아산 현감(牙山縣監)과 익산 군수(益山郡守)를 지냈으며 박사석 또한 아산 현감을 지냈다. 본문의 선생과 본문 원주의 익산공은 모두 이만시를 가리킨다.

**175** 선정비(善政碑)는……것이네 : 선정비는 이만시(李萬始)의 선정비로, 이에 대해서는 본집 권21 〈아산현감이후만시 선정비기(牙山縣監李侯萬始善政碑記)〉에 자세히 보인다.

**176** 동향(桐鄉) : 중국의 지명으로 안휘성(安徽省) 동성현(桐城縣) 북쪽에 있었다. 전한(前漢) 선제(宣帝) 때의 명신인 주읍(朱邑, ?~B.C. 61)이 젊었을 때 동향의 색부(嗇夫 사법과 조세를 담당하는 벼슬)로 있으면서 선정(善政)을 베풀어 동향의 백성들이 그를 사랑하였는데, 그 뒤 대사농(大司農)에 이르러 병으로 죽을 무렵 아들에게 자신을 동향에 장례지낼 것을 부탁하며 "동향의 백성들이 나를 사랑하였으니, 내가

유문이 숨겨지고 밝혀진 것 참으로 기이한 일이니　遺文顯晦眞奇事
다시 동헌을 가리켜 이 글을 걸어 놓게 하네　更指量軒有揭篇

익산공(益山公)께서 일찍이 이 고을에 부임하셨을 적에, 〈사창기(司倉記)〉를 지어 동헌(東軒)의 벽에 판각(板刻)하여 걸어 놓았는데 세월이 오래되어 사라졌기 때문에 가군께서 유본(遺本)을 가져다 다시 판각하여 걸어 놓으셨으므로 말한 것이다.

죽거든 동향에 묻어 다오. 후세의 자손들이 동향의 백성들만 못할 것이다." 하였다. 아들이 유언대로 동향에 장례를 치렀는데, 과연 그곳 백성들이 모두 나서서 무덤을 높이고 사당을 세워 세시(歲時)에 제사 지내기를 끊지 않았다는 고사가 있다. 《漢書 循吏傳 朱邑》

## 임진 나루를 건너면서 입으로 불러주다

渡臨津口號

임벽루 앞에 아침 해가 붉고 臨碧樓頭朝日赤
임진강 위로 아침노을 푸르네 臨津江上早霞青
하늘이 아득하니 선조 임금께서 배를 타신 물이요 天長宣祖乘舟水
나무는 고목이니 문성공이 주역을 강론하던 정자이네[177] 樹老文成講易亭
관해가 함께 이어져 목을 누르는 형세이고 關海同連扼喉勢
돈대가 서로 바라보이니 옷깃을 공제하는 형세이네 墩臺相望控襟形
때가 화평하여 정벌이 없음 기쁘니 時平正喜無征伐
먼 물가에서 들려오는 어부의 노래 한가로이 듣노라 閑聽漁歌起遠汀

**177** 나무는……정자이네 : 문성공(文成公)은 율곡 이이의 시호이며 정자는 화석정(花石亭)을 이른다. 화석정은 지금의 파주시 파평면(坡平面) 율곡리(栗谷里)에 있는 정자로, 1443년(세종25)에 율곡 이이의 5대조인 이명신(李明晨)이 건립하였는데, 화석정이란 이름은 당나라 이덕유의 〈평천장기(平泉莊記)〉에 보이는 화석이란 말을 빌려 명명한 것이다. 세월이 지나 피폐하였는데 뒤에 율곡이 중수하고, 벼슬에서 물러났을 때 이곳에서 시를 짓고 학문을 논하였다. 임진왜란 때 의주(義州)로 피란 가던 선조(宣祖)가 한밤중에 강을 건너기 위해 이 정자를 태워 불을 밝히 일이 있으므로 말한 것이다.

## 만월대[178]에서

滿月臺

| | |
|---|---|
| 송악산의 기운 처량하니 | 松嶽氣蕭瑟 |
| 고려 왕조가 꿈속과 같네 | 高麗似夢中 |
| 꾀꼬리는 옛 원유(苑囿)에서 울고 | 黃鶯啼古苑 |
| 푸른 풀은 버려진 궁궐을 둘러싸고 있네 | 碧草繞遺宮 |
| 오백년의 국운(國運) 하늘이 끊었으나 | 五百天應絶 |
| 삼천의 땅은 홀로 웅장하네 | 三千地獨雄 |
| 사랑스러운 만월대 위의 달은 | 可憐臺上月 |
| 차고 기우는 것 절로 무궁하네 | 盈缺自無窮 |

**178** 만월대(滿月臺) : 개성(開城) 북방 송악산(松嶽山) 남쪽 구릉지에 있던 고려의 궁궐 이름인데, 1361년(공민왕10)에 홍건적(紅巾賊)의 침입으로 소실되어 폐허가 되었다.

## 평산을 지나며 옥류천[179]을 구경하다
過平山 觀玉溜泉

| | |
|---|---|
| 오월이라 날씨가 더우니 | 五月天氣熱 |
| 안장 올린 말 노정에 지쳤네 | 鞍馬倦行役 |
| 우연히 아름다운 나무 그늘에 나아가니 | 偶就嘉木蔭 |
| 홀연히 다시 아름다운 경치를 얻었네 | 忽復得泉石 |
| 만 골짝의 물이 맑은 소리로 쏟아지고 | 琮琤萬壑水 |
| 천 길의 절벽 우뚝이 솟아있네 | 崚嶒千仞壁 |
| 이곳은 화운[180]이 생긴 것 알지 못하고 | 不知火雲生 |
| 다만 얼음과 서리가 쌓여 있음 깨닫네 | 但覺氷霜積 |
| 앞이 바로 큰길가인데 | 前臨大道傍 |
| 도리어 경치가 그윽하고 궁벽함이 기쁘네 | 却喜境幽僻 |
| 푸른 절벽에는 소나무가 덮여 있고 | 蒼崖被松樹 |
| 옥류가 한 자 넘게 방울져 떨어지네 | 玉溜下盈尺 |

**179** 옥류천(玉溜泉) : 황해도 평산군 안성면(安城面) 총수리(蔥秀里)에 있는 샘으로 바위틈에서 구슬 같은 샘물이 방울져 떨어지는데, 한 모금만 마셔도 가슴속의 체증이 내려가듯이 후련해진다고 한다. 샘이 솟는 바위 위에 '옥류천(玉溜泉)'이라는 세 글자가 크게 새겨져 있는데, 명나라 사신 주지번(朱之蕃, ?~1624)이 쓴 글씨라고 전한다.

**180** 화운(火雲) : 붉은 구름, 혹은 늦여름 더위가 기승을 부리는 날씨를 뜻하기도 한다. 두보(杜甫)의 〈재주 이사군의 부임을 전송하다〔送梓州李使君之任〕〉의 시에 "화운(火雲)에 땀 흘리는 날, 산역(山驛)에는 정신이 깨우는 시원한 샘물이 있네."라고 보인다.

| | |
|---|---|
| 벼랑 위의 크게 쓰인 세 글자는 | 崖上三大字 |
| 주지번(朱之蕃)이 남긴 필적이네 | 朱氏留遺迹 |
| 나의 시 어찌 읊을 만하랴 | 我詩何足詠 |
| 시의 품평 이미 옛날부터 있었네 | 題品已自昔 |
| 암석 사이의 샘물 몸을 굽혀 마셔보니 | 俯飮石間泉 |
| 황홀하게 경액[181]을 마시는 듯하네 | 怳如餐瓊液 |
| 절벽의 석굴을 우러러보니 | 仰視巖上窟 |
| 신선의 집이 있는 듯하여라 | 若有神仙宅 |
| 산이 높아 오를 수 없으니 | 山高不可攀 |
| 배회하는 중에 해가 이미 저물었네 | 徘徊日已夕 |

**181** 경액(瓊液) : 도교에서 말하는 옥의 진액인데, 좋은 술을 가리키기도 한다.

## 능성[182]에 이르러 황학루에 오르다

到能城登黃鶴樓

서쪽 유람 길에 먼저 이 누대 앞을 향하니　西遊先向此樓前

예로부터 전해진 명승을 사랑해서라오　爲愛名區自古傳

골짝의 기운이 관덕굴에서 구름 되어 피어오르고　峽氣雲生觀德窟

강 빛은 광한천에 햇빛 되어 비치네　江光日射廣寒川

누가 일찍이 돌아가는 학을 용납함 다시 표현한 적 있으랴　誰曾再飾容歸鶴

나는 삼등현에서 적선을 찾고자 하네[183]　我欲三登訪謫仙

오월에 배 안에서 옥피리 소리 들으니　五月舟中聞玉笛

앵무(鸚鵡) 모래섬의 꽃다운 풀 바로 여전하네[184]　鸚洲芳草正依然

**182** 능성(能城) : 평안도 삼등현(三登縣)의 고호이다.

**183** 나는……하네 : 적선(謫仙)은 인간 세계에 귀양 온 신선이라는 뜻으로 당나라의 시선 이백(李白)을 이르는 말이다. 이백이 강하(江夏)의 위태수(韋太守)에게 준 시에 "한 번 청운(靑雲)의 길에 오른 나그네, 세 번 황학루에 올랐네."라고 하였으므로 이렇게 말한 것이다.

**184** 앵무(鸚鵡)……여전하네 : 당나라의 시인 최호(崔顥)가 지은 〈등황학루(登黃鶴樓)〉 시에 "깨끗한 냇물은 한양의 나무에 역력하고 봄풀은 앵무의 모래섬에 무성하다. 〔春草萋萋鸚鵡洲〕"라는 구절이 있으므로 이렇게 말한 것이다.

# 영천굴[185]에서

靈泉窟

붉게 쓴 글자는 알아볼 수가 없고 不辨丹書字
오직 검은 물이 흐르는 소리 시끄러울 뿐이네 惟聞黑水喧
처음으로 해와 달이 없음에 놀라고 始驚無日月
다시 별천지임을 깨닫노라 更覺別乾坤
신선들 깃들어 집을 삼으니 仙子棲爲宅
교룡이 나오는 문이 있네 蛟龍出有門
신령스런 구역 이와 같이 신비하니 靈區如許秘
어찌 세상 사람들에게 말할 수 있겠는가 肯向世人言

**185** 영천굴(靈泉窟) : 한산사, 황학루 등과 함께 삼등현에 있는 굴로 보이나 자세한 내용은 확인되지 않는다. 《신증동국여지승람》 제55권 〈평안도(平安道) 삼등현(三登縣)〉에 "영수(靈岫)"라고 보이는데, 이를 가리키는지는 미상이다.

# 황학루 시를 평숙에게 부치다

黃鶴樓詩寄平叔

지난해 한 번 한산사에 들어가　　去年一入寒山寺
황학루 가에서 새벽에 배를 띄었는데　　黃鶴樓邊曉泛舟
금년에 또다시 능성의 골짝에 이르러　　今年又到能城峽
황학루 안에서 달밤에 노니노라　　黃鶴樓中月夜遊
두 지역의 누대 이름 똑같이 황학루이니　　兩地樓名同黃鶴
어느 곳이 진짜 황학루인지 알지 못하겠네　　不知何處眞是黃鶴樓
황학은 하늘로 올라가 보이지 않고　　黃鶴上天不可見
신선은 떠나가 찾을 수 없네[186]　　仙人去矣不可求
홀로 난간에 서서 서글피 바라보다가　　獨立欄干空悵望
머리 돌리니 갑자가 앵무주가 보이네　　回頭忽得鸚鵡洲
꽃다운 풀은 어찌 저리 무성하며　　草何萋萋
흰 구름은 어찌 저리 한가로운가　　白雲何悠悠
비로소 오늘 유람하는 곳이 진짜 자리임을 믿으니　　始信今遊乃眞境
지난해의 시참[187]은 참으로 이유가 있었네　　往歲詩讖良有由

**186** 황학(黃鶴)은……없네 : 중국의 무창(武昌 지금의 무한시(武漢市))에 있는 황학루는 중국에서도 매우 유명한 누대인데, 전설에 옛날 촉(蜀)의 비문위(費文褘)가 신선이 되어 일찍이 황학을 타고 이곳에서 휴식하였으므로 황학루라고 이름했다고 한다. 최호(崔顥)도 이 내용을 들어 〈등황학루〉 시에 "옛사람 이미 황학을 타고 떠나가니, 이곳에는 부질없이 황학루만 남아 있네. 황학이 한번 떠나가자 다시는 오지 않고, 천년 동안 흰 구름만 한가롭네."라고 읊었으므로 이렇게 말한 것이다.

이 뜻을 이미 평숙에게 말하였는데 此意曾向平叔說
평숙은 나더러 신선의 무리라고 하였네 平叔謂我神仙儔
우선 평숙에게 기이한 꿈 이야기를 들으니 且從平叔聞異夢
천 리의 푸른 강을 하룻밤에 배 타고 왔다네 滄江千里一夜浮
표연히 다리 아래에서 구름 기운이 생겨나니 飄然脚下生雲氣
발을 씻으며 푸른 강물 흐름을 굽어보네 濯足俯臨滄江流
그대의 시상(詩想)이 나보다 깨끗함을 아노니 知君詩思淸過我
이백과 최호와 더불어 짝할 만하네[188] 李白崔顥可與侔
우리들 신선을 좋아하고 겸하여 옛 도를 좋아하니 我輩好仙兼好古
하느님 또한 황학루에서 머무는 것 허락하시리라
天公亦許黃鶴樓中留
부디 가을바람 불어오거든 願君須及秋風至
단풍 물든 푸른 절벽에 달이 그윽할 때 그대와 함께하였으면
丹楓翠壁月幽幽

**187** 시참(詩讖) : 자신이 지은 시가 뒤에 발생하는 일과 우연히 꼭 맞아 마치 예언을 한 것과 같은 경우를 가리킨다. 여기서는 무슨 일을 가리킨 것인지 미상이다.

**188** 이백(李白)과……만하네 : 최호(崔顥)는 당나라의 시인으로 현종(玄宗) 개원(開元) 연간에 진사에 급제한 인물이다. 일찍이 황학루를 지나다가 〈등황학루〉 시를 지었는데, 천고의 절창으로 일컬어진다. 시선(詩仙) 이백이 황학루에 올라 최호의 시를 보고 "눈앞에 아름다운 경치 펼쳐져 있으나 내 시로 표현할 수 없었는데, 최호가 쓴 시 머리 위에 있네.〔眼前有景道不得, 崔顥題詩在上頭.〕"라고 칭찬하고 시를 짓지 않았다고 한다. 여기서는 박윤원의 아우 평숙의 시재(詩才)가 이백과 최호와 대등할 정도로 뛰어남을 말한 것이다.

## 황학루에서 더위를 피하다

避暑黃鶴樓

| | |
|---|---|
| 여기는 바로 신선이 놀던 곳이니 | 正是仙遊處 |
| 시원하여 세속의 생각 사라지네 | 泠然俗慮空 |
| 누대가 높아 더위를 받지 않고 | 樓高不受暑 |
| 강이 가까우니 절로 시원한 바람이 많네 | 江近自多風 |
| 강물 너머로 높은 봉우리 솟아있고 | 隔水高峯在 |
| 구름 뚫고 몇 척의 돛단배 함께 지나가네 | 穿雲數帆同 |
| 내 시로 다 말하기 어려우니 | 吾詩說難盡 |
| 그림 속에 붙여 놓을 만하네 | 堪着畫圖中 |

# 앵무주에서

鸚鵡洲

| | |
|---|---|
| 앵무주가 있지 않다면 | 不有鸚鵡洲 |
| 황학루가 되기 어렵네 | 難爲黃鶴樓 |
| 배는 푸른 절벽을 따라 돌고 | 舟兼蒼壁轉 |
| 강물은 흰 구름과 함께 흘러가네 | 江與白雲流 |
| 예자는 가을바람 원망하였고[189] | 禰子秋風怨 |
| 최생은 해 저물 때 근심하였네[190] | 崔生日暮愁 |
| 어찌 굳이 천고의 옛일을 물으랴 | 何須問千古 |
| 우선 오늘의 유람을 즐거워하노라 | 聊樂卽今遊 |

**189** 예자(禰子)는 가을바람 원망하였고 : 예자는 후한(後漢) 말기의 명사인 예형(禰衡, 173~198)을 이른다. 뛰어난 재주를 가졌으나 성품이 매우 오만하였는데 불손(不遜)한 언행으로 조조(曹操)의 노여움을 사서 조조의 차도살인의 계책에 의해 강하 태수(江夏太守) 황조(黃祖)에게 보내져 끝내 죽임을 당하였다. 죽임을 당하기 전에 예형은 황조의 아들인 장릉 태수(章陵太守) 황역(黃射)이 베푼 주연에서 헌상된 앵무새를 두고 즉석에서 〈앵무부(鸚鵡賦)〉를 지었는데 당대에 가장 뛰어난 문장 중의 하나로 평가받았으며, 앵무주라는 이름은 여기에서 유래하였다고 한다. 예형이 이〈앵무부〉에서 "된 서리 처음 내리고, 써늘한 바람 으스스 불어온다. 길게 울며 먼 고향 그리워하는데, 슬픈 울음소리 다른 새들까지 슬프게 한다.〔嚴霜初降, 涼風蕭瑟. 長吟遠慕, 哀鳴感類.〕"라고 읊었으므로 이렇게 말한 것이다.

**190** 최생은……근심하였네 : 최생은 〈등황학루(登黃鶴樓)〉를 지은 최호(崔顥)를 가리킨다. 이 시에 "해 저무는 하늘 아래 내 고향은 어드메인가? 강 위의 자욱한 안개 사람을 근심하게 하는구나.〔日暮鄕關何處是? 烟波江上使人愁.〕"라고 하였으므로 이렇게 말한 것이다.

## 가을날 황학루에 올라 아우를 그리워하다

秋日登樓懷家弟

| | |
|---|---|
| 때로 가벼운 구름 봉두산에서 나오니 | 時有輕雲出鳳頭 |
| 지는 해가 앵무주에 가득함을 바라보네 | 卽看斜日滿鸚洲 |
| 비가 새로 내려 골짝 안의 여울 소리 세차고 | 灘聲峽裏新過雨 |
| 관서의 나무 빛은 일찍 가을을 얻었네 | 樹色關西早得秋 |
| 뿔피리 소리에 아우 그리워하는 꿈 자주 놀라 깨고 | 聽角屢驚思弟夢 |
| 누대에 오르니 다시 고향을 그리는 시름 일어나네 | 登樓還起望鄕愁 |
| 천애에 소식은 원래 드무니 | 天涯信使元稀少 |
| 한 수의 시가 이루어지자 한 달을 머무네 | 一首詩成一月留 |

## 능성의 강에서 불어나는 강물을 구경하다

能城江觀漲

| | |
|---|---|
| 지난 밤 비에 강물이 불어나니 | 江雨夜來足 |
| 강물이 푸른 파도처럼 넘실대네 | 江流漲碧濤 |
| 갑자기 여러 산이 사라짐에 놀라고 | 忽驚群岫沒 |
| 다시 한 누대가 높음을 깨닫노라 | 更覺一樓高 |
| 물가를 지나니 새들 여전히 젖어있고 | 過渚鳥猶濕 |
| 여울을 거슬러 올라가니 뱃사공 절로 수고롭네 | 逆灘舟自勞 |
| 난간에 기대어 특별한 물색을 구경하며 | 憑欄殊物色 |
| 노래하고 휘파람 부니 마음이 거듭 호방해지네 | 歌嘯意仍豪 |

# 연광정[191]에서

練光亭

| | |
|---|---|
| 황학루 가운데 있던 나그네 | 黃鶴樓中客 |
| 외로운 배 대동강 가에 머물고 있네 | 孤舟浿上停 |
| 산하를 읊은 시에 훌륭한 시구 없으나 | 山河無傑句 |
| 천지에 높은 정자는 그대로 있네 | 天地有高亭 |
| 해가 지니 긴 강이 희게 보이고 | 日落長江白 |
| 구름 떠도니 큰 들 푸르구나 | 雲浮大野青 |
| 미친 듯이 노래하며 암벽을 굽어보니 | 狂歌俯巖石 |
| 파도 밑에 늙은 용이 듣는 듯하여라 | 波底老龍聽 |

**191** 연광정(練光亭) : 평양의 대동강 가 덕암(德巖)의 절벽 위에 있는 정자로 관서팔경(關西八景) 중의 하나이다. 조선 중종(中宗) 때 감사 허굉(許硡)이 건립하였다고 하며, 여기에 1521년(중종16)에 조선에 온 명나라 사신 당고(唐皐)의 기(記)와 사도(史道)의 시가 걸려있다.

## 부벽루[192]에서

浮碧樓

누대에 오르자 가을빛이 이르고 登樓秋色至
사찰에 들어가니 흰 구름이 피어나네 入寺白雲生
강은 주몽의 바위[193] 따라 흐르고 江動朱蒙石
산은 위만의 성[194]을 둘러있네 山廻衛滿城
흥망의 자리에 새가 높이 날아가고 興亡高鳥過
예나 지금이나 석양이 밝게 비추네 今古夕陽明
들의 나무 하늘가에 서있으니 野樹天邊立
외로운 배 만 리 먼 길 가는 마음이네 孤舟萬里情

**192** 부벽루(浮碧樓) : 대동강 가의 청류벽 위에 위치한 누각으로 을밀대(乙密臺)의 아래쪽, 영명사(永明寺) 동쪽에 있다.

**193** 주몽(朱蒙)의 바위 : 주몽은 고구려의 시조로, 성은 고씨(高氏)이고 주몽은 이름이며 시호는 동명성왕(東明聖王)이다. 바위는 부벽루 앞에 있는 조천석(朝天石)으로, 동명성왕이 이곳에서 기린마(麒麟馬)를 타고 하늘에 올라가 천제(天帝)에게 조회했다고 한다.

**194** 위만(衛滿)의 성 : 평양성(平壤城)을 이른다. 위만은 옛날 연경(燕京 지금의 북경(北京)) 지방 사람인데, 기자조선(箕子朝鮮)의 준왕(準王)을 쫓아내고 왕위를 찬탈하여 위만조선의 제1대 국왕이 되었다.

## 기자묘[195]에서

箕子墓

| | |
|---|---|
| 짧은 비갈 황량한 풀 속에 있으니 | 短碣倚荒草 |
| 가을바람 참으로 처량하네 | 秋風正颯然 |
| 지금까지도 기자에게 제사를 지내니 | 至今祭箕子 |
| 예로부터 조선이라 칭하였네 | 終古號朝鮮 |
| 황극[196]이 해와 달처럼 걸려있고 | 日月懸皇極 |
| 산하는 정전을 그어 놓았네[197] | 山河畫井田 |
| 서글퍼라 대동강 물 | 傷心大同水 |
| 몇 천 년을 세차게 흘러가네 | 滾滾幾千年 |

**195** 기자묘(箕子墓) : 기자는 은나라의 마지막 왕인 주(紂)의 숙부로 기는 나라 이름이고, 자는 작위(爵位)이다. 주나라 무왕(武王) 기묘년(기원전 1122)에 조선으로 와서 평양에 도읍을 정하고 국호를 후조선(後朝鮮)이라 하였다. 그의 묘는 평양부(平壤府) 북쪽 토산(兎山) 위에 있다.

**196** 황극(皇極) : 기자(箕子)가 주나라 무왕(武王)에게 전한 정치 도덕의 아홉 가지 법칙인 홍범구주(洪範九疇) 중의 다섯 번째로 천자가 천하를 다스리는 준칙을 이른다.

**197** 산하(山河)는……놓았네 : 정전(井田)은 농지를 '정(井)' 자 모양으로 구획하는 데에서 나온 말인데, 900무(畝)의 농지를 '정' 자 모양으로 아홉 개로 구획하여 바깥 부분에 해당하는 여덟 구역을 사전(私田)이라 하여 한 농가당 100무 씩 나누어 주고, 가운데에 있는 100무는 공전(公田)이라 하여 여덟 농가가 공동 경작하여 나라에 바치는 제도로 은(殷)나라 때부터 시행되었다고 하는바, 평양에는 기자가 구획해 놓은 정전 제도가 남아있다고 하므로 말한 것이다.

## 함벽정[198]에서

涵碧亭

| | |
|---|---|
| 탁 트인 땅에다 정자를 지었으니 | 開亭因地豁 |
| 난간에 기대어 푸른 강물 굽어보네 | 憑檻俯江淸 |
| 어부의 노랫소리 변방의 구름 따라 가늘어지고 | 漁唱關雲細 |
| 민가의 연기는 섬의 나무 따라 고루 펴지네 | 人烟島樹平 |
| 청산은 옛 사찰과 이어졌고 | 靑山連古寺 |
| 백로는 높은 성을 날아가네 | 白鷺過高城 |
| 시를 다 읊고 배를 타고 가니 | 吟罷乘舟去 |
| 서쪽 숲에 지는 해 비껴있네 | 西林落日橫 |

**198** 함벽정(涵碧亭) : 부벽루(浮碧樓) 곁에 있는 정자이다.《東國輿地勝覽 卷51 平安道》

## 평양에서 지은 시

平壤詩

내 능주[199]의 나그네가 되니 　我爲能州客
긴 여름 시름과 울적함이 많았네 　長夏多愁鬱
평양은 일 백 리 거리에 있는데 　平壤一百里
아름다운 산수 참으로 기뻐할 만하네 　山水劇可悅
팔월 시원한 비가 내렸다 개이니 　八月凉雨晴
호기로운 흥취 표일하게 일어나네 　狂興動飄逸
하인에게 명하여 말을 채찍질하고 가니 　命僕策馬去
가을 진창 무릎이 빠질 정도로 깊네 　秋泥深過膝
큰 강이 내 앞에 가로놓여 있고 　大江橫我前
저녁의 조수(潮水) 때로 일렁이네 　夕潮時盪潏
치달리는 물결 장성을 침식하니 　奔流囓長城
치첩[200]이 완전히 침몰하였네 　雉堞渾沈沒
물결은 눈과 서리인 듯 높이 날아 솟아오르고 　雪霜飜高湧
파도 소리는 우레와 천둥 치듯 노엽게 질타하네 　雷霆生怒叱
큰 바위 물가에 서있으니 　巨巖水傍立

**199** 능주(能州) : 평양에 접해있는 삼등현(三登縣)의 옛 이름이 능성(能城)이기 때문에 이렇게 칭한 것이다.

**200** 치첩(雉堞) : 성을 은폐하기 위해 성 위에 낮게 쌓은 담으로 몸을 숨겨 적을 공격하는 용도로 만든 것이다.

형세가 큰 파도 범람을 막고 있네　勢障洪濤溢
두 마리 용이 싸워　猶疑雙龍戰
붉고 검은 피로 강물이 불어난 듯하네　江漲玄黃血
높고 높은 연광정이　峨峨練光亭
아래로 큰 자라와 악어의 집에 임하고 있네　下臨黿鼉室
긴 무지개는 흰 비단을 늘어놓은 듯하고　長虹拖素縞
밝은 은하수는 하늘 대궐이 움직이는 듯하여라　明漢動天闕
연광정 앞에 배를 대고　亭前繫舟楫
올라가 임하니 뜻이 초연해지네　登臨意超忽
백은탄[201]이 동쪽으로 굽어 흐르고　銀灘東屈曲
비단 같은 산은 등 뒤에 높이 솟아있네　錦岫背崔崒
소나무 숲이 십 리를 덮고 있으니　松林蔽十里
바람이 불어오자 거문고와 비파 소리 들려오네　風至鳴琴瑟
햇빛이 갑자기 일렁이니　日光忽蕩漾
외로운 섬이 능라처럼 드러나네[202]　孤島綾羅出
머리 돌려 성곽을 바라보니　回頭瞰城郭
나라 지키는 울타리 웅장하네　藩維壯施設
성안에 수만 가호가　城中數萬家
즐비하게 들어차 있네　撲地如比櫛

**201** 백은탄(白銀灘) : 평양 대동강의 능라도(綾羅島) 바로 아래에 있는 여울의 이름이다.

**202** 외로운……드러나네 : 능(綾)은 두꺼운 비단, 나(羅)는 얇은 비단이다. 대동강 안에 능라도가 있기 때문에 이렇게 말한 것이다.

| | |
|---|---|
| 높고 높은 대장대[203]는 | 崔嵬大將臺 |
| 봄가을로 병사들을 훈련시킨다오 | 春秋鍊戎卒 |
| 읍호루[204]는 넓고 깨끗하며 탁 트였는데 | 挹灝延清曠 |
| 대장대에 오르니 더욱 경치가 아름답네 | 超臺更佳絶 |
| 두 땅에 한 물이 똑같으니 | 兩地一水同 |
| 바라봄에 경치가 더욱 각별하네 | 眺望境還別 |
| 저녁에 능파교[205]를 지나오니 | 晩歷凌波橋 |
| 못가의 집들이 삼연하게 비추네 | 池堂暎森蔚 |
| 깨끗한 못에 연꽃이 만발하니 | 芙蕖滿清沼 |
| 푸른 잎에 석양이 밝게 비치네 | 綠葉明斜日 |
| 물속에서 노닐던 물고기들 나와 물을 희롱하니 | 游魚方出戲 |
| 나의 즐거움과 함께 활발하네 | 我樂同活潑 |
| 다시 성안에 가서 투숙하니 | 還投城底宿 |
| 남은 흥취 아직도 다하지 않았네 | 餘興殊未畢 |
| 깨끗한 새벽 나그네 찾아와 문을 두드려 | 清晨客扣門 |
| 서로 마주하니 일이 황홀하네 | 相對事怳惚 |
| 홍씨 서생은 자못 아름답고 빼어나며 | 洪生頗美秀 |
| 문씨 서생 또한 진솔하네 | 文生亦眞率 |

**203** 대장대(大將臺) : 평양 중영(中營)에 설치된 대로 대장이 군대를 지휘하는 곳인바, 본래 이름은 분무대(奮武臺)이다.

**204** 읍호루(挹灝樓) : 평양성의 동쪽 대문인 대동문의 누대의 이름이다. 관찰사 안윤덕(安潤德)이 개명하였다고 한다.

**205** 능파교(凌波橋) : 영선점(迎仙店) 옛터에 지은 누각인 풍월루(風月樓)에서 애련당(愛蓮堂)으로 넘어가는 다리의 이름이다.

| | |
|---|---|
| 손을 잡고 간곡한 정을 펴고는 | 握手展殷勤 |
| 우선 함께 배로 출발하였네 | 且與同舟發 |
| 닻줄을 끌어올리고 물가로 향하니 | 牽纜向洲渚 |
| 갈매기와 해오라기 흩날리는 눈처럼 날아오르네 | 鷗鷺若飛雪 |
| 수양버들 그늘 서쪽 언덕에 드리워져 있는데 | 垂楊蔭西皐 |
| 초가집 예닐곱 채 숨어있네 | 茅屋隱六七 |
| 강이 돌아들자 돌계단이 비껴 있고 | 江轉石磴橫 |
| 부벽루가 우뚝이 보이네 | 浮碧見崒屼 |
| 영롱한 열두 난간 | 玲瓏十二欄 |
| 수면에 비치니 유리처럼 매끄럽네 | 倒浸琉璃滑 |
| 높은 절벽 하늘 위로 솟아 있고 | 高壁揷雲霄 |
| 긴 강은 큰 바다로 나아가네 | 長川赴溟渤 |
| 푸른 산이 서로 감싸며 둘러 있고 | 青山互廻合 |
| 큰 들은 동남쪽으로 터져 있네 | 大野東南裂 |
| 홍사 초롱 우러러 바라보니 | 仰瞻紅紗籠 |
| 광묘[206]가 쓰신 큰 글씨 걸려 있네 | 光廟揭大筆 |
| 초목도 모두 생색(生色)이 나니 | 草木咸動色 |
| 산천에 임금께서 머무신 것 생각하네 | 山川想駐蹕 |
| 자리 옮겨 함벽정에 앉으니 | 徙坐涵碧亭 |
| 앞이 더욱 높고 확 트였네 | 面前益軒豁 |
| 북쪽으로 기이한 산봉우리들 가리키니 | 北指岡巒奇 |
| 모란봉[207]은 어찌 저리도 빼어난가 | 牧丹何秀拔 |

**206** 광묘(光廟) : 조선 왕조 제7대 임금인 세조(世祖)의 묘호이다.

문봉과 무봉[208] 두 봉우리 우뚝 솟아 있으니　　文武峙兩峯
왕왕 호걸들 이곳에 모인다네　　往往鍾豪傑
숲과 골짝 한번 굽어 감도는데　　林壑一盤紆
영명사[209]의 외로운 탑 우뚝하네　　永明孤塔屹
불당에는 백마경[210]을 모셔 놓고　　堂儲白馬經
대웅전에는 황금 부처를 모셨네　　殿置黃金佛
옛날의 구제궁[211]이　　舊時九梯宮
지금 허물어져 사찰이 되었다네　　今廢爲寺刹
석단엔 등나무 덩굴 덮여 있고　　石壇藤蘿翳
금정엔 까마귀와 까치 소리 시끄럽네　　金井烏鵲聒
안개와 노을 신령하고 괴이함 숨기니　　烟霞秘靈怪
가서 기린굴[212]을 구경하였네　　往視麒麟窟

**207** 모란봉(牡丹峯) : 평양의 금수산(錦繡山)에 있는 봉우리로 높이는 96m인데 이 아래에 능라도(綾羅島)가 있다.

**208** 문봉(文峯)과 무봉(武峯) : 모란봉 양쪽에 솟아 있는 봉우리들로 좌측에 있는 것이 문봉, 우측에 있는 것이 무봉이다.

**209** 영명사(永明寺) : 평양 금수산에 있는 사찰이다. 구제궁(九梯宮) 유지(遺址)에 392년(광개토왕 2)에 창건하고 아도화상(阿道和尙)을 머물게 하였다 한다.

**210** 백마경(白馬經) : 백마사(白馬寺)에 모셔진 불경을 가리킨다. 한(漢) 나라 명제(明帝) 때에 서역(西域)에서 처음 불경(佛經)을 가져오자 이 경전을 소장하기 위해 중국 최초의 절을 지었는데, 백마에 싣고 왔으므로 이 절을 백마사라고 이름하였다.

**211** 구제궁(九梯宮) : 동명왕(東明王) 이래 고구려 임금의 이궁(離宮)이다. 《신증동국여지승람》 권51 〈평안도(平安道) 평양부(平壤府)〉에 "동명왕의 궁으로 예전에 영명사 안에 있었다."라고 보인다.

**212** 기린굴(麒麟窟) : 영명사 뒤 청류벽에 있는 굴인데 동명왕(東明王)이 이 굴에서 기린마(麒麟馬)를 길러 이 말을 타고 조천석으로 나와 하늘에 조회하러 올라갔다는

골짝이 텅 비어 땅 밑까지 갈라져 있으니　　谽谺坼地底
신마가 이 굴에서 나왔다 하네　　神馬出其穴
세상에 전하기를 동명왕이　　世傳東明王
이 신마를 타고 상제(上帝)를 배알했다네　　騎龍紫皇謁
울퉁불퉁한 조천석에　　盤陀朝天石
말 발자국 길이 없어지지 않네　　馬迹長不滅
가을 물에 푸른 뿌리 잠기고　　秋水沒蒼根
흰 구름 흰 뼈를 봉함하네　　白雲封素骨
일이 황당무계한 것 잘 알지만　　深知事謬幽
애오라지 다시 옛말을 기록하노라　　聊復記古說
성 북문으로 걸어 나오니　　步出城北門
황폐한 비석 높은 산등성이에 있네　　荒碑倚嵂嵲
천 년의 기자묘에　　千年箕子墓
정령(精靈)이 오신 듯하네　　精爽來髣髴
동쪽 땅에 군사[213]가 있어서　　東土有君師
창생들 오랑캐 풍속 면하였네　　蒼生免被髮
그 도는 홍범구주에 분명히 드러나고[214]　　其道九疇明

전설이 전해진다. 《新增東國輿地勝覽 卷51 平安道 平壤府》

**213** 군사(君師) : 백성을 다스리는 임금과 가르치는 스승이라는 뜻으로, 보통 제왕의 별칭으로 쓰이는데, 여기서는 기자(箕子)를 가리켰다.

**214** 그……드러나고 : 홍범구주(洪範九疇)는 천하를 다스리는 아홉 가지 대법(大法)으로, 우왕(禹王)이 하늘의 개시에 의하여 얻은 것인데, 기자가 은나라가 멸망한 뒤에 주나라 무왕(武王)에게 전해주고 조선의 평양으로 옮겨 와 기자조선(箕子朝鮮)을 세웠다고 하므로 이렇게 말한 것이다. 구주의 자세한 내용은 《서경》 〈홍범(洪範)〉에 보인다.

그 가르침은 팔조[215]에 차례로 펴져 있네　其教八條秩
공덕이 후세에 무궁하게 드리우니　功德垂無窮
향기로운 혈식의 제향[216]을 받고 있네　血食享芬苾
내 와서 유적에 읍하니　我來挹遺躅
앙모하는 마음 더욱 간절하네　景仰心彌切
소나무와 측백나무 아래로 가을바람 불어오는데　秋風松柏下
안장 올린 말 오랫동안 멈춰 세웠네　鞍馬久縶緤
나막신 신고 다시 산에 올라가　着屐還登山
사방을 둘러보니 아득하고 광활하네　騁目渺空闊
하늘과 땅은 변방의 요새와 접하였고　乾坤雁塞接
기미는 연나라 산하의 구역이네[217]　箕尾燕山割
관서의 여러 군현들이　關西諸郡縣
수놓은 듯 비단처럼 다투어 나열되어있네　繡錯爭羅列
아스라이 양각도[218]가 보이는데　蒼茫羊角島

**215** 팔조 : 기자가 조선을 세우고 시행한 팔조금법(八條禁法)을 이르는데, 현재는 이 중에서 "살인자는 사형에 처하고, 다치게 한 자는 곡식으로 갚고, 도둑질한 자는 그 집의 노비로 삼는다."는 등의 세 조목만 전하고 있다. 《增補文獻備考 卷127 刑考 刑制》

**216** 혈식(血食)의 제향 : 피가 있는 생고기를 그대로 제물로 바치는 제사로, 국전(國典)의 제사를 뜻한다.

**217** 기미(箕尾)는……구역이네 : 기미는 28수(宿)에서 동쪽 별자리인 기수(箕宿)와 미수(尾宿)의 통칭인데, 중국의 유연(幽燕) 지역, 즉 요동 일대를 가리키므로 이렇게 말한 것이다.

**218** 양각도(羊角島) : 대동강의 하중도(河中島) 중의 하나인데 양의 뿔처럼 생겨 양각도라고 하였다.

긴 바람이 강해에서 넘어 오네　長風江海越
만 길 높이로 붉은 사다리 솟아있고　萬丈立丹梯
산마루에는 을밀대[219] 남아 있네　山巓留乙密
신선의 학 울음소리 완연히 들려오고　仙鶴宛耳聞
아름다운 풀은 손으로 취할 수 있네　瑤草手可掇
이번 여행 참으로 상쾌하니　玆行信快哉
온갖 형상을 마음껏 찾아보았네　萬象窮搜抉
구경한 것들 이미 서술하고　經覽亦已敘
지나간 자취 대략 모았네　往迹大槩撮
단군은 처음으로 나라를 열었고　檀君肇開國
태사[220]는 신령한 철인의 뒤를 이었네　太師踵神哲
자손 비왕과 준왕[221]에 이르러　子孫至否準
구백 년 국운이 마침내 다하였네　九百運乃訖
위만이 큰 성을 점거하고　衛滿據大城
우거가 남은 재앙을 갑자기 당하였네[222]　右渠橫餘孽

**219** 을밀대(乙密臺) : 평양의 금수산(錦繡山) 꼭대기에 있는 누대 이름이다.

**220** 태사(太師) : 태사는 관직 이름으로 기자를 가리킨다. 《서경》 〈미자(微子)〉의 첫 부분에 "미자가 말하였다. '부사(父師)와 소사(少師)야.'"라고 보이는데 《서경집전(書經集傳)》에 "부사는 태사로 삼공(三公)이니 기자이고, 소사는 고경(孤卿)이니 비간(比干)이다."라고 풀이하였다.

**221** 비왕(否王)과 준왕(準王) : 준왕은 기자조선의 마지막 임금이고 비왕은 그의 부왕(父王)이다. 기자조선은 기원전(紀元前) 194년 연나라 출신으로 준왕의 외신(外臣)이었던 위만(衛滿)에 의해 멸망되었다.

**222** 우거(右渠)가……당하였네 : 우거는 위만(衛滿)의 손자로 고조선의 마지막 왕이다. 한(漢)나라에 굽히지 않고 한나라에서 보낸 사신마저 살해하였다가 한무제(漢武

| | |
|---|---|
| 한 무제(漢武帝)가 낙랑군을 설치하니 | 漢武置樂浪 |
| 국호가 마침내 굽혀 강등되었네 | 國號遂降屈 |
| 부여가 처음 이곳으로 천도하였는데 | 扶餘始遷都 |
| 당나라 황제가 끝내 토벌하였네[223] | 唐皇竟討伐 |
| 백제와 신라는 | 百濟與新羅 |
| 분분히 서로 침략하였네 | 紛紛相侵奪 |
| 삼한이 다시 통합되니 | 三韓復統合 |
| 왕씨가 또다시 크게 일어났네 | 王氏興又勃 |
| 해마다 장락궁[224]에는 | 年年長樂宮 |
| 순행하는 수레가 이어졌네 | 巡幸交車轍 |
| 전왕은 유람과 향락을 좋아하였고 | 前王好遊豫 |
| 후사는 제멋대로 음탕한 짓을 즐겼네 | 後嗣恣淫佚 |
| 하늘이 우리 성조에게 명하여 | 天命我聖祖 |
| 혁혁하게 큰 공열 세우게 하였네 | 赫赫樹鴻烈 |
| 새롭게 문명을 열어 | 文明新開刱 |
| 고려의 말속을 일변시켰네 | 一變高麗末 |
| 먼 지방까지 성대한 교화가 미치니 | 遐陬覃盛化 |
| 백성들이 교활한 짓 그만두었네 | 人民息狡猾 |

帝)에 의해 기원전 108년에 멸망하였으므로 이렇게 말한 것이다.

**223** 부여가……토벌하였네 : 부여는 고구려를 가리키고 당나라 황제는 고종(高宗)을 가리킨다. 고구려는 668년 고종이 보낸 이세적(李世勣)의 군대에 의해 멸망하였다.

**224** 장락궁(長樂宮) : 고려 때에 대동강 가에 세운 이궁(離宮)으로 수용전(晬容殿)이라고도 불렀다.

| | |
|---|---|
| 요새지에 큰 진영(鎭營)을 세우니 | 襟帶建雄鎭 |
| 구획한 것 참으로 치밀하네 | 區畫正密勿 |
| 도호에는 죽부를 나누어 주고[225] | 都護分竹符 |
| 방백은 모월을 잡게 하였네[226] | 方伯擁旄鉞 |
| 이때는 대명의 황제이니 | 時維帝大明 |
| 우리나라는 방물[227]을 바쳤네 | 我國修方物 |
| 봄날의 경치 아름다운 대동관[228]에서 | 烟花大同館 |
| 여러 번 명나라 사절(使節)을 맞이하였지 | 屢迎皇華節 |
| 강산을 읊은 시[229] 참으로 깨끗하고 | 江山詩什淸 |
| 예악을 갖춘 의용은 정결하였네 | 禮樂儀容潔 |
| 황제는 은혜롭게 우리나라를 내복[230]처럼 여기니 | 皇恩視內服 |

**225** 도호(都護)에는……주고 : 도호는 도호부(都護府)의 약칭으로, 고려와 조선 시대에 지방에 설치했던 관아의 하나인바, 종3품의 부사가 다스렸다. 죽부(竹符)는 즉 대나무로 만든 부절(符節)이라는 뜻으로, 지방 장관의 신표(信標)이다.

**226** 방백(方伯)에게는……하였다 : 방백은 관찰사를 이른다. 평양은 평안도 관찰사가 맡아 다스렸는데, 관찰사가 군권(軍權)을 상징하는 모월(旄鉞)을 잡았으므로 이렇게 말한 것이다. 모월은 막대 끝에 털로 장식을 달아 만든 모절(旄節)과 도끼 모양으로 만든 월부(鉞斧)로 장군이 군대를 지휘하는 의장(儀仗)이다.

**227** 방물(方物) : 중국 각 지방이나 외국에서 황제에게 바친 특산품으로, 조선은 사신이 갈 때 공물(貢物)을 바쳤다.

**228** 대동관(大同館) : 조선시대 중국사신을 접대하기 위하여 평양에 만들어 놓은 객관이다.

**229** 강산(江山)을 읊은 시 : 중국 사신이 우리나라에 오면 우리나라에서 접반사(接伴使)를 보내 아름다운 경치와 유적지를 보여주고 사신과 함께 시를 읊었는데, 이 시들을 모아 국가에서 시집을 간행하고 이를 황화집(皇華集)이라 하였다.

**230** 내복(內服) : 황제가 다스리는 본토를 뜻한다. 고대 중국에서 황제가 있는 곳의

사대하는 정은 위로 도달하였네　事大情上達
지난 이백 년 동안　由來二百年
변방이 편안하고 조용하여 기뻤는데　邊圉喜寧謐
불행히도 병자년 겨울　不幸丙子冬
오랑캐 기병이 저돌적으로 쳐들어와서　胡騎敢豕突
봉수군을 모두 죽이고　盡殺烽燧軍
우리 산하를 비바람처럼 짓밟았네　蹴踏風雨疾
성과 해자가 어찌 험하지 않았으랴마는　城池豈不險
화의에 모멸을 당했네　和議受侮蔑
당당한 홍서윤[231]은　堂堂洪庶尹
순수한 충의(忠義)가 해와 달을 관통하였네　精忠貫日月
혈서로 선우[232]를 꾸짖어　血書罵單于
죽음에 임하여도 기운이 꺾이지 않았네　臨死氣不折
혼이 날아서 고국으로 돌아오니　魂飛歸故國
대동강이 길게 오열하였네　浿水長嗚咽

사방 500리 이내를 왕기(王畿)라 하고 그 밖으로 500리씩을 전복(甸服), 후복(侯服), 유복(綏服), 요복(要服), 황복(荒服)이라 하였는데, 요복 이내를 내복이라고 하여 정교(政敎)가 잘 미치지 않는 황복과 구별하였다. 여기서는 본래 조선은 황복이나 명나라에서 황복으로 대우하지 않고 내복으로 우대하였음을 말한 것이다.

**231** 홍서윤(洪庶尹) : 병자호란 때 청나라와의 화의를 반대하고 척화(斥和)를 주장하다가 심양(瀋陽)에 끌려가 순절한 삼학사(三學士) 중의 한 분인 홍익한(洪翼漢)을 가리킨다. 청나라와 화의가 이루어지자 홍익한은 조정의 권유로 청군(淸軍)의 화를 피해 평양부 서윤으로 나갔다가 잡혀 갔으므로 이렇게 칭한 것이다.

**232** 선우(單于) : 흉노의 군주를 부르던 칭호인데, 여기서는 청나라를 오랑캐로 보아 청 태종(淸太宗)을 이렇게 칭한 것이다.

지나간 일 다시 말하기 어려우니 往事難重陳
지사는 공연히 분노하고 슬퍼하네 志士空憤怛
폐백을 가지고 요동으로 달려가니 皮幣走遼東
지금까지도 국가의 치욕 맺혀 있네 于今國恥結
성명하신 군주가 재위해 계시니 當宁聖明君
지극한 덕과 선조의 아름다움 기술하노라 至德先休述
삼월의 조종문[233]에 三月朝宗門
단선[234]의 예에 결함이 없네 壇墠禮無缺
이 의리가 만일 없어지지 않는다면 此義苟不泯
충분히 북방 오랑캐들 무찌를 수 있으리라 足以攘胡羯
변방의 굳센 기상 보존하여 願保關河壯
큰 기업 만 년 동안 길하기를 바라노라 洪基萬年吉

**233** 조종문(朝宗門) : 임진왜란 때에 원군을 보낸 명나라 신종(神宗)의 은혜를 기리기 위해 1704년(숙종30)에 창덕궁(昌德宮) 안에 설치한 대보단(大報壇)으로 향하는 문의 이름이다.

**234** 단선(壇墠) : 단은 흙을 쌓아 올려 만든 제단(祭壇)이고, 선은 평지를 깨끗이 소제하여 베푼 제단이다.

## 송경을 지나면서 선조 문정공[235]의 서원을 알현하다
過松京 謁先祖文正公書院

오관산의 산 빛 허공에 닿아 푸르니　五冠山色碧摩空
선조의 남은 명성 만고에 드높구나　先祖留名萬古崇
오래된 사당 단청 늙은 소나무와 노송나무처럼 바래니　遺廟丹靑松檜老
자손이 와서 석양 가운데에서 절하네　子孫來拜夕陽中

**두 번째 其二**

고려조의 깊은 학문 선생이 계셨으니　麗朝邃學有先生
우리 도가 동방에서 해와 달처럼 밝아졌네　吾道東方日月明
숭양서원[236]과 십 리에 연해 있으니　書院崧陽連十里
동시대 포은(圃隱) 어른과 명성이 나란하네　同時圃老與齊名

**235** 문정공(文正公)의 서원 : 문정공은 박상충(朴尙衷, 1332~1375)으로 문정은 그의 시호이며 자는 성부(誠夫)이다. 공민왕(恭愍王) 때 급제한 뒤, 예조 정랑으로 있으면서 향사(享祀)의 법식을 정리하여 사전(祀典)을 편찬하였다. 전교 영(典校令)이 되어 친명책(親明策)을 주장하였고, 이인임(李仁任)의 사형을 주장하다가 도리어 탄핵을 받고 유배되었는데 도중에 별세하였다. 서원은 개성시 오관산(五冠山) 남쪽 기슭에 있었던 오관서원(五冠書院)으로 1683년(숙종9)에 지방 유림(儒林)의 공의로 박상충(朴尙衷)의 학문과 덕행을 추모하기 위해 창건하여 위패를 모셨다.

**236** 숭양서원(崧陽書院) : 1573년(선조6)에 포은(圃隱) 정몽주(鄭夢周)의 충절을 기리기 위해 세운 서원으로 개성(開城) 선죽교(善竹橋) 위쪽 정몽주의 집터에 세워졌다.

세 번째 其三

| | |
|---|---|
| 삼엄한 한 장의 상소로 오랑캐 원나라를 물리치니 | 森嚴尺疏却胡元 |
| 부자의 《춘추》[237] 한 맥이 남아있었네 | 夫子春秋一脉存 |
| 우내에는 지금 하늘이 취한 지가 오래되었으나[238] | 宇內卽今天醉久 |
| 해동 사람들은 아직도 대명의 높음을 알고 있다오 | 東人猶識大明尊 |

**237** 부자(夫子)의 춘추(春秋) : 부자는 스승의 존칭으로 공자(孔子)를 가리키며, 《춘추》는 당시 미약한 주나라의 천자를 높이고 참람한 제후들을 꾸짖기 위해 지은 책이다. 공자의 이러한 입장을 '존주대의(尊周大義)'라고 하는데, 우리나라에서는 인조대왕 이후 존명사상(尊明思想)을 존주대의와 연계시켜 '춘추대의(春秋大義)'라고 하였으므로 말한 것이다.

**238** 우내(宇內)에는……오래되었으나 : 이 내용은 천제(天帝)가 술에 취하여 비정상적으로 오랑캐가 오랫동안 중국 천하를 소유하고 있음을 비유한 것이다. 우내는 천하라는 의미로 여기서는 중국을 가리켰다. 장형(張衡)의 〈서경부(西京賦)〉에 "옛적에 대제(大帝)가 진(秦)나라 목공(穆公)을 만났을 적에 목공이 균천광악(鈞天廣樂)을 연주하여 연향을 베푸니, 대제가 취하였다. 이에 금책(金策)을 만들고 이 땅을 하사하되 순수(鶉首)에서 잘랐다."라는 고사에서 연유한 비유이다. 대제는 천제(天帝)로 옥황상제를 이르며, 균천광악은 천제의 궁중 음악을 이른다.

## 화석정[239]에서

花石亭

나의 여정 율곡을 지나가니 我行過栗谷
팔월의 강물 깨끗하기도 하네 八月江水寒
골짝이 참으로 그윽하고 깊으니 洞壑正幽邃
문성공이 거니시던 곳이네 文成所盤桓
높은 정자에 꽃나무와 괴석 나열되어 있으니 危亭列花石
정자는 강가에 지어져 있네 結構倚江干
단풍은 절벽을 비추고 丹楓暎絶壁
흰 구름은 높은 산 위에 떠있네 白雲在高巒
율곡 선생께서는 이미 멀리 떠나가셨으니 夫子今已遠
내 와서 감탄을 일으키네 我來興感嘆
맑은 풍월 부질없이 남아 있으니 空餘風月淸
유상이 어렴풋이 보이는 듯하네 遺像怳如觀

선생의 시에 "산은 외로운 달을 토해 내고 강은 만 리 바람을 머금었네."라는 구절이 있으므로 말한 것이다.

**239** 화석정(花石亭) : 지금의 파주시 파평면(坡平面) 율곡리(栗谷里)에 있는 정자로, 자세한 내용은 166쪽 주177 참조.

## 밤에 앉아 평숙과 함께 읊다

夜坐 與平叔共賦

| | |
|---|---|
| 빈산의 나뭇잎 차가운 바람에 떨어지는데 | 空山木葉落寒風 |
| 밤에 유숙하니 창 사이 화롯불 붉구나 | 夜宿窓間爐火紅 |
| 갑자기 이웃집의 옥피리 소리 들리니 | 忽聽隣家吹玉笛 |
| 뜰에 가득한 밝은 달 사경이 되었네 | 滿庭明月四更中 |

# 기쁨을 기록하다
志喜

| | |
|---|---|
| 내 나이 서른세 살에 | 三十有三歲 |
| 첫아들을 보니 참으로 행복하네 | 初男儘幸哉 |
| 아이가 태어난 날이 마침 동짓날이니 | 兒生屬冬至 |
| 이름을 양래라 하였네[240] | 名字是陽來 |
| 복괘(復卦)에서 내가 운을 탐을 점치고 | 復占吾乘運 |
| 강(剛)에서 네가 재주 받은 것을 아노라[241] | 剛知爾賦才 |
| 가문이 자못 희망이 있으니 | 門閭稍可望 |
| 두 조카가 또 막 새로 태어났네 | 二姪又斯孩 |

**240** 아이가……하였네 : 《주역》의 십이벽괘(十二辟卦)에서 음기(陰氣)가 극에 달한 순음(純陰)〔곤괘, ䷁〕의 10월을 지나 11월 동짓달이 되면 양(陽)의 기운이 처음으로 생겨나 복괘(復卦 ䷗)를 이루므로 이렇게 말한 것이다.

**241** 강(剛)에서……아노라 : 강은 양효(陽爻)를 이른다. 복괘의 첫 효가 양효이므로 이렇게 말한 것이다. 복괘 〈단전(彖傳)〉에 이르기를 "복(復)이 형통함은 강(剛)이 돌아오기 때문이다."라고 하였다.

## 월계의 팔경
月溪八景

### 남산의 구름과 노을 南山雲霞

흰 구름은 처마 아래에 묵고　　白雲簷下宿
붉은 노을은 주렴 밖에서 흐르네　　紫霞簾外流
구름과 노을 처음 일어난 곳 알고자 할진댄　　欲知初起處
우선 남산 마루를 보아라　　且看南山頭

### 앞 시내의 수양버들 前溪楊柳

집이 맑은 시냇가에 있으니　　家在淸溪側
시냇가 버드나무 석문을 덮고 있네　　溪柳蔭石門
행인들 멀리서 손가락으로 가리키며　　行人遙指點
이곳이 시상촌[242]인가 의심하네　　疑是柴桑村

**242** 시상촌(柴桑村) : 진(晉)나라 때의 은사이자 시인인 도연명(陶淵明 372~427)이 태어난 마을로 지금의 강서성(江西省) 구강현(九江縣)에 있다. 도연명은 41세 때 팽택 영(彭澤令)이 되었는데 소인들을 윗사람으로 모시기가 싫고 전원(田園)이 그리워 부임한 지 80일 만에 벼슬을 그만두고 이 곳 시상촌으로 돌아오면서 〈귀거래사(歸去來辭)〉를 지었다. 도연명의 또다른 이름은 잠(潛)이고 자는 원량(元亮)인데, 팽택 영을 그만두고 돌아온 뒤에 잠으로 개명하였다고 하기도 하고 연명은 또 다른 그의 자라고 하기도 한다.

### 골짝 어귀에서 낚시하다 谷口釣魚

골짝 어귀에 못물 깨끗하니 谷口潭水清
봄이 와 물고기들 참으로 살져 있네 春來魚正肥
머리 하얗게 센 창랑의 늙은이 白髮滄浪叟
낚싯대 잡고 낚시터에서 구부리고 있네 持竿俯釣磯

### 동산 안에서 꽃을 구경하다 園中賞花

하룻밤 산중에 비가 나리니 一夜山中雨
동산 나무에 온갖 꽃이 피었네 園花千樹開
동풍에 향기 저절로 풍겨오니 東風香自動
호랑나비 쌍쌍이 날아오네 蝴蝶雙雙來

### 동령의 밝은 달 東嶺明月

둥글고 둥근 산봉우리 위의 달 團團嶺上月
교교하게 맑은 빛 토해내네 皎皎吐清光
한밤중에 주렴 걷고 바라보니 四更捲簾看
밤에 서리가 내렸나 의심스럽네 還疑夜下霜

### 서쪽 정자의 무성한 소나무 西亭茂松

울창하고 또 울창하니 鬱鬱復蒼蒼
정자 아래에 천 그루의 소나무 우뚝 서있네 亭下立千松
빈산 차가운 눈 속에 空山寒雪裏
서로 바라보니 겨울인줄 알지 못하겠네 相看不知冬

### 소나무 달 아래에서 나무꾼의 노래 松月樵歌

초가집에 저녁연기 그치고 茅屋炊烟歇
해 저물자 나는 새 돌아오네 日暮飛鳥還
나무꾼은 밝은 달을 보며 樵客見明月
길게 노래하며 푸른 산에서 내려오네 長歌下青山

### 느티나무 숲 속 사찰에서 울리는 종소리 槐林寺鐘

푸른 느티나무 빽빽이 숲을 이루니 青槐密成林
가지마다 솟아올라 구름을 밀치네 枝枝上拂雲
사찰이 멀지 않은 줄 아노니 僧寺知不遠
종소리 나무 사이로 들려오네 鐘聲隔樹聞

## 입춘에

立春

| | |
|---|---|
| 우레가 땅속에 있은 뒤에야 해가 길어지니[243] | 日永潛雷後 |
| 봄이 섣달 가운데에 생기네 | 春生臘月中 |
| 여러 산에 쌓인 눈 녹고 | 千山披積雪 |
| 모든 나무가 동풍을 맞고 있네 | 萬木受東風 |
| 천도가 막 통태[244]하니 | 天道時方泰 |
| 사람의 마음도 물건과 같네 | 人心物與同 |
| 내 시를 써 축원하노니 | 題詩吾有祝 |
| 학문함에 새로운 공부 진전되기를 | 爲學進新工 |

**243** 우레가……길어지니 : 동지 이후에 점차 해가 길어지는데, 《주역》의 십이벽괘(十二辟卦) 중 동짓달을 가리키는 복괘(復卦 ䷗)의 상괘(上卦)가 땅을 뜻하는 곤(坤 ☷)이고 하괘(下卦)가 우레를 뜻하는 진(震 ☳)이기 때문에 이렇게 말한 것이다.

**244** 통태(通泰) : 《주역》 〈태괘(泰卦)〉에 대한 《역전(易傳)》에 "천지 음양(陰陽)의 기운이 서로 사귀고 화(和)하여 만물이 생성되기 때문에 '통태'라 한다."라고 보이는바, 십이벽괘(十二辟卦)로 볼 때 동짓달은 복괘(䷗)이고 섣달은 임괘(䷒)이며 정월은 태괘(䷊)로, 입춘은 대부분 정월에 있으므로 말한 것이다.

## 정월 초하루에 감회를 쓰다

元日述懷

| | |
|---|---|
| 오늘 내 몸 살펴보니 | 今日省我躬 |
| 어제까지 허물이 쌓여 있었네 | 昨日愆尤積 |
| 도를 구함을 어찌 일찍 하지 않았으며 | 求道何不早 |
| 도를 배우기를 어찌 힘쓰지 않았는가 | 學道何不力 |
| 마흔 살의 나이 장차 이르니 | 四十行將至 |
| 알려짐이 없음 참으로 두려울 만하네[245] | 無聞良可惕 |
| 이미 깨달았으면 곧 마땅히 고쳐야 하니 | 旣悟便當改 |
| 어찌 한갓 후회하고 자책할 뿐이랴 | 何用徒悔責 |

**245** 마흔……만하네 : 《논어》 〈자한(子罕)〉에 공자께서 "후생(後生)이 두려울 만하니 저들의 장래가 지금의 나보다 못할 줄을 어찌 알겠는가. 그러나 40, 50세가 되고도 알려짐이 없으면 이 또한 두려울 것이 없다."라고 하였으므로 이렇게 말한 것이다.

## 평숙이 한 율시를 부쳐왔으므로 그 운을 따라 화답하였다
平叔寄一律 用其韻答之

| | |
|---|---|
| 호연지기의 밝은 가르침 어찌 희미해지랴 | 浩然明訓豈微茫 |
| 한 점의 등잔불 안석과 책상에 비추네 | 一點燈光照几床 |
| 그대는 지금부터 도의를 구할 수 있을 것이니 | 君可從今求道義 |
| 누가 《맹자》를 읽으면 문장을 잘한다고 말하는가 | 誰言讀此善文章 |
| 천지간에는 모름지기 사람의 몸이 큼을 알아야 하고 | 乾坤須識人身大 |
| 낮에는 마땅히 야기[246]를 길이 보존하여야 하네 | 朝晝宜存夜氣長 |
| 내 능히 변화할 줄 안 백공[247]에게 부끄러우니 | 我愧伯恭能變化 |
| 오랫동안 《논어》를 읽어도 아직도 마음이 거치네 | 久觀論語尙心荒 |

재차 차운하다 再疊

| | |
|---|---|
| 해가 저묾에 도가 아득한 것 한탄하니 | 日暮應嗟道渺茫 |
| 젊은 나이에 독서하는 책상 치우지 말라 | 盛年休撤讀書床 |

**246** 야기(夜氣) : 사람이 잠에서 깨어나 사물을 접하기 이전인 새벽의 맑은 기(氣)를 말하는데, 이때는 사람의 타고난 착한 마음이 발현된다고 한다. 《孟子 告子上》

**247** 백공(伯恭) : 송(宋)나라 학자 여조겸(呂祖謙, 1137~1181)의 자이다. 그는 젊었을 때에 기질이 거칠고 포악하여 옷이 몸에 조금만 맞지 않으면 찢어버리곤 하였는데 후일 오랫동안 병을 앓다가 《논어》 〈위령공(衛靈公)〉의 "자신을 책망하는 데 엄격하고 남을 책망하는 데 관대하면 다른 사람의 원망이 멀어질 것이다."라는 구절을 읽고 문득 깨달아 자신의 성정을 고쳐서 이후로 종신토록 갑자기 성내는 일이 없었다고 한다. 《心經 卷1 懲忿窒慾章》

덕은 지기에 말미암으니 닦음을 게을리하지 말고 德由志氣修無怠
학문은 총명으로 나아가야 밝아진다네 學以聰明進有章
우임금은 촌음도 아까워하여 공이 이에 커졌고[248] 大禹惜陰功乃廣
중니는 식사도 잊으시니 즐거움이 더욱 길었네[249] 仲尼忘食樂逾長
성인과 보통사람 천성이 똑같으니 聖人與衆同天性
모름지기 힘써 황폐한 물욕을 제거하라 勉爾須除物欲荒

**248** 우(禹)임금은……커졌고 : 촌음(寸陰)은 짧은 햇볕의 그림자로 짧은 시간을 가리킨다. 이 내용은 동진(東晉)의 재상으로 있던 도간(陶侃)이 일찍이 사람들에게 "대우(大禹)는 성인(聖人)인데도 촌음을 아꼈으니, 보통사람들의 경우에는 응당 분음(分陰)을 아껴야 할 것이다."라고 말한 구절을 원용한 것이다. 《晉書 卷66 陶侃列傳》《小學 善行》 '대우'는 우임금을 높여 '위대한 우임금'이란 뜻으로 칭한 것이다.

**249** 중니(仲尼)는……길었네 : 중니는 공자의 자이다. 이 내용은 《논어》〈술이(述而)〉에 "알지 못하면 분발하여 먹는 것도 잊고, 깨달으면 즐거워 근심을 잊는다.〔發憤忘食, 樂以忘憂.〕"라고 한 공자의 말씀을 원용한 것이다.

## 산중에서 꽃을 구경하다
山中賞花

| | |
|---|---|
| 가벼운 바람 부는 소나무 아래 거닐다가 | 輕風松下步 |
| 햇빛이 찬란하니 꽃 사이에 앉았노라 | 麗日花間坐 |
| 반갑게 산새들 지저귀는 소리 들으니 | 喜聽山禽語 |
| 천기는 물건과 내가 똑같네 | 天機同物我 |

## 감회를 기술하다

述懷

| | |
|---|---|
| 인에 있어서는 스승에게도 사양하지 않으니[250] | 當仁不讓師 |
| 도를 남에게 양보하지 말라 | 勿以道讓人 |
| 도는 본래 고원한 것이 아니니 | 道本非高遠 |
| 돌이켜 찾으면 내 몸에 있다네 | 反求在我身 |
| 천성에 여러 선이 갖추어져 있고 | 天性具衆善 |
| 일상생활에 오륜이 행해진다네 | 日用行五倫 |
| 저 여러 철인의 경지를 가리키고 | 指彼群哲域 |
| 용맹스럽게 가면 그 경지에 이를 수 있네 | 勇邁斯可臻 |
| 해가 이미 저물었다고 말하지 마라 | 莫云日已暮 |
| 촛불을 잡으면 밤도 새벽처럼 밝다오 | 秉燭夜如晨 |

### 두 번째 其二

| | |
|---|---|
| 장기와 바둑도 그만두는 것보다 낫다고 하셨으니[251] | 博奕猶賢已 |
| 마음 씀이 없음을 성인께서 경계하신 것이네 | 聖戒無用心 |

**250** 인(仁)에……않으니 : 이 내용은 《논어》 〈위령공(衛靈公)〉에 "인을 당해서는 스승에게도 사양하지 않아야 한다.〔當仁, 不讓於師.〕"라고 한 공자의 말씀을 인용하였다.

**251** 장기와……하셨으니 : 이 내용은 《논어》 〈양화(陽貨)〉에 "배불리 먹고 하루를 마쳐서 마음을 쓰는 것이 없다면 훌륭한 덕(德)을 이루기 어렵다. 장기와 바둑〔博奕〕이 있지 않은가. 이것이라도 하는 것이 그만두는 것보다는 낫다."라고 하신 공자의 말씀을 원용한 것이다.

| | |
|---|---|
| 어찌 글로 뜻을 해쳐서 | 寧以辭害意 |
| 한갓 기예에 빠지랴 | 技藝徒沈淫 |
| 문장은 헛되이 정신을 허비하니 | 文章枉費神 |
| 세월이 부질없이 급히 흘러가네 | 歲月空駸駸 |
| 누대에 백 편의 글 기록하고 | 樓臺百篇記 |
| 꽃과 새에 천 수의 시를 읊으니 | 花鳥千首吟 |
| 이 공력을 옮겨서 | 不如移此力 |
| 돌아가 도덕의 숲을 탐색하는 것만 못하네 | 歸探道德林 |

# 서흥의 도중에서

瑞興途中

| | |
|---|---|
| 객창에서 항상 일찍 일어나니 | 旅窓常早起 |
| 말 위로 낮잠이 엄습하네 | 馬上午眠侵 |
| 기분이 답답하다가 냇물 소리에 좋아지고 | 氣鬱欣川響 |
| 몸이 피곤하니 나무 그늘 사랑스럽네 | 身疲愛樹陰 |
| 모래밭 끝 멀리 백로가 날고 | 鷺飛沙際遠 |
| 풀 속 깊숙이 소가 누워 있네 | 牛臥草中深 |
| 다시 푸른 빛의 바위를 만나 | 更遇蒼巖色 |
| 한가로이 홀로 앉아 시를 읊노라 | 悠然獨坐吟 |

## 박연[252]에서

朴淵

| | |
|---|---|
| 지상의 부사[253] 은하수와 통하니 | 地上浮槎銀漢通 |
| 두 못의 용 흰 구름 속에 늙었네 | 二潭龍老白雲中 |
| 폭포 소리 곧바로 천 길 벼랑에서 떨어지니 | 噴聲直落千尋壁 |
| 비말이 길게 퍼져 수많은 나무에 바람이 불어오네 | 飛沫長吹萬木風 |
| 참으로 여산 폭포[254]와 천하에 상대가 되니 | 定與廬山對天下 |
| 우리나라에는 다시 이런 폭포 없다네 | 更無他瀑在吾東 |
| 못에 임하여 초가집 다시 짓고자 하니 | 臨淵便欲營茅舍 |
| 예로부터 거주하신 분 나와 성이 같으시네[255] | 從古居人我姓同 |

**252** 박연(朴淵) : 박연폭포로 지금의 개성시 북쪽 16㎞ 지점에 있는 천마산에 있다.

**253** 부사(浮槎) : 바다와 은하수를 왕래하는 전설상의 뗏목을 이른다.

**254** 여산(廬山) 폭포 : 중국 강서성(江西省) 구강시(九江市) 남쪽 여산에 있는 폭포로, 당나라 이백(李白)이 지은 〈망여산폭포수(望廬山瀑布水)〉는 이를 읊은 것으로 유명하다.

**255** 예로부터……같으시네 : 박씨 성의 진사(進士)가 이 폭포에 놀러왔다가 아름다운 경치에 도취되어 폭포 밑 못 속에 사는 용녀(龍女)와 백년가약을 맺고 이곳을 떠나지 않았다는 전설이 있으므로 이렇게 말한 것이다.

## 관음사에서

觀音寺

| | |
|---|---|
| 박연폭포에서 관음사에 이르니 | 朴淵至觀音 |
| 오리의 길이 모두 아름다운 풍광이네 | 五里皆泉石 |
| 굽이굽이 계곡 물소리 그치지 않으니 | 曲折鳴不止 |
| 귀는 시끄러워도 경치는 더욱 고즈넉하네 | 耳喧境逾寂 |
| 길 가는데 폭포 소리가 | 行疑瀑布響 |
| 날아와 숲과 골짝에 가득하여라 | 飛度滿林壑 |
| 산이 깊어 나무꾼 드무니 | 山深樵者稀 |
| 홀로 가는 길 스스로 즐겁네 | 獨往聊自樂 |
| 언덕에는 붉은 철쭉이 피어 있고 | 被崖躑躅紅 |
| 길에는 푸른 등나무 덩굴 덮여 있네 | 覆逕藤蘿碧 |
| 풍경소리 높은 나뭇가지에서 울려 오니 | 磬音動高樹 |
| 사찰에 들어오니 날이 이미 저물었네 | 入寺已暝色 |
| 구름 사이에 새는 사람을 따라오고 | 雲間鳥隨人 |
| 소나무 아래 승려는 손님을 맞이하네 | 松下僧迎客 |
| 사찰의 조용한 방에서 기숙하니 | 寄宿梵宇淨 |
| 누운 자리에 흐르는 물소리 들려오네 | 臥處流水滴 |
| 정신이 깨끗해서 잠을 이루지 못하여 | 神淸不能寐 |
| 밤새 늙은 승려와 이야기 나누었네 | 夜語共老釋 |
| 날이 밝자 청려장을 짚고 | 天明策藜杖 |
| 절을 돌아 그윽한 곳 탐방하네 | 循寺探幽僻 |

승려들이 오래된 굴을 가리키니 僧徒指古窟
바위 밑으로 날다람쥐 뛰어 내리네 巖底蒼鼯落
침침하여 해와 달빛에도 잘 보이지 않고 沈深日月隱
휑하게 갈라져 있어 귀신이 뚫은 듯하네 谽谺神鬼鑿
굴 안에 여러 보살을 안치하고 中藏諸菩薩
향을 살라 아침저녁으로 예불하네 燒檀禮朝夕
옆에 향로전이 있는데 傍有香爐殿
고려 때 지은 것이라 하네 云是高麗作
아득히 몇백 년이 지났으나 蒼茫累百歲
들보와 마룻대 변함없이 그대로네 樑棟仍不易
부처를 받드는 어리석은 풍속 깊이 아노니 深知奉佛愚
다른 시대에서 탄식하노라 異代起嘆惜
걸어서 태종대[256]에 올라가니 步上太宗臺
푸른 이끼 유적을 가리고 있네 綠苔翳遺迹
태종대 앞의 깨끗하고 매끄러운 바위는 瀅滑臺前石
평평하게 펴진 것이 마치 평상과 같네 平鋪若牀席
맑은 시냇물 흩어져 흘러가니 淸溪散淪漣
햇빛 산에 비침에 더욱 깨끗하네 山日照更白
기이한 바위 항아리처럼 솟아 있고 奇巖立如甕
두 그루 소나무 뿌리가 서로 얽혀 있네 雙松根互錯
나무에 홈을 파서 옛 우물물을 끌어오니 刳木引舊井
시원한 맛 영액[257]에 비길 수 있네 味洌當靈液

**256** 태종대(太宗臺) : 개성 북쪽 성거산(聖居山)에 있는 큰 너럭바위이다.

좋은 경관 참으로 한두 가지가 아니니　勝觀諒非一
발길 닿는 대로 소요하노라　徜徉隨所適
용암은 아득히 멀리 바라보이고　龍庵望縹緲
마담에서는 물 쏟아지는 소리 들려오네　馬潭聽噴薄
나의 여행 마침 개인 봄날이니　我行會春晴
이곳에 이르러 마음껏 탐방하노라　到玆窮搜索
산을 나와 다시 돌아보니　出山復回首
단풍 붉을 때 다시 놀러 오리라　重遊楓葉赤

**257** 영액(靈液) : 신선이 마신다는 영험한 음료를 말하는데 이슬을 가리키기도 한다.

## 화담[258]에서

花潭

| | |
|---|---|
| 푸른 산 대흥산성[259] 남쪽을 휘감아 도니 | 青山邐迤大興南 |
| 산 아래 시냇물 흘러 못을 이루었네 | 山下溪流匯成潭 |
| 흰 바위 둘러 있어 낚시터 높은데 | 白石環列釣磯高 |
| 옛날 처사가 지은 초가집이 있네 | 古有處士結茅庵 |
| 내가 온 것은 임천을 구경하려는 것만이 아니요 | 我來不獨玩林泉 |
| 유적을 찾고자 하여 사당 앞에 이른 것이네 | 欲尋遺躅到祠前 |
| 못 밑에는 물고기들 다투어 뛰어오르고 | 潭底群魚爭出躍 |
| 못 가운데 잔잔한 물은 하늘을 비추고 있네 | 潭中止水虛映天 |
| 한스럽게도 내 늦게 태어나 문하에 들지 못해서 | 恨余生晚不及門 |
| 이 이치 선생과 논하지 못하노라 | 此理未與先生論 |
| 묘소에 연기 자욱하니 소나무 측백나무 침침하고 | 遺墓烟鎖松柏陰 |
| 황폐한 비석에 빗물 적시니 이끼가 자라네 | 荒碑雨滋苔蘚痕 |
| 서사정[260] 앞을 다시 배회하니 | 逝斯亭前更徘徊 |
| 바위에 핀 꽃 이미 떨어지고 산새만 지저귀네 | 巖花已落山鳥喧 |

**258** 화담(花潭) : 개성 영통동(靈通洞)에 있는 연못의 이름인데, 서경덕(徐敬德)이 이곳에 은거하면서 자신의 호로 삼았다.

**259** 대흥산성(大興山城) : 개성 북쪽에 있는 돌로 쌓은 산성의 이름이다.

**260** 서사정(逝斯亭) : 화담 앞에 있는 바위에 지은 정자로, 공자께서 시냇가에서 흐르는 물을 보고 "가는 것이 이와 같구나. 밤낮을 그치지 않는다.〔逝者如斯夫, 不舍晝夜.〕"라고 하신 말씀에서 이름을 가져온 것이다.

## 선죽교에서

善竹橋

| | |
|---|---|
| 동문 길에서 말에서 내리니 | 下馬東門路 |
| 다리가 시냇물 머리에 임하였네 | 橋臨溪水頭 |
| 충신의 피가 아직도 남아있으니 | 忠臣血猶在 |
| 지나가는 길손들 항상 눈물 흘리네 | 過客涕長流 |
| 전조의 왕의 기운 다하였으나 | 王氣前朝盡 |
| 공의 영혼[261]은 만고에 남아있네 | 公靈萬古留 |
| 옷깃 여미고 사당으로 달려가니 | 整裾趨廟宇 |
| 바람이 일어 가을처럼 차갑네 | 風起凜如秋 |

**261** 공의 영혼(靈魂) : 고려 왕조를 위해 충절을 지키다가 이 선죽교에서 희생된 포은(圃隱) 정몽주(鄭夢周)의 영혼을 가리킨다.

## 숭양서원을 배알함

謁崧陽書院

| | |
|---|---|
| 우리 성조는 주나라 무왕(武王)이 되시니 | 聖祖爲周武 |
| 송도는 바로 은나라 왕도(王都)의 옛터이네 | 松都卽殷墟 |
| 혁혁하다 정포은이시여 | 赫赫鄭圃隱 |
| 큰 절개 백이[262]와 같네 | 大節伯夷如 |
| 다리에는 고죽[263]이 남아있고 | 橋留孤竹後 |
| 산은 늙었으나 캐던 고사리 남아있네 | 山老採薇餘 |
| 서당은 소나무와 편백나무에 의지해 있으니 | 黌舍依松柏 |
| 선생께서 옛날 거주하시던 곳이네 | 先生舊所居 |
| 경건히 기둥과 들보 바라보고 | 穆穆瞻楝樑 |
| 엄숙히 뜨락에서 절을 올리네 | 肅肅拜庭除 |
| 단청으로 그린 초상화 살아계신 듯 늠름하니 | 丹青凜如生 |
| 피가 푸르게 바뀌었다고 전해지는 말[264] 헛되지 않네 | 碧血傳非虛 |

**262** 백이(伯夷) : 은(殷) 나라 때 고죽(孤竹) 나라 임금의 아들로 주 무왕(周武王)이 은(殷) 나라를 정벌하려고 할 때 아우 숙제(叔齊)와 함께 간하였으나 듣지 않고 주(周) 나라가 천하를 차지하자, 주나라 곡식 먹기를 부끄럽게 여기고 수양산(首陽山)에 숨어 고사리를 캐먹다가 굶어 죽었다. 이에 맹자는 "백이는 성인 가운데 깨끗한 분이다.〔伯夷, 聖之淸者也.〕"라고 평가하였다. 《史記 卷61 伯夷傳》《孟子 萬章下》

**263** 고죽(孤竹) : 선죽교의 원래 이름이 선지교(善地橋)였는데, 정몽주가 피살되던 날 밤 다리 옆에서 참대가 솟아나와 선죽교(善竹橋)로 고쳐졌다는 전설이 있으므로 말한 것이다. 또 고죽은 위에 말한 백이의 고국이기도 하다.

어찌 다만 절의만을 칭찬하랴　豈惟稱節義
이 유학의 처음을 실로 열어 놓으셨네　斯文啓實初
고려의 퇴계의 풍속[265] 바뀌어　麗俗變椎髻
우리 조선의 시서가 찬란하였네　箕封燦詩書
본조에는 여러 학자가 많이 배출되었으니　本朝盛群儒
천 년에 크나큰 공을 남기셨네　垂功千載於
시대가 다른들 어찌 우러러보지 않으랴　異代疇不仰
내가 와서 더욱 탄식하네　我來益欷歔
우리 선조 문정공[266]께서　吾先文正公
도를 함께하여 훌륭한 명성 나란하셨네　同道齊令譽

**264** 피가……말 : 이 내용은 주(周)나라 영왕(靈王) 때에 충신인 장홍(萇弘)이 참소를 당하여 촉(蜀)으로 쫓겨나 자살하였는데, 그 피가 3년 만에 푸르게 변했다는 고사가 있으므로 이렇게 말한 것이다. 《莊子 外物》

**265** 퇴계(椎髻)의 풍속 : 오랑캐의 풍속이라는 의미이다. 퇴계는 머리카락을 몽치 모양으로 묶어 상투를 트는 것을 이른다.

**266** 문정공(文正公) : 박상충(朴尙衷, 1332～1375)으로, 문정은 그의 시호이며 자는 성부(誠夫)이다. 공민왕(恭愍王) 때 문과에 급제하고 벼슬이 판전교시사(判典校寺事)에 이르렀다. 정몽주와 함께 친명책(親明策)을 주장하였는데 친원파인 이인임(李仁任)의 사형을 주장하다가 도리어 탄핵을 받고 유배되었는바, 도중에 별세하였다. 경사(經史)와 역학(易學)에 밝았고 문장에 뛰어났다.

## 구일[267]에 집사람이 창곡에 있으면서 술 한 병을 보내왔는데 이때 재종숙부이신 동돈공 사한 께서 국화 몇 그루를 나누어 보내주셨으므로 꽃을 따서 술에 띄워 평숙과 대작하다

九日 室人在蒼谷送酒一壺 時再從叔父同敦公 師漢 分送菊花數叢 摘花泛酒 與平叔對飮

| | |
|---|---|
| 세군[268]이 처음 술을 보내오고 | 細君初送酒 |
| 숙부께서 다시 꽃을 나눠주셨네 | 老叔更分花 |
| 참으로 오늘 아침 즐거움을 얻으니 | 定得今朝樂 |
| 중양절이 아름다운 줄 비로소 알겠네 | 方知九日嘉 |
| 흰 구름 누추한 골목에서 피어나고 | 白雲生陋巷 |
| 붉은 단풍잎은 가난한 집에 가득하네 | 朱葉滿貧家 |
| 다만 한스러운 것은 시인들이 | 却恨騷人輩 |
| 쓸쓸하여 항상 스스로 탄식하는 것이라네 | 蕭條每自嗟 |

**267** 구일(九日) : 음력 9월 9일 중양절(重陽節)로 옛날 세시 명절의 하나이다. 이날 남자들은 같이 모여 시를 짓고 국화주를 마셨다.

**268** 세군(細君) : 원래 제후(諸侯)의 부인을 뜻하였는데, 동방삭(東方朔)이 자신의 처를 세군이라고 해학적으로 표현한 뒤로 아내를 가리키는 말이 되었다.

## 미호에서 찬선 김공을 배알하다[269] 원행

渼湖拜贊善金公 元行

삼주[270]의 깊은 학문 연원이 있으니　三洲邃學有淵源
대로께서 산림에서 덕을 높이 닦으셨네　大老山林養德尊
한번 온화한 용모 뵘에 마음이 취한 듯하니　一覿和容心似醉
예전에 일찍 문하에 달려오지 못한 것 한하노라　從前恨不早趨門

**269** 미호(渼湖)에서……배알하다 : 미호는 지금의 구리시 한강변 일대로, 여기에 선원(仙源) 김상용(金尙容)과 청음(淸陰) 김상헌(金尙憲) 형제의 무덤과 이들의 위패를 봉안한 석실서원(石室書院)이 있었다. 찬선(贊善) 김공은 박윤원의 스승인 김원행(金元行, 1702~1772)으로 자는 백춘(伯春), 호는 미호(渼湖), 본관은 안동(安東)이다. 당숙인 숭겸(崇謙)에게 입양되어 종조부 농암(農巖) 창협(昌協)의 손자가 되었으며 도암(陶庵) 이재(李縡)의 문하에 들었다. 학문이 도저하여 조정에서 찬선의 벼슬에 제수하였으므로 이렇게 칭한 것이다. 찬선은 세자시강원(世子侍講院)을 책임지는 정3품 당상관(堂上官)으로, 재야의 유현(儒賢)들 중에서 많이 등용되었다.

**270** 삼주(三洲) : 농암(農巖) 김창협(金昌協)의 만년의 거처인 삼산각(三山閣)이 있던 곳으로 석실서원 주변인데, 한강 가에 모래톱 세 개가 있기 때문에 농암이 삼주라고 명명하고 자신의 호로 삼았다.

## 삼주를 지나면서 선생의 "역력히 삼주에서 석양을 보다"라는 시구를 외고 삼가 감회를 쓰다

過三洲 誦先生歷歷三洲見夕陽之句 謹書感懷

| | |
|---|---|
| 말에서 내려 삼주를 지나면서 | 下馬過三洲 |
| 공손히 문간공[271]이 사셨던 곳 생각하네 | 恭懷文簡居 |
| 집은 비록 이미 퇴락하였으나 | 屋宇雖已頹 |
| 숲과 언덕은 아직도 완연하네 | 林丘尙宛如 |
| 강물은 석양 끝에 밝고 | 江明夕陽際 |
| 나무는 서리 내린 뒤에 늙었네 | 木老霜氣餘 |
| 내가 왔을 때 이러한 경치를 만나니 | 我來遇玆景 |
| 감탄하여 발걸음 머뭇거리네 | 感歎爲躊躇 |
| 일찍 유풍을 우러르고 사모하였으니 | 遺風夙慕仰 |
| 하물며 장구[272]의 옛터를 봄에 있어서랴 | 況瞻杖屨墟 |
| 유생들 따라 사당에 배알하고 | 拜祠隨衿珮 |
| 서원에 들어와 도서를 어루만지네 | 入院撫圖書 |
| 소자는 외람되이 외척 후손이 되니 | 小子忝外裔 |
| 아름다운 가르침을 감히 잊을 수 있겠는가 | 懿訓敢忘且 |

**271** 문간공(文簡公) : 농암 김창협의 시호이다.

**272** 장구(杖屨) : 지팡이와 짚신이라는 뜻으로, 스승이나 이름난 사람이 머물러 있던 자취를 비유적으로 이르는 말이다.

## 석실서원을 배알하다

謁石室書院

| | |
|---|---|
| 김씨 가문의 정기 삼엄하고 | 金門森正氣 |
| 석실에 남긴 서원 엄숙하네 | 石室肅遺祠 |
| 강물은 조종[273]의 뜻으로 흘러가고 | 江逝朝宗意 |
| 산은 우러르는 생각 남아있네 | 山留景仰思 |
| 인경[274]에 부질없이 눈물이 흐르고 | 麟經空有淚 |
| 백록동서원[275]의 남은 학규 받들고 있네 | 鹿洞尙餘規 |

**273** 조종(朝宗) : 원래 제후가 천자에게 가서 뵙는 것으로 봄에 뵙는 것을 조(朝)라 하고 여름에 뵙는 것을 종(宗)이라 하는데, 강물이 바다에 들어가는 것 역시 제후가 천자국에 가는 것과 같다 하여 조종이라고 한다. 《서경》〈우공(禹貢)〉에 "마치 백관(百官)이 임금에게 조회하듯, 장강과 한수가 바다로 모여든다."라고 한 구절에서 나왔는바, 조선조에서 멸망한 명나라를 높이는 것에 대한 비유로도 쓰였다.

**274** 인경(麟經) : 공자가 저술한 《춘추(春秋)》를 가리킨다. 공자(孔子)가 당시의 난신적자(亂臣賊子)들을 경계하기 위해 새로 만든 역사책으로 총 242년간을 편년체로 기록하였는데 노나라 은공(隱公) 원년(기원전 722)에서 시작하여, 애공(哀公) 14년(기원전 479) 노나라가 서쪽으로 사냥을 갔다가 기린을 잡은 기사에서 끝난다. 기린은 상서로운 동물로 이 짐승이 나타나면 성인이 나온다고 전해지는데, 난세에 기린이 나와 사람에게 잡혔으므로 공자는 이에 눈물을 흘리고 여기에서 기록을 멈추었다고 하는바, 여기서 '인경'이란 말이 나오게 되었다.

**275** 백록동서원(白鹿洞書院) : 강서성(江西省) 여산(廬山) 오로봉(五老峯) 밑에 있는 서원으로 당(唐)나라 때 이발(李渤)이 그의 형 이섭(李涉)과 함께 은거하며 독서하던 곳으로 흰 사슴〔白鹿〕을 길렀기 때문에 이렇게 칭하였다. 주자가 1179년 남강군 태수(南康軍太守)로 있을 당시 없어진 서원을 복원하고 제자들을 가르쳤다.

밝은 달 정자 앞에 떠있고　明月亭前立
연꽃 향기 옛 못에 가득하네　荷香滿舊池

## 여성이 아들을 관례할 때 지은 시에 화답하다

和汝成冠子詩

세상에 고례를 행하는 자 드문데 世稀行古禮
그대는 마침내 어진 빈[276]을 선택하였네 君乃筮賢賓
훌륭한 아들의 용모 복식(服飾)에 걸맞으니 令子容宜服
좋은 시기에 머리에 관건(冠巾)을 쓰게 되었네 良辰首有巾
삼가례[277]를 행하니 응당 덕이 진전될 것이요 三加應進德
온갖 복이 참으로 몸을 편안하게 하리라 百福定綏身
마침내 의식을 구경하는 자들로 하여금 遂使觀儀者
흔연히 주인을 축하하게 하네 欣然賀主人

두 번째 其二

일찍이 농장의 경사[278]를 축하하였는데 曾賀弄璋慶
지금 혼인의 기약을 보게 되었네 今看婚有期

**276** 빈(賓) : 관례의 주례자로 통상 부친의 친구 중에 어진 이를 골라 맡겼다.

**277** 삼가례(三加禮) : 관례 때에 세 번 관(冠)을 갈아 씌우는 의식이다. 초가(初加), 재가(再加), 삼가(三加)로 나누어서 진행하는데 초가에는 치포관(緇布冠)을 씌우고 재가에는 피변(皮弁)을 씌우고 삼가에는 작변(爵弁)을 씌운다.

**278** 농장(弄璋)의 경사 : 아들을 낳은 경사를 말한다. 《시경》 〈소아(小雅) 사간(斯干)〉에 "남자(男子)를 낳아서 평상에 재우며 치마를 입히며 구슬을 희롱하게 하니〔載弄之璋〕 우는 소리가 우렁차고 붉은 슬갑(膝甲)이 휘황하여, 실가(室家)를 소유하며 군왕(君王)이 되리로다."라고 한 데서 온 말이다.

비로소 우리 나이 늙었음을 알게 되니　方知吾輩老
이미 친구 아이들 장성하였네　已長故人兒
일어나 관례의 절을 받았고　起受冠時拜
남아서 초례[279] 뒤의 술잔을 받노라　留持醮後卮
학문의 이루어짐 마치 관례와 같으니　學成如突弁
그대를 위하여 〈보전〉 시를 읊노라[280]　爲誦甫田詩

**279** 초례(醮禮) : 관례에서 빈(賓)이 관자(冠者)에게 술을 따라주는 의식으로, 초(醮)는 술을 따라주기만 하고 수작하지 않는다는 의미이다.

**280** 학문의……읊노라 : 〈보전(甫田)〉은 《시경》 〈제풍(齊風)〉의 편명이다. 여기에 "예쁘고 아름다운 머리 딴 총각(總角)을 얼마 후에 보면 우뚝이 관을 쓰고 있네.〔突而弁兮〕"라는 구절이 있으므로 이렇게 말한 것이다.

## 새벽에 평산을 출발하다

曉發平山

| | |
|---|---|
| 나그네 잠자리 편안하기 어려우니 | 客睡難爲穩 |
| 갈 길 아득함에 마음 쓰이네 | 關心杳去程 |
| 닭 우는 소리 듣고서 등잔 밑에서 밥을 먹고는 | 聞鷄燈下飯 |
| 말을 타고 안개 속으로 길 떠나네 | 騎馬霧中行 |
| 멀리 나무는 하늘과 연하여 침침하고 | 遠樹連山暗 |
| 남은 별은 물을 향해 밝게 빛나누나 | 殘星向水明 |
| 항상 사나운 호랑이 만날까 의심하였는데 | 常疑逢猛虎 |
| 도리어 사람 소리 들리니 기쁘노라 | 還喜有人聲 |

## 길을 떠나기 앞서 어린아이에게 주다

臨行與穉子

| | |
|---|---|
| 어린아이 말을 배워 점점 분명히 말하니 | 穉兒學語漸分明 |
| 아비에게 향하여 먼 길 가지 말라고 당부하네 | 說向阿爺莫遠行 |
| 나 또한 어버이 그리워하는 마음 너처럼 간절하니 | 吾亦思親如爾切 |
| 어찌 자식이 되어 도성에 오래 있을 수 있겠느냐 | 安能爲子久於城 |

## 눈 속에 만월대를 지나가다

雪中過滿月臺

송도의 산 아래에는 노는 사슴이 드물고　松都山下遊鹿稀
만월대 앞에는 차가운 눈발 날리네　滿月臺前寒雪飛
차가운 눈발 날려[281] 더욱 쓸쓸하니　寒雪飛飛愈蕭條
고려왕의 궁전 지금은 이미 아니네　麗王宮殿今已非
가련하게도 옥 섬돌 청소하는 이 없고　可憐玉砌無人掃
초군 목동도 끊겨 산길 비었네　樵牧斷絶空山道
황폐한 성 어두침침하여 아침 해도 뜨지 않으니　荒城黯黯朝暉沒
성 위의 까막까치들 날이 추워 지저귀지 못하네　城上烏鵲凍未噪

**281** 날려 : 원문의 '비비(飛飛)' 자가 저본에는 '비(飛)' 자로 되어있으나 전사의 오류로 보고 칠언율시의 형식에 맞게 수정하였다.

# 근재집

## 제2권

## 詩 시

## 황학루를 떠나며[1]

別黃鶴樓

| | |
|---|---|
| 높다란 황학루 마치 벗님네인 듯 | 黃鶴高樓似故人 |
| 강변에서 술 따를 제 이별 시름 새로워라 | 江邊酌酒別愁新 |
| 우의[2] 한 번 펄럭이면 천 리를 갈 수 있으니 | 羽衣一擧能千里 |
| 아끼지 말고 날아와 자주 꿈에 들어와 주오 | 莫惜飛來入夢頻 |

**1** 황학루를 떠나며 : 박윤원(朴胤源)은 부친 박사석(朴師錫)이 1765년(영조41) 삼등현령(三登縣令)으로 부임하자 이듬해에 그 임소로 가서 평양(平壤)과 송도(松都) 일대를 두루 둘러보고서 1768년에 돌아왔는데, 이때 지은 작품이다. 삼등은 평안남도 강동 지역의 옛 지명으로, 앵무주진(鸚鵡州津) 부근에 황학루(黃鶴樓)라는 누각이 있었다.

**2** 우의(羽衣) : 새의 깃으로 만든 옷으로, 신선이 입는 옷이라는 뜻으로 쓰인다. 여기에서는 황학루(黃鶴樓)를 읊으면서 황학(黃鶴)을 빗대어 표현한 것이다.

## 늦봄에 여성[3]이 방문하여 술을 가져오게 하여 대작하니, 여성이 자신의 〈낙화〉와 〈춘만〉 두 시를 읊었는데 맑고 호탕하여 좋아할 만하였다. 내가 시를 폐한지 이미 오래되었지만, 나도 모르게 읊조리게 되었다. 마침내 운을 따라 화답한다

暮春 汝成來過 呼酒對酌 汝成誦其落花春晚二詩 淸宕可喜 余方廢詩已久 而自不覺其吟詠 遂依韻和之

| | |
|---|---|
| 너는 원망 없이 비바람을 따를 테지만 | 爾應無怨從風雨 |
| 나는 근심 잊고자 저물녘 산을 마주한다네 | 吾欲忘愁對晚山 |
| 진흙 속에 있다 한들 어찌 밟을 수 있으리오 | 縱在泥中那可踐 |
| 혹 하늘에 날리는 것도 볼만하구나 | 或飛天半且堪看 |
| 남은 향기 늦봄 뒤에도 없어지지 않았는데 | 餘香不滅三春後 |
| 여린 잎이 또 하룻밤 사이에 많아졌네 | 嫩葉仍多一夜間 |
| 생의[4]는 원래 잠시라도 쉼이 없으니 | 生意元來無暫息 |
| 뿌리를 잘 간직하여 추운 겨울 보내게나 | 好藏根柢過冬寒 |

그 두 번째 其二

| | |
|---|---|
| 비 갠 뒤 산중에 벌써 봄이 저물어가니 | 雨後山中春已闌 |

**3** 여성(汝成) : 유한준(兪漢雋, 1732~1811)으로, 자는 만청(曼倩) 또는 여성, 호는 저암(著菴) 또는 창애(蒼厓), 본관은 기계(杞溪)이다. 당대에 뛰어난 문장가로 손꼽혔으며 문집에 《저암집》이 있다.

**4** 생의(生意) : 생기(生氣), 생명력, 즉 살려는 의지를 뜻한다.

그런대로 운안의 국미춘[5]에 취해보려 하네　　聊謀麴米醉雲安
수풀의 꽃은 모두 져서 아무도 이르지 않는데　　林花盡落無人至
뜨락의 풀 짙푸르니 그대와 함께 보는구려　　庭草深青與子看
한바탕 불어오는 가붓한 바람에 주렴 흔들리고　　簾動輕風來一陣
삼간[6]이나 솟아오른 맑게 갠 태양에 창이 환하네　　窓明霽日上三竿
오직 눈앞의 일을 즐거워할 뿐이니　　惟將卽事爲怡悅
뜬 인생 고달프다 하지 말게나　　莫道浮生是苦酸

**5** 운안(雲安)의 국미춘(麴米春) : 두보(杜甫, 712~770)의 시 〈발민(拔悶)〉에 나오는 "듣자니 운안의 국미춘은, 한 잔만 기울여도 즉시 사람을 취하게 한다지.〔聞道雲安麴米春, 纔傾一盞卽醺人.〕"라고 한 구절에서 인용한 것이다.

**6** 삼간(三竿) : 세 장대를 뜻하는데, 해가 중천에 높이 떠오른 것을 나타내는 표현이다.

## 공주로 떠나려 할 적에[7] 평숙[8]이 동진[9]까지 전송하였기에 작별하며 주다

將往公州 平叔送至銅津 留別

| | |
|---|---|
| 강가에서 이별하지 말지어다 | 莫作江頭別 |
| 강가에서 이별함은 시름겨우니 | 江頭別可愁 |
| 모래벌판 갈매기는 아득히 날아가고 | 沙鷗飛漠漠 |
| 구름과 물은 유유히 흘러가네 | 雲水去悠悠 |
| 말 세워두고 우두커니 바라볼 것 있으랴 | 立馬何須望 |
| 배에 올라 떠나가 머무를 수 없거늘 | 乘舟不可留 |
| 부디 그대는 침식을 편히 하고 | 勉君安寢食 |
| 편지로 소식 알려 내 근심을 풀어주게 | 書報解余憂 |

**7** 공주(公州)로……적에 : 1769년(영조45)에 부친 박사석(朴師錫)이 공주목판관(公州牧判官)에 부임하자 박윤원(朴胤源)이 모시고서 함께 임소로 갔다.

**8** 평숙(平叔) : 박준원(朴準源, 1739~1807)으로, 자는 평숙(平叔), 호는 금석(錦石), 본관은 반남(潘南)이며, 박윤원(朴胤源)의 동생이다. 1786년(정조10) 사마시에 합격하였다. 셋째 딸이 정조의 후궁인 수빈(綏嬪)에 봉해졌는데, 수빈의 소생인 순조가 즉위하면서 수렴청정을 하던 정순왕후(貞純王后)에 의하여 호조・형조・공조의 판서와 금위대장(禁衛大將) 등을 맡게 되었다. 영의정에 추증되었으며, 시호는 충헌(忠獻)이다. 저서로는 《금석집(錦石集)》이 있다.

**9** 동진(銅津) : 동작진(銅雀津)을 말한다.

## 쌍수산성[10]

雙樹山城

| | |
|---|---|
| 한 떨기 붉은 구름[11] 한 쌍의 홰나무를 둘렀으니 | 紅雲一朶繞雙槐 |
| 성조께서 융복을 입으심에 벽루가 열렸네 | 聖祖戎衣壁壘開 |
| 금강의 어룡이 다투어 뛰어오르니 | 錦水魚龍爭踊躍 |
| 적신의 머리 큰 배에 실려 왔네 | 賊臣頭戴大船來 |

그 두 번째 其二

| | |
|---|---|
| 장경[12]의 비린내 나는 피를 강물로 씻어내니 | 長鯨腥血洗江波 |
| 국도로 환궁함에 장사들 노래하였네 | 京國回鑾將士歌 |

**10** 쌍수산성(雙樹山城) : 공주(公州)에 있는 산성으로, 옛 이름은 공산성(公山城)이다. 1624년(인조2) 1월에 이괄(李适)의 난이 일어나자, 인조(仁祖)가 이곳으로 피난을 하였다가 이해 2월 15일에 이괄이 죽게 되어 난이 평정되자, 2월 22일에 환도(還都)하였다. 인조가 피난하였을 때에 성안의 두 그루 나무 아래서 머물러 있었기 때문에 쌍수라고 이름하였다.

**11** 한 떨기 붉은 구름 : 붉은 구름은 임금을 둘러싼 상서로운 기운을 의미한다. 소식(蘇軾)이 임금을 옥황상제에게 빗대어 "한 무더기 붉은 구름이 옥황상제를 감싸고 있네.〔一朶紅雲捧玉皇.〕"라고 한 시구를 원용한 표현이다.《蘇東坡詩集 卷36 上元侍飮樓上三首呈同列》

**12** 장경(長鯨) : 큰 고래라는 뜻으로, 감당하기 어려운 큰 적(賊)을 뜻하는 말이다. 여기에서는 이괄(李适)의 난을 일으킨 무리를 가리킨다.《사통(史通)》〈서사(敍事)〉에 "역신(逆臣)을 논할 때는 문정(問鼎)이라 부르고, 큰 도적을 일컬을 때는 장경(長鯨)으로 지목한다.〔論逆臣則呼爲問鼎, 稱巨寇則目以長鯨.〕"라고 하였다.

성지에 끝내 힘입은 것이라 말하지 말지어다 莫道城池終有賴
이 모두 군덕으로 인화를 얻은 것이니[13] 摠因君德得人和

**그 세 번째 其三**

호서 한 지역이 막아 지킴이 많았으니 一面湖西捍衛多
당시의 관찰사는 잠와 이공[14]이었네 當時觀察李潛窩
백 년 동안 금강은 단심을 비추며 흐르니 百年錦水丹心照
그저 먼 외손[15]을 감개하게 하는구나 空使彌甥感慨過

잠와(潛窩)의 휘는 명준(命俊)이다.

**13** 성지(城池)에……것이니 : 인화(人和)는 민심이 화합함을 이르는바, 나라를 방비하는 천혜의 지리(地利)가 있더라도 민심이 화합함만 못함을 말한 것이다. 《맹자》 〈공손추 하(公孫丑下)〉에 "천시는 지리만 못하고, 지리는 인화만 못하다.〔天時不如地利, 地利不如人和.〕"라고 하였다.

**14** 잠와(潛窩) 이공(李公) : 이명준(李命俊, 1572~1630)으로, 자는 창기(昌期), 호는 잠와·퇴사재(退思齋), 본관은 전의(全義)이다. 1603년(선조36) 정시(庭試)에 합격하고 여러 벼슬을 역임하였다. 그는 1623년(인조1) 충청도 관찰사(忠淸道觀察使) 겸 병마수군절도사(兵馬水軍節度使)에 제수되었는데, 이듬해에 이괄(李适)의 난이 일어나 인조(仁祖)가 남쪽으로 피난을 오자 군민(軍民)의 정사를 총람하고 어가를 맞이하여, 그 공으로 가선대부에 올랐다. 《潛窩遺稿 卷4 有明朝鮮國贈崇政大夫議政府左贊成兼判義禁府事世子貳師知經筵春秋館成均館弘文館大提學藝文館大提學五衛都摠府都摠管行嘉善大夫兵曹參判潛窩李公行狀》

**15** 먼 외손 : 박윤원(朴胤源)의 조모 전의 이씨(全義李氏)의 고조(高祖)가 이명준(李命俊)이므로, 자신을 이명준의 먼 외손이라 칭한 것이다. 《近齋集 卷30 祖妣恭人全義李氏墓誌》

## 공북루[16]에 올라

登拱北樓

| | |
|---|---|
| 여름날 옛 성가퀴에 구름 일어나더니 | 夏日雲升古堞頭 |
| 온 산에 소나기 공주를 지나가네 | 千山飛雨過公州 |
| 쌍수를 의지하여 경사를 북으로 바라보고 | 京華北望依雙樹 |
| 한 누각이 있는 곳에 강물은 남으로 흘러오네 | 江水南來有一樓 |
| 이 땅은 관방으로서 원래 긴요하였고 | 此地關防元密勿 |
| 우리의 시와 술은 참으로 풍류가 있네 | 吾曹詩酒儘風流 |
| 지척인 만하루[17]로 그대로 자리 옮겨가니 | 挽河咫尺仍移席 |
| 석양이 지든 말든 마음껏 노닌다오 | 不妨斜陽盡意遊 |

**16** 공북루(拱北樓) : 공산성(公山城)의 북문이다.

**17** 만하루(挽河樓) : 공주(公州) 쌍수성(雙樹城) 동북쪽에 금강에 임해 있는 누각이다. '만하'란 당(唐)나라 시인 두보(杜甫)의 〈세병행(洗兵行)〉이라는 시에, "어찌하면 장사를 얻어 은하수 끌어다가 갑병을 깨끗이 씻고 영구히 쓰지 않을 수 있을까.〔安得壯士挽天河, 淨洗甲兵永不用?〕"라는 구절에서 온 말이다. 본집 권21에 박윤원(朴胤源)이 이 누각에 대해 지은 기문(記文)인 〈만하루기(挽河樓記)〉가 실려 있다.

## 정 참봉[18] 심 이 방문하였기에 드리다

鄭參奉 鐔 來過 奉贈

| | |
|---|---|
| 저물녘에 나귀 타고 문 두드리는 손님 있어 | 有客騎騾夕叩門 |
| 금강 밝은 달 뜬 깊은 밤에 담소하네 | 錦江明月夜深言 |
| 청산을 두루 보아 흉금이 탁 트였고 | 青山歷覽胸仍闊 |
| 백발이 많이 났지만 기운은 아직도 남아있다오 | 白髮多生氣尙存 |
| 벼슬살이는 고사의 절조를 일찍 알았고 | 仕宦早知高士節 |
| 대현의 후손[19]이 빈한함을 늘 안타까워했네 | 貧寒每惜大賢孫 |
| 북계에서의 옛 모임 중간에 막혔으니 | 北溪舊會中間隔 |
| 남쪽에서 만남에 다시 술 한 동이를 기울이네 | 相遇天南又一樽 |

**18** 정 참봉(鄭參奉) : 정심(鄭鐔, ?~?)으로, 본관은 연일(延日), 자는 미숙(美叔)이다. 풍수지리에 상당한 조예가 있었으며, 박윤원 및 유한병(兪漢邴)・유한준(兪漢雋) 등과 교유하였다.《自著準本 廣富二山營兆遷墓始末記, 自著續集 冊3 尹子仁墓誌銘》《鳳麓集 卷4 祭鄭美叔文》《德隱遺稿 卷2 先葬記》

**19** 대현의 후손 : 정심(鄭鐔)이 포은(圃隱) 정몽주(鄭夢周)의 후예이기 때문에 이렇게 표현한 것이다.

## 새소리를 듣다

聽鳥

산 깊어 온갖 새 울어대는데 山深啼百鳥
여름날 나무 그늘이 짙네 夏日樹陰繁
홀로 앉아 있노라면 내 마음 고요해지니 獨坐吾心靜
너야 재잘재잘 떠들든 말든 내버려두네 啾啾任爾喧

## 송사준[20] 택규 이 연기의 서실로부터 와서 금성[21]에 머무르니 선정(先正 송시열(宋時烈))의 속집을 등사하는 일 때문이었다. 장차 돌아가려 할 적에 말을 보내어 맞이하여 이야기를 나누다

宋士俊 宅圭 自燕岐書室來留錦城 蓋以先正續集謄寫也 將歸送馬邀話

| | |
|---|---|
| 우옹(尤翁 송시열)의 후손은 친애할 만하니 | 可愛尤翁後 |
| 일찍이 석곡[22]을 통해 알게 되었네 | 曾從石谷知 |
| 내가 지금 금수(錦水 공주)에 내려와 있는데 | 吾方來錦水 |
| 그대 때마침 연기에서 찾아왔구려 | 君適自燕岐 |
| 산 비는 머무르기에 더욱 좋고 | 山雨留仍好 |

**20** 송사준(宋士俊) : 송택규(宋宅圭, 1737～1783)로, 자는 사준, 본관은 은진(恩津)이다. 우암(尤菴) 송시열(宋時烈)의 7대손이다. 1773년(영조49)에 생원시에 합격하였고, 전의 현감(全義縣監), 임천 군수(林川郡守), 남원 부사(南原府使) 등을 역임하였다. 부친 송환세(宋煥世)가 1767년에 연기 현감(燕岐縣監)에 제수되어 1770년까지 봉직한 바 있다.

**21** 금성(錦城) : 금강(錦江)이 흐르는 공주(公州)를 이른다. 박윤원(朴胤源)은 1769년(영조45) 공주 판관(公州判官)으로 부임하는 부친 박사석(朴師錫)을 모시고 공주로 내려갔다.

**22** 석곡(石谷) : 송상민(宋尙敏, 1626～1679)으로, 자는 자신(子愼), 호는 석곡, 본관은 은진(恩津)이다. 송시열(宋時烈)・송준길(宋浚吉)의 문인으로, 1660년(현종1) 사마시에 합격하고는 곧 송시열이 있는 회덕(懷德)으로 내려가 학문 연구에 전력하였다. 예송(禮訟) 논쟁으로 송시열이 덕원(德源)으로 유배가자 그의 억울함을 호소하는 소를 올렸다가, 당시 영의정이던 허적(許積)의 탄핵을 받고 궁궐 앞에서 장살(杖殺)되었다.

숲 바람은 담소 나누기에 딱 알맞네 林風話正宜
선생의 속집이 있으니 先生有續集
인행이 더딘 것 못내 안타깝네 尙恨印行遲

## 북루[23]에서 불어난 물을 바라보다

北樓觀漲

| | |
|---|---|
| 백 척이나 불어난 강물 | 江流高百尺 |
| 붉은 난간과 높이가 나란하네 | 直與朱欄齊 |
| 큰 배 떠나지 못하고 | 大船不能去 |
| 종일토록 긴 둑에 매여 있네 | 終日繫長堤 |

**23** 북루(北樓) : 공주(公州) 공산성(公山城)의 북문(北門)인 공북루(拱北樓)를 이른다. 1603년(선조36)에 망북루(望北樓)를 중수하여 '공북루'라고 이름을 붙였다. 금강(錦江)을 바라보고 서 있으며 2층으로 되어 있다.

## 노옹
老叟

| | |
|---|---|
| 마을에 한 노옹이 있으니 | 村中有老叟 |
| 나이가 이미 여든 여섯이라오 | 年已八十六 |
| 이십 리를 걸어 다니면서도 | 步行二十里 |
| 지팡이를 짚지 않는다네 | 不用一節竹 |
| 귀는 작은 말소리도 거뜬히 듣고 | 耳能聽細語 |
| 눈은 희미한 모습도 거뜬히 분별하며 | 目能辨微色 |
| 입은 옛 서적을 거뜬히 외우고 | 口能誦舊書 |
| 치아는 말린 고기를 거뜬히 뜯는다네 | 齒能囓乾肉 |
| 노옹께서는 나이가 많은데 | 問叟年已高 |
| 어찌 이렇게 정정하시오 물으니 | 何以能矍鑠 |
| 내가 소싯적에는 | 自言少年時 |
| 본래 기질이 허약하여 | 氣質本脆弱 |
| 쉰 살의 수명도 기대하지 못하였으니 | 五十猶未期 |
| 여든 살에 이를 것을 어찌 예상했겠소 | 八十何曾卜 |
| 오직 허약했던 기질 탓에 | 唯以質弱故 |
| 평소 욕심을 줄였다오 | 平居節所欲 |
| 한창 시절에도 여색을 삼갔고 | 方壯愼女色 |
| 늙어서도 독숙했다오 | 向衰仍獨宿 |
| 이런 까닭에 아흔 가까운 나이에도 | 所以近九十 |
| 오히려 예전 그대로 총명한 것이라오 하였네 | 聰明尙如昔 |

이 노옹의 말이 본받을 만하니 此叟言可法

젊을 때에 장적하지 말아야 할 것이네 少年莫戕賊

## 평숙[24]의 괴석 시[25]에 화답하다

和平叔怪石詩

| | |
|---|---|
| 사람의 솜씨라고 말하지 말게 | 不道人工設 |
| 도리어 귀신이 깎아 놓은 것 같으니 | 還如鬼削然 |
| 뿌리가 없어 죽순을 꽂아놓은 듯하고 | 無根猶揷筍 |
| 골격이 있어 절로 신선을 이루네 | 有骨自成仙 |
| 깊숙한 측면의 구멍에는 쥐가 숨어 있고 | 側穴深藏鼠 |
| 어둑한 가운데 봉우리는 연하를 토하네 | 中峰瞑吐烟 |
| 누가 진짜와 가짜를 구분하리오 | 誰能辨眞假 |
| 창 앞에 기대어 한 번 웃네 | 一笑倚窓前 |

**24** 평숙(平叔) : 박준원(朴準源, 1739~1807)으로, 자는 평숙, 호는 금석(錦石), 본관은 반남(潘南)이며, 박윤원(朴胤源)의 동생이다.

**25** 괴석(怪石) 시(詩) : 박준원(朴準源)의 문집 《금석집(錦石集)》에는 해당 제목의 시가 보이지는 않으나, 권4에 〈뜰에 작은 연못이 있는데 가운데 괴석을 두어 바다에 솟은 산을 형상하니 생각이 광활해져 좋아할 만하다〔庭有小池 中置怪石 象海山 意思空闊可喜〕〉라는 제목의 시가 보인다.

## 교하정[26]의 새 거처에 단풍이 곱게 들었는데 구씨가 나귀를 타고 구경을 오시니 술상을 차려 이야기를 나누고 추후에 율시 한 수를 올리다

皎霞亭新居 楓葉可愛 舅氏騎驢臨賞 設酒陪話 追呈一律

| | |
|---|---|
| 단풍 들 제 공이 구경하러 오시니 | 楓赤公來看 |
| 못가의 정자에 술상을 마련하였네 | 池亭有一樽 |
| 현귀한 지위 잊은 채 나귀 타고 오셨기에 | 騎驢忘位貴 |
| 높은 나이 공경하여 안석을 드렸지[27] | 授几仰年尊 |
| 고석은 구름의 기운을 머금었고 | 古石含雲氣 |
| 한화는 이슬의 흔적을 띠었네 | 寒花帶露痕 |
| 내가 새로운 시 지어주시기를 청하노니 | 新詩吾且乞 |
| 그 시를 받아다가 정원을 꾸미리라 | 好取飾林園 |

**26** 교하정(皎霞亭) : 서울 삼청동(三淸洞)에 있었던 정자로, 박윤원(朴胤源)이 거처하던 곳이다. 《근재집(近齋集)》 권21에 이 정자에 대한 기문(記文)인 〈교하정기(皎霞亭記)〉가 실려 있다.

**27** 안석을 드렸지 : '안석을 드린다〔授几〕'는 것은 본래 《시경(詩經)》 〈대아(大雅) 행위(行葦)〉에 "가깝고 가까운 형제들을 멀리하지 않고 모두 가까이 한다면, 혹 자리를 펴며 혹 안석을 주리라. 자리를 펴고 그 위에 자리를 이중으로 펴니, 안석을 주고 계속하여 모시는 이가 있도다〔戚戚兄弟, 莫遠具爾, 或肆之筵, 或授之几. 肆筵設席, 授几有緝御.〕"라고 한 데에서 나온 말로, 곧 가까이에서 친근하게 대접하고 모시는 것을 뜻한다.

## 마곡사[28]

麻谷寺

마곡에 가을바람 불 제 찾아가는 필마 걸음 가벼우니　麻谷秋風匹馬輕
호서의 사찰로는 가장 이름났다오　湖西寺刹最聞名
굽이굽이 흘러가는 시내는 유역(維驛 유구역(維鳩驛))으로 통하고　川流曲折通維驛
구불구불 꺾어 도는 산세는 무성(茂城 무주(茂朱))까지 이어지네　山勢逶迤接茂城
승려는 석장 짚고 푸른 노송에 기대어 서 있는데　錫杖僧依蒼檜立
나는 남여 타고 흰 구름 속으로 들어가네　籃輿吾入白雲行
석조에 씻은 종이 눈처럼 빛나니　石槽洗紙光如雪
노니는 이가 좋은 시구 이루게 할 만하네　堪使遊人好句成

**28** 마곡사(麻谷寺) : 충남 공주시 사곡면(寺谷面) 운암리(雲岩里)의 태화산(泰華山) 동쪽 산허리에 있는 사찰로, 643년에 신라의 승려 자장(慈藏)이 창건했다고도 하고 840년에 체징(體澄)이 창건했다고도 전한다. 이후에 고려의 도선(道詵)과 지눌(知訥) 및 조선의 각순(覺淳) 등에 의해 중창되었다. 《근재집(近齋集)》 권19 〈평숙에게 주다〔與平叔〕〉에 "초엿새 아침에 계실(溪室)에 계시는 김장(金丈)을 찾아뵙고 그날 저녁에 마곡사에서 묵었다. 이튿날에 내산의 다섯 암자를 유람하고 다시 마곡사로 돌아와 유숙하고는 오늘 아침에 비로소 산을 내려왔다.〔初六朝, 往拜溪室金丈, 其夕投宿麻谷寺. 翌日, 遊內山五庵, 復還麻谷留宿, 今朝始下山.〕"라는 내용이 보이는데, 이때에 마곡사와 내산의 다섯 암자를 유람하고 지은 시인 듯하다. 김장(金丈)은 밀암(密菴) 김지행(金砥行, 1716~1774)으로, 당시에 선영이 있는 공주(公州) 계실에 거주하고 있었다.

## 내산의 다섯 암자
內山五庵

### 아난암 阿難庵

울창하고 우뚝한 태화산에　太華鬱岧嶢
암자가 가장 높은 곳에 있네　庵在最高處
이르고 보니 인간 세상이 아니니　到來非世間
하늘과의 거리가 얼마나 되는가　去天問幾許

### 가섭암 迦葉庵

바위 구멍이 동굴처럼 깊으니　石竇深如窟
떨어지는 물 소리 졸졸 울리네　玉溜響淙淙
성단이 높은 바위 위에 걸쳐 있는데　星壇架危巖
쇠사슬이 흰 구름 속에 가려져 있네　鐵鎖白雲封

### 내원 內院

좁다란 언덕에 작은 암자 겨우 자리하니　岸窄容小庵
적막한 산중에 노성한 나무가 많네　山空多老樹
별 볼거리 없다고 스님은 말하지만　僧言無別觀
고요함을 좋아하여 나는 또 머무른다오　愛靜吾且住

### 상원 上院

돌 비탈 따라 갈 적엔 길이 자못 가파르더니　緣磴路頗峻

골짜기를 지나자 산의 전망이 비로소 확 트이누나 經壑山始開
승려가 운무 드리운 곳 가리키니 僧指雲霧際
완주(完州 전주)가 시야로 들어오네 完州入望來

대상원 臺上院

작은 암자가 석대에 의지하여 있으니 禪巢倚石臺
지팡이 짚고 천 길 높이를 오르네 扶笻千仞攀
하늘빛이 산색과 함께 天光與山色
숲속 나무 사이를 은은하게 비추네 隱暎林木間

## 마곡사[29]를 두고 읊은 시

麻谷詩

| | |
|---|---|
| 대찰이라 일컬어지는 마곡사에 | 麻谷稱大刹 |
| 누관은 화려하기 그지없어라 | 樓觀華有餘 |
| 다섯 채 보전[30]이 우뚝 솟아 있으니 | 崢嶸五寶殿 |
| 비췻빛 용마루는 태허를 범했네 | 翠甍干太虛 |
| 엎드린 고래의 등짝처럼 봉긋 솟았고 | 竦如鯨背伏 |
| 펼쳐진 봉황의 나래같이 곧장 날아갈 듯 | 跂如鳳翼舒 |
| 금칠한 편액은 휘황찬란한데 | 煌煌塗金額 |
| 아름다운 옥돌로 장식하여 반짝거리네 | 璀璨飾瓊琚 |
| 높고도 높은 저 주춧돌은 | 峨峨支柱石 |
| 숫돌로 간 듯 깔끔해라 | 瀅滑磨礛諸 |
| 빗장 걸린 문은 그 얼마나 그윽하며 | 扃闥何沉沉 |
| 정당과 옥우는 그 얼마나 깊고도 너른가 | 堂宇何渠渠 |
| 들보는 소 하나가 땀 흘릴 정도이고 | 中樑汗一牛 |
| 대들보는 수레 하나에 그득 찰 정도이지 | 大樑充一車 |
| 단청은 번쩍번쩍 영롱하고 | 丹碧燦玲瓏 |

**29** 마곡사 : 충남 공주시 태화산(泰華山) 동쪽 산허리에 있는 사찰로, 643년에 신라의 승려 자장(慈藏)이 창건했다고도 하고 840년에 체징(體澄)이 창건했다고도 전한다.

**30** 다섯 채 보전 : 박윤원 당대의 마곡사의 규모는 고찰할 수 없다. 현재 마곡사에는 1785년에서 1788년에 걸쳐 중수된 대웅보전, 1788년에 중창된 대광보전, 1650년에 중수된 영산전 및 1939년 건립된 명부전 등이 있다.

짜임새는 정교하여 성글지 않구나　　結構巧不疎
혹 교룡이 사린 듯 굽어지고　　或屈而螭蟠
혹 이무기가 기운을 토해내는 양 일어나며　　或起而蜃噓
혹 아로새겨 용이 되고　　或雕而爲龍
혹 조각하여 물고기가 되었네　　或刻而爲魚
살짝 곁눈질하매 이미 황홀한데　　微睇已怳惚
깊이 들여다보며 다시 맴도네　　深窺復躊躇
불상은 높은 감실에 들어앉아　　金神據高龕
손에는 붉은 연꽃을 쥐고 있는데　　手握紅芙蕖
일천 불상이 좌우에서 옹위하고　　千佛擁左右
불경이 벌여 있네　　羅列貝葉書
옥등은 수놓인 벽에 걸렸는데　　玉燈掛繡壁
향연은 아로새긴 창호에 서렸구나　　香烟籠綺疏
절의 문호를 지키는 사천왕은　　四王守門戶
땅의 방위를 나누어 담당하니　　方位分坤輿
비파와 장검이 번갈아 들려 있고　　琵琶間長劍
용 꼬리와 그림 깃발이 교차하네　　龍尾交畫旗
겹겹이 겹쳐진 열두 개의 방은　　重重十二房
법계의 터를 빙 에둘러 호위하네　　環衛法界墟
세 당(堂)에는 큰 종을 달아놓았는데　　三堂設大鐘
장삼 차림의 모든 승려 빽빽이도 들어찼구나　　百僧簇長裾
이 절이 참으로 웅장하니　　玆寺儘雄傑
내 눈에 들어오는 것들 모두 다 놀라워라　　所矚皆駭余
고개 들어 쳐다보니 저 구층탑[31]은　　仰視九層塔

보전 앞뜰에 우뚝 솟아있네 峷屼立庭除
탑 위에는 풍마동[32]을 앉혔는데 上有風磨銅
풍마동의 그 빛은 한결같구나 風磨光自如
절이 오래되어 겁회[33]를 거쳤으니 寺舊經劫灰
어느 때에 창건되었나 肇建何代於
신라 때가 아니라면 若非新羅中
응당 고려 초기리라 應是高麗初
신라와 고려는 팔관[34]을 숭상하고 羅麗崇八關

**31** 구층탑 : 이는 현재 마곡사의 대광보전 앞에 자리한 오층석탑을 가리키는 듯하다. 1782년에 발생한 대광보전의 화재에 의해 많이 파괴되었다고 한다. 탑의 최상부에는 청동제 부재인 '풍마동'이 놓여 있는데 중국 원대의 라마식 보탑과 유사하다.

**32** 풍마동(風磨銅) : 구리의 한 가지로, 바람이 잘 통하는 곳에 놓아두면 불빛과 같은 빛이 난다고 한다. 이 풍마동은 주로 연행(燕行) 관련 기록에 종종 보이는데, 대표적인 예로, 이의현(李宜顯)의 《도곡집(陶谷集)》 권30 〈경자연행잡지 하(庚子燕行雜識下)〉에서 북경(北京) 궁궐의 문루(門樓) 제도를 설명하며 "문루와 십자각의 사이에는 각이 서로 이어져 있는데 모두 황색 기와이다. 십자각의 지붕에는 금정을 가하였는데, 그 위의 색이 특별히 찬란하다. 일찍이 듣건대, 이것은 금이 아니고, 바로 풍마동인데 외국산으로 금보다 귀하며, 바람을 맞으면 더욱 빛나기 때문에 이렇게 명명하였다고 한다.〔門樓與十字閣之間, 有閣相連, 皆黃瓦. 十字閣加金頂, 其上色特爛然. 曾聞此非金, 乃風磨銅, 卽外國產, 貴於金, 磨風益光故名云.〕"라고 한 대목을 들 수 있다.

**33** 겁회 : '겁화(劫火)의 남은 재'라는 뜻으로, 재앙을 뜻하는 불교 용어이다. 하나의 세계가 끝날 즈음에 겁화가 일어나서 온 세상을 다 불태운다고 하는데, 한 무제(漢武帝) 때 곤명지(昆明池) 밑바닥에서 나온 검은 재에 대하여, 인도 승려 축법란(竺法蘭)이 "바로 그것이 겁화를 당한 재〔劫灰〕"라고 대답했다는 고사가 전한다. 《高僧傳 卷1 竺法蘭》 여기에서 인신하여 화재나 전란 등 대재난을 겪은 흔적을 가리키는 말로도 쓰인다.

**34** 팔관 : '관'이란 '닫아 막는다'는 뜻으로, 여덟 가지의 금계를 뜻하는바, '팔관재', '팔관계', '팔재계'라고도 하며 보통 '팔관재계로 알려져 있다. 우리나라에서는 신라 진흥

| | |
|---|---|
| 인의를 하찮게 여겼지 | 仁義爲土苴 |
| 묵호[35]는 아첨과 미혹을 제멋대로 부리고 | 墨胡逞媚蠱 |
| 혜사는 간교한 속임수를 마음껏 펼쳤네 | 惠師恣誑狙 |
| 불교가 나라 안에 만연하자 | 浮屠彌國中 |
| 백성은 농사를 내팽개쳤네 | 赤子棄耕鋤 |
| 의관은 승복으로 바뀌고 | 衣冠變緇衲 |
| 머리를 밀어 빗질은 관두었지 | 髡首廢櫛梳 |
| 황제라도 되는 양 부처를 떠받들어 | 奉佛若皇帝 |
| 황옥[36]으로 모셔 천 사람이 맞드니 | 黃屋千人舁 |
| 산을 조각하여 큰 거북을 보관하는 꼴이자[37] | 山藻藏龜蔡 |

왕 12년(551)에 처음 팔관재법을 시행하였다. 이후 고유 민속신앙과 결합하여 국가적 행사로 발전하였는데, 고려(高麗)의 팔관회(八關會)는 태조(太祖) 원년(918) 11월부터 시작되었다.

**35** 묵호 : 일명은 아도(我道)·아두(阿頭)이다. 위(魏)나라 사신 굴마(崛摩)와 어머니 고도령(高道寧) 사이에서 태어났다. 16세에 위나라에 가서 불교를 배우고 19세에 귀국하여 미추왕 2년에 포교하러 신라에 가서 3년 동안 일선현(一善縣) 모례(毛禮)의 집에 숨어 살다가 공주의 병을 고치게 되자 흥륜사(興輪寺)를 세워 불교를 펴게 하고 다시 영흥사(永興寺)를 세워 살게 하였다. 미추왕이 죽자 백성들이 해치려 하므로 다시 모례의 집에 있다가 죽었다. 《삼국사기(三國史記)》·《삼국유사(三國遺事)》·《해동고승전(海東高僧傳)》에는 '흑호자(黑胡子)'로도 표기되어 있으며, 연대나 국적(國籍)이 각각 다르게 기록되어 있다.

**36** 황옥 : 황색 비단으로 만든 천자의 수레 덮개로, 여기에서 인신하여 천자의 수레를 가리킨다.

**37** 산을……꼴이자 : 이는 《논어》〈공야장(公冶長)〉에 "장문중(臧文仲)이 큰 거북을 보관해 두는 집을 만들면서 기둥끝의 두공(斗栱)에는 산(山)을 조각하고 들보 위의 동자기둥에는 수초(水草)인 마름을 그렸으니, 어찌 지혜롭다 하겠는가?〔臧文仲居蔡,

종고를 울리며 원거에게 제사하는 격일세[38]　　鐘鼓祀鶢鶋
전각의 제도가 참람스러우니　　宮殿僭制度
비축한 억만금을 다 쏟아부었네　　傾竭億萬儲
도대체 이 돈은 어디서 난 것인가　　問此從何出
모두 다 백성의 재물을 앗은 것이지　　盡是民財漁
토목 공사에 공장의 힘을 다 쏟아붓고　　土木殫工匠
여항 백성의 고혈을 다 쥐어짠 것이네　　膏血浚里閭
가장 사치스러운 것이 불교임을 비로소 알았으니　　始知佛最奢
너희가 소식 한다고 어느 누가 말했던가　　誰言爾食蔬
백성이 공연히 곤궁해진 것 아니니　　民窮豈無由
혹세무민한 것이 참으로 탄식할 만하구나　　惑世良可歔
그래서 옛적에 창려자가　　古有昌黎子
저들의 거처를 민가로 만들고자 했더랬지[39]　　嘗欲廬其居

山節藻梲, 何如其知也?〕"라고 한 공자의 말씀에서 인용한 것이다.

**38** 종고를……격일세 : '원거(鶢鶋)'란 해조(海鳥)의 이름으로, '원거(爰居)'라고도 표기하는바, 원거와 관련하여 《장자(莊子)》 〈지락(至樂)〉에 다음과 같은 이야기가 실려 있다. 옛날에 원거 한 마리가 노(魯) 나라의 교외에 날아와 있었는데, 노후(魯侯)가 사당 안에 모셔 놓고 나아가 술잔을 올리면서 구소(九韶)의 음악을 연주하고 태뢰(太牢)의 제물을 마련하여 놓았다. 그러자 해조가 슬픔에 젖어 먹지도 마시지도 않은 채 사흘 만에 죽어버렸다. 또한 《국어(國語)》 〈노어(魯語)〉에는 "해조 원거가 일찍이 노나라 동문 밖에 날아와서 3일 동안을 머무르자, 장문중이 나라 사람들로 하여금 그 새한테 제사를 지내게 하였으니, 그것이 새인 줄을 모르고 신으로 여겼던 것이다.〔海鳥爰居止魯東門外三日, 臧文仲使國人祭之. 不知其鳥, 以爲神也.〕"라고 한 내용이 보인다. 여기에서는 불교를 맹신하여 부처를 신봉하는 것을 비유하기 위해 원거의 고사를 언급한 것이다.

**39** 옛적에……했더랬지 : '창려자'는 당(唐)나라의 한유(韓愈)를 가리킨다. 이는 한유가 유학(儒學)의 근본인 공맹(孔孟)의 도(道)를 존숭하고 이단인 불씨(佛氏)와 도가(道家)를 배격해야 올바른 세상을 만들 수 있다는 그의 철학을 피력한 〈원도(原道)〉의 결론에서 제기한 내용으로, 거기에 "이단에 속한 사람들을 일반인으로 만들고, 그들의 책을 불태우며, 그들이 거처하는 곳을 일반 민가로 만들어야 한다.〔人其人, 火其書, 廬其居.〕"라고 하였다.《昌黎文集 卷1 原道》

# 서고청의 별묘[40]

徐孤靑別廟

주 부자를 모신 사당이 높고도 크니　巍巍紫陽廟
그 곁에 서씨를 제사함이 마땅도 하여라[41]　徐氏祀傍宜
시대는 다르지만 길이 유상[42]을 우러르고　異代長瞻像
남긴 글에서 일찍이 스승을 얻었네　遺書早得師
빨래 널 노끈을 맨 데에서 행실의 아름다움을 알겠고[43]　繫繩知行美

**40** 서고청(徐孤靑)의 별묘 : 서고청은 서기(徐起, 1523~1591)로, 고청은 그의 호이다. 본관은 이천(利川)이고, 자가 대가(待可)이며, 호가 고청초로(孤靑樵老)·구당(龜堂)·이와(頤窩)이다. 공주(公州) 충현서원(忠賢書院) 별묘(別廟)에 제향되었다. 저서로 《고청유고(孤靑遺稿)》가 전한다. 《韓國文集叢刊解題 2輯, 孤靑遺稿, 민족문화추진회》

**41** 주……하여라 : 이는 서기가 주자를 모시는 사당을 만든 것과 나중에 그가 죽은 다음에 그 곁의 별묘에 제향된 것을 가리킨다. 서기는 홍운동(紅雲洞)에서 4년 동안 머무르다가 계룡산(鷄龍山)의 고청봉(孤靑峯) 아래 공암동(孔巖洞)으로 거처를 옮겨 정사(精舍)를 짓고 제자들을 가르쳤다. 그리고 묘정(廟庭)을 만들어 주자의 진영을 걸고 석탄(石灘) 이존오(李存吾), 평사(評事) 이목(李穆), 동주(東洲) 성제원(成悌元)을 배향하였다. 이 사당은 1625년에 '충현(忠賢)'이라고 사액되었다. 서기는 사후에 지평(持平)에 추증되고, '문목(文穆)'이라는 시호를 받았다. 그리고 공주 충현서원의 별묘에 제향되었다.

**42** 유상 : 이는 서기가 사당에 모셨던 주자의 진영을 가리킨다.

**43** 빨래……알겠고 : 서기는 원래 다른 집의 종이었다. 한번은 행랑에 있으면서 사우들과 학문에 대해 강론하고 있었는데, 어떤 여종이 안채에서 나오더니 '빨래 널 노끈을 매라'는 안상전〔內上典〕의 분부를 전하였다. 그러자 서기는 몸을 움직여 그 일을 다 처리하고 다시 나와서 강론을 이어갔다. 이에 대해 김창흡(金昌翕)은 "이러한 점을

계란의 비유에서 마음가짐을 확인했지[44] 喩卵驗心持
도가 있어야 비로소 귀하게 되나니 有道方爲貴
이 사람은 지위가 본래 낮았다오 斯人地本卑

통해서 또한 그의 행의가 매우 높다는 것을 알겠다.〔此亦見其行誼甚高.〕"라고 평가하였다.《三淵集拾遺 卷31 語錄》

**44** 계란의……확인했지 : 이와 관련된 내용은《동춘당별집(同春堂別集)》권9〈부록(附錄) 유사(遺事)〉황세정(黃世楨)의 기록에 다음과 같이 보인다. 송준길이《맹자》의 '호연지기 장(浩然之氣章)'에 대해 강론할 적에 "호연지기를 기르는 사람은, 반드시 의(義)를 쌓는 일을 행하되 미리 그 결과를 기대하지 말 것이며, 마음속에 항상 그것을 잊어버리지도 말고 억지로 조장하지도 말아야 한다.〔必有事焉, 而勿正, 心勿忘, 勿助長.〕"라고 한 대목에 이르러서 "옛적에 서고청이 말하기를, '여기에 어떤 물건이 있으니, 쥐면 깨지고 쥐지 않으면 잃어버린다.'라고 한 것이 바로 이 뜻을 가리킨다.〔昔徐孤青有言曰: 有物於此, 握則破, 不握則亡云者, 政指此義也.〕"라고 말한 다음에 이어서 서고청이 한 말을 해석하기를, "'어떤 물건'이란 계란을 이르고 '여기에'란 손바닥 위를 이른다. '쥐면 깨진다'는 손바닥 위에 계란을 놓아두고서 너무 급박하게 잡아 쥐면 계란은 틀림없이 눌려서 깨질 테니 빨리 이루고자 하면 절로 '알묘조장'의 문제가 있음을 비유한 것이다. '쥐지 않으면 잃어버린다'는 손바닥 위에 계란을 놓아두고서 너무 느슨하게 펴고 있으면 계란은 틀림없이 흩어져 떨어질 테니 능히 '염념재자'하지 못하면 절로 해이해져서 빠뜨리고 잊어버리는 문제가 있게 됨을 비유한 것이다. 대개 배우는 자는 매양 마음에 있어서 항상 '평평존재 약략수습'의 공부를 써서 너무 완만하지도 너무 급박하지도 않아 잊어버리지도 조장하지도 말아야 할 뿐이다. 서고청이 맹자의 뜻을 드러내어 밝힌 것이 더할 나위 없이 정밀하고 통투하니, 이는 배우는 자가 바로 마땅히 깊이 완미해야 할 것이다.〔物者, 雞卵之謂也, 此者, 掌上之謂也, 握則破者, 置雞卵於掌上而把持太急, 則卵必壓碎, 譬諸欲速則自有揠苗助長之患也, 不握則亡者, 置雞卵於掌上而舒弛太緩, 則卵必散落, 譬諸不能念念在玆則自有寬縱遺忘之患也. 大概學者每於心上, 常用平平存在略略收拾之功, 不緩不急, 勿忘勿助長而已. 孤青所以發明孟子之意者, 極精透, 學者正宜深玩.〕"라고 하였다. 이와 관련된 내용은《삼연집습유(三淵集拾遺)》권31〈어록(語錄)〉에도 보인다.

## 옥천을 지나다가 창주서원[45]에 배알하다

過沃川 謁滄洲書院

말에서 내려 서원 내로 급히 가려고 하니 下馬欲趨院

문에 들어서자 빗돌이 먼저 눈에 들어오네 入門先看碑

네 분 현인은 참으로 도에 부합하였기에 四賢眞合道

천년토록 마침내 사당을 함께하는구나 千載遂同祠

이산이라는 이름으로 아형의 덕을 상상하고[46] 山想阿衡德

지명이 이산(伊山)이기 때문에 이렇게 말한 것이다.

창주라는 명칭으로 회보의 시를 생각하노라[47] 洲思晦父詩

**45** 창주서원 : 조헌(趙憲, 1544~1592)을 추모하기 위해 창건한 서원으로, 현재 충청북도 옥천군 이원면에 있었다. 1608년(선조41)에 사액을 받은 표충사(表忠祠)에서 출발하였는데, 표충사는 이곳 출신으로 임진왜란 때 의병장으로 활약하다 금산 전투에서 순절한 조헌의 충절을 기리기 위해 세워졌다. 1682년(숙종8)에 창주서원으로 재차 사액을 받고 김집(金集, 1574~1656)·송시열(宋時烈, 1607~1689)·송준길(宋浚吉, 1606~1672)·곽은(郭垠)을 추가로 배향하였다. 지금은 묘정비(廟庭碑)만 남아 있다.

**46** 이산이라는……상상하고 : '아형'이란 은(殷)나라 때 관직 명칭이다. '아(阿)'는 의(倚), '형(衡)'은 평(平)으로, 군주가 의지해 표준으로 삼는다는 의미를 지니는바, 훗날의 재상(宰相)에 해당한다. 당시 이윤(伊尹)이 바로 이 직책을 맡았기에 그를 가리키는 말로도 쓰인다. 이윤은 탕(湯) 임금을 도와 천하를 평정하는 데에 공헌이있고 태갑(太甲)이 탕왕의 법을 어기자 추방하고 직접 정치를 하다가 태갑이 과오를 뉘우치자 정권을 되돌려 주었다고 전한다. 여기서는 '이산(伊山)'이라는 지명의 '이(伊)' 자가 '이윤(伊尹)'의 '이(伊)' 자와 똑같음에 착안하여 이렇게 말한 것이다.

**47** 창주라는……생각하노라 : 이는 '창주'라는 서원의 명칭의 주희(朱熹)의 서원 명칭과 똑같음에 착안하여 이렇게 말한 것이다. 주희는 65세 되던 1194년 12월 12일에 '창주

제생이 만일 학문하지 않는다면　　諸生如不學
뜰아래서 배알할 제 응당 부끄러우리　　應愧拜庭時

서원(滄洲書院)'을 낙성하여 이후 여생을 보내며 학문 연구와 후학 양성에 힘을 쏟았다. 이 서원은 '창주정사(滄洲精舍)'라고도 하는데 송대(宋代) 4대 서원의 하나이다. 주희는 1192년에 아버지 주송(朱松)의 유지(遺志)를 따라 지금의 복건성 건양시(建陽市) 고정촌(考亭村)에 집을 짓고 살았는데, 사방에서 온 학자들이 많아지자 다시 그 동쪽에 죽림정사(竹林精舍)를 짓고 이곳에 거처하였다. 뒤에 다시 창주정사라고 하였다. 주희 사후인 1244년에 '고정서원(考亭書院)'으로 사액되었다. 앞에는 명륜당(明倫堂)을 짓고 또 그 앞에는 연거묘(燕居廟)를 세워 공자를 모셨다. 공자의 상(像)을 중앙에 배치하고 안자(顔子)・증자(曾子)・자사(子思)・맹자(孟子)를 북쪽을 상위로 하여 서향으로 배치하였으며, 주돈이(周敦頤)・정이(程頤)・사마광(司馬光)・이동(李侗)을 동쪽에 차례로 배치하고 정호(程顥)・소옹(邵雍)・장재(張載)를 서쪽에 차례로 배치하였다. 《朱子語類 卷90》《束景南, 朱熹年譜長編, 上海：華東師範大學出版社, 2001, 1199~1201쪽》 '회보'는 주희를 가리키는바, 그 호가 회암(晦庵)이기 때문에 이렇게 말한 것이다. 여기에서 말한 '시'는 주희가 무이산 창주정사에서 지은 일종의 악부시(樂府詩)로, 《회암집(晦菴集)》 권10 〈시여(詩餘) 수조가두(水調歌頭)〉에 "인간 세상의 일일랑 길이 버려두고, 나의 도를 창주에 부치려 하노라.〔永棄人間事, 吾道付滄洲.〕"라고 한 내용을 가리킨다.

## 조카 경오[48]가 찾아옴을 기뻐하다

喜從子慶吾至

| | |
|---|---|
| 한양서 교자 타고 어린 조카 찾아오니 | 稚子乘轎自漢師 |
| 노친께선 너를 보고 정말이지 기뻐하시네 | 老親看汝正怡怡 |
| 방명은 경향의 다름을 이미 구분하였고[49] | 方名已辨京鄉異 |
| 예도는 배궤할 줄을 충분히 아는구나 | 禮數能知拜跪爲 |
| 염석문 앞에서는 목마 타고 내달리고[50] | 簾席門前馳木馬 |
| 문서 놓인 상 아래에는 꽃가지를 꽂아놨네 | 文書床下揷花枝 |
| 아이가 한창 놀다가도 책 읽을 걸 생각하는지 | 兒方嬉戲猶思讀 |
| 때때로 내게 와서 천자문을 펼쳐놓네 | 千字時時向我披 |

**48** 경오(慶吾) : 박종경(朴宗慶, 1765~1817)으로, 본관은 반남(潘南), 자는 여회(汝會), 호는 돈암(敦巖), 시호는 문숙(文肅)이다. 아버지는 박준원(朴準源)이며, 누이는 순조의 생모인 수빈(綏嬪)이다. 1790년(정조4) 진사시에 합격하여 음보(蔭補)로 동몽교관·사옹원주부 등을 거쳐 순안현령(順安縣令)·충훈부도사를 지냈다. 이후 홍문관 응교·부제학, 대사헌, 규장각 직제학, 판서 등을 역임하였다.

**49** 방명은……구분하였고 : '방명'이란 '사방의 명칭'으로, 이는 《예기》 〈내칙(內則)〉에 "여섯 살이 되거든 숫자와 방위의 명칭을 가르친다.〔六年敎之數與方名.〕"라고 한 데에 보이는바, 당시 박종경이 여섯 살이라서 이렇게 말한 듯하다.

**50** 염석문……내달리고 : '염석문'이란 예전에 각 지방 관아 내아(內衙)에 설치해 두던 바깥문으로, 밖에서 들여다보지 못하게 발이나 자리를 쳐서 가렸다. 박윤원은 36세인 영조 45년(1769)부터 38세인 영조 47년(1771)까지 부친의 임소인 공주(公州)에 가서 있었다.

계미년 겨울에 나는 아산의 서재에 있었다.[51] 이때 서재종조 필복 가 찾아와 만났는데 그 전대에서 정헌공,[52] 학고공,[53] 승지공[54]의 시를 꺼내서 보여 주고 나에게 이르기를, "우리 집안의 근학하는 아름다운 법도를 여기에서 확인할 수 있을 것이다."라고 하였다. 내가 받아서 읽어 보았는데,

**51** 계미년……있었다 : '계미년'은 박윤원이 30세이던 1763년(영조39)으로, 박윤원은 당시 부친의 임소인 아산(牙山)에 가서 있었다.

**52** 정헌공(貞憲公) : 박동선(朴東善, 1562~1640)으로, 본관은 반남(潘南), 자는 자수(子粹), 호는 서포(西浦), 시호는 정헌(貞憲)이다. 박조년(朴兆年)의 증손으로, 1589년(선조22) 28세에 진사가 되었고, 여러 벼슬을 거쳐 병조 좌랑이 되었다. 그 뒤 남포 현감으로 이몽학(李夢鶴)의 난을 평정하는 데 공을 세웠다. 광해군 치세에는 시골로 내려가 은거하였다가 인조반정으로 대사간이 되었다. 이후 이조참판, 대사헌, 형조판서, 좌참찬, 우참찬, 지돈녕부사, 춘추관사 등을 역임하였다. 저서는《서포기문(西浦記聞)》이 있다.

**53** 학고공(鶴皐公) : 박환(朴煥, 1584~1671)으로, 본관은 반남(潘南), 자는 여술(汝述), 호는 수우(守愚)·학고이다. 김장생(金長生)과 김현성(金玄成)을 사사하였다. 광해군 치세에는 출사하지 않았으나, 인조반정에 참여하여 장례원사평(掌隷院司評), 인제현감을 지냈다. 정묘호란 이후 군자감(軍資監), 장흥고(長興庫)의 주부(主簿)를 거쳐 지평현감(砥平縣監)이 되었다. 1636년 병자호란 때에는 현의 군사들을 모두 이끌고 남한산성으로 들어가 수성군과 합류하였다. 그 뒤 금구(金溝), 양천(陽川), 단양(丹陽)의 수령을 역임하고, 1663년 첨지중추부사를 거쳐 동지중추부사에 이르렀다.

**54** 승지공(承旨公) : 박세성(朴世城, 1621~1671)으로, 본관은 반남(潘南), 자는 만기(萬基)이다. 1648년(인조26) 사마시에 합격하고, 1651년(효종2) 알성 문과에 을과로 급제하여 사관을 거쳐 홍문관정자, 예문관검열·봉교 등을 역임하였다. 1660년(현종1) 동부승지로 있을 때 자의대비(慈懿大妃)의 복제 문제로 서인 송시열(宋時烈) 등과 의견대립이 되어 있던 윤선도(尹善道)를 두둔하다가 관직을 삭탈당하고 문외출송(門外黜送)이 되었다. 1665년 판결사(判決事)를 거쳐 남양부사, 동부승지, 형조참의, 우부승지, 호조참의, 양주목사 등을 역임하였다.

정헌공의 시는 시간을 아끼는 뜻으로 자질을 경계하셨고, 학고공과 승지공의 시는 다름 아닌 유훈을 잊지 말아야 한다는 뜻이었으니, 이렇게 절절한 뜻이 시문 중에 가득 어려 있기에 모두 볼 만한 것들이었다. 내가 이에 거듭해 읊으며 감탄하고 이어서 한 본(本)을 적어서 상자 속에다 잘 보관해 둔 다음 때때로 펼쳐서 읽어 보아 경계하고 반성하는 바탕으로 삼았다. 또 졸렬한 말을 얽어 그 종이 끝에다 이어 붙여서 추모하는 정성을 보이고, 또한 조훈 중 한두 개라도 잘 받들어 잇고자 하였는데 계미년부터 지금까지 벌써 8년이나 되었지만 졸렬한 나의 학업은 여전히 아주 작은 진전조차 없으니, 이것이 실로 스스로 개탄스럽기에 마침내 삼가 그 시에 차운하여 소회를 부치는 바이다

癸未冬 胤源在牙州書齋 庶再從祖 弼復 來會 自其橐中 出示貞憲公鶴皐公承旨公詩 謂余曰吾家勤學美法 此可徵矣 余受以讀之 蓋貞憲公之詩以惜陰之意教戒子姪 鶴皐公及承旨公詩 卽無忘遺戒之意 藹然皆可觀也 余於是三復感歎 因書一本 藏置篋中 時時披閱 以資警省 又欲構拙語續附紙末 以見追慕之誠 亦欲奉承祖訓之一二 而自癸未至今已八年 拙業尙無寸進 實自慨然 遂敬次其韻 以寓所懷

상자 속 선조의 시는 청전(青氈)[55]과 똑같으니　　　箱中遺什一氈如

55　청전(青氈) : 푸른 모포로, 선대(先代)로부터 전해진 귀한 유물이나 가업을 가리킨다. 진(晉)나라 왕헌지(王獻之)가 누워 있는 방에 도둑이 들어와서 물건을 모조리

가풍을 잇고자 한다면 독서에 달려 있네 欲述家風在讀書
일월이 언제 사람 위해 머물렀던가 日月何曾爲人住
기나긴 길에 보배 수레를 서서히 몰지 말지어다[56] 長途珍駕莫徐徐

훔쳐 가려 하자, 그가 "도둑이여, 그 푸른 모포는 우리 집안의 유물이니, 그것만은 두고 가는 것이 좋겠다.〔偸兒, 靑氈我家舊物, 可特置之.〕"라고 하자, 도둑이 질겁하고 도망쳤다는 고사에서 유래하였다. 《太平御覽 卷499》

**56** 기나긴……말지어다 : 간단없이 학문에 힘써 나아가야 함을 가리킨다. '보배 수레'는 장형(張衡)의 〈사현부(思玄賦)〉에서 "육예의 보배로운 수레를 몰아, 도덕의 평림에서 노닌다.〔御六藝之珍駕兮, 遊道德之平林.〕"라고 한 부분을 원용한 것이다.

## 금강에서 장난삼아 적다
錦江戲題

| | |
|---|---|
| 지난해는 황학루에 올랐더니 | 去歲登臨黃鶴樓 |
| 올해는 또 금강 가에 있구나 | 今年又在錦江頭 |
| 내 어찌 감히 이두와 명성을 나란히 하랴[57] | 齊名李杜吾何敢 |
| 괜스레 산천 있어 예전처럼 노니는 것이지 | 漫有山川似舊遊 |

**57** 내……하랴 : '이두'란 이백(李白)과 두보(杜甫)의 병칭이다. 황학루는 이백과 관련이 있고 금강은 두보와 관련이 있는바, 여기서는 황학루와 금강이라는 명칭이 각각 이백과 두보를 연상시키는 점에 착안하여 이렇게 표현한 것이다. 황학루는 호북성(湖北省) 무창현(武昌縣)의 황학산(黃鶴山)에 있는 누각으로, 당(唐)나라 최호(崔顥)가 〈등황학루(登黃鶴樓)〉를 지었는데, 이백에게 크게 상찬을 받아 세상에 널리 알려졌다. 또한 황학루 그 자체로서 이백 시의 단골 소재가 되었는데, 예컨대 이백이 강하(江夏)를 지나면서 남릉(南陵) 현령 위빙(韋氷)에게 준 시에 "내 장차 그대 위해 황학루를 때려 부술 것이니, 그대 또한 나를 위해 앵무주를 뒤집어엎으라.〔我且爲君槌碎黃鶴樓, 君亦爲吾倒却鸚鵡洲.〕"라고 한 구절은 그 호기로운 풍취로 인구에 회자되기도 한다. 두보는 48세에 사천성(四川省) 성도시(成都市) 서쪽 교외 금강(錦江)의 지류인 완화계(浣花溪)에서 완화초당(浣花草堂)을 짓고 머물렀다.

## 금강에서 분매를 두고 읊다

錦江詠盆梅

| | |
|---|---|
| 적막한 하늘 끝엔 벗님네도 드물어 | 寂寞天涯少故人 |
| 한 그루 한매와 친해지게 되었지 | 寒梅一樹得相親 |
| 그야말로 날마다 꽃 두고 술 마실 만하니 | 正堪日日花前飮 |
| 맑은 향을 이내 몸에 들여 넣기가 좋구려 | 好取淸香入我身 |

## 상원일에 한원례[58] 문홍 가 와서 새벽에 침상에서 읊은 율시 한 수를 읊어주었는데, 내 그 격조가 고풍에 가까움을 좋아하였다. 마침내 차운한다

上元日 韓元禮 文洪 來過 誦曉枕所詠一律 余愛其調格近古 遂次之

| | |
|---|---|
| 낮에도 닫혀 있는 산문에는 바람 몹시 쌀쌀한데 | 山門晝掩風正淒 |
| 북쪽 이웃 시객이 청계에 찾아왔네 | 北隣騷客過淸溪 |
| 뜰 가의 세밑 지낸 소나무는 어이 홀로 서 있는가 | 庭畔寒松立何獨 |
| 정원에 숨어 있던 새들은 일제히 날아가네 | 園中幽鳥飛相齊 |
| 이미 춘주[59]를 얻어 흉금을 터놓고 | 已得春酒開襟抱 |
| 또 예전에 지은 시 가져다가 품평을 듣노라 | 且將舊詩聽品題 |
| 반갑게도 그대 공무 중에 한가한 때 많아서 | 喜君官事多閑暇 |
| 달 밝을 제 한양 다리 서쪽에서 나와 함께 노니네 | 月明從我洛橋西 |

**58** 한원례(韓元禮) : 한문홍(韓文洪, 1736~1792)으로, 자는 원례, 본관은 청주(淸州)이다. 1765년(영조41) 진사시에 급제하고, 마전 군수(麻田郡守) 등을 역임하였다.

**59** 춘주(春酒) : 겨울에 빚어 봄에 익게 된 술이다.

# 대설

大雪

| | |
|---|---|
| 가볍게 엉긴 것 원래 한 기운이니 | 輕凝元一氣 |
| 마침내 온 산에 어지러이 내리네 | 亂落竟千巒 |
| 대지에는 더이상 쌓이기가 어렵고 | 大地難容積 |
| 장천은 끝이 보이지 않네 | 長天未見端 |
| 길에는 행적이 모두 끊겼는데 | 道途行盡絶 |
| 누각에 오히려 편안히 앉아 있네 | 樓閣坐猶安 |
| 틀림없이 내년 보리 익는 것을 보리니 | 定見來牟熟 |
| 이번 겨울도 추위를 견뎌야지 | 今冬且耐寒 |

## 바위 위의 꽃

巖上花

| | |
|---|---|
| 바위 위에 피어있는 기이한 꽃 | 巖上有奇花 |
| 심지도 않았건만 절로 생겨났구나 | 不種生自然 |
| 높고도 험준한 곳에 의탁하였기에 | 所托地高峻 |
| 가장 먼저 우로를 입는다네 | 雨露承最先 |

## 길 가는 중에 산비탈의 시골집을 바라보고 생각이 일다
途中望見山厓村舍有思

| | |
|---|---|
| 첩첩산중 구비 도는 시내에 비탈길 하나 | 山轉溪回一路斜 |
| 복사꽃 살구꽃 핀 성긴 울에 인가가 보이네 | 疏籬桃杏見人家 |
| 근래 시끄러운 세상일에 물렸으니 | 年來已厭風塵鬧 |
| 어이하면 초가 지어 저 물가를 함께할 수 있을까 | 安得誅茅共水涯 |

## 달밤에 두견새 소리를 듣다

月夜聞子規

| | |
|---|---|
| 깊은 봄에 두견새가 나와 | 春深子規出 |
| 고요한 밤에 사람을 향해 말하네 | 夜靜向人言 |
| 달 아래 소리는 끝이 없고 | 月下聲無盡 |
| 꽃 사이에는 피 흔적이 있네[60] | 花間血有痕 |
| 다만 작은 새라고 여길 뿐이지 | 但看禽鳥小 |
| 뉘라서 존귀한 제왕임을 알 것인가 | 誰識帝王尊 |
| 아직도 생각하네 청포 입은 선비가 | 尙憶靑袍士 |
| 당시에 검문에서 배알하던 것을 | 當時拜劍門 |

**60** 꽃……있네 : 1456년(세조2)에 왕위를 빼앗긴 단종이 노산군(魯山君)으로 강등되어 영월로 유배되면서 청령포에 머물렀으며, 그해 여름 홍수로 관풍헌(觀風軒)으로 옮기게 되자 동쪽의 매죽루(梅竹樓)에 올라 소쩍새의 슬픈 울음소리를 자신의 심정에 빗대어 자규사(子規詞) 및 자규시(子規詩)로 읊었고, 이로 인해 매죽루를 자규루라고 부르게 되었다. 이때 단종이 읊은 시 중에 “원통한 새 한 마리 궁에서 나온 뒤로, 외로운 몸 그림자 하나 푸른 산에 머무네. 밤마다 잠을 청해도 잠들지 못하고, 해마다 한을 잊으려 해도 다하지 않는구나. 새벽 봉우리에 스러진 달 희게 걸려서야 울음소리 그치는데, 피가 흐른 듯 봄 골짜기에 낙화가 붉네. 하늘은 귀멀어 아직도 슬픈 호소 듣지 못하는데, 어찌하여 시름 깊은 사람의 귀만 유독 밝은가.〔一自冤禽出帝宮, 孤身隻影碧山中. 假眠夜夜眠無假, 窮恨年年恨不窮. 聲斷曉岑殘月白, 血流春谷落花紅. 天聾尙未聞哀訴, 胡乃愁人耳獨聰?〕”라는 시가 전한다. 《燃藜室記述 卷4 端宗朝故事本末 六臣謀復上王》

## 길 가는 중에 봄을 아쉬워하다

途中惜春

| | |
|---|---|
| 남쪽에서 노닌 지 열흘 만에 | 南遊秖十日 |
| 오늘 아침 또 북으로 돌아가네 | 今朝又北歸 |
| 슬프게도 떠나갈 때의 길에 | 惆悵去時路 |
| 산꽃들 벌써 져서 드물어졌네 | 山花落已稀 |

## 농부
農夫

농부가 논에 서 있는데　　農夫立田中
진흙에 두 발이 잠겼네　　泥土沒兩足
만약 귀인이 이를 본다면　　若使貴人見
어찌 방장의 음식[61]을 달게 여기랴　　詎甘方丈食

**61** 방장의 음식 : 밥상에 길게 진열된 매우 풍성한 음식을 말한다. 《맹자(孟子)》〈진심 하(盡心下)〉에 "밥상 앞에 음식이 한 길이 진열됨과 시첩(侍妾)이 수백 명인 것을 나는 뜻을 얻더라도 하지 않을 것이다.〔食前方丈, 侍妾數百人, 我得志, 弗爲也.〕"라고 한 데서 온 말이다.

## 평숙[62]의 남쪽을 유람하며 지은 시[63]를 보고 권말에 적다
閱平叔南遊詩題卷末

| | |
|---|---|
| 백마강 한 줄기 흘러와 감도는데 | 白馬江流一帶廻 |
| 조룡대[64] 그 형세 우뚝하게 서 있네 | 釣龍臺勢立崔嵬 |
| 당시에 보지 못한 것을 이제야 본 듯하니 | 當時未見今如見 |
| 우리 아우의 새로 지은 시가 그려서 왔구나 | 吾弟新詩畫取來 |

백마강(白馬江)

| | |
|---|---|
| 예전에 계룡산 아래를 지나갈 적에 | 曾向鷄龍山下過 |
| 푸르른 천 길 높이가 바라봄에 우뚝하였네 | 蒼蒼千仞望嵯峨 |
| 그대에게 묻노니 올라 봄에 과연 어떠하였는가 | 問君登覽果何似 |
| 괴석과 영천이 그 위에 많다지 | 怪石靈泉其上多 |

**62** 평숙(平叔) : 박준원(朴準源, 1739～1807)으로, 자는 평숙, 호는 금석(錦石), 본관은 반남(潘南)이며, 박윤원(朴胤源)의 동생이다.

**63** 남쪽을……시 : 박준원(朴準源)의 문집 《금석집(錦石集)》 권8에 〈금강시권발(錦江詩卷跋)〉이 실려 있는데, 이에 따르면 박준원은 1771년(영조47) 맹하(孟夏)에 공주(公州)으로 부임해 있는 부친 박사석(朴師錫)을 뵙고자 떠나서 고란사(皐蘭寺), 계룡산(鷄龍山), 마곡사(麻谷寺), 금벽정(錦壁亭) 등을 둘러보고 시를 남겼다.

**64** 조룡대(釣龍臺) : 충청도 부여(扶餘)의 백마강(白馬江) 가운데 있는 바위이다. 나당(羅唐) 연합군이 백제를 칠 때 당나라 장수 소정방(蘇定方)이 강물을 건너려 하였는데 갑자기 비바람이 크게 몰아치므로, 바위에 걸터앉아 백마(白馬)를 미끼로 용(龍)을 낚고 나니 날이 개어 군사가 강을 건넜다고 하여 붙여진 이름이다. 《新增東國輿地勝覽 卷18 扶餘縣》

계룡산(鷄龍山)

지난해 마곡산에서 노닐 적엔　麻谷山中去歲遊
흰 구름에 가랑비 흩뿌리던 서늘한 가을이었지　白雲疏雨正凉秋
그대 돌아와 다시 말한 풍광이 이와 다르니　君歸更道風光別
4월에는 빽빽한 녹수에 그늘이 짙푸르다지　四月濃陰綠樹稠

마곡산(麻谷山)

내 금벽정[65]에 배 대었을 때 추억해보니　憶我維舟錦壁時
등 넝쿨 그 잎 붉어 이른 단풍인가 했었지　藤蘿葉赤早楓疑
그대에게 묻노니 여름날 음악을 연주함에　問君夏日張絲竹
놀라 흩어지던 산비둘기 또 하나의 절경이었던가　驚散林鳩又一奇

금벽정(錦壁亭)

**65** 금벽정(錦壁亭) : 공주시 장기면 금암리에 있던 정자로, 금강 앞에 임해있었다.

## 하정[66] 잡영

霞亭雜詠

### 석당 石塘

거울 같은 돌 연못 열렸는데　　石池開如鏡
그 가운데 한 자 높이 물을 담았지　　中涵一尺水
다만 산의 달그림자만 와야 할 것이니　　但當來山月
더러운 티끌 들러붙는 것을 어찌 용납하랴　　肯容着泥滓

### 연꽃 荷花

연꽃은 본래 그윽하고 깨끗하니　　芙蕖本幽潔
네모난 연못에 뿌리를 내렸네　　托根在方塘
푸른 잎에서 향이 먼저 진동하는데　　翠葉香先動
게다가 꽃 또한 향기를 토해냄에랴　　況復花吐芳

### 연잎에 맺힌 물방울 荷珠

산비가 연잎에 방울지니　　山雨滴荷葉
잎 위에 명주가 생겼네　　葉上明珠生

**66** 하정(霞亭) : 교하정(皎霞亭)을 가리키는데, 서울 삼청동에 있던 정자이다. 백련봉(白蓮峰)의 아래에 있는데 그 앞에 돌을 파서 만든 작은 못에 연꽃이 있어서 박윤원이 이 곳을 사들이고서 '하정(荷亭)'으로 이름을 바꾸었다가 다시 교하정이라 일컬은 내용이 본집 권21에 〈교하정기(皎霞亭記)〉에 보인다.

큰 잎은 평평하여 구르지 않고　　大葉平不轉
작은 잎은 기울어져도 떠받치고 있네　　小葉攲猶擎

## 가을을 느끼며

感秋

| | |
|---|---|
| 산속 풀들 날로 시들어가니 | 山中群卉日以衰 |
| 소슬한 가을 기운 사람을 슬프게 하네 | 秋氣蕭瑟使人悲 |
| 서리 내렸으니 흰 기러기 온 뒤이고 | 霜露已墮白鴈後 |
| 비바람 오려 하니 노란 국화 필 때이네 | 風雨欲來黃菊時 |
| 대화[67]가 추동하여 네 절서가 변화하고 | 大化推盪四序變 |
| 부생은 그럭저럭 흘러가 백 년을 기약하네 | 浮生荏苒百年期 |
| 송자와 반랑은 도를 듣지 못하여서 | 宋子潘郞未聞道 |
| 부질없이 애를 써서 고운 말을 지었구나[68] | 謾用心力爲麗辭 |

**67** 대화(大化) : 천지자연이 운행하고 변화하는 조화를 말한다.

**68** 송자(宋子)와……지었구나 : 송자는 송옥(宋玉)으로 굴원(屈原)의 뒤를 이은 초사(楚辭)의 대가인데, 그의 〈구변(九辯)〉 중 가을의 서글픈 정서를 잘 노래한 〈비추(悲秋)〉가 유명하다. 반랑(潘郞)은 진(晉)나라 시인 반악(潘岳)으로, 〈추흥부(秋興賦)〉를 지어 가을의 감회를 읊은 것이 또한 유명하다.

## 연잎술

蓮葉酒

| | |
|---|---|
| 연잎이 누룩을 감싸서 | 蓮葉包麯米 |
| 하룻밤 익어 술이 되었네 | 一夜熟爲酒 |
| 아침 되자 흰 동이 말끔히 씻어내어 | 朝來洗白缸 |
| 못가에서 받쳐 술을 얻었지 | 捧向池邊取 |
| 진한 술 내 잔에 가득차니 | 醲郁盈我巵 |
| 향긋한 내음 내 입으로 들어오네 | 芳馨入我口 |
| 감미롭기는 이슬방울로 적시는 듯하고 | 甘以珠露濡 |
| 상쾌하기는 맑은 샘물 받아들이는 듯하여라 | 爽以玉泉受 |
| 군자가 청성에 부합하니[69] | 君子合淸聖 |
| 그 후한 덕에 마음으로 취하네 | 心醉其德厚 |
| 한 모금 마시니 내 병이 싹 낫고 | 一飮蘇我病 |
| 두 모금 마시니 내 수명 늘어나네 | 再飮延我壽 |

**69** 군자가 청성(淸聖)에 부합하니 : '군자'는 연꽃을 비유하여 한 말로, 송(宋)나라 유학자 주돈이(周敦頤)의 〈애련설(愛蓮說)〉에 "국화는 꽃 중의 은자이고, 모란은 꽃 중의 부귀한 자이고, 연꽃은 꽃 중의 군자이다.〔菊, 花之隱逸者也; 牡丹, 花之富貴者也; 蓮, 花之君子者也.〕"라고 한 데서 온 말이다. 《古文眞寶 後集 卷10 愛蓮說》 '청성(淸聖)'은 청주(淸酒)를 뜻한다. 한말(漢末)에 기근이 심하게 들어 금주령(禁酒令)이 내려지자 주객(酒客)들이 술이라는 말을 피하기 위하여 청주를 성인(聖人)이라 하고 탁주(濁酒)를 현인(賢人)이라고 불렀던 것에서 유래하여 '청성'은 청주를, '탁현(濁賢)'은 탁주를 뜻하게 되었다. 《三國志 卷91 魏志 徐邈傳》

| | |
|---|---|
| 저 도원량 되레 우스워라 | 却笑陶元亮 |
| 그저 차조 심은 밭만 가꾸었으니[70] | 惟事種秫畝 |

**70** 저 도원량(陶元亮)……가꾸었으니 : 도원량은 진(晉)나라 때의 시인 도잠(陶潛)으로, 원량은 그의 자(字)이다. 도잠이 팽택령(彭澤令)이 되었을 적에 술을 담그기 위해 공전(公田)에 모두 차조〔秫〕를 심게 하며 말하기를, "내가 항상 술에 취할 수 있다면 족하다.〔令吾常醉於酒足矣〕"라고 했던 고사가 있다. 《晉書 卷94 隱逸列傳 陶潛》

## 여성[71]이 영릉[72]의 재랑으로 있을 적에 내가 시를 부쳐 권면하다

汝成在英陵寢齋 余寄詩勉戒

| | |
|---|---|
| 그대 여주의 강가에 머물면서 | 君住黃驪江水濱 |
| 청심루[73]에서 자주 술을 마시네 | 淸心樓上挈壺頻 |
| 예사로 들르는 곳도 이름을 돌아봐야 하니 | 尋常過處名猶顧 |
| 어찌 영대(靈臺 마음)에 티끌 한 점 묻힐쏘냐 | 肯許靈臺着一塵 |

**71** 여성(汝成) : 유한준(兪漢雋, 1732~1811)으로, 자는 여성·만천(曼倩), 호는 저암(著菴)·창애(蒼厓), 본관은 기계(杞溪)이다. 문집에 《저암집》이 있다.

**72** 영릉(英陵) : 세종과 소헌왕후(昭憲王后)를 합장한 능으로, 경기도 여주(驪州)에 있다. 효종과 인선왕후(仁宣王后)의 능인 영릉(寧陵)과 가까이 있다.

**73** 청심루(淸心樓) : 여주(驪州) 관아의 객관 북쪽에 있던 누각으로, 남한강 언덕에 자리하여 경관이 아름답기로 이름이 높아 예로부터 시인 묵객들이 많이 찾았다. 1945년 화재로 소실되고 지금은 '청심루터'라는 표석만 남아 있다.

## 병을 앓은 후 스스로 경계하다

病後自警

병을 앓는 중에는 오직 심기가 쉽게 동하더니 病中易動唯心氣
병이 나은 뒤에야 이 선의 씨앗이 비로소 생겨나는구나 病後方生是善端
이를 잘 기르는 것을 어찌 다급한 때인들 잊겠는가 持養寧容忘造次
공부는 처한 바에 따라 진수[74]해야 하네 工夫隨處進修看

그 두 번째 其二

오랫동안 묵은 병으로 독서 그만두었으니 久矣沈痾廢讀書
오늘 아침 책을 펼침에 마음이 어떠한가 今朝開卷意何如
마음을 다스려야 몸의 병도 다스릴 수 있으니 治心始可治身病
옛 성현께서 '경(敬)'이라는 좋은 처방 남겨주셨지 古聖良方敬字餘

**74** 진수(進修) : '덕을 진전시키고 학업을 닦는다'는 뜻인 '진덕수업(進德修業)'의 줄임말로, 《주역(周易)》 〈건괘(乾卦) 문언(文言)〉에 보인다.

## 가을날에 삼종 아우 사고 숭원·사문 광원 이 찾아오다
秋日三從弟士高 崇源 士文 廣源 來過

도성 동쪽 두 아우가 다 미목이 준수하니 城東二弟盡淸眉
지금 얼마 만에야 보는 것인가 不見于今問幾時
반갑게도 그대들 중양절에 함께 와서 喜爾同來黃菊節
나와 함께 마주 앉아 막걸리 잔 기울이네 與吾相對白醪巵
골짜기에 나뉘어 흐르는 샘물 그 근원 멀지 않고 泉分澗壑源非遠
뜨락 섬돌에 늙어가는 나무 그 그늘 절로 드리우네 樹老庭階蔭自垂
가을 창가 해 기울도록 정다운 이야기 나누니 情話秋窓移日影
쇠한 집안 사람들이 힘써야 할 바는 시서(詩書)에 있다오 衰門交勖在書詩

## 국화

菊花

| | |
|---|---|
| 노란 국화 가을 맞아 또한 절로 피어나니 | 黃菊逢秋也自開 |
| 바람 서리에도 뭇 꽃들 따라 시들지 않네 | 風霜不與衆芳摧 |
| 본바탕이 중정한 것 아니라면 | 若非本色爲中正 |
| 어찌 끝내 만절[75]을 이룰 수 있으랴 | 那得終成晩節來 |

**75** 만절(晩節) : 국화가 늦가을에 다른 꽃이 다 지고 난 뒤에도 꿋꿋하게 피어 있는 모습을, 만년(晩年)에 온전하게 절의를 지키는 것으로 비유하여 한 말이다.

# 가을날에 감회를 적다

秋日書懷

병 앓은 후 모습이 바싹 야위더니 病後容全瘦
가을 들어 귀밑머리 희끗해가네 秋來鬢欲衰
신선은 원래 허망한 것이나 神仙元是妄
성현은 어찌 기약하기 어려우랴 賢聖奈難期
단풍잎 쓸쓸히 떨어지는데 赤葉蕭條墮
국화꽃 고요히 드리워 있네 黃花寂歷垂
고인은 일찍이 촛불을 밝혔으니[76] 古人曾炳燭
남은 날 동안은 그래도 만회할 수 있으리 來日尙堪追

**76** 촛불을 밝혔으니 : '촛불을 밝힌다〔炳燭〕'는 것은 늙어서도 학문을 좋아함을 비유하는 말로, 춘추 시대 진(晉)나라 평공(平公)이 자신의 나이가 공부하기에는 너무 많음을 걱정하자, 사광(師曠)이 말하기를, "어찌 촛불을 켜지 않습니까?……신은 들으니, '어려서 학문을 좋아하는 것은 해가 돋아 오를 때의 햇빛과 같고, 장성하여 학문을 좋아하는 것은 해가 중천에 오를 때의 햇빛과 같으며, 늙어서 학문을 좋아하는 것은 촛불을 켜서 밝게 하는 것과 같다.'라고 하였습니다. 촛불을 켜서 밝게 하는 것이 어둠 속에 길을 가는 것과 비교할 때 어느 것이 낫겠습니까?〔何不炳燭乎?……臣聞之, 少而好學, 如日出之陽; 長而好學, 如日中之光; 老而好學, 如炳燭之明. 炳燭之明, 孰與昧行乎?〕"라고 한 데서 온 말이다. 《說苑 卷3 建本》

## 봄날 한가로이 있을 적에 못에 물을 대어 꽃을 심다
春日閑居 灌沼栽花

| | |
|---|---|
| 그윽한 처소에 봄 해가 기니 | 幽居春日永 |
| 경영하는 일이 산림에 있네 | 經濟在林間 |
| 우물물 길어 못물을 채우고 | 汲井添池水 |
| 꽃 옮겨와 석가산에 붙여 심으니 | 移花附石山 |
| 운무는 색채가 새로워지고 | 雲煙新有色 |
| 정자는 모습이 근사해졌네 | 亭閣好爲顏 |
| 이 일 비록 세속의 일 아니나 | 玆事雖非俗 |
| 도리어 뜻이 한가롭지 못한 것이 혐의쩍네 | 還嫌意未閑 |

## 단옷날에 선비의 묘소를 살펴보며

端陽日省先妣墓

| | |
|---|---|
| 텅 빈 산에서 향 피워 선비를 제사하니 | 空山香火祭先慈 |
| 앵두에 맺힌 빗방울 술잔으로 떨어지네 | 雨濕櫻桃露滴巵 |
| 단오 맞을 때마다 더욱 감상에 젖어 눈물이 흐르니 | 每遇端陽增感涕 |
| 오늘이 바로 내가 태어난 날이라오 | 今朝正是我生時 |

임진년(1772, 영조48)[77] 봄에 조정에서 노인을 봉양하는 명을 내려 가자하고 쌀을 하사하였으며 이어서 그 자손에게 잔치를 베풀도록 명하였다. 성상의 보령이 더욱 높아져 아래에까지 추은하였으므로 이러한 명이 있었던 것이다. 이때에 나의 재종숙부 동지돈녕부사 공[78]이 숭록대부의 품계에 오르니 당시의 연세가 85세이다. 둘째 아들인 승지 형[79]이 장단 부사로 있으면서 서울의 집에서 축수를 받들어 올리고 종족과 인척을 모이게 하여 즐겁게 잔치를 벌였다. 나는 말석에 참여하여 성대한 일을 기쁘게 목도하고는 삼가 시 한 수를 읊고 이어서 이로써 축원을 올렸다

歲壬辰之春 朝家有養老令 加資賜米 仍令其子孫設宴 蓋聖上寶齡彌高 推恩於下 故有是命 於是我再從叔父同敦公進秩崇祿 時年八十五 仲胤承旨兄以長湍府使奉壽觴于京第 會宗黨戚姻以爲娛 胤源來與席末 喜覩盛事 謹賦一詩 仍以獻祝云

수역에 이른 공 지금 구순에 가까우시니 壽域公方近九旬

77 임진년 : 이해에 영조의 나이가 80세가 되었다. 《승정원일기(承政院日記)》 영조 48년 2월 27일 기사에 "사(士)·서(庶)를 막론하고 나이 70, 80세의 어버이를 봉양하는 자에게는 해당 조(曹)에게 명하여 특별히 찬수(饌需)를 하사하게 하여 모두 그 어버이에게 올리게 하고, 팔도(八道)와 양도(兩都)에도 또한 이에 따라 거행하게 하도록 분부하라.〔勿論士庶, 年七十八十奉親者, 令該曹特賜饌需, 皆令奠酌其親, 八道·兩都, 亦依此擧行事, 分付.〕"라는 내용이 보인다.

78 동지돈녕부사 공 : 박사한(朴師漢, ?~?)으로, 본관은 반남(潘南)이다. 농암(農巖) 김창협(金昌協)의 사위이다.

79 승지 형 : 박성원(朴盛源, 1711~1779)으로, 자는 공무(公茂), 본관은 반남(潘南)이다. 1743년(영조19) 알성 문과에 을과로 급제하였고 승지, 대사간 등을 역임하였다. 1770년 12월에 장단 부사(長湍府使)가 되었다.

| | |
|---|---|
| 색동옷 입은 아들 역시 백발노인이라네 | 斑衣兒亦白鬚人 |
| 음직으로 숭록의 품계 오름은 듣기 드문 일이고 | 稀聞蔭路躋崇祿 |
| 청조에서 노신을 우대함은 자주 보는 일이라오 | 屢見淸朝養老臣 |
| 은혜로운 명이 내려 북궐에서 쌀을 하사하고 | 北闕米頒恩詔下 |
| 성대한 잔치 벌어져 서주에서 희생이 이르렀네 | 西州牲至錦筵陳 |
| 이때 내가 병중에도 기꺼이 일어나 | 是時我病猶能起 |
| 찾아와서 여러 형과 함께 만수를 축원하네 | 來共諸兄祝萬春 |

## 비 온 뒤에 꽃을 감상하다

雨後賞花

비에 씻긴 푸른 석벽 깨끗한데 雨洗蒼壁淨
수풀 나무는 남은 빗방울 머금었네 林木含餘霏
미끄러운 벼랑에 사람은 외려 오르고 崖滑人猶上
맑아진 골짝에 산새는 절로 나는구나 谷晴禽自飛
들에 핀 꽃 석양으로 들어가니 村花入斜日
붉은빛 보랏빛 찬란하게 비치네 紅紫暎輝輝
한참 동안 방초에 그대로 앉았다가 芳草坐仍久
또한 밝은 달빛 밟으며 돌아간다오 且乘明月歸

## 대묘동[80]의 우거

大廟洞寓居

| | |
|---|---|
| 우거하는 이내 심사 어지러운데 | 寓居心緖亂 |
| 서늘히 내리는 비는 더욱 처량하구나 | 凉雨更蕭騷 |
| 친한 벗님은 아득하게 멀리 있고 | 漠漠親朋遠 |
| 병든 길손은 허둥지둥 수고롭네 | 棲棲病客勞 |
| 비좁은 동쪽 골목 정녕코 싫어서 | 定嫌東巷隘 |
| 저 높은 북쪽 산 끝끝내 잊지 않노라[81] | 終憶北山高 |
| 그나마 다행인 건 화분 속 국화를 옮겨 와서 | 賴有移盆菊 |
| 읊조릴 제 호방한 흥취 일어나는 것이라오 | 吟哦作興豪 |

**80** 대묘동(大廟洞) : 대묫골 · 대뭇골 · 대묘동 · 묘동이라고도 하였는바, 종로구 훈정동 · 묘동 · 봉익동 등에 걸쳐 있던 마을이다. 조선왕조 역대 왕과 왕비의 신위를 봉안하고 제례가 행해지는 종묘를 태묘(太廟) 혹은 대묘(大廟)라 하였던 데에서 마을 이름이 유래되었다.

**81** 비좁은……않노라 : 이는 박윤원이 북악산 아래의 삼청동에서 거처하다가 대묘동으로 옮겨왔기 때문에 이렇게 말한 듯하다. 대묘동은 종묘 부근인데 경복궁을 기준으로 보면 동쪽에 위치해 있다. 삼청동은 백악(白岳)의 아랫자락에 있는데, 경복궁의 왼쪽과 총융청의 위에 위치해 있다.

## 묘동 잡영으로 평숙[82]에게 보이다

廟洞雜詠示平叔

네가 거처하는 것 참으로 혹과 같지만　　爾居眞如贅
그래도 남의 집 빌려 사는 것보다 훨씬 낫지　　猶勝僦人家
지업이 있는 사내대장부에겐　　丈夫有志業
빈곤함은 한탄할 게 못 된다오　　貧困不足嗟

### 그 두 번째 其二

뜰 북쪽에는 규화 심겨 있고　　庭北有葵花
담 남쪽에는 국화 심겨 있지　　墻南有菊花
가을바람 불어오는 팔구월이면　　秋風八九月
경광과 물색 역시 아름답다오　　景物亦云嘉

### 그 세 번째 其三

네게는 훌륭한 장모[83] 있어　　爾有聘母賢

**82** 평숙(平叔) : 박준원(朴準源, 1739~1807)으로, 자는 평숙, 호는 금석(錦石), 본관은 반남(潘南)이며, 박윤원(朴胤源)의 동생이다.

**83** 훌륭한 장모 : 박준원 장모 윤씨(尹氏) 부인을 가리키는바, 본관은 해평(海平)으로 윤두수(尹斗壽)의 8세손이며 윤형동(尹衡東)의 딸이다. 장인 원경유(元景游, 1708~1741)는 처음에 평산(平山) 신씨(申氏) 부인에게 장가들었는데 신씨 부인이 자식을 낳지 못한 채 죽자 윤씨 부인을 재취하였다. 윤씨 부인은 아들을 낳지 못하고 딸만 둘을 낳았는데 그중 둘째 딸이 바로 박준원의 처이다.《蒼霞集 卷8 仲嫂申孺人墓

너를 아껴 머무르게 하고 버리질 않네 愛汝館不捨
여덟이나 되는 외손자 외손녀가[84] 外孫八子女
상 아래에서 죽 벌여 놀고 있네 羅列戲床下

그 네 번째 其四

네가 이제 막 이 동에 들어왔기에 爾方新入洞
이웃에는 아는 이 하나도 없지 隣里無相識
오랫동안 살게 되면 사귐이 있을 터이니 居久當有交
단정한 이 가려 사귀어 보탬이 되도록 해야지 擇端以資益

그 다섯 번째 其五

풍석정을 판 뒤로는 自賣楓石亭
분주히 떠돌다 이곳으로 왔다오 棲屑來此地
원래 우주가 하나의 여관이니 宇宙一逆旅
정처 없이 떠도는 것을 한탄할 게 뭐 있으랴 漂漂何足喟

誌, 仲弟文仲墓誌》《敦巖集 卷8 外祖遺安堂元公墓表》 박준원은 16세이던 1754년(영조 30)에 원씨(元氏)와 혼인하였기 때문에 장인 원경유를 대면하지 못하였고, 장모 윤씨 부인만 있었다.

**84** 여덟이나……외손녀가 : 박준원의 처 원주 원씨(原州元氏, 1740~1783)가 낳은 자식들에 대해서는 《금석집(錦石集)》 권10 〈망실행장(亡室行狀)〉에 "여섯 아들과 다섯 딸을 낳았는데, 장자는 종보, 차자는 종경이고, 나머지는 어리며 한 명은 요절하였다. 장녀는 신광회에게, 차녀는 이요헌에게 시집갔고, 한 명은 어리고 두 명은 요절하였다. 〔生六子五女, 宗輔宗慶, 餘幼一夭. 女申光誨李堯憲, 一幼二夭.〕"라고 기록되어 있다.

그 여섯 번째 其六

이내 몸 따르는 것이라곤 책 한 권뿐이니 隨身一卷書
조차간에라도 손에서 놓지 않네 造次不離手
창 아래서 때로 소리 내어 읽노라면 窓下時伊吾
한밤중이 되도록 푹 빠져든다오 潛玩到夜久

그 일곱 번째 其七

밤 들어 고요한 양한당에 夜靜養閑堂
가을날 풀벌레는 즉즉 소리 내네 秋蟲喞喞鳴
섬돌 따라 한번 서성이노라면 巡階一徘徊
작은 뜰에 밝은 달빛 내려앉네 小庭月色明

그 여덟 번째 其八

나는 끝내 이 우거를 그만둘 것이라 我寓終當撤
나뉘어 떨어짐에 비로소 서글프네 分析始爲悵
그래도 기쁜 것은 동이 멀지 않기에 猶喜洞非遠
하루도 빠짐없이 왕래할 수 있는 것이지 往來日無曠

# 밝은 달

明月

| | |
|---|---|
| 비 온 뒤에 서늘한 기운 일어나니 | 雨後凉氣動 |
| 저 하늘 한가운데 밝은 달이 비추누나 | 明月照天心 |
| 은하에 씻기어 더욱 깨끗하니 | 銀河濯愈潔 |
| 운무는 감히 침범치 못하네 | 雲霧不敢侵 |

## 함경도 관찰사 유공[85] 한소 에 대한 만사

咸鏡觀察使兪公 漢蕭 輓

추억건대 나 어릴 때 세심대에 있을 적에[86]　童時憶在洗心臺
신선의 음악 소리 옥동[87]으로부터 들려왔지　仙樂聲從玉洞來
우리 조부님 등불을 밝히고 맞이해 담소하시니　我祖張燈迎笑語
공의 머리 위에 계화가 피었음을 보았노라[88]　看公頭上桂花開

그 두 번째 其二

반평생 청명한 조정에서 그 몸을 욕되게 하지 않았으니　半世淸朝不辱身

**85** 유공(兪公) : 유한소(兪漢蕭, 1718~1769)로, 본관은 기계(杞溪), 자는 여인(汝人), 호는 아재(雅齋)이다. 유언탁(兪彦鐸)의 아들로, 1740년(영조16) 문과에 합격하여 지평, 정언, 승지, 대사간, 예조 참판 등의 관직을 역임하였다.

**86** 세심대에 있을 적에 : 박윤원의 집안은 1736년(영조12), 조부 박필리(朴弼履, 1685~1752)가 인왕산 자락 세심대(洗心臺)에 집을 정한 이래로 1750년 여름까지 여기에 거처하였다. 박윤원 형제는 여기에서 자랐다. 《近齋集 卷21 洗心臺幽居記, 卷31 家錄》

**87** 옥동 : 인왕산의 옥류동(玉流洞)을 말한다. 박윤원이 어렸을 때 세심대와 가까운 옥류동에는 유광기(兪廣基, 1674~1757)가 살고 있었는데, 박필리의 외형(外兄)으로 유한소의 조부이다. 《近齋集 卷31 家錄》

**88** 공(公)의……보았노라 : 유한소(兪漢蕭)가 과거에 급제한 것을 말한다. 유한소는 음직으로 통덕랑(通德郞)에 올랐으며, 23세이던 1740년(영조16)에 증광 문과에 병과로 급제하였다. 《自著 卷24 狀誌 從兄參判公行狀》 박윤원은 유한소가 급제한 당시에 7세였다.

‘아재’라는 아름다운 호가 어찌 실상과 어긋나랴　雅齋嘉號豈浮眞
집안에서의 돈목지의 얻기 어려움을 내 아노니　居家睦誼知難得
나라 위해 나를 위해 좋은 사람을 애석해하노라　吾爲公私惜好人

그 세 번째 其三

5월에 금수[89]에서 서로 만났을 적에　錦水相逢五月天
부채질하는 미녀들이 성대한 연석을 에웠지　蛾眉搖扇匝華筵
광한루 위에서 모친께 문안하고 돌아오니　廣寒樓上寧親返
옥절이 휘황찬란하게 북변을 향하였네[90]　玉節輝輝向北邊

그 네 번째 其四

이별한 뒤 하늘 끝에 싸락눈 가득하니　別後天涯霰雪盈
남으로 온 갑작스러운 부음[91]에 깜짝 놀랐네　南來幽問忽心驚
글을 지어 보내 내가 창산자[92]를 위로하니　有書吾弔蒼山子

**89** 금수 : 공주(公州)의 금강(錦江)이다. 1769년(영조45) 봄, 당시 36세이던 박윤원은 부친 박사석(朴師錫)의 임소인 공주에 있었다. 《德隱遺稿 卷2 祖考近齋先生府君年記》

**90** 광한루……향하였네 : 1769년(영조45), 당시 유한소의 동생 유한갈(兪漢葛, 1722~1795)은 남원 부사(南原府使)로 있으면서 모친 배천 조씨(白川趙氏, 1693~1778)를 봉양하고 있었다. 이때 모친이 병환을 앓자 유한소는 휴가를 받아 남원에 가서 모친을 돌보았는데, 이후 모친의 병이 차도가 있어서 상경하려던 차에 4월 23일에 함경 감사에 제수되었다. 《承政院日記 英祖45年 4月 23日, 5月 6日》

**91** 부음 : 유한소는 1769년(영조45)에 함경도 관찰사로 부임하는 도중 10월에 길주(吉州)에 이르러 병세가 위중해졌다. 이후 결국에는 5일에 향년 52세를 일기로 동헌(東軒)에서 졸하였다. 《自著 卷24 從兄參判公行狀, 準本2 伯從兄大憲公墓誌銘》

**92** 창산자(蒼山子) : 유한준(兪漢雋, 1732~1811)을 가리킨다. 유한준은 창산(蒼

이 형을 곡하게 될 줄 누가 꿈에라도 생각했으랴　夢裏誰思哭此兄

그 다섯 번째 其五

붉은 만장 나부낄 제 북변에 뜬구름 어두하니　丹旌飄拂朔雲愁

만 리에 가는 사람 눈물을 다 흘리누나　萬里行人涕盡流

북당에 울고 계신 학발 모친을 차마 말하랴　忍說北堂啼鶴髮

남부에 남은 체화 가련하구나[93]　可憐南府棣華留

山)의 아래에 거처하였기 때문에 창애(蒼厓)라는 호를 받았으며 창애자(蒼厓子)라고도 불렸다. 《自著 卷27 別號說》 유한소는 유한준의 백종형(伯從兄)이다.

**93** 남부(南府)에……가련하구나 : 유한소의 남은 형제인 유한갈이 가련하다는 말이다. '남부'는 남원부(南原府)로 이때 유한갈이 부사로서 다스리고 있었다. '체화(棣華)'는 당체화(棠棣花), 즉 자형화(紫荊花)인데, 총생(叢生)하여 피기 때문에 형제에 비유한다. 《시경》 〈소아(小雅) 상체(常棣)〉에 "상체의 꽃이여, 꽃받침이 환하게 빛나는구나. 무릇 지금 사람들은 형제만 한 이가 없느니라.〔常棣之華, 鄂不韡韡. 凡今之人, 莫如兄弟.〕"라고 한 데에서 유래하여 '형제'를 뜻한다.

## 이동[94] 남쪽의 누거

泥南陋居

| | |
|---|---|
| 시끌벅적한 성내 동쪽 마을[95]에 | 鬧熱城東里 |
| 비좁은 길가의 집 | 逼窄路傍屋 |
| 연홍진[96]은 지척 간이라 | 咫尺軟紅塵 |
| 문밖에는 수레바퀴가 서로 부딪치네 | 門外磨車轂 |
| 벽제 소리에 아이들 달아나니 | 呵辟走兒童 |
| 부러워하는 눈빛으로 몰래 엿보네 | 窺覰艶心目 |
| 거리에선 떠들썩하게 싸움을 벌이고 | 街巷喧鬥鬩 |
| 시전에선 어지러이 달려가 쫓네 | 市肆紛馳逐 |
| 내 성품은 본래 고요함을 좋아하니 | 我性本喜靜 |
| 여기에 거처함은 원하는 바가 아니라오 | 處此非所欲 |
| 일찍이 삼청동의 집에 살아 | 嘗家三淸洞 |
| 산림에 의지하여 배회하였지 | 盤桓依林麓 |
| 우연히도 이곳으로 옮겨온 것은 | 偶然移到此 |
| 단지 일에 끌려 재촉당한 것일 뿐 | 只被事牽促 |

**94** 이동(泥洞) : 진골, 이곡(泥谷)이라고도 하는바, 종로구 운니동에 있던 마을이다.

**95** 성내 동쪽 마을 : 이동은 경복궁의 동쪽과 종묘의 서쪽에 위치하였는바, 도성 내에서 동쪽에 해당한다.

**96** 연홍진(軟紅塵) : 부드러운 먼지를 가리키는데, 주로 번화하고 북적거리는 지방을 뜻한다. 거마의 왕래가 어지럽고 시끄러운 도회지, 특히 도성을 의미한다.

한갓지고 외진 곳이 아님을 내심 싫어하여 心厭非閑僻
오 년 동안 구속되는 것과 같았네 五年如局束
그러다 천천히 생각하매 뜻이 다시 편안해지니 徐思意復坦
어디로 들어간들 스스로 족하지 않음이 없네 無入不自足
진실로 내 마음을 맑게 한다면 苟使吾心淸
낮고도 좁은 곳도 텅 빈 골짝이라네 湫隘亦空谷
저 어수선하고 소란스러움이 무슨 상관이랴 何干彼擾擾
문을 닫아걸면 독서 할 수 있다네 閉戶書可讀
감히 대은이 非敢慕大隱
성시에 고상한 자취 감춤[97]을 사모한 것이 아니라 城市藏高躅
저 여관의 나그네가 有如逆旅人
발길 닿는 대로 바로 머물러 묵는 것과 똑같다오 所到便止宿

**97** 대은(大隱)이……감춤 : '대은'이란 몸은 조정이나 저자와 같은 속세에 있으면서도 뜻은 아주 고상한 데에 있는 사람을 이른다. 진(晉)나라 왕강거(王康琚)의 〈반초은(反招隱)〉 시에 "소은은 산림 속에 숨고, 대은은 조정이나 저자에 숨네. 백이는 수양산으로 도망갔고, 노담은 주하사로 은복하였지.〔小隱隱陵藪, 大隱隱朝市. 伯夷竄首陽, 老聃伏柱史.〕"라고 한 데서 온 말이다. 《文選 卷11》

# 잡시

雜詩

| | |
|---|---|
| 집 벽엔 빗방울 흔적이 남아있으니 | 屋壁淋有痕 |
| 석 달 여름 장마가 지나갔네 | 三夏經潦雨 |
| 진흙은 말랐건만 새들이 그래도 쪼아대고 | 泥乾鳥猶啄 |
| 풀 무성해지니 모기가 절로 모여드네 | 草深蚊自聚 |
| 짧은 처마에 석양이 드니 | 矮簷受夕陽 |
| 찌는 더위 점점 더 괴로워라 | 炎熱轉愈苦 |
| 푸른 삼잎이 이미 펼쳐졌고 | 麻葉青已舒 |
| 하얀 박꽃이 비로소 피었네 | 匏花白始吐 |
| 작은 뜰에 볼 거라곤 없어서 | 小庭乏景物 |
| 눈에 들어오는 것을 즐길 뿐이라오 | 惟玆怡所覩 |
| 북창에 바람이 때로 불어오니 | 北窓風時至 |
| 그런대로 한 번 책 한 권을 펼치노라 | 聊披書一部 |

그 두 번째 其二

| | |
|---|---|
| 하루가 일년 같다 말하지 말라 | 莫道日如年 |
| 촌음은 본래 홀쩍 지나가는 법이니 | 寸陰元倏忽 |
| 어느 누가 바둑 한판으로 | 誰將棋一局 |
| 여름 석 달을 허비하였는가 | 枉了夏三月 |
| 낮잠은 내 감히 자지 못하니 | 晝寢吾不敢 |
| 성인께서 꾸짖으신 바이네[98] | 聖門所責罰 |

병중에도 세수하고 양치질하며　病猶行盥漱
귀찮아도 두건 쓰고 버선 신노라　倦亦用巾韈
찾아오는 손님 없어 홀로 꼿꼿이 앉아　無客獨危坐
책에 빠져드노라면 참된 맛 느껴지네　玩書眞味發
저 떠들썩한 길 위의 사람들은　擾擾路上人
분주히 다니느라 더위 먹는 이 많다네　奔走多中暍

그 세 번째 其三

과거란 자신을 파는 것과 다름 없으니　科擧同衒鬻
옛날에 나아갔던 것 지금은 후회하네　昔赴今悔之
헌사[99]도 내 원하는 바 아니요　軒駟非我願
종정[100]도 내 사모하는 바 아니라네　鐘鼎非我思
다만 한스럽기로는 풍속이 각박하여　但恨風俗薄
삼대의 훌륭한 다스림을 회복하지 못하는 것이네　未挽三代治
삼대에는 정직한 도로 행하였으니　三代直道行

**98** 낮잠은……바이네 : 《논어》 〈공야장(公冶長)〉에 "재여가 낮잠을 자자, 공자께서 말씀하셨다. '썩은 나무는 조각할 수 없고, 거름흙으로 쌓은 담장은 흙손질할 수가 없다. 내 재여에 대하여 어찌 꾸짖을 것이 있겠는가.'〔宰予晝寢, 子曰: 朽木不可雕也, 糞土之墻, 不可杇也, 於予與何誅?〕"라고 하였다.

**99** 헌사(軒駟) : 네 마리의 말이 끄는 화려한 마차를 뜻하는 사마헌거(駟馬軒車)의 준말로, 고관대작의 부귀영화를 비유한다.

**100** 종정(鍾鼎) : 나라에 공로가 있는 사람들의 공적을 기록하는 종과 솥을 가리키기도 하고, 종을 울려 식구를 모아 정(鼎)에 담긴 음식을 먹는 것을 가리키기도 한다. 지위가 높고 부귀를 누리는 것을 비유한 말이다.

지금 백성도 이와 같다네[101] 今民亦如斯
균전으로 항산[102]을 만들어주고 均田制恒産
인정을 차례대로 베풀어야 하네 仁政次第施
만일 군현이 배출된다면 如有群賢作
어찌 내 손으로 할 필요 있으랴 何必吾手爲
이 귀로 태평성대를 듣게 된다면 有耳聞太平
초가집에서도 족히 기쁘리라 草茅亦足怡

그 네 번째 其四

하얗게 센 머리 스스로 탄식하지 않으니 霜髮不自嗟
오랫동안 산 것 다행이 아닐쏘냐 久生其幸歟
늙은 처는 죽과 밥을 차려주어 老妻供粥飯
내 허기짐을 면케 하고 令我免惄如
어린 자식은 청소를 도맡아 하고서 弱子備灑掃
틈이 있으면 글을 읽는다네 餘力猶讀書
내 분수에 이것이면 충분하니 於分斯爲足

**101** 삼대에는……같다네 : 《논어》 〈위령공(衛靈公)〉에 공자가 "내가 남에 대해 누구를 비방하고 누구를 칭송하겠는가. 만약 칭송하는 바가 있다면, 그것은 시험해 봄이 있어서이다. 이 백성들은 삼대 시대에 정직한 도로 행해 왔기 때문이다.〔吾之於人也, 誰毁誰譽? 如有所譽者, 其有所試矣. 斯民也, 三代之所以直道而行也.〕"라고 한 데서 온 말이다.

**102** 항산(恒産) : 정상적인 생활을 하는 데 필요한 일정한 재산이나 생업(生業)을 이른다. 《맹자》 〈양혜왕 상(梁惠王上)〉에 "떳떳한 생업이 없으면서도 떳떳한 마음을 가지고 있는 것은 오직 선비만이 능할 수 있고, 백성으로 말하면 떳떳이 살 수 있는 생업이 없으면 인하여 떳떳한 마음이 없어지는 것입니다.〔無恒産而有恒心者, 惟士爲能, 若民則無恒産, 因無恒心.〕"라고 하였다.

어찌 궁한 오두막집에서 탄식하랴[103] 何用歎窮廬
때로 노복에게 명하여 有時命奴僕
물을 끌어 채마밭에 대노라 引水灌田蔬

그 다섯 번째 其五

성품이 졸렬하여 고요함을 좋아하고 性拙甘寥寂
병이 많아 교유를 사양하였네 多病辭交遊
한가로이 예전에 지었던 시 고치고 舊詩閑自改
새로운 책은 게으른 나머지 아직 구해 보지 못하였네 新書懶未求
뜰의 풀도 이미 시들었으니 庭草亦已衰
나 홀로 배회할 제 시름겨워 하노라 徘徊發孤愁
아득히 길은 멀기만 한데 浩浩道云遠
쏜살같이 세월이 다해가는구나 駸駸年易遒
어찌 유유범범하게 날을 보내면서 胡爲日悠泛
진덕수업[104]하지 않을 수 있겠느냐 德業不進修

**103** 궁한 오두막집에서 탄식하랴 : 궁한 오두막집에서 탄식한다는 것은 노년이 되어 젊었을 때에 부지런히 학문에 힘쓰지 않은 것을 후회하며 슬피 탄식함을 말한다. 촉한(蜀漢)의 승상 제갈량(諸葛亮)이 자식들을 경계하여 지은 글에 "나이가 시절과 함께 더해지고 의지가 세월과 함께 사라져 버려서 마침내 쇠락하고 시들어지게 되면 궁한 오두막집에서 슬피 탄식한들 장차 무슨 소용이 있겠는가.〔年與時馳, 意與歲去, 遂成枯落, 悲歎窮廬, 將復何及?〕"라고 하였다. 《小學 嘉言》

**104** 진덕수업 : 덕을 진전시키고 업(業)을 닦는다는 뜻이다. 《주역》〈건괘(乾卦) 문언(文言)〉에 "군자는 덕을 진전시키고 업을 닦으니, 충신이 덕을 진전시키는 것이고, 수사에 그 성실함을 세움이 업을 쌓는 것이다.〔君子進德修業, 忠信, 所以進德也, 修辭立其誠, 所以居業也.〕"라고 하였다.

## 감회가 있어

有感

| | |
|---|---|
| 파리 소리는 듣기 싫고 | 厭聽蒼蠅聲 |
| 매미 울음은 듣기 좋다네 | 喜聞寒蟬鳴 |
| 내 어찌 편애하는 것이겠는가 | 吾何偏憎愛 |
| 물건은 절로 청탁이 나뉘는 것을 | 物自分濁淸 |

# 노·소·호 세 사람에 대하여 읊다

鲁蘇胡三人詠

노련(魯連)은 진(秦)나라를 황제로 섬기는 것을 부끄러워한 자이고,[105] 소무(蘇武)는 오랑캐에 항복하는 것을 부끄러워한 자이며,[106] 호전(胡銓)은 금(金)나라를 섬기는 것을 부끄러워한 자이다.[107] 이 세

**105** 노련(魯連)은……자이고 : 노련은 노중련(魯仲連)이라고도 하는데, 전국 시대 제(齊)나라의 고사(高士)로 뛰어난 재주를 지녔으나 얽매여 사는 것을 싫어하여 벼슬하지 않고 조(趙)나라에 은거한 인물이다. 진(秦)나라가 조나라를 공격하여 수도 한단(邯鄲)을 포위하자, 여러 제후들이 진나라를 두려워하여 감히 조나라를 구원하지 못하였다. 위(魏)나라의 안희왕(安釐王)은 조나라를 구원하고자 군대를 보냈는데, 진나라가 위협하자 위군은 진군하지 못하였다. 위나라에서는 신원연(新垣衍)이란 변사(辯士)를 조나라에 보내, 진나라 임금을 황제로 섬기면 포위를 풀 것이라는 계책을 말하게 하였는데, 이 말을 들은 노중련이 "저 진(秦)나라가 방자하게 황제를 자칭하고 죄악으로 천하에 정사를 한다면, 나는 동해에 뛰어들어 죽을 뿐이요, 내 차마 그 백성은 될 수가 없다.〔彼卽肆然而爲帝, 過而爲政於天下, 則連有蹈東海而死耳, 吾不忍爲之民也.〕"라고 하니, 진나라 장군이 이 말을 듣고 군사를 50리 뒤로 물렸다고 한다.《史記 卷83 魯仲連鄒陽列傳》

**106** 소무(蘇武)는……자이며 : 소무는 한(漢)나라의 충신으로, 무제(武帝) 때 중랑장(中郎將)으로 흉노에 사신으로 갔을 때 흉노의 선우(單于)에 의해 억류되어 큰 구덩이 속에 갇혀 눈을 삼키고 가죽을 씹어 먹고 지내다가 다시 북해로 옮겨져서 숫양을 치며 지냈는데, 그곳에서 부절(符節)을 잡고 한나라에 대한 충절을 지키며 19년을 살다가 소제(昭帝) 때 흉노와 화친하게 되자 비로소 한나라로 돌아왔다.《漢書 卷54 蘇武列傳》

**107** 호전(胡銓)은……자이다 : 호전은 남송(南宋) 때의 직신(直臣)으로, 추밀원 편수관으로 있을 때 소를 올려 금(金)과의 화친을 주장하는 왕륜(王倫)·진회(秦檜)·손근(孫近) 3인을 삼간(三奸)으로 지목하며 죽이라고 간했다가 진회의 노여움을 사서

사람은 모두 《춘추(春秋)》의 의리에서 터득한 바가 있었던 이들이니, 내가 적이 이에 감동하여 마침내 각각 읊어서 찬미하노라.

누가 동해에 몸을 빠뜨리려 하였는가　誰從東海欲沈身
진을 천자로 섬김을 분개한 옥모 선생[108]이었네　玉貌先生憤帝秦
육국이 소의 뒤가 되는 부끄러움[109]을 알지 못하였으니　六國不知牛後恥
당시의 고절은 오직 이 사람뿐이었네　當時高節獨斯人

음산[110] 눈 덮인 움막에서 모전을 씹어 먹어서[111]　陰山雪窖嚙毛氈
한나라 부절이 십 구년 만에 온전히 돌아갔네　漢節全歸十九年
위・이 두 사람 참으로 부끄러우니[112]　衛李二人堪愧殺

유배된 충신이다. 《宋史 卷374 胡銓列傳》

**108** 옥모 선생 : 전국 시대 위(魏)나라 객장군(客將軍) 신원연(新垣衍)이 노중련(魯仲連)을 일컬었던 말로 전하여 노중련을 가리키는 말로 쓰인다.

**109** 소의……부끄러움 : “차라리 닭의 입이 될망정 소의 뒤가 되지 말라. 〔寧爲鷄口, 勿爲牛後.〕”라는 속담이 있는데, 전국 시대의 유세가 소진(蘇晉)이 이 말을 인용하여 6국에게 진(秦)나라를 섬기는 것을 풍자하였다. 《史記 卷69 蘇秦列傳》

**110** 음산(陰山) : 현재 내몽고(內蒙古) 자치구(自治區) 남쪽으로부터 동북쪽으로 내흥안령(內興安嶺)까지 뻗어 있는 음산산맥(陰山山脈)으로, 흉노족의 땅이었다.

**111** 눈……먹어서 : 소무(蘇武)가 흉노의 선우(單于)에게 억류되었을 때에, 땅속의 큰 움집에 두고서 음식을 주지 않았는데, 눈이 내리면 소무가 누워서 그 눈과 함께 모전(毛氈)을 씹어 먹어서 수일 동안 죽지 않고 살아남았다고 한다. 《漢書 卷54 蘇武傳》

**112** 위・이……부끄러우니 : 위・이 두 사람은 위율(衛律)과 이릉(李陵)을 가리킨다. 위율은 아버지가 본래 호인(胡人)이었으나 본인은 한(漢)나라에서 생장하였는데, 협률 도위(協律都尉) 이연년(李延年)과 사이가 좋았다. 이연년의 추천으로 흉노에 사

궁려[113]에서 절하며 무릎 꿇고서 비린 음식을 실컷 먹었다지
穹廬拜跪飽腥羶

상소문 고준하여 해와 별처럼 빛나니[114] 尺疏峥嵘耀日星
어찌 구차히 목숨을 부지하여 소조정에 처하려 하겠는가[115]
偸生肯處小朝廷
도성에서 종이값 귀해져 성명이 위대해지니 都城紙貴聲名壯
변새 밖에서 오랑캐도 전해 보고서 뼛속까지 새파랗게 질렸다지[116]
塞外傳看虜骨靑

신으로 갔다가 돌아올 때 마침 이연년이 처형되자 위율은 주살될까 두려워 도망쳐서 흉노로 돌아가 항복하였다. 《漢書 卷54 李廣蘇建傳》 전한(前漢)의 명장 이릉(李陵)은 천한(天漢) 2년(B.C.99)에 군사 5천 명을 거느리고 흉노(匈奴)와 싸워 승리하였으나, 회군하던 중에 적의 대군을 만나 중과부적으로 항복하였다. 《史記 卷109 李將軍列傳》

**113** 궁려(穹廬) : '게르', 중국어로 '파오(包)'라고 칭하는 몽고의 이동식 전통 가옥을 말한다.

**114** 상소문……빛나니 : 상소문은 소흥(紹興) 8년(1138) 8월, 진회(秦檜)가 왕륜(王倫)을 금(金)나라에 보내 칭신(稱臣)하며 화친을 청했다는 말을 듣고 우통직랑(右通直郎) 추밀원편수관(樞密院編修官)으로 있었던 호전(胡銓)이 고종(高宗)에게 지어 올린 〈무오상고종봉사(戊午上高宗封事)〉를 말한다. 이에 대해 주희(朱熹)가 "일월과 빛을 다툴 만하다.〔可與日月爭光.〕"라고 평하였다. 《文章軌範 卷4 上高宗封事》

**115** 어찌……하겠는가 : 소조정(小朝廷)이란 중원을 수복하지 못한 남송 조정을 가리킨다. 호전(胡銓)이 고종(高宗)에게 지어 올린 〈무오상고종봉사(戊午上高宗封事)〉에 "신이 동해에 뛰어들어 죽을지언정, 어찌 소조정에 처하여 살기를 구할 수 있겠습니까.〔臣有赴東海而死爾, 寧能處小朝廷求活邪?〕"라는 말이 있다. 《宋史 卷374 胡銓列傳》

**116** 도성에서……질렸다지 : 호전(胡銓)이 올린 〈무오상고종봉사(戊午上高宗封事)〉를 의흥(宜興)의 진사 오사고(吳師古)가 판각하여 전파하였고, 금(金)나라 역시 천금을 들여 이를 얻어 읽어보았다고 한다. 《宋史 卷374 胡銓列傳》

# 가의의 치안책[117]을 읽고

讀賈誼治安策

| | |
|---|---|
| 가생이 삼대[118]의 정치를 논하여 | 賈生論三代 |
| 천하를 위한 계책을 자임하였네 | 自任天下計 |
| 교화의 근본을 세우고 | 敎化立其本 |
| 폐해진 예악을 일으켰네 | 禮樂興其廢 |
| 진나라의 분서갱유 뒤에 태어났으니 | 生於秦坑後 |
| 누구에게서 옛 제도를 익혔단 말인가 | 從誰講古制 |
| 유씨의 운이 한창 융성하여 | 劉氏運方隆 |
| 위로는 천리마를 물리친 황제가 있었거늘[119] | 上有却馬帝 |
| 어찌하여 오히려 통곡하면서 | 胡爲尙痛哭 |
| 마치 위급한 때에 처한 듯이 하였는가 | 若在危亡際 |

**117** 가의(賈誼)의 치안책(治安策) : 가의는 한(漢)나라 문제(文帝) 때의 신하로, 문제에게 치안책(治安策)을 올려 당시의 사세(事勢)에 대하여 통곡할 만한 것 한 가지, 눈물을 흘릴 만한 것 두 가지, 길이 탄식할 만한 것 여섯 가지를 열거하였다. 《漢書 卷48 賈誼傳》

**118** 삼대 : 중국 고대의 하(夏)나라, 은(殷)나라, 주(周)나라의 태평성대를 아울러 이르는 말이다.

**119** 유씨의……있었거늘 : 유씨(劉氏)는 한(漢)나라 황실의 성(姓)이다. 문제(文帝) 때에 어떤 사람이 천리마(千里馬)를 바쳤는데, 문제가 "앞에는 난기(鸞旗)가 펄럭이고 뒤에는 속거(屬車)가 따르며 매일 길행(吉行)은 50리, 사행(師行)은 30리를 가는데, 내가 천리마를 타고 홀로 먼저 어디로 갈 것인가."라고 하고 천리마를 받지 못하게 하였다. 《漢書 卷64 賈捐之傳》

심한 부종으로 손가락이 넓적다리만 하였는데[120]　大腫指如股
훌륭한 의원이 절묘한 처방을 내렸네　良醫有妙劑
하려던 바는 사유를 펼쳐서[121]　意欲張四維
말속의 병폐를 바로잡아 구제하는 것이었네　矯捄流俗弊
복색을 바꾸고 정삭을 고쳐서　易服改正朔
큰 계책으로 이 세상을 빛내고자 하였는데　洪猷賁斯世
군왕은 겸양하기를 좋아하였고　君王喜謙讓
대신 중에는 시기하고 막는 이 많았네[122]　大臣多忌蔽

**120** 심한……하였는데 : 가의(賈誼)가 한(漢)나라 문제(文帝)에게 올린 치안책(治安策)에 "천하의 형세가 마치 바야흐로 심한 부종을 앓아 정강이 하나가 거의 허리만큼 굵고 손가락 하나가 거의 넓적다리만큼 굵어 평소에 굴신할 수 없어서, 한 두 손가락만 움직여도 아파서 몸을 어찌할 수 없는 것과 같습니다. 지금을 놓치고 치료하지 않는다면 반드시 고질이 되어 뒤에는 편작(扁鵲)이 있다 하더라도 고치지 못할 것입니다.〔天下之勢方病大瘇, 一脛之大幾如要, 一指之大幾如股, 平居不可屈信, 一二指搐, 身慮亡聊. 失今不治, 必爲錮疾, 後雖有扁鵲, 不能爲已.〕"라고 하였다. 《漢書 卷48 賈誼傳》

**121** 사유를 펼쳐서 : 가의(賈誼)가 한(漢)나라 문제(文帝)에게 올린 치안책(治安策)에서 관중(管仲)의 말을 인용하여 "관자는 '예의염치(禮義廉恥)를 사유(四維)라고 하니, 사유가 반듯하게 펼쳐지지 않으면 나라가 멸망하고 만다.'라고 하였습니다. 관자가 어리석은 사람이라면 괜찮지만, 관자가 조금이라도 정치의 체도(體道)를 아는 사람이라고 한다면 이 얼마나 한심한 일입니까.〔管子曰: 禮義廉恥是謂四維, 四維不張, 國乃滅亡. 使管子愚人也則可, 管子而少知治體, 則是豈可不爲寒心哉?〕"라고 하였다. 《漢書 卷48 賈誼傳》

**122** 복색을……많았네 : 가의(賈誼)는 한(漢)나라가 흥한 지 20여년이 되었을 때에 정삭(正朔)을 고치고 복색(服色) 및 제도를 바꾸어 관명(官名)을 정하고 예악을 일으켜야 한다고 여겨 의법(儀法)의 초안을 갖추어 아뢰었다. 문제(文帝)가 겸양하며 겨를이 없다고 하면서도 한편으로는 가의를 공경(公卿)의 지위에 두었는데, 한나라 개국공신이었던 주발(周勃)과 관영(灌嬰) 등이 가의를 미워하고 비난하니 문제가 소원히

| | |
|---|---|
| 이 사람이 불우하였기에 | 斯人之不遇 |
| 한나라 백성들이 은혜를 입지 못한 것이네 | 漢民未受惠 |

여겨 결국 장사왕 태부(長沙王太傅)로 좌천되었다.《漢書 卷48 賈誼傳》

## 고 이조 판서 황공[123] 흠 의 매성[124]에 있는 옛 집 그림에 적다

題故吏曹判書黃公 欽 梅城舊庄圖

매성 한 골짜기에 자리잡은 상서촌　梅城一壑尙書村
영각[125]의 현신이 초가로 돌아왔지　靈閣賢臣返蓽門
오랫동안 시국을 근심하다가 작록을 내려놓고　久爲時憂休爵祿
즐거이 군주의 은혜 받들어 술잔을 풍성하게 차려 놓네　好將君賜侈杯樽
창 앞의 산기슭은 붕우가 찾아오는 듯하고　窓前山面來朋友
뜰 안의 소나무 가지들은 자손이 자라는 것 같네　園裏松枝長子孫
꽃과 돌을 전하는 집[126]에 새로운 그림이 있으니　花石傳家新有畫

**123** 황공(黃公) : 황흠(黃欽, 1639~1730)으로, 자는 경지(敬之), 본관은 창원(昌原)이다. 1680년(숙종6) 별시 문과에 을과로 급제한 이후, 좌·우참찬과 육조의 판서를 두루 역임하였다. 91세로 장수하여 숙종·경종·영조의 3대를 모셨는데, 매사에 신중하고 엄정 화목하였으며 정사도 공정하고 예의를 준수하는 청렴결백한 신하라는 평을 받았다. 마지막 벼슬은 판돈녕부사와 이조 판서였다.

**124** 매성(梅城) : 충청도 홍주(洪州)에 있다.

**125** 영각(靈閣) : 영수각(靈壽閣)으로, 기로소(耆老所) 안에 있는 어첩(御帖)을 보관하는 누각(樓閣)이다. 조선 시대 제도에 공경으로서 나이가 70된 자는 기로소에 들어가게 하고 영수각에다 화상을 걸도록 하였다. 황흠(黃欽)이 91세로 장수하여 기로소에 들었으므로 이렇게 말한 것이다.

**126** 꽃과……집 : 당(唐)나라 무종(武宗) 때의 재상인 이덕유(李德裕)가 평천장(平泉莊)이라는 별장을 지었는데, 기이한 화초와 수석이 어우러져 선경(仙境)을 방불케

세속의 소란함 벗어난 높은 발자취가 눈에 선하네 宛瞻高躅出塵喧

하였으며, 〈평천산거계자손기(平泉山居戒子孫記)〉라는 글에서 "후대에 이 평천을 파는 자는 내 자손이 아니며, 평천의 나무 하나 돌 하나를 남에게 주는 자는 훌륭한 자제가 아니다.〔後代鬻平泉者, 非吾子孫也, 以平泉一樹一石與人者, 非佳子弟也.〕"라고 하며 자손들에게 이곳을 잘 가꾸고 지킬 것을 당부하였다. 이 고사를 원용하여 말한 것이다.

## 단정히 앉아 더위를 쫓으며 주 부자(朱夫子)의 〈하일〉 두 수[127]에 삼가 차운하여 편말에 오사집[128] 윤상 에게 뜻을 붙이고 이어서 편지를 보내어 화운해주기를 청하다

清坐却暑 謹次朱夫子夏日二首 篇末屬意吳士執 允常 仍簡求和

| | |
|---|---|
| 병든 몸 무더위가 두려워 | 病軀畏煩暑 |
| 삼순 동안 문 밖을 나서지 않았네 | 三旬不出門 |
| 뜰 가에는 그윽한 풀이 자라고 | 庭畔幽草長 |
| 담 모퉁이에는 아름다운 나무가 무성하네 | 墻隅嘉木繁 |

**127** 주 부자(朱夫子)의……수 : '주 부자'는 주희(朱熹)로, 이 시는 《회암집(晦菴集)》 권1의 "평소 여름 더위에 지친 나머지, 온종일 사립문을 닫아걸었네. 창에는 멀리서 바람이 휘몰아쳐 오고, 대에는 청량한 그늘이 짙푸르다네. 고요하여 도서와 사적을 보는 것이 즐겁고, 적막하여 거마의 시끄러러운 소리 들리지 않네. 이곳이야말로 숭상하던 바에 맞으니, 세상 사람과 논하기란 쉽지 않다오.〔端居倦時暑, 竟日掩柴門. 窓風遠飆至, 竹樹淸陰繁. 靜有圖史樂, 寂無車馬喧. 玆焉愜所尙, 難與世人論.〕"와 "늦여름 정원 나무 어둑하니, 창호에 청량한 그늘 쌓였구나. 긴 바람 한번 휘감아 도니, 온갖 녹음 이 얼마나 울창한가. 이것을 완상하며 긴긴 해를 보내니, 그윽한 회포를 시원스레 씻어내네. 부앙함에 하는 바 없이, 그런대로 다시 한번 이 마음 얻는다오.〔季夏園木暗, 窓戶貯淸陰. 長風一掩苒, 衆綠何蕭槮. 玩此消永晝, 泠然滌幽襟. 俯仰無所爲, 聊復得此心.〕"를 가리킨다.

**128** 오사집(吳士執) : 오윤상(吳允常, 1746～1783)으로, 자는 사집, 호는 영재(寧齋), 본관은 해주(海州)이다. 순암(醇菴) 오재순(吳載純)의 첫째 아들이며, 미호(渼湖) 김원행(金元行)의 문하에서 수학하였다. 학문에 뛰어나 두 아우인 오희상(吳熙常)과 오연상(吳淵常)을 가르치기도 하였다. 38세로 요절하였으며, 저서로는 《영재유고(寧齋遺稿)》가 있다.

| | |
|---|---|
| 산새가 기나긴 낮 내내 울어대지만 | 山禽啼永晝 |
| 시비로 떠드는 소리 없어 고요할 뿐이네 | 闃無是非喧 |
| 고요히 있음은 더위를 이김을 깊이 깨달으니 | 深悟靜勝熱 |
| 노담이 오묘한 논의를 남겼다오[129] | 老聃留妙論 |

그 두 번째 其二

| | |
|---|---|
| 정오 가까워 바람이 잠깐 시원하더니 | 向午風乍淸 |
| 비 올 듯 구름이 다시 그늘을 만드네 | 欲雨雲更陰 |
| 처마 끝으로 구름 낀 산이 바라보이고 | 簷角望雲山 |
| 여름 나무는 빽빽한 가지가 짙푸르네 | 夏木翠橚槮 |
| 자양(紫陽 주희(朱熹))의 글을 한 번 읽노라니 | 一讀紫陽書 |
| 청량한 뜻이 흉금에 가득 차오르네 | 涼意滿虛襟 |
| 돌아보건대 나의 좋은 벗만이 | 睠焉吾良友 |
| 응당 이 마음을 함께할 수 있으리 | 只應同此心 |

**129** 고요히……남겼다오 : '노담(老聃)'은 노자(老子)이다. 《도덕경(道德經)》 하편(下篇) 제45장에 "부지런히 움직임은 추위를 이기고, 고요히 있음은 더위를 이기니, 맑은 상태로 고요히 있음이 천하의 정도이자 규범이 된다.〔躁勝寒, 靜勝熱. 淸靜, 爲天下正.〕"라고 한 것을 원용하여 말한 것이다.

## 효효재 김공 용겸 이 동관의 전헌을 편찬하는 일로 우리 마을에 머물므로 내가 날마다 찾아가 만나뵈었는데[130] 일을 끝마치고 돌아갈 적에 서글픈 마음을 가누지 못하여 삼가 적어서 올리다

嘐嘐金公 用謙 以冬官典憲編摩 館于洞中 胤源日往拜晤 及其罷歸 不勝悵然 謹題以獻

| | |
|---|---|
| 우연히 장구가 궁성의 동쪽에 머무시니 | 偶然杖屨憩城東 |
| 병들고 게으른 나임에도 날마다 공을 뵈었네 | 病懶吾猶日拜公 |
| 관사가 깨끗하고 그윽하여 술 마시기에 좋으니 | 館宇淸幽杯酒好 |
| 흉금이 마치 고인의 풍모를 접한 듯하네 | 襟期如接古人風 |

**130** 효효재(嘐嘐齋)……만나뵈었는데 : 효효재 김공(金公)은 김용겸(金用謙, 1702~1789)으로, 자는 제대(濟大), 호는 효효재, 본관은 안동(安東)이며, 포음(圃陰) 김창즙(金昌緝)의 아들이다. 동관(冬官)은 공조(工曹)를 이른다. 《근재집(近齋集)》 권31 〈효효재김공유사(嘐嘐齋金公遺事)〉에 "공이 공조의 아당이 되었는데, 당시에 동관의 전헌을 편찬하는 일로 그 사람의 도가에 묵으며 십여 일을 머물렀다.〔公爲工部亞堂, 時爲編摩, 冬官典憲, 館于其人都家, 留十餘日.〕"라는 내용이 보인다. 또 박윤원의 아들 박종여(朴宗輿)의 문집 《냉천유고(冷泉遺稿)》 권5 〈선고근재선생부군언행록(先考近齋先生府君言行錄)〉에 "무술년(1778, 정조2) 가을에 효효재 김공이 공조 참판이 되어 동관의 전헌을 편찬하는 일로 이곡에 와서 머물렀는데, 우리 집과 매우 가까웠다. 공은 부군과 서로 왕래하며 강론한 것이 많았다. 공이 장차 마치고 돌아갈 적에 부군이 시를 지어 올렸다.〔戊戌秋, 嘐嘐齋金公爲工曹參判, 以冬官典憲編摩事, 來寓泥谷, 與吾家甚近. 公與府君互相往來, 多有講質. 公將罷歸, 府君賦詩以獻.〕"라는 내용이 보인다.

그 두 번째 其二

| | |
|---|---|
| 머리 위에 높다란 위모관[131] 쓴 차림으로 | 委貌峩峩在首邊 |
| 긴긴 해에 한가로이 고공(考工 공조)의 서책을 베끼네 | 日長閑寫考工編 |
| 만약 이 어른이 당대에 크게 쓰인다면 | 若令此老爲時用 |
| 아조 사백 년의 예악이 흥기할 수 있으리 | 禮樂堪興四百年 |

**131** 위모관(委貌冠) : 주(周)나라의 관(冠)으로, 후대의 진현관(進賢冠)과 비슷한 모양이다. 《의례(儀禮)》 〈사관례(士冠禮)〉에 "위모는 주나라의 도이다.〔委貌, 周道也.〕"라고 하였는데, 이에 대한 정현(鄭玄)의 주에 "위(委)는 편안함과 같으니, 이 관을 써서 용모를 편안하고 바르게 함을 말한 것이다.〔委, 猶安也, 言所以安正容貌.〕"라고 설명하였다.

## 봉록 김공[132] 이곤 에 대한 만시

鳳麓金公 履坤 輓

| | |
|---|---|
| 모주[133]는 시가 훌륭하여 | 茅洲蔚騷雅 |
| 대가 중에도 짝할 이 드물었지 | 大家鮮儔匹 |
| 후손이 그 남긴 발자취를 이으니 | 後來繼遺武 |
| 공이 또 빼어난 자질을 타고났네 | 公又挺奇質 |
| 어릴 적에 말로 사람을 놀라게 하니 | 少小語驚人 |
| 뛰어난 시구에 글 짓는 재주가 넘쳐났네 | 秀句藻思溢 |
| 중년에는 시련 속에서 곤궁하였으나 | 中歲困坎壈 |
| 고상한 격조가 더욱 호탕하고 시원스러웠네 | 高調益宕逸 |
| 청풍[134]의 누각에서 병들어 누워 있을 적에 | 臥疾淸風閣 |

**132** 봉록(鳳麓) 김공(金公) : 김이곤(金履坤, 1712~1774)으로, 자는 후재(厚哉), 호는 봉록, 본관은 안동(安東)이다. 음보로 벼슬하여 세자익위사 시직, 동몽교관, 장악원 주부 등을 지냈으며, 1774년(영조50) 신계 현령(新溪縣令)이 되었는데 임소에서 졸하였다. 저서로는 《봉록집(鳳麓集)》이 있다.

**133** 모주(茅洲) : 김시보(金時保, 1658~1734)로, 자는 사경(士敬), 호는 모주, 본관은 안동(安東)이다. 김상용(金尙容)의 현손으로, 김이곤(金履坤)의 본생조부이다. 1684년(숙종10) 진사시에 합격하였고 양근 군수(楊根郡守), 마전 군수(麻田郡守), 간성군수(杆城郡守), 청송 부사(靑松府使) 등을 지냈다.

**134** 청풍(淸風) : 인왕산 동쪽 기슭에 있는 경치 좋은 골짜기인 청풍계(淸風溪)를 이른다. 푸른 단풍나무가 많아서 본래 '청풍계(靑楓溪)'로 불렸으나 이곳에 김상용(金尙容)이 별장과 함께 태고정(太古亭)이라는 정자를 지으면서부터 맑은 바람이 있는 계곡이라는 뜻의 '청풍계(淸風溪)'로 명칭이 바뀌어 불렸다고 한다.

시 읊으며 기나긴 날을 보냈네 吟哦送長日
삼지의 물이 벼루를 적시고 三池水灌硯
취병의 구름이 붓을 에워쌌네[135] 翠屛雲遶筆
북산의 귀신이 감읍하니[136] 北山神鬼泣
만상을 모두 망라하여 담아서라네 萬象籠輸畢
농암(農巖 김창협(金昌協))과 삼연(三淵 김창흡(金昌翕))에게 광영이 되니 農淵有光輝
사천[137]과 더불어 비견하였네 槎川與頏頡
비록 국가의 성대함을 노래하지는 못하였으나[138] 雖未鳴國家

**135** 삼지(三池)의……에워쌌네 : '삼지(三池)'와 '취병(翠屛)'은 인왕산(仁王山) 청풍계(淸風溪) 일대의 명승이다. '삼지'란 인왕산 서쪽 기슭에 있던 늠연사(凜然祠) 앞의 조심지(照心池), 태고정(太古亭) 옆의 함벽지(涵碧池), 태고정 앞의 척금지(滌衿池)이다. 늠연사는 1637년(인조 15) 병자호란 때 순절한 김상용(金尙容)의 영정을 모신 곳이다. '취병'이란 인왕산 자락 밑의 너른 바위인 취병암(翠屛巖)이다.《東埜集 卷7 楓溪集勝記》 이와 관련하여 박윤원(朴胤源)이 지은 〈모도정사기(茅島精舍記)〉의 내용 중 청풍계에 대하여 말하면서 "삼지에서 몸을 씻고 취병에 기댄다.〔濯三池而倚翠屛.〕"라고 하였으며, 또 김이곤(金履坤)의 행장에 "나는 어렸을 때부터 공을 뵈었는데, 관례를 치른 뒤에 공을 삼지각(三池閣)에서 찾아뵈었다.〔余蓋自幼時見公, 及冠, 拜公於三池閣.〕"라고 한 말이 보인다.《近齋集 卷21 茅島精舍記, 卷30 贈司憲府執義金公行狀》

**136** 북산(北山)의 귀신이 감읍하니 : 두보(杜甫)가 〈기이백(寄李白)〉 시에서 이백(李白)의 뛰어난 시재(詩才)를 찬탄하여 "붓 내려 쓰면 비바람을 놀라게 하고, 시를 이루면 귀신을 울리도다.〔筆落驚風雨, 詩成泣鬼神.〕"라고 하였는데, 이를 원용하여 말한 것이다.

**137** 사천(槎川) : 이병연(李秉淵, 1671～1751)으로, 본관은 한산(韓山), 자는 일원(一源), 호는 사천·백악하(白嶽下)이다. 삼연(三淵) 김창흡(金昌翕)의 문인이며, 벼슬은 음보(蔭補)로 부사(府使)를 지냈다. 시에 뛰어나 영조 대 최고의 시인으로 일컬어졌다. 시집에 《사천시초(槎川詩抄)》가 있다.

천년토록 전해짐을 기약할 수 있네 千載傳可必
양자[139]가 먼지 쌓인 상자를 잘 간직하고 있으니 蛉兒守塵篋
오색 무지개가 한밤중에 나타나네[140] 彩虹中夜出

그 두 번째 其二
포의의 몸으로 강개함을 쌓아 布衣蓄慷慨
수염 치켜들며 옛 도를 말하였네 掀髯談古昔
노쇠한 나이에 충량과[141]에 응시하였으나 老應忠良擧

**138** 국가의……못하였으나 : '국가의 성대함을 노래한다'는 것은 크게 발탁되어 국가의 융성을 노래함을 의미한다. 한유(韓愈)의 〈송맹동야서(送孟東野書)〉에서 맹교(孟郊)·이고(李翺)·장적(張籍)에 대해 말하기를 "알지 못하겠다. 하늘이 장차 그들의 소리를 화락하게 하여 국가의 성대함을 노래하게 할 것인가? 아니면 장차 그들의 몸을 곤궁하고 굶주리게 하며 그들의 마음속을 그립고 시름겹게 하여 스스로 그들 자신의 불행을 노래하게 할 것인가?〔抑不知天將和其聲, 而使鳴國家之盛邪? 抑將窮餓其身, 思愁其心腸, 而使自鳴其不幸邪?〕"라고 하였는데, 이를 원용하여 표현한 것이다.

**139** 양자 : 김이곤(金履坤)은 아들을 두지 못하여 종자(從子) 김집순(金集淳)을 데려다가 후사로 삼았다. 《近齋集 卷30 贈司憲府執義金公行狀》

**140** 오색……나타나네 : 북송(北宋) 시대에 시(詩), 서(書), 화(畫)에 모두 뛰어났던 미불(米芾)이 서화를 소장하기도 매우 좋아하여, 수집한 서화들을 행선(行船) 위에 싣고 '미가서화선(米家書畫船)'이라는 패(牌)를 써서 걸고 다녔는데, 밤이면 그 배에서 무지개가 달을 꿰는 현상이 나타났다고 한다. 황정견(黃庭堅)이 일찍이 미불에게 준 시에 "푸른 강 고요한 밤에 무지개가 달을 꿰어라, 이것이 정히 미씨 집의 서화 실은 배로구나.〔滄江靜夜虹貫月, 定是米家書畫船.〕"라는 내용이 보인다. 이를 원용하여 표현한 것이다. 《山谷集 卷9》

**141** 충량과(忠良科) : 1764년(영조40) 처음으로 시행된 정시(庭試)의 일종으로, 병자호란 때 청나라에 항거하다가 순절한 이들의 충절을 기리고 아울러 그 후손들을 위로할 목적으로 처음 실시하였다. 따라서 이 시험에 응시할 수 있는 사람은 윤집(尹集)·홍

끝내 왕패의 계책을 실현하지 못하였네 竟負王伯策
용렬한 무리들을 무시하며 傲睨碌碌曹
그런대로 말직에서 자취를 감추었지 末官聊混跡
해서(海西)의 백성이 돌아가는 상여를 두고 곡하니[142] 西氓哭歸輀
미처 기맥[143]을 노래하지 못하였네 未及咏岐麥
평생을 한결같이 곤궁함으로 보냈으니 生平一以窮
예순의 세월이 사마(駟馬)가 좁은 틈을 지나듯 빠르게 흘렀네
六十如駟隙
장대한 마음이 두터운 땅 속에 묻히니 壯心埋厚壤
차가운 달빛이 송백을 비추네 寒月照松柏

그 세 번째 其三

나의 선인이 공과 인척이 되는데[144] 先人爲公戚

익한(洪翼漢)·오달제(吳達濟) 등 삼학사와 김상용(金尙容)·김상헌(金尙憲) 등 절신(節臣)의 후손이었지만, 뒤에는 임진왜란 이후 귀화한 명나라 사람의 후예들까지 포함시켰다.

**142** 해서(海西)의……곡하니 : 해서는 황해도로, 김이곤(金履坤)이 1774년(영조50) 9월 황해도의 신계 현령(新溪縣令)이 되었다가 11월에 임소에서 졸하였으므로 이렇게 말한 것이다. 《近齋集 卷30 贈司憲府執義金公行狀》

**143** 기맥(岐麥) : 보리 한 줄기에 두 가닥의 이삭이 달린 것으로, 풍년이 들 상서로운 조짐으로 여겼으며, 지방관의 탁월한 치적을 상징하는 것으로 생각하였다. 후한(後漢) 때 어진 관리인 장감(張堪)이 어양 태수(漁陽太守)가 되어 선정을 베풀자, 백성들이 그를 칭송하여 노래하기를 "뽕나무엔 붙은 가지가 없고, 보리 이삭은 두 가닥으로 달렸네. 장군이 고을을 다스리니, 즐거움을 감당치 못하겠네.〔桑無附枝, 麥穗兩岐. 張君爲政, 樂不可支.〕"라고 하였던 고사가 있다. 《後漢書 卷31 張堪列傳》

| | |
|---|---|
| 일찍이 걸출한 숙부라고 칭찬하셨지 | 嘗稱叔也傑 |
| 공이 찾아오면 그 풍채가 환히 빛나 | 公至爛風采 |
| 어린 나이에 만날 때마다 좋아하였네 | 兒童見每悅 |
| 장성한 뒤에는 공의 시를 읽어보고 | 及長讀公詩 |
| 흠모하고 우러르며 누차 무릎을 쳤지 | 欽仰屢擊節 |
| 마음으로 효빈할 것을 생각했으나 | 心思效嚬爲 |
| 끝내 내 재주가 못난 것이 부끄러웠네 | 終愧余才拙 |
| 노둔한 말 부질없이 절뚝거리는 사이에 | 駑駘空蹩躠 |
| 앞서 가던 수레는 벌써 그림자조차 사라졌지 | 前駕影已滅 |
| 통가하여 정의가 더욱 돈독해져서 | 通家誼更敦 |
| 나이를 잊고 정이 더욱 각별해졌네 | 忘年情愈切 |
| 갑자기 이 노인을 잃게 되니 | 遽然失此老 |
| 고향 마을의 풍류가 끊어졌네 | 故里風流絶 |
| 거친 글을 일찍이 칭찬하시어 | 蕪詞曾被賞 |
| 나를 고인의 반열로 추켜 주셨지 | 引我古人列 |
| 지금 공의 뇌문을 지으니 | 今作誄公章 |
| 구원에서 무어라고 평하실는지 | 九原詎評說 |

**144** 나의……되는데 : 박윤원의 조모, 즉 박사석(朴師錫)의 모친과 김이곤(金履坤)의 소후모(所後母)가 모두 전의 이씨(全義李氏)이며, 김이곤의 본생가 형 김이진(金履晉)의 3남 김재순(金在淳)이 박사석의 사위이다.

## 김계강[145] 집순 에 대한 만시

金季剛 集淳 輓

두 어머니가 노쇠한 날이요 　二母臨衰日
여러 형들 멀리 있는 때라네 　諸兄在遠時
머뭇거리는 혼이 정녕 돌아볼 것이니 　踟躕魂定顧
오열하는 거리가 모두 슬퍼하네 　嗚咽巷皆悲
골짜기 샘물 영험하다더니 효험이 없었고 　峽水靈無賴
호중 길에서 내뱉은 참언은 예견한 바 있었네 　湖程讖有知
군을 위하여 곡할 제 어이 위로하랴 　哭君何所慰
여섯 살 아이만 어루만져 달래노라 　猶撫六齡兒

계강이 양양(襄陽)에 있는 영천(靈泉)이 사람의 병을 치료할 수 있다는 말을 듣고는 그곳에 가서 백여 그릇을 마셨다. 한번은 다른 사람과 호중(湖中)에 가다가 길가의 즐비한 무덤을 보고는 이를 가리키며 말하기를, "인생이 모두 이와 같으니 어찌 슬프지 않겠는가."라고 하였다. 그러다가 얼마 뒤에 계강이 죽었으므로 두 번째 연에서 이를 언급한 것이다.

**145** 김계강(金季剛) : 김집순(金集淳, 1734~1777)으로, 자는 계강, 본관은 안동(安東)이다. 김이진(金履晉)의 4남으로서, 숙부인 김이곤(金履坤)의 양자가 되었다.

## 태공의 《단서》[146]를 읽고서

讀太公丹書

| | |
|---|---|
| 여든에 목야에서 매가 날 듯하니[147] | 八十鷹揚牧野中 |
| 굳세고 굳셈[148]은 오히려 일시의 공(功)이라네 | 桓桓猶是一時功 |

**146** 태공의 단서 : '태공'은 강태공(姜太公) 여상(呂尚)을 말한다. '단서'란 주(周)나라 문왕(文王)이 탄생할 적에 붉은 새가 물고 왔다는 글로, "공경이 태만함을 이기는 자는 길하고 태만함이 공경을 이기는 자는 멸망하며, 의리가 욕심을 이기는 자는 사람들이 순종하고 욕심이 의리를 이기는 자는 흉하다.……〔敬勝怠者吉, 怠勝敬者滅, 義勝欲者從, 欲勝義者凶.……〕"라는 등의 내용이 있었다고 전한다. 《史記 卷4 周本紀》 이후 무왕(武王)이 즉위할 적에 강태공에게 이 《단서》의 내용에 관해 묻고, 그 주변의 온갖 기물에 명(銘)을 지어 새겨서 경계로 삼았다고 전한다. 《小學 敬身》《心經 敬以直內章》 이와 관련된 구체적인 내용은 《대대례기(大戴禮記)》 권6 제59편인 〈무왕천조(武王踐阼)〉에 실려 있다.

**147** 여든에……듯하니 : 이는 강태공(姜太公) 여상(呂尚)이 목야(牧野)의 전투에서 무위(武威)를 발휘하였음을 나타낸다. 원문의 '응양(鷹揚)'은 매가 날아오르듯이 용맹하게 위무(威武)를 떨친다는 뜻으로, 《시경》 〈대아(大雅) 대명(大明)〉에서 "태사인 상보가 때로 매가 날듯이 하여, 저 무왕을 도와 군대를 풀어 상나라를 정벌하니, 회전하는 날 아침 날씨가 청명하도다.〔維師尚父, 時維鷹揚, 涼彼武王, 肆伐大商, 會朝淸明.〕"라고 한 데에 전거를 둔 말이다. 여상은 위수(渭水)의 물가인 반계에서 낚시하고 있던 중, 80세의 나이로 주 문왕(周文王)을 만나 사부(師傅)로 추대되었고, 이어 무왕을 도와 은나라를 멸망시키고 주나라를 세우는 데 공헌하였다. '목야(牧野)'는 지금의 하남성(河南省) 기현(淇縣) 남쪽에 있는 지명으로, 주 무왕이 은(殷)나라에 반란을 일으킨 제후들과 군사를 합하여 주왕(紂王)의 군사를 대파하였던 곳이다.

**148** 굳세고 굳셈 : 이는 주 무왕(周武王)이 은(殷)나라 주왕(紂王)과 목야(牧野)에서 전투를 벌이기 전에 군사들에게 훈시한 《서경》 〈주서(周書) 목서(牧誓)〉에 "부디 굳세고 굳세어 범과 같고 비휴와 같으며 곰과 같고 큰곰과 같이 상나라 교외에서 싸워

어찌 '경(敬)' 자라는 《단서》의 요결이　何如敬字丹書訣
만대에 걸쳐 참으로 학문 공부를 열어 놓은 것 만하겠는가　萬世眞開學問工

도망하는 자들을 맞아 공격해서 서쪽 지방 사람들을 수고롭게 하지 말라.〔尙桓桓, 如虎如貔, 如熊如羆于商郊, 弗迓克奔, 以役西土.〕"라고 한 데에서 보이는 말이다.

# 밀암 김공[149] 지행 을 애도하다

## 悼密庵金公 砥行

| | |
|---|---|
| 봉호에서 거친 밥과 거친 옷으로 늙어갔다고 | 蓬戶老蔬褐 |
| 제자열전에 원사를 기록하였네[150] | 弟子志原思 |
| 이기려 함과 원망함을 아무리 하지 않더라도[151] | 克怨雖不行 |
| 오히려 억지로 힘써서 하게 됨을 용납하였다네 | 猶容勉强爲 |

**149** 밀암(密庵) 김공(金公) : 김지행(金砥行, 1716~1774)으로, 자는 유도(幼道), 호는 밀암(密庵)·밀옹(密翁), 본관은 안동(安東)이다. 병자호란 당시 강화도에서 순절한 문충공(文忠公) 김상용(金尙容)의 5세손이며, 충청 감사를 지낸 김성적(金盛迪)의 손자이다. 병계(屛溪) 윤봉구(尹鳳九)의 문인으로, 일찍부터 과거에 대한 뜻을 버리고 공주(公州) 계실곡(溪室谷)에 은거하여 학문을 하며 안빈낙도하여, 안자(顔子)에 버금가는 인물로 칭송되었다. 저술로 《밀암집(密庵集)》이 전한다.

**150** 봉호(蓬戶)에서……기록하였네 : 이와 관련된 내용은 《장자(莊子)》 〈양왕(讓王)〉에 "원헌(原憲)이 노나라에 살면서 그 집은 상하 사방이 10척(1丈) 밖에 되지 않는 작은 집인 데다 지붕은 푸른 풀로 이었으며 쑥 풀을 묶어 만든 방문도 완전치 않은데, 뽕나무 가지를 깎아 지도리로 삼고 밑 빠진 항아리를 창으로 삼은 두 방을 거친 갈포로 막았다.〔原憲居魯, 環堵之室, 茨以生草, 蓬戶不完, 桑以爲樞. 而甕牖二室, 褐以爲塞.〕"라고 보인다. 원문의 '원사(原思)'는 원헌을 가리키는바, 원헌의 자가 '자사(子思)'이기 때문에 이렇게 부른 것이다. 《사기(史記)》 권67 〈중니제자열전(仲尼弟子列傳)〉 가운데 원헌에 관한 부분에 《장자》의 이 내용과 유사한 기록이 보인다.

**151** 이기려……않더라도 : 이는 《논어》 〈헌문(憲問)〉에 원헌(原憲)이 "남을 이기려고 하고, 능력을 자랑하고, 남을 원망하고, 욕심을 부리는 일을 하지 않는다면 인(仁)이라고 말할 수 있습니까?〔克伐怨欲不行焉, 可以爲仁矣?〕"라고 묻자, 공자가 말하기를, "어렵다고 할 수는 있으나 인인지는 내 알지 못하겠다.〔可以爲難矣, 仁則吾不知也.〕"라고 한 데에서 온 말이다.

어질도다, 안씨의 아들이여　　賢哉顏氏子
단표로도 그 즐거움 이이하였지[152]　　簞瓢樂怡怡
내가 보건대 밀암공께서는　　吾觀密庵公
천 년 동안 누구보다 여기에 가까웠지[153]　　千載庶幾斯
한평생 침소에는 제대로 된 요도 없었고　　一生寢無褥
나흘 동안 아궁이에 불도 때지 않았다네[154]　　四日竈不炊

**152** 어질도다……이이(怡怡)하였지 : '단표(簞瓢)'는 한 대그릇 밥과 한 표주박의 물이라는 뜻으로 가난한 삶을 의미한다. 《논어》 〈옹야(雍也)〉에 "어질구나, 안회여. 한 대그릇 밥과 한 표주박의 물로 궁벽한 시골에 살아가는 것을 사람들은 그 근심을 견디지 못하는데, 안회는 그 즐거움을 고치지 않으니 어질구나, 안회여.〔賢哉回也. 一簞食一瓢飮, 在陋巷, 人不堪其憂, 回也不改其樂, 賢哉回也.〕"라는 말이 보인다. '이이'는 화순하고 화락한 모양으로, 《논어》 〈자로(子路)〉에 "간절하고 자상히 권면하며 화락하면 선비라 이를 만하다. 붕우 간에는 간절하고 자상히 권면하며 형제간에는 화락하여야 한다.〔切切偲偲, 怡怡如也, 可謂士矣. 朋友, 切切偲偲. 兄弟, 怡怡.〕"라고 한 공자의 말에 보인다.

**153** 내가……가까웠지 : 박윤원은 김지행의 묘갈명 서문에서 그를 안자에 견주어 서술하였는데 "사람들은 그 괴로움을 견디지 못하는데, 공은 편안하고도 즐거워하였다……어떤 객이 공에게 '옛 책은 굳이 천착해서 볼 필요가 없으니, 예컨대 안자의 일단사일표음에 소금, 메주, 장, 나물이 없었겠는가.'라고 하자, 공이 말하였다. '소금, 메주, 장, 나물이 없으니, 안자는 그저 밥을 삼키고 물을 마셨을 뿐이다.'〔人不堪其苦, 而公則安且樂也.……客有語公曰: '古書不必泥看, 如顏子一簞食一瓢飮, 無鹽豉醬菜乎?' 公曰: '無鹽豉醬菜, 顏子只呑飯飮水而已.'〕"라고 하였으며, 명문에서는 "진실로 도를 행하지 못하면 어찌 가난 때문에 벼슬하랴. 단사표음으로 누항에 있으면서 즐거움을 고치지 않았으니, 아, 훌륭하여라 공의 어짊이여! 우리 동방의 안자로다.〔苟未行道, 豈爲貧仕? 簞瓢陋巷, 不改樂止, 猗公之賢, 我東顏子.〕"라고 하였다. 《近齋集 卷31 密庵金公墓碣銘》

**154** 한평생……않았다네 : 이와 관련하여 《근재집》 권31 〈밀암김공묘갈명(密庵金公墓碣銘)〉의 서(序)에 "일찍이 거업을 그만두고 공주 계실곡에 은거하였는데 거처가

무척이나 애쓰며 고생한다 사람들은 말했지만　人謂堅厲苦

공의 마음 절로 평탄하고 여유로웠지　公自坦蕩夷

타고난 자질 본래 맑고도 굳센 데다　天質本淸剛

병계[155]의 문하에서 학문을 의뢰하였네　屛門學有資

논한 설은 굳이 똑같을 필요가 없으니[156]　論說不必同

그 스승을 존모함을 더욱더 잘 알겠네　益見尊其師

밤에 등불 켜고 한 글자 생각하느라　夜燈思一字

계명까지 그대로 꼿꼿이 앉았다네[157]　鷄鳴坐尙危

소연하여 비바람을 그대로 받고 아궁이에 연기가 나지 않은 것이 나흘이나 되었다. 잠잘 때는 요도 없어서 밤에는 얇은 이불로 몸을 덮고 누웠다.〔早廢擧, 隱居于公州之溪室谷, 屋宇蕭然, 受風雨, 竈不烟者四日. 寢無褥, 夜以薄被覆身而臥.〕"라고 한 내용이 보인다.

**155** 병계(屛溪) : 윤봉구(尹鳳九, 1683~1767)로, 본관은 파평(坡平), 자는 서응(瑞膺), 호는 병계(屛溪), 시호는 문헌(文獻)이다. 권상하(權尙夏)의 문인이며 강문팔학사(江門八學士)의 한 사람이다. 호락논쟁(湖洛論爭)에서 호론의 중심인물로 인물성이론(人物性異論)을 주장하였다. 장령, 집의, 대사헌, 공조 판서 등을 역임하였으며, 저서로 《병계집(屛溪集)》이 있다.

**156** 논한……없으니 : 김지행이 그 스승 윤봉구와 다른 학설을 주장하였다는 말이다. 《근재집》 권31 〈밀암김공묘갈명(密庵金公墓碣銘)〉의 서(序)에 "심(心)에 대해 논한 설(說)이 사문과 합치하지 않았다. 이에 누차 목욕재계하고 글을 올려서 질문하였지만 끝내 부합할 수 없었다.〔論心說, 與師門不合, 屢齋沐上書以質, 而竟不能合也.〕"라고 한 내용이 보인다.

**157** 밤에……앉았다네 : 이와 관련하여 《근재집》 권31 〈밀암김공묘갈명(密庵金公墓碣銘)〉의 서(序)에 "평소 전심치지해 사색하여 등불을 켜놓고 그 아래 앉아 경전 중에 한 뜻을 취하여 골똘히 생각하다가 계명이 되어서야 그만두었으니 그 고심하고 힘을 다함이 이와 같았다.〔平居專精思索, 張燈坐其下, 取經傳中一義, 思之至鷄鳴乃已, 其苦心極力類此.〕"라고 한 내용이 보인다.

기봉[158]이 준엄하면서도 시원스러워 機鋒峭斬截
선(善)과 이(利)의 기로에서 확연히 구분하였네[159] 剖劈善利歧
수많은 서적에 첨지를 다 붙여서[160] 千書盡籤紙
고치를 켜듯이 하나도 빠뜨린 것 없었네 一一如蠶絲
지키는 바는 금석처럼 견고하여 有守金石固
분육도 그 절개를 바꾸게 하지 못하였네[161] 賁育不能移

**158** 기봉(機鋒) : 본래 선가의 용어로 기(機)는 마음의 작용을 가리키고, 봉(鋒)은 마음의 작용이 민첩하고 예리한 상태를 가리킨다.

**159** 선(善)과……구분하였네 : 이는 이익을 추구하지 않았던 김지행의 개결함을 말한 것으로, 이와 관련하여 《근재집》 권31 〈밀암김공묘갈명(密庵金公墓碣銘)〉의 서(序)에 "공이 비록 몹시도 가난하였지만 사양하고 받음을 반드시 삼가서 의리에 합당한 것이 아니면 겨자씨 한 알도 취하지 않았으니, 못을 끊고 쇠를 자르듯 의와 이를 변별하였다.〔公雖貧甚, 辭受必謹, 非其義則一芥不取, 辨義利, 如斬釘截鐵.〕"라고 한 내용이 보인다. '선(善)과 이(利)의 기로'는 선(善)을 추구하는 마음과 이익을 추구하는 마음을 말한 것으로, 《맹자》 〈진심 상(盡心上)〉의 "닭이 울면 일어나서 부지런히 선행을 하는 자는 순 임금의 무리이고, 닭이 울면 일어나서 부지런히 이익을 위하는 자는 도척의 무리이니, 순 임금과 도척의 구분을 알고자 한다면 다른 것이 없다. 이익과 선의 사이인 것이다.〔雞鳴而起孳孳爲善者, 舜之徒也. 雞鳴而起孳孳爲利者, 跖之徒也. 欲知舜與跖之分, 無他, 利與善之間也.〕"라는 구절에서 원용한 것이다.

**160** 수많은……붙여서 : 이와 관련하여 《근재집》 권31 〈밀암김공묘갈명(密庵金公墓碣銘)〉의 서(序)에 "책을 볼 적마다 번번이 나지막이 읊조리며 천천히 보다가 생각한 바가 있으면 반드시 첨지를 붙여가면서 기록하였는데 글자가 파리 대가리 만하였다.〔每見書, 輒微吟徐視, 有所思, 則必籤而識之, 字若蠅頭.〕"라고 한 내용이 보인다.

**161** 분육도……못하였네 : 이와 관련하여 《근재집》 권31 〈밀암김공묘갈명(密庵金公墓碣銘)〉의 서(序)에 "일의 시비를 논할 적에 조금도 회호하지 않고 잡아 지키는 바가 있으면 분육도 그 뜻을 빼앗을 수가 없을 정도였다.〔論事是非, 不少回互, 有所執守, 則賁育莫能奪.〕"라고 한 내용이 보인다. '분육(賁育)'은 중국의 역대 대표적인 용사(勇士)인 맹분(孟賁)과 하육(夏育)을 말한다. 맹분은 전국 시대 위(衛)나라 사람이라고도

효도와 우애는 종인과 향당이 탄복하였고　孝友宗黨服
진실하고 미더움은 주리가 찬탄하였네[162]　忠信州里咨
텅 비어 있는 방안은 담박하여 흰빛이 생기니[163]　虛室澹生白
마음을 허정하게 하여[164] 망령되이 치달림을 끊어버렸네

하고, 제(齊)나라 사람이라고도 한다. 그는 대단한 완력과 용기를 지니고 있어서 소의 생뿔을 잡아 뽑아낼 수 있었고, 땅에서는 맹수와 마주쳐도 두려워하지 않는 용기를 지녔으며, 물속에서는 교룡(蛟龍)과의 싸움도 피하지 않았다고 한다. 하육은 주(周)나라 때 위(衛)나라 사람으로 마찬가지로 용력(勇力)이 대단해서 천균(千鈞)의 무게를 들고 살아있는 소의 꼬리를 뽑았으며, 소리를 지르면 삼군(三軍)이 모두 놀랐다고 한다. 한(漢)나라의 충신 급암(汲黯)의 절의(節義)를 칭송하면서 "스스로 분육이라 하더라도 그의 뜻을 뺏을 수 없을 것이다.〔雖自謂賁育, 不能奪之矣.〕"라고 했던 고사가 전한다. 《漢書 卷50 汲黯傳》

**162** 진실하고……찬탄하였네 : 이 말은 《논어》 〈위령공(衛靈公)〉에 "자장(子張)이 도가 행해짐을 묻자, 공자께서 '말이 진실하고 미더우며 행실이 돈독하고 공경하면 비록 오랑캐의 나라라 하더라도 행해질 수 있지만, 말이 진실하고 미덥지 못하며 행실이 돈독하고 공경하지 못하면 자신이 사는 주리라 하더라도 행해질 수 있겠는가?'라고 하시니, 자장이 이 말씀을 띠에 썼다.〔子張問行, 子曰: '言忠信, 行篤敬, 雖蠻貊之邦行矣. 言不忠信, 行不篤敬, 雖州里, 行乎哉?' 子張書諸紳.〕"라고 한 부분을 전거로 삼아서 한 것이다. 이와 관련하여 《근재집》 권31 〈밀암김공묘갈명(密庵金公墓碣銘)〉의 서(序)에 "공은 효로써 어버이를 섬기고 정성으로써 선조를 받들었으며 예로써 사람을 대우하여 인과 신이 이웃과 마을에 믿어지게 되니 이웃과 마을의 사람들이 열복하지 않은 이가 없었다.〔公事親以孝, 奉先以誠, 接人以禮, 仁信孚於隣里, 隣里莫不悅服.〕"라고 한 내용이 보인다.

**163** 텅……생기니 : 이는 《장자》 〈인간세(人間世)〉에 "빈방 안에는 흰빛이 생기고 거기에는 좋은 징조가 깃든다.〔虛室生白, 吉祥止止.〕"라고 한 데서 온 말로, 즉 마음이 청허(淸虛)하여 욕심이 없으면 도심(道心)이 절로 생겨남을 의미한다.

**164** 마음을 허정하게 하여 : 원문의 '심재(心齋)'란 온갖 잡념을 없애버려서 마음을 텅 비고 순일한 상태로 만드는 것을 말하는바, 《장자》 〈인간세(人間世)〉에 보인다.

心齋絶妄馳

공이 어찌 자기 한 몸만을 선하게 닦았겠는가　　公身豈獨善

천하 사람들을 모두 구제함이 실로 스스로 기약한 바였지[165]

兼濟實自期

예악에 있어서는 삼고[166]를 회복하였고　　禮樂三古復

형정에 있어서는 한 시대에 마땅하였네　　刑政一代宜

안자가 일찍이 공자에게서 마음을 재계하라는 말씀을 듣고 "저는 집이 가난하여 술도 마시지 않고 훈채(葷菜)도 먹지 않은 지가 여러 달이 되었으니, 이만하면 재계라고 할 수 있겠습니까?"라고 말하자, 공자가 "그것은 제사의 재계이지, 마음의 재계가 아니다."라고 하였다. 이에 안자가 다시 "마음의 재계란 무엇입니까?"라고 여쭙자, 공자가 "너는 뜻을 전일하게 가져서 귀로 듣지 말고 마음으로 들을 것이며, 마음으로도 듣지 말고 기로써 들어라. 듣는 것은 귀에서 그치고, 마음은 부합하는 데서 그치지만, 기는 텅 빈 것으로 온갖 것을 다 포용하느니라. 오직 도는 텅 빈 데에 모이는 것이니, 텅 빈 것이 바로 마음의 재계인 것이다.〔若一志, 無聽之以耳, 而聽之以心, 無聽之以心, 而聽之以氣. 聽止於耳, 心止於符, 氣也者, 虛而待物者也. 唯道集虛, 虛者心齋也.〕"라고 대답하였다.

**165** 공이……바였지 : 이 말은《맹자》〈진심 상(盡心上)〉에 "옛사람은 뜻을 이루면 백성에게 은택을 입히고 뜻을 이루지 못하면 자신을 수양하여 세상에 드러난다. 궁하면 홀로 자신을 선하게 하고 영달하면 천하를 모두 선하게 한다.〔古之人, 得志澤加於民, 不得志修身見於世. 窮則獨善其身, 達則兼善天下.〕"라고 한 부분을 전거로 삼아서 한 것이다.

**166** 삼고(三古) : 상고(上古)·중고(中古)·하고(下古) 시대를 아울러 일컫는 말인데, 여기서는 태평성대를 누린 당우삼대(唐虞三代)와 같은 이상적인 옛 시대를 범범하게 이른 것이다. 참고로 삼고에 대해,《예기》〈예운(禮運)〉의 소(疏)에는 "복희(伏羲)가 상고, 신농(神農)이 중고, 오제(五帝)가 하고이다."라고 하였고,《한서(漢書)》권30〈예문지(藝文志)〉'세력삼고(世歷三古)' 주에는 "《주역(周易)》〈계사(繫辭)〉에 '주역이 중고에 흥했다.'라는 것으로 보아, 복희가 상고, 문왕(文王)이 중고, 공자(孔子)가 하고이다."라고 하였다.

가슴속에는 범위[167]가 가득 차서 胸中鬱範圍
제때를 만나면 시행할 만하였지 遇時行可施
속백으로 징소함이 미치지 못하였고 束帛徵不及
포관은 가난하여도 사양하였다네[168] 抱關貧亦辭
참으로 애석하도다, 나라를 다스릴 재주를 지닌 분이 可惜經邦手
공연히 높고도 험준한 산 바위[169] 비탈에서 생을 마쳤구나 空終巖壑陲

**167** 범위(範圍) : '재성(裁成)'과 같은 뜻으로, 《주역》 〈계사전 상(繫辭傳上)〉에 성인의 위대한 일을 말하며 "천지의 조화를 범위로 삼아 지나치지 않게 한다.〔範圍天地之化而不過.〕"라고 한 데에 보인다. '범(範)'은 쇠를 주조할 때의 거푸집과 같고 '위(圍)'는 틀과 같은바, 천지의 무궁한 조화를 성인이 모두 아울러서 중도(中道)에 벗어나지 않게 하는 것이다. 여기서는 천하나 일국을 경영하는 재주나 능력을 가리킨다.

**168** 속백으로……사양하였다네 : 김지행은 평생 벼슬한 적이 없었다. 이와 관련하여 《근재집》 권31 〈밀암김공묘갈명(密庵金公墓碣銘)〉의 서문에 "50세에 감역에 제수되었으나 나아가지 않았으니, 거짓 연호 아래에 이름 적는 것을 부끄러워해서 그러했던 것이다.〔五十除監役, 不就, 蓋以僞號下書名爲恥云.〕"라고 한 내용이 보인다. 원문의 '속백(束帛)'은 5필(匹)의 비단 한 묶음으로, 일종의 예물(禮物)이다. 특히 현자를 초빙할 때 쓰는 예물을 가리키는 경우가 많다. 원문의 '포관(抱關)'은 포관격탁(抱關擊柝)의 준말로, 성의 관문을 지키고 밤에 딱딱이를 치면서 야경을 도는 미관말직을 의미하는 말이다. 《맹자》 〈만장 하(萬章下)〉에 "벼슬을 하는 것은 가난 때문이 아니지만 때로는 가난 때문에 하는 경우가 있다.……가난 때문에 벼슬하는 자는 높은 자리를 사양하고 낮은 자리에 처하며, 많은 녹봉을 사양하고 적은 녹봉에 처해야 한다. 높은 자리를 사양하고 낮은 자리에 처하며, 많은 녹봉을 사양하고 적은 녹봉에 처함은 어떻게 하여야 마땅한가? 관문을 지키고 목탁(木柝)을 치는 일을 하여야 한다.〔仕非爲貧也, 而有時乎爲貧.……爲貧者, 辭尊居卑, 辭富居貧. 辭尊居卑, 辭富居貧. 惡乎宜乎? 抱關擊柝.〕"라고 한 데에 전거를 둔 말이다.

**169** 높고도……바위 : 이와 관련하여 《장자》 〈재유(在宥)〉에 "현자들은 높고도 험준한 산 바위 아래 숨어 살게 되고 만승의 군주는 묘당에서 근심하며 두려워 떨게 되었다.〔賢者伏處大山嵁巖之下, 而萬乘之君憂慄乎廟堂.〕"라고 한 내용에 보인다.

| | |
|---|---|
| | 空死嵁巖陂 |
| 어리석은 내가 다행히도 공을 알게 되어[170] | 余愚幸識公 |
| 울타리에서 거칠게나마 엿본 바가 있었네 | 藩籬粗有窺 |
| 변변찮은 재주로 외람되이 장려해주심을 입어 | 踈才謬見奬 |
| 대도에 함께 나아가고자 하였네 | 大道欲偕之 |
| 훈도는 나의 마음을 취하게 하였고 | 薰陶醉我心 |
| 침폄[171]은 나의 살갗에 새기는 듯하였지 | 針砭銘我肌 |
| 화암에 봄 물소리 들려올 제 | 花巖春水鳴 |
| 객지의 탑상에서 사흘 동안 따랐다오 | 旅榻三日隨 |
| 이때 강설하신 것이 많았으니 | 講說此時多 |
| 끊임없이 넘쳐나는 말씀으로 나의 의심을 풀어주셨네 | 津津釋我疑 |
| 간절히 생각한 바는 베풀어주신 은혜를 받들어서 | 願言承嘉惠 |

용렬하고 노둔한 이 자질을 조금이나마 바꾸어보려고 했던 것인데

**170** 어리석은……되어 : 박윤원이 김지행을 만나게 된 것과 관련하여 《근재집》 권31 〈밀암김공묘갈명(密庵金公墓碣銘)〉의 서문에 "나의 선인께서 공주 통판이 되시자 내가 따라가서 마침내 공을 찾아가 배알하였는데, 공이 나를 비루하게 여기지 않으시고 나와 더불어 이야기 하시니, 내가 이에 학문하는 요결을 들을 수 있었다.〔吾先人通判公州, 余隨至, 遂往謁公, 公不鄙而與之語, 余於是得聞爲學之訣.〕"라고 한 내용이 보이며, 박윤원의 손자 박운수(朴雲壽)의 《덕은유고(德隱遺稿)》 권2 〈조고근재선생부군년기(祖考近齋先生府君年記)〉의 기축년(己丑年) 조에 "봄에 공주 임소로 대인을 모시고 갔다. ○녹문 임공 성주와 밀암 김공 지행을 찾아뵙고 강론하였다.〔春, 陪往大人于公州任所. ○訪鹿門任公聖周密庵金公砥行講論.〕"라고 한 내용이 보인다. 기축년은 1769년(영조 45)으로 당시 박윤원은 36세였다.

**171** 침폄(針砭) : 본래 의료에 사용하는 쇠로 만든 침과 돌로 만든 침으로, 여기서는 경계 또는 교훈이란 뜻이다.

　　　　少變庸魯姿

갑작스레 공께서 나를 버리시니[172]　　忽焉公棄我

내 장차 누구를 의지하여 배울꼬　　我學將賴誰

공의 부음 들려 온 지 이십 일인데　　公訃來二旬

나는 또 아버지의 상을 당한 터라[173]　　我又父喪罹

증자께서는 자장을 위하여 곡하셨는데도[174]　　曾子哭子張

어리석은 이 몸은 전인의 규범을 본받지 못하였네　　愚未效前規

공의 영령께서 혹 양찰해 주신다고 하더라도　　公靈雖或諒

이내 마음 어찌 부끄럽지 않을쏘냐　　我心寧不怩

뒤늦게나마 호리의 글[175]을 짓노니　　追題蒿里章

**172** 갑작스레……버리시니 : 김지행은 1774년(영조50) 9월 19일에 향년 59세를 일기로 졸하였다. 《近齋集 卷31 密庵金公墓碣銘》

**173** 나는……터라 : 박윤원의 부친 박사석(朴師錫)은 1774년(영조50) 9월에 갑작스럽게 병에 걸렸는데, 결국 10월 20일에 향년 62세를 일기로 졸하였다. 《近齋集 卷28 先考公州牧判官府君行狀》

**174** 증자께서는……곡하셨는데도 : 이와 관련된 내용은 《예기》 〈단궁 하(檀弓下)〉에 "자장이 죽자 증자가 모친의 상중에 있었는데도 자최복을 입고 가서 곡하였다. 혹자가 '자최복을 입고는 조문하는 것이 아니다.'라고 하니, 증자가 '내가 조문한 것이겠는가. 벗의 죽음을 곡했을 뿐이다.'라고 하였다.〔子張死, 曾子有母之喪, 齊衰而往哭之. 或曰: 齊衰不以弔. 曾子曰: 我弔也與哉!〕"라고 보인다.

**175** 호리의 글 : '호리'는 본래 사람이 죽었을 때 부르는 만가(挽歌)를 가리키는바, 여기서는 만사를 뜻한다. 《고금주(古今注)》에 "해로와 호리는 사람이 죽었을 때 부르는 노래이니, 전횡의 문인에게서 시작되었다. 전횡이 자살하자 문인들이 슬퍼하여 그를 위해 슬픈 노래를 지었으니, 사람의 목숨이 풀 위의 이슬처럼 쉽게 사라지는 것을 노래한 것이다.〔薤露蒿里, 竝喪歌也, 出田橫門人. 橫自殺, 門人傷之, 爲之悲歌, 言人命如薤上之露, 易晞滅也.〕"라고 하였다. 김지행의 죽음을 애도한 박윤원의 이 시는 현재 《밀암

남쪽으로 바라다보매 두 가닥 눈물 줄기 흘러내리네　南望雙涕垂

집(密菴集)》 권18 〈부록(附錄) 만사(挽詞)〉에 실려 있다.

## 제석에 감회를 적다

除夕書感

세시를 즐거워하는 아이를 물끄러미 보노라면　坐看兒童娛歲時
무슨 일로 이내 마음만 슬프단 말인가　我心何事獨悽其
응당 하룻밤에 바로 노인이 되지는 않을 테지만　未應一夜便成老
그저 백 년 인생이 점점 빨리 달려가는 것만 같기 때문이라오　只爲百年漸若馳
이 몸엔 병도 잦으니 문(文)·사(史)의 학업 포기하기 쉽고　多病易抛文史業
이렇다 할 재주도 없으니 성현처럼 될 기약 이루기 어려워라　不才難就聖賢期
그래도 끝내 혐의하는 바는 두보가 구속을 싫어하여　終嫌杜甫厭拘束
사십에 공연히 실컷 취한 시를 읊었던 것이라오[176]　四十空吟爛醉詩

**176** 두보가……것이라오 : 이는 두보의 〈두위택수세(杜位宅守歲)〉에 "옥융의 집에서 섣달 그믐밤을 지새우노라니, 산초 쟁반에 이미 초화송(椒花頌)을 부르도다. 손님 벗님 모여들어 마구간 말들은 울어 대고, 횃불 벌여 세우니 수풀 까마귀는 흩어지네. 내일 아침이면 내 나이 사십을 지나는데, 나는 듯한 저녁 해는 기울어 가네. 누가 능히 나를 얽맬 수 있으랴, 실컷 취하는 게 바로 나의 생애라오.〔守歲阿戎家, 椒盤已頌花. 盍簪喧櫪馬, 列炬散林鴉. 四十明朝過, 飛騰暮景斜. 誰能更拘束? 爛醉是生涯.〕"라고 한 것을 가리켜서 한 말이다. 《杜少陵詩集 卷2》

## 제야에 가제[177]를 그리워하며

除夜懷家弟

| | |
|---|---|
| 춘건[178]이 제석으로 인하니 | 春建仍除夕 |
| 외로운 등잔불에 심사가 어지럽구나 | 孤燈意緖紛 |
| 백엽주[179]로 취하는 데에 마음이 없고 | 無心柏葉醉 |
| 체화가 나뉨[180]에 한스러움이 있네 | 有恨棣花分 |
| 길거리에 가득 찬 건 오직 눈 뿐이고 | 道路盈唯雪 |
| 산천을 바라다보매 온통 구름으로 뒤덮였네 | 山川望盡雲 |
| 신년이 되면 얼굴 볼 줄을 알기에 | 新年知會面 |
| 새벽 종소리 들려옴이 도리어 기쁘구나 | 還喜曉鐘聞 |

**177** 가제(家弟) : 박준원(朴準源, 1739~1807)으로, 본관은 반남(潘南), 자는 평숙(平叔), 호는 금석(錦石), 시호는 충헌(忠獻)이다. 셋째 딸인 수빈(綏嬪) 박씨(朴氏)가 정조(正祖)의 후궁이 되어 순조를 낳았다. 호조·형조·공조의 판서와 금위대장 등을 역임하고 사후 영의정에 추증되었다. 문집으로 《금석집(錦石集)》이 있다.

**178** 춘건(春建) : '건(建)'이란 북두칠성의 자루 부분이 가리키는 것으로 월건(月建)을 뜻하는바, 여기서는 음력 정월인 '건인(建寅)'의 달을 뜻한다.

**179** 백엽주 : 옛날 풍속에 측백나무 잎을 담가 술을 빚어 원단(元旦)에 나누어 마시면서 장수를 기원하고 사기(邪氣)를 물리쳤는데, 이를 백엽주(栢葉酒)라 하였다.

**180** 체화(棣花)가 나뉨 : 형제간의 이별을 상징한다. 체화(棣花)는 당체화(棠棣花), 즉 자형화(紫荊花)인데, 총생(叢生)하여 피기 때문에 형제에 비유한다. 특히 《시경》의 편명인 〈상체(常棣)〉는 소아(小雅)에 수록된 시로서 형제간의 우애(友愛)를 노래한 것이다.

# 상원일에 가제[181]를 그리워하며

上元懷家弟

종소리 듣고 달 보며 사람의 바쁨을 내맡겨 둔 채 聽鐘看月付人忙
쓸쓸히 등잔불 앞에 술잔 하나 짝하였네 寥落燈前伴一觴
나뉘어 흩어짐은 오랫동안 기러기 그림자[182]를 가엽게 여길 테고 分散久應憐鴈影
모여서 단란함은 저 보름달 빛을 다시 부러워하겠지 團圓應復羨蟾光
창우[183]를 만나 오늘 저녁을 보내기 어려우니 難逢蒼友過今夕
틀림없이 청옹을 마주하여 고향을 이야기하리라 定對淸翁說故鄕
유독 시편만이 멀리까지 갈 수 있기에 獨有詩篇能遠去

**181** 가제(家弟) : 박준원(朴準源, 1739~1807)으로, 본관은 반남(潘南), 자는 평숙(平叔), 호는 금석(錦石), 시호는 충헌(忠獻)이다. 문집으로 《금석집(錦石集)》이 있다.

**182** 기러기 그림자 : 원문의 '안영(鴈影)'은 줄지어 나는 기러기의 그림자란 말로 형제를 이르는바, 형제가 서로 떨어져 있으면서 만나기를 갈망한다는 의미이다. 송(宋)나라 황정견(黃庭堅)의 〈화답자첨화자유상부억관중고사(和答子瞻和子由常父憶館中故事)〉에 "바람은 할미새 앉은 가지를 흔들고, 파도는 기러기 그림자를 차게 하네.〔風撼鶺鴒枝, 波寒鴻鴈影.〕"라고 하였다. 《古今事文類聚 後集 卷8 人倫部 兄弟》

**183** 창우(蒼友) : 유한준(兪漢雋, 1732~1811)으로, 본관은 기계(杞溪), 자는 만청(曼倩), 또는 여성(汝成), 호는 저암(著菴)이다. 또 다른 호가 창애(蒼厓), 창하(蒼下)이기 때문에 이렇게 말한 것이다. 1768년(영조44) 진사시에 합격하고 벼슬이 형조 참의에 이르렀다. 뇌연(雷淵) 남유용(南有容)의 제자로 우암(尤菴) 송시열(宋時烈)을 추숭하여 《송자대전(宋子大全)》을 손에서 놓지 않았다고 한다. 당대에 뛰어난 문장가로 손꼽혔으며 그림에 대한 관심도 높아 당시 화가들의 그림에 제발문(題跋文)을 많이 썼다.

좋은 날이면 매양 보내와 근심하는 속마음을 달래 준다오

佳辰每送慰愁腸

## 여성[184]이 말을 보내와 청하기에 병을 무릅쓰고 나아가서 문장을 논하고 시를 이야기하니 의취가 매우 아름다웠다
汝成送馬相邀 强疾往赴 論文說詩 意趣甚佳

자주 이르는 순번 사양치 않고 그대 술잔에 취하니 不辭頻到醉君巵
흉금이 속됨을 벗어나 남다른 것을 사랑하기 때문이라오 爲愛胸襟出俗奇
우리들 이미 노쇠하였지만 그래도 이전 버릇 남아 있어 吾輩已衰猶舊癖
서로 만나자 새로 지은 시 있냐고 각각 물어보는구려 相逢各問有新詩

그 두 번째 其二
내게 보여 주는 문장들 상자에 하나 가득 쌓여 있으니 文章示我滿箱儲
관직의 속박에서 벗어난 뒤로 더욱 책을 지었다네 自解縻官益著書
더욱더 기쁜 일은 그대 집안 훌륭한 자제들의 更喜君家佳子弟
웅장한 시 일백 구가 그 아비와 빼닮은 것이라네 雄詩百句乃翁如

184 여성(汝成) : 유한준(兪漢雋, 1732~1811)으로, 본관은 기계(杞溪), 자는 만청(曼倩), 또는 여성(汝成), 호는 저암(著菴)이다. 또 다른 호가 창애(蒼厓), 창하(蒼下)이기 때문에 이렇게 말한 것이다.

그 세 번째 其三

준희루[185] 가에 좋은 술 많아도 　　峻喜樓邊美酒多
하늘가엔 찾아오는 벗님네 응당 드물리라 　　天涯應少故人過
어찌 남산 아래에서 서로 얼굴 마주한 채로 　　何如相對南山下
시골 막걸리를 사 가지고 함께 웃으며 노래하는 것만 하겠는가 　　買取村醪共笑歌

**185** 준희루(畯喜樓) : 남태보(南泰普)가 군위 현감(軍威縣監)으로 재임할 때 현(縣)의 치소(治所) 안에 세운 누대이다. 신유한(申維翰, 1681~1752)이 남태보의 부탁을 받고 지은 〈준희루기(畯喜樓記)〉가 전한다. 남태보의 본관은 의령(宜寧), 자는 숙도(叔燾)이다. 군위 현감, 공조 정랑, 울산 부사(蔚山府使) 등의 관직을 역임하였다. 1748년(영조24)부터 1753년 무렵까지 군위 현감으로 재직하였던 것으로 보이는데, 당시에 영남 암행 어사 이득종(李得宗)이 순리(循吏)라고 왕에게 보고하여 승서(陞敍)되기도 하였다. 《青泉集 卷5 畯喜樓記, 韓國文集叢刊 200輯》《承政院日記》 유한준은 46세이던 1777년(정조1)에 경상도 군위 현감으로 나아갔다. 이후 1779년 6월, 군위 현감이 된 지 3년 만에 잘 다스리지 못한다는 영남 암행어사 황승원(黃昇源)의 서계(書啓)에 따라 처벌받았다.

## 스스로 경계하다

自警

기욕이 적다고 스스로 말하였건만 自言寡嗜慾

백발을 어쩌면 이리도 일찍 보게 되었던가 白髮見何早

어쩌면 마음속에 無乃方寸中

아직도 번뇌를 씻어내지 못한 것인가 猶未滌煩惱

만나는 일마다 쉽사리 성을 내게 되니 忿怒易觸境

마음에 뉘우침과 한스러움 많이 쌓여있네 悔恨多掛抱

심광체반(心廣體胖)[186]의 공효가 어디에 있단 말인가 焉有廣胖功

제대로 배우지 못한 채 곧 노쇠하고 말았네 不學便衰老

정기를 들이키는 것[187] 괴이함에 가까움을 알겠고 吸氣知近怪

연단[188]은 보배로운 것 아님을 깨닫겠도다 煉丹悟非寶

마음을 다잡는 것이야말로 중요한 이치라는 操心獨要妙

**186** 심광체반(心廣體胖) : 마음속이 널찍하게 관대해지고 신체가 여유 있게 펴진 군자의 모습으로, 《대학장구(大學章句)》 전 6장에 "부는 집을 윤택하게 하고, 덕은 몸을 윤택하게 해서 마음이 넓어지고 몸이 펴지게 한다. 그러므로 군자는 반드시 자기의 뜻을 참되게 하는 것이다.〔富潤屋, 德潤身, 心廣體胖, 故君子必誠其意.〕"라고 한 데서 온 말이다.

**187** 정기를 들이키는 것 : 도가(道家)에서 말하는 천지의 정기(精氣)를 들이키는 일을 말한다.

**188** 연단(煉丹) : 도가(道家)에서 말하는 장생불사약(長生不死藥)인 단약(丹藥)을 굽는 것을 말한다.

노재의 이 말이 좋으니[189] 魯齋此言好

이제부터라도 맹렬하게 공부하면 從今猛用力

끝내 도를 들을[190] 수 있으리라 庶幾終聞道

**189** 마음을……좋으니 : 노재(魯齋)는 송(宋)나라 때의 학자인 허형(許衡)의 호이다. 허형이 지은 〈이생기소시(李生器所恃)〉 2수 중 두 번째 시에 "온갖 보양이 모두 부질없는 짓이고, 마음을 다잡는 것이야말로 중요한 법이라네.〔萬般補養皆虛僞, 只有操心是要規.〕"라는 구절이 있다. 《魯齋遺書 卷11》

**190** 도를 들을 : 《논어》 〈이인(里仁)〉에 "아침에 도를 들으면 저녁에 죽어도 좋다.〔朝聞道, 夕死可矣.〕"라고 한 공자의 말을 인용한 것이다.

# 자식을 경계하다

戒子

| | |
|---|---|
| 동파는 자식이 어리석고 노둔하길 원하였으니[191] | 東坡願愚魯 |
| 과격하구나 올바른 의리가 아니었네 | 激哉非正義 |
| 연명은 너무 성급하게 꾸짖었으니[192] | 淵明責太早 |
| 지나치구나 또한 사사로운 뜻이었네 | 過矣亦私意 |
| 오직 중요한 것은 잊지도 말고 조장하지도 말면서[193] | 唯貴忘助間 |

**191** 동파(東坡)는……원하였으니 : 동파는 송(宋)나라 문인 소식(蘇軾)의 호이다. 그의 시에 "사람들은 자식 기르며 총명하기 바라지만, 나는 총명 때문에 일생을 그르쳤으니, 오직 아이들이 어리석고 노둔하여 재앙 없고 곤란 없이 공경에 이르기 원하노라. 〔人皆養子望聰明, 我被聰明誤一生. 惟願孩兒愚且魯, 無災無難到公卿.〕"라고 하였다. 《蘇東坡詩集 卷22 洗兒戲作》

**192** 연명(淵明)은……꾸짖었으니 : 진(晉)나라 도연명(陶淵明)은 5명의 아들을 두었으나 모두 학문을 좋아하지 않았으므로 〈아들을 꾸짖는 시〔責子詩〕〉를 지어서, "비록 5명의 아들이 있으나 모두 종이와 붓을 좋아하지 않네. 옥서(阿舒)는 나이가 이미 16세이나 게으르기 비할 데 없고, 옥선(阿宣)은 15세가 되었으나 학문을 좋아하지 않고, 옹(雍)과 단(端)은 13세가 되었으나 여섯인지 일곱인지를 모르고, 통(通)은 9세가 되었지만 오직 배와 밤만 찾는구나.〔雖有五男兒, 總不好紙筆. 阿舒已二八, 懶惰故無匹. 阿宣行志學, 而不愛文術. 雍端年十三, 不識六與七. 通子垂九齡, 但覓梨與栗.〕"라고 하였다.

**193** 잊지도……말면서 : 《맹자(孟子)》 〈공손추 상(公孫丑上)〉에 "반드시 종사함이 있고 효과를 미리 기대하지 말고서 마음으로 잊지도 말고 조장하지도 말아야 한다.〔必有事焉而勿正, 心勿忘勿助長也.〕" 하였다. 본래는 호연지기를 기르는 방법으로 언급한 것인데, 여기서는 자식을 대할 때의 태도를 뜻한다.

| | |
|---|---|
| 중도로 자애로움과 엄함을 갖추는 것이라네 | 中道慈嚴備 |
| 네 아비가 평소 널 가르치지 못하여 | 汝父素無教 |
| 네가 자라서도 어린아이 같구나 | 汝長尙如穉 |
| 네가 지금 15세인데 | 汝今年十五 |
| 구용[194]의 일을 쓸모없게 여기는구나 | 弁髦九容事 |
| 고인은 태학에 들어갔을 나이이니 | 古人入大學 |
| 네 마음에 부끄럽지 않을 수 있겠느냐 | 汝心得不愧 |
| 문예는 진실로 지녀야 하지만 | 文藝固宜有 |
| 품행을 독실하게 하는 것이 가장 중요하단다 | 莫如敦行誼 |
| 영달함이 좋지 않은 것은 아니지만 | 榮達非不好 |
| 선조의 법을 결코 실추해서는 안 되느니라 | 先法必無墜 |
| 내 다른 사람의 자제들을 보니 | 吾觀人子弟 |
| 성내고 싸우며 또 친압하고 희롱하니 | 忿爭且狎戲 |
| 어려서의 습관이 점차 이루어져서 | 幼習漸馴成 |
| 장성해서도 다 버리지를 못한 것이로다 | 壯大未盡棄 |
| 너는 이러한 행동을 본받지 말아서 | 汝勿效此行 |
| 삼가서 네 뜻을 겸손히 지녀야 한다 | 謹飭遜其志 |
| 네가 이 경계를 제대로 지키기만 한다면 | 汝能守此戒 |
| 내 어찌 번거롭게 꾸짖을 것 있겠느냐 | 我何煩呵詈 |

**194** 구용(九容) : 옛날 군자가 수신하고 처세할 적에 견지해야 하는 아홉 가지 몸가짐으로 '발은 진중하게〔足容重〕, 손은 공손하게〔手容恭〕, 눈은 바르게〔目容端〕, 입은 무겁게〔口容止〕, 목소리는 조용하게〔聲容靜〕, 머리는 곧게〔頭容直〕, 숨소리는 엄숙하게〔氣容肅〕, 서 있는 모습은 덕이 있게〔立容德〕, 얼굴빛은 장엄하게〔色容莊〕'하라는 것이다. 《禮記 玉藻》

## 벗에게 보이다
示友

| | |
|---|---|
| 육경을 오래도록 전술하는 이 없어 | 六經久無述 |
| 어질고 지혜로운 이를 내 보지 못하니 | 仁智吾罕覿 |
| 문장은 부화할 따름이고 | 文章乃浮華 |
| 산수에도 부림을 당하네 | 山水亦物役 |
| 애석하게도 준걸한 사람들 | 可惜奇儁人 |
| 대부분 이 길을 향해 가서 | 多向此歧適 |
| 화필[195]로 공연히 고심하여 글을 짓고 | 花筆謾鏤肝 |
| 납극[196] 신고 돌아다니며 쉬지를 않네 | 蠟屐未休跡 |
| 사마천은 끝내 도와는 멀어졌으니 | 馬遷終離道 |
| 미쳐 날뛴들 과연 무슨 이로움이 있으리오 | 猖狂果何益 |
| 어찌하여 이 훌륭한 점을 옮겨서 | 何不移玆好 |
| 의리에 있어 참된 공부를 쌓지 않았단 말인가 | 義理眞工積 |
| 헛된 명예는 높일 것이 못되고 | 虛譽不足尙 |
| 참된 맛은 응당 바꾸기 어려운 법 | 眞味應難易 |

**195** 화필(花筆) : 이백(李白)이 어렸을 때 꿈속에서 붓끝에 꽃이 피어나는 것을 보았다는 고사에서 유래하여 보통 걸출한 시적(詩的) 재능을 표현할 때 쓰는 말이다. 《開元天寶遺事 夢筆頭生花》

**196** 납극(蠟屐) : 밀을 발라 반질반질하게 손질한 나막신을 가리킨다. 남조 송(南朝宋)의 사령운(謝靈運)이 평소 등산을 좋아하여 이 나막신을 신고 다녔다고 한다. 《宋書 卷67 謝靈運列傳》

원컨대 우리 당의 선비들은　　　　　　　　　　　　　願告吾黨士
성현과 같은 경지로 돌아가는 데 싫증 갖지 마세나　　同歸庶無斁

# 눈
## 雪

맹춘인데 안개 끼고 또 우박 내리니　孟春霧又雹
새벽부터 어둡고 음산하네　陰曀自曉朝
싸락눈과 비가 번갈아 내려　霰雪雨交下
밤이 다하도록 어지럽게 내리네　竟夕亂瀌瀌
점점이 떨어지자마자 곧 없어지니　點點墮便無
햇빛을 보기도 전에 절로 사라지네[197]　不晛而自消
개천의 얼음 반은 물이 되었고　川氷半成水
말 타고 다님에 진흙이 허리까지 튀어 오르니　馬行泥及腰
나가고 싶어도 옷 젖을까 두려워　欲出畏衣濡
근심스레 앉음에 울적함을 견디기 어렵네　愁坐鬱難聊
황혼도 되기 전에 창밖이 캄캄하니　未曛窓牖黑
등유를 재촉하여 불을 켰네　燈膏促爲燒
아이 불러 옛적에 지은 시를 쓰게 하니　呼兒寫舊詩
뜻에 고요함을 깨뜨리고자 하네　意欲破寂寥
편마다 글자를 자주 고치니　逐篇屢改字
붓 더딘 중에 물시계 소리 아득하네　筆遲漏聲遙
다만 싸락눈 이미 그쳤다 했더니　但道霰已止

**197** 햇빛을……사라지네 : 《시경(詩經)》 〈각궁(角弓)〉에 "함박눈이 펄펄 내리지만, 햇빛을 보면 녹느니라.〔雨雪瀌瀌, 見晛曰消.〕"라는 시구가 있다.

눈발이 오히려 거세졌을 줄은 몰랐네 未覺雪猶驕
오랜 후에 문을 나가 보니 久乃出戶視
뜰 가득 옥 같은 흰 눈이 쌓였구나 盈庭堆瓊瑤
사방을 돌아봄에 오히려 들판을 찾지 못하겠으니 四顧還失野
땅[198]이 밝은 하늘에 비기도다 柔祇比皓霄
소리 없이 몰래 스스로 쌓여서는 無聲潛自積
그 빛이 어지러이 요동치는 듯하네 有光紛如搖
수풀 나무 이를 떠받쳐 더욱 무거워지니 林木擎仍重
눈이 마침내 흩날리지 않는구나 六花遂不飄
먹구름[199]이 빚어낸 것인데 同雲釀所成
북풍이 불어서 쏟아지게 하였네 北風吹以瀟
비와 눈은 본래 한 기운인데 雨雪本一氣
녹고 엉기는 것이 밤낮으로 변하니 融凝變晝宵
온기를 타면 갑자기 윤택하게 비로 쏟아지고 乘溫俄潤澤
한기를 만나면 대번에 처량한 눈발로 바뀌네 遇寒倏蕭條
겨울과 봄의 절기가 서로 바뀌어 冬春節互換
음양의 기후가 조화롭기 어려우니 陰陽候難調
사물의 이치 진실로 볼 만하고 物理諒可觀

**198** 땅 : 원문의 '유기(柔祇)'는 땅의 별칭으로, 남조(南朝) 송(宋)나라 사장(謝莊)의 〈월부(月賦)〉에 "땅에 눈이 엉기니, 하늘의 밝은 거울이네.〔柔祇雪凝, 圓靈水鏡.〕"라고 하였다.

**199** 먹구름 : 원문의 '동운(同雲)'은 《시경》 〈소아(小雅) 신남산(信南山)〉에 "하늘이 한 색으로 먹구름 끼더니, 함박눈이 펄펄 내리도다.〔上天同雲, 雨雪雰雰.〕"라고 한 데서 온 말이다.

| | |
|---|---|
| 빛깔의 자태 다시 이처럼 풍부하네 | 色態復此饒 |
| 혹 큰 자리처럼 엉기고 | 或結如大席 |
| 혹 가벼운 깁처럼 부서지며 | 或碎如輕綃 |
| 혹 용의 비늘처럼 흩날리고 | 或飛如龍鱗 |
| 혹 강의 조수처럼 불어나네 | 或漲如江潮 |
| 혹 공자가 띠를 두르고서 | 或如公子帶 |
| 상국에서 영소를 보는 것 같고[200] | 上國觀英韶 |
| 혹 장군이 살촉으로 | 或如將軍鏃 |
| 대야에서 독수리를 거꾸로 쏘는 듯하며 | 大野倒射鵰 |
| 혹 군자의 검이 | 或如君子劍 |
| 요사한 자들을 물리치는 것 같고 | 欲辟諸邪妖 |
| 혹 협객의 말이 | 或如俠客馬 |
| 금 재갈을 문 채 질주하는 듯하네 | 馳驟嚙金鑣 |
| 미녀의 얼굴에 비유하면 | 若比美女顔 |
| 분을 칠함에 고운 단장 부끄러워하는 듯하고 | 塗粉羞粧嬌 |
| 노인의 머리카락에 비유하면 | 若比老人髮 |
| 거울을 대함에 초췌한 모습 탄식하는 듯하여라 | 對鏡歎貌憔 |
| 외로운 촛불이 마루 기둥 비추니 | 孤燭照軒楹 |
| 읊조리며 자주 고개를 드네 | 吟嘯首頻翹 |

**200** 혹……같고 : 영소(英韶)는 제곡(帝嚳)의 오영(五英)과 순(舜)의 소(韶)로 훌륭한 음악을 가리킨다. 춘추 시대 오(吳)나라의 어진 공자(公子) 계찰(季札)이 사신으로 상국(上國)을 두루 유람하면서 당대의 어진 사대부들과 사귀었고, 노(魯)나라에 가서는 옛 주(周)나라의 음악(音樂)들을 차례로 관찰하였다. 《春秋左氏傳 襄公29年》

| | |
|---|---|
| 은빛 바다가 광활하게 펼쳐지고 | 銀海來浩洋 |
| 옥빛 산이 우뚝 서 있네 | 玉山立岧嶢 |
| 더러움 깨끗하게 없어지고 | 泥滓淨以盡 |
| 요기는 맑게 사라지네 | 氛祲廓以銷 |
| 시야 트이자 정신도 맑아지고 | 目豁神又爽 |
| 귀로는 어렴풋이 신선의 퉁소 소리 들려오네 | 耳恍聆仙簫 |
| 깊은 밤에야 선잠이 드니 | 深更始假寐 |
| 꿈에 산음의 배[201]를 타고 갔네 | 夢泛山陰橈 |
| 얼마나 쌓였는지 누워서 헤아리기 어려운데 | 尋尺臥難忖 |
| 침상에 단지 바람 소리만 들리네 | 枕上但聞飆 |
| 날이 밝자 빗자루 안고 들어와 | 天明擁篲入 |
| 아이 종들 왁자지껄 떠드네 | 僮僕相叫囂 |
| 일어나보니 높이가 열 길이라 | 起視高十丈 |
| 원근을 구별치 못하겠네 | 不辨近與遼 |
| 온 집의 지붕 기와 뒤덮였고 | 萬家蔽甍瓦 |
| 도성 거리에는 교량도 분별할 수 없네 | 九陌迷梁橋 |
| 홍진도 일어나지 못하니 | 紅塵不能起 |
| 큰길에는 수레 끊겨 고요하네 | 大路寂軒軺 |
| 관령은 아득하여 통행하지 못하고 | 關嶺杳不通 |

**201** 산음(山陰)의 배 : 진(晉)나라 왕휘지(王徽之)가 산음에 살고 있으면서 어느 겨울날 밤에 눈이 펑펑 내리자, 흥에 겨운 나머지 멀리 섬계(剡溪)에 사는 친구 대규(戴逵)가 보고 싶어 밤새 배를 저어 그의 집 문 앞까지 찾아갔다가 정작 집 안으로 들어가지 않고 다시 발길을 돌려 되돌아 온 고사가 있다. 《世說新語 任誕》

| | |
|---|---|
| 역의 점사에는 나그네 머물러 있네 | 驛店滯旅僑 |
| 깊이 쌓인 눈에 나막신 신고 다니기도 어렵고 | 深難用木屐 |
| 추위에 갖옷을 껴입고자 하네 | 寒欲重裘貂 |
| 남은 눈발 그치지 않고 흩뿌려서 | 餘霏灑未已 |
| 해가 뜨고서도 흩날리네 | 日出猶飄飆 |
| 눈을 끌어다가 회오리바람 일어나니 | 引之有回風 |
| 씽씽 불어오다 또 솔솔 불어오네 | 蓬蓬又刁刁 |
| 부엌은 젖어 밥 짓는 연기 더뎌지고 | 廚濕遲爨烟 |
| 우물은 얼어붙어 물긷기 게을리 하네 | 井凍懶汲瓢 |
| 문 앞 작은 길 열려 있는데 | 門前開小逕 |
| 골짜기 안에는 나무꾼들 오지 않네 | 谷裏斷群樵 |
| 높은 산 꼭대기는 어찌 파묻혔는가 | 高嶽頂何沒 |
| 큰물도 띄우지 못하는 바이건만 | 巨浸所未漂 |
| 소나무 잣나무 푸른 잎 감춘 것은 | 松柏隱蒼髯 |
| 뒤늦게 시드는 절조를 바꾼 것이 아니라네[202] | 非是改後凋 |
| 온갖 나뭇가지 눈에 덮여 비집을 틈 없으니 | 千柯封無罅 |
| 그 중 하나조차 뱁새에게 빌려주지 못하네[203] | 一枝不借鷦 |
| 다만 애석한 것은 봉황이 굶주린 것이요 | 但惜饑鳳凰 |

**202** 소나무……아니라네 : 《논어》 〈자한(子罕)〉의 “한 해가 저물어 날씨가 추워진 뒤에야 소나무와 잣나무가 뒤에 시드는 것을 안다.〔歲寒然後, 知松柏之後凋也.〕”라고 하였다.

**203** 그 중……못하네 : 《장자(莊子)》 〈소요유(逍遙遊)〉에 “뱁새는 깊은 숲에 둥지를 틀어도, 의지한 것은 나뭇가지 하나에 지나지 않는다.〔鷦鷯巢於深林, 不過一枝.〕”라고 하였다.

그나마 기쁜 것은 치효가 입을 다문 것이라네[204] 差喜噤鴟梟

오랑캐 숫양이 새끼를 낳을 때까지 지켰던 절개[205]를 상상하고 節想胡羝乳

월나라 개들이 미친 듯이 날뛰며 짖어 댄 것[206] 비웃노라 狂笑越犬猋

흰 소금이 억만 곡이니 素鹽億萬斛

운반하는데 어찌 육정[207]을 부르리오 運豈六丁招

보리가 수천 이랑이니 大麥百千畝

**204** 다만……것이라네 : 봉황은 현자에, 치효(鴟梟)는 올빼미와 솔개로 사악한 소인배에 비유된다. 예컨대 가의(賈誼)의 〈조굴원부(弔屈原賦)〉에 군자가 쫓겨나고 소인배가 득세하는 것을 비유하여 "봉황이 숨음이여, 치효가 높이 날도다.〔鸞鳳伏竄兮, 鴟梟翺翔.〕"라고 하였다.

**205** 오랑캐……절개 : 소무(蘇武)의 절개를 말한 것이다. 소무는 한 무제(漢武帝) 때 흉노에 사신으로 갔다가 억류된 인물로, 소무에게 음식을 주지 않았는데도 죽지 않자 신(神)이라고 생각하여 그를 북해가로 옮기고서 양을 치게 하면서 "숫양이 새끼를 낳아야 고국에 돌아갈 수 있을 것이다.〔羝乳乃得歸.〕"라고 한 고사가 있다. 《漢書 卷54 蘇武傳》

**206** 월나라……것 : 월(越) 지방은 눈을 볼 수 없기 때문에 눈이 한번 내리면 개들이 마구 짖어 댄다는 이야기가 유종원(柳宗元)의 〈답위중립논사도서(答韋中立論師道書)〉에 보이는데, "내가 남쪽 지방으로 온 지 두 해째 되던 6, 7년 전 겨울에 때마침 큰 눈이 오령(五嶺) 너머까지 내려 남월(南越)의 여러 고을을 덮은 일이 있었다. 당시 여러 고을의 개들이 모두 놀라 어지럽게 짖어 대고 물어뜯으며 미친 듯이 날뛰다가 눈이 녹아 없어진 뒤에야 잠잠해졌다."라고 하였다. 《唐宋八家文 卷7 答韋中立論師道書》

**207** 육정(六丁) : 정묘(丁卯), 정사(丁巳), 정미(丁未), 정유(丁酉), 정해(丁亥), 정축(丁丑)의 여섯 정신(丁神)을 가리킨다. 도교(道教)에서는 이들을 음신(陰神)으로 여기는데, 부릴 때는 먼저 재계를 하여야 하며, 귀신이 이르면 먼 곳의 물건을 가져오게 할 수 있고, 길흉을 미리 알 수 있다고 한다. 《後漢書 梁節王暢傳 注》

| | |
|---|---|
| 또 싹 없이 자란 것에 놀라네 | 又訝生無苗 |
| 만약 모두 진짜로 바뀐다면 | 若盡變爲眞 |
| 백성들이 배곯기를 걱정하지 않으련만 | 民不憂腹枵 |
| 조화는 웅장하고도 공교로워 | 造化雄且巧 |
| 화가가 붓으로 그려내기 어렵네 | 畫師筆難描 |
| 빈 강에 도롱이 삿갓뿐이니 | 空江只蓑笠 |
| 어느 곳에 파초가 있으리오[208] | 何處有芭蕉 |
| 한 말 술 마련할 힘은 없지만 | 斗酒力雖微 |
| 좋은 시구로 흥은 돋울 수 있는데 | 佳句興堪挑 |
| 산 집에 나귀 하나 없어 | 山家乏一驢 |
| 함께 감상할 벗 부르지 못하네 | 共賞朋未邀 |
| 사람 없으니 다시 무엇을 생각할꼬 | 無人復何思 |
| 홀로 완상함에 뜻이 아득하네 | 獨玩意迢迢 |
| 너의 청허한 기운에 감동하고 | 感爾氣淸虛 |
| 너의 결백한 모습을 어여삐 여기네 | 憐爾容潔昭 |
| 바라건대 내 몸을 씻을 적에 | 願言澡余躬 |
| 너를 방촌에 들이붓고 싶노라 | 用爾方寸澆 |
| 의리와 이익이 얼음과 숯처럼 다투니 | 義利戰氷炭 |

**208** 어느……있으리오 : 눈 속에서 파초를 찾는 것은 당(唐)나라 왕유(王維)의 〈원안와설도(袁安臥雪圖)〉에 그려진 눈 속에 핀 파초를 염두에 두고 한 말이다. 《몽계필담》에 "우리 집에 소장하고 있는 왕유의 〈원안와설도〉에도 눈 속에 핀 파초가 있다. 이것은 바로 마음속에서 얻어서 손 가는 대로 그린 것이니, 뜻이 있자 곧 이루어진 것이다. 그러므로 이치에 나아가고 신의 경지에 들어가서 멀리 하늘의 뜻을 얻은 것이니, 이 점은 속인과 더불어 논하기 어렵다."라고 하였다. 《夢溪筆談 卷17 書畫》

| | |
|---|---|
| 차가움이 뜨거움을 이길 수 있네 | 寒可勝熱焦 |
| 똑같이 희고 깨끗해져서 | 庶幾同皎皭 |
| 초연히 진세를 벗어나고 싶네 | 脫然塵垢超 |
| 양부의 찬[209]도 흡족하지 못하고 | 羊孚贊未洽 |
| 상여의 사[210]도 부질없이 조탁하였으니 | 相如詞謾雕 |
| 백전[211]을 일삼아서 무엇하리오 | 焉用事白戰 |
| 부박한 습속은 경박한 데로 치달리고 있으니 | 浮習騁輕佻 |
| 유・양이 눈 속에 서 있던 것[212]을 본받아 | 願效游楊立 |
| 옷섶을 잡고 도의 요체를 배우고자 하나 | 摳衣學道要 |
| 하남[213]은 지금 너무도 아득하니 | 河南今已邈 |

**209** 양부(羊孚)의 찬(贊) : 진(晉)나라 양부가 지은 〈설찬(雪贊)〉을 가리킨다.

**210** 상여(相如)의 사(詞) : 서한(西漢)의 양효왕(梁孝王)이 원림(園林)에서 추양(鄒陽)・매승(枚乘)・사마상여(司馬相如) 등 문장가들을 불러 함께 놀 때 눈이 내리자, 사마상여에게 시를 짓게 하였다는 고사가 있는데, 남조(南朝) 송(宋)나라 문인 사혜련(謝惠連)이 지은 〈설부(雪賦)〉가 이 내용을 가상하여 지은 것이다. 《史記 卷58 梁孝王世家》《文選 卷13 雪賦》

**211** 백전(白戰) : 시를 지어 솜씨를 겨루는 것을 비유하는 말이다. 송(宋)나라 구양수(歐陽脩)가 빈객들과 눈〔雪〕에 대한 시를 지으면서 눈과 관련된 글자들을 쓰지 못하게 했는데, 그 뒤에 소식(蘇軾)이 그 일을 회상하며 시를 지으면서 그 끝 구절에 "당시의 규칙을 그대들은 따르게. 맨손으로 싸워야지 무기를 잡으면 안 되네.〔當時號令君聽取, 白戰不許持寸鐵.〕"라고 한 데서 유래하였다. 《蘇東坡詩集 卷34 聚星堂雪》

**212** 유(游)・양(楊)이……것 : 유・양은 송(宋)나라 때의 유초(游酢)와 양시(楊時)를 가리킨다. 이 두 사람이 처음 정이(程頤)를 뵈었는데, 정이가 눈을 감고 오랫동안 명상에 잠겨 있었다. 두 사람은 스승을 공경한 나머지 물러간다고 말씀드릴 수가 없어 그대로 모시고 서서 있었는데, 얼마 후 정이가 눈을 떴을 때에는 문밖에 눈이 한 자나 쌓여있었다고 한다. 《宋史 卷428 道學列傳2 楊時》

어디에서 태산교악(泰山喬嶽)[214]을 우러르리오 安所仰泰喬

이를 생각함에 부질없이 탄식하고서 念此空歎息

경전을 안고 쓸쓸히 앉았다가 抱經坐蕭蕭

문득 다시 흔연히 일어나 忽復作欣然

한 번 삼백[215] 노래를 읊조리니 一誦三白謠

어찌 납제(臘祭) 전만이겠는가 豈唯祭蜡前

또한 정월(正月)[216]에도 해당되네 亦在建寅杓

그 상서로움이 풍년의 징조이고 其祥驗豐熟

그 은혜가 농사로 돌아가네 其惠歸蓘穮

올가을에 백곡이 풍년이 들어 來秋百穀穰

늙은이와 아이들 모두 즐거우리 歡樂均耄髫

감히 경하하는 시를 올리지 못하는 것은 未敢獻賀詩

초야에 있는 이 몸 조정 신료와 달라서이네 草野異廷僚

**213** 하남(河南) : 이천(伊川) 정이(程頤)가 하남(河南) 낙양(洛陽) 사람이다.

**214** 태산교악(泰山喬嶽) : 덕과 명망이 태산처럼 높아 사람들에게 존경을 받는 인물을 비유한다. 예컨대 송(宋)나라 육구연(陸九淵)이 주희(朱熹)를 평하여 "태산교악과 같다."라고 하였다.

**215** 삼백(三白) : 동지 이후 세 번째 돌아오는 술일(戌日)을 납일(臘日)이라고 하는데, 납일 전에 세 번 눈이 내리는 것을 '납전삼백(臘前三白)'이라고 한다. 이때 내리는 눈이 보리농사에 가장 좋아 풍년의 조짐으로 여겼다. 혹은 《전당시(全唐詩)》에서는 〈점년(占年)〉이라는 시에 "정월에 세 차례 눈이 내리니, 농부가 큰 소리로 웃누나.〔正月三白, 田翁笑赫赫.〕"라고 하여서, 정월에 세 번 눈이 내리는 것을 가리키기도 하였다.

**216** 정월(正月) : 원문의 '건인표(建寅杓)'는 정월을 뜻한다. 북두 칠성(北斗七星)의 자루〔杓〕가 가리키는 방향을 '건(建)'이라고 하고, 12신(辰)의 위치를 가리키는 방향에 따라 달수가 바뀌는데, 이 자루가 1월에는 인방(寅方)을 가리킨다.

강구[217]의 백성들과 더불어 願與康衢氓

배불리 먹고서[218] 요임금 같은 성군께 축수하고자 하네 含哺祝聖堯

**217** 강구(康衢) : 사통팔달의 큰 거리를 이른다. 요(堯) 임금이 천하가 제대로 다스려지고 있는가를 살피기 위해 미복 차림으로 큰 거리로 나갔는데, 아이들이 "우리 백성들에게 곡식을 먹임이 모두 임금님의 지극한 덕이니, 나의 지식 주장하여 아는 체하지 않고 오직 임금님 법칙 따르리라."라고 노래하니, 요 임금이 듣고 기뻐하였다고 한다. 《列子 卷4 仲尼》

**218** 배불리 먹고서 : 원문의 '함포(含哺)'는 밥을 입에 잔뜩 물고 있는 것으로, 태평성세에 백성들이 풍족한 생활을 하는 것을 말한다. 《장자》 〈마제(馬蹄)〉에 "옛날 혁서씨(赫胥氏) 시대에는, 백성들이 집에 있을 때에는 무슨 일을 해야 할지를 따지지 않았고 길을 갈 때에는 어디로 가야 할지를 요량하지 않았다. 음식을 입안 가득 넣고서 즐거워하였으며 배를 두드리며 놀았다.〔夫赫胥氏之時, 民居不知所爲, 行不知所之. 含哺而熙, 鼓腹而遊.〕"라고 하였다.

# 담양 김공[219] 철행 에 대한 만시
## 潭陽金公 喆行 輓

| | |
|---|---|
| 초옹[220]이 결옥을 차고[221] 흑산도로 가니 | 苕翁佩玦黑山行 |
| 직언하는 상소의 외로운 충정에 한 시대가 놀랐네 | 抗疏孤忠一世驚 |
| 바로 이해에 전조에서 공의 이름을 천거하니[222] | 是歲公名銓相擧 |
| 그 관직이 어진 숙부로 인하여 갑절이나 영광스러웠네 | 官由賢叔倍爲榮 |

**219** 담양(潭陽) 김공(金公) : 김철행(金喆行, 1715~1780)으로, 자는 군보(君保), 본관은 안동(安東)이다. 부친은 박윤원(朴胤源)의 장인인 김시관(金時莞)이고, 조부는 김성도(金盛道)이다. 1754년(영조30) 진사시에 합격하였고, 내시교관, 정읍 현감(井邑縣監), 담양 현감(潭陽縣監), 연기 현감(燕岐縣監) 등을 지냈다.

**220** 초옹(苕翁) : 김시찬(金時粲, 1700~1766)으로, 자는 치명(穉明), 호는 초천(苕川), 본관은 안동(安東)이며, 시호는 충정(忠正)이다. 부친은 김성도(金盛道)이며, 김철행(金喆行)에게 숙부가 된다. 1735년(영조11) 증광 문과에 병과로 급제하여 검열, 설서, 병조 좌랑, 지평 등을 역임하였다. 1740년(영조16)에 정언으로서 국옥(鞫獄)에 참여해 조태구·유봉휘·이광좌의 죄를 합사(合辭)한 것으로 인해 흑산도에 위리안치 되었다가 그해 가을에 용서받아 돌아왔다. 이후 1759년에 부제학으로 제수되어 차자를 올린 내용이 문제가 되어 다시 흑산도로 정배되었다가 곧바로 장성(長城)으로 양이(量移)된 후 1764년에 석방되었다.

**221** 결옥(玦玉)을 차고 : 유배의 처분이 내린 것을 뜻한다. 결옥은 완전하게 이어지지 않고 한쪽이 터진 옥고리로, 《의례주소(儀禮注疏)》 권11 〈상복(喪服)〉에 "세 번을 간언해도 받아들여지지 않으면 국경에서 처분을 기다리는데, 임금으로부터 환옥(環玉)을 받으면 돌아오고 결옥을 받으면 나라 밖으로 떠나야 한다.〔三諫不從, 在境待放, 得環則還, 得玦則去.〕"라는 내용이 보인다.

**222** 바로……천거하니 : 1759년(영조35) 윤6월에 김시찬(金時粲)이 부제학으로서 차자를 올린 내용이 문제가 되어 흑산도로 정배되었는데, 이해 7월에 김철행(金喆行)이 내시교관에 제수되었다. 《承政院日記 英祖 35年 閏6月 13日, 7月 4日》

### 그 두 번째 其二

정읍에서는 추운 날씨에 홍시 위 서리 내리고 井邑寒天柹有霜
담양에서는 무더운 달에 대숲 바람 시원했지[223] 潭州暑月竹風涼
부임하는 곳마다 청렴하다는 백성의 칭송이 자자하니 廉淸到處騰民頌
오두미[224]로는 오로지 모친을 봉양하였을 뿐이었네 五斗惟資養北堂

### 그 세 번째 其三

인척의 인연으로 내가 공을 익숙히 알게 되었으니 我因姻好慣知公
서른 해 동안 어울리며 후덕한 풍모를 앙모하였네 卅載周旋仰厚風
짧은 해로가[225]로 어찌 다 말할 수 있으랴 薤露短詞那盡說
이미 제문 속에 다 쏟아내었네 已先輸寫祭文中

**223** 정읍(井邑)에서는……시원했지 : 김철행(金喆行)은 1763년(영조39) 6월 20일에 정읍 현감(井邑縣監)에 제수된 바 있고, 1769년 7월 2일에 담양 현감(潭陽縣監)에 제수된 바 있다. 《承政院日記 英祖 39年 6月 20日, 45年 7月 2日》

**224** 오두미(五斗米) : 다섯 말의 곡식이라는 뜻으로, 하급 관료의 낮은 봉급을 말한다. 진나라 도잠(陶潛)이 팽택현(彭澤縣)의 현령으로 있을 때 군(郡)에서 독우(督郵)를 보냈는데, 현리(縣吏)가 의관을 갖추고 만나 뵈라고 하자 "내가 오두미를 위하여 구차히 향리의 소아(小兒)에게 허리를 굽힐 수 없다.〔吾不能爲五斗米折腰, 拳拳事鄕里小人邪.〕" 하고, 즉시 인끈을 풀고는 〈귀거래사(歸去來辭)〉를 읊고 고향으로 돌아갔던 고사에서 나온 말이다. 《晉書 卷94 隱逸列傳 陶潛》

**225** 해로가(薤露歌) : 사람의 생명은 마치 부추 잎에 내린 이슬처럼 덧없다는 뜻으로, 상여가 나갈 때에 부르는 만가(輓歌)를 가리킨다. 한 고조(漢高祖)에게 반기를 들다 패망한 전횡(田橫)의 죽음을 두고 그 무리가 지은 만가 2장 중 1장에 "부추 위의 아침 이슬 어찌 그리 쉬이 마르는가. 이슬은 말라도 내일 아침 다시 내리지만, 사람은 죽어 한번 가면 언제 다시 돌아오나.〔薤上朝露何易晞? 露晞明朝更復落. 人死一去何時歸?〕"라고 한 데에서 나온 말이다. 《古今注 音樂》

## 조상각[226] 잡영을 지어 효효재 김공[227]께 올리다
朝爽閣雜詠 呈嘐嘐金公

### 서산의 상쾌한 기운[228] 西山爽氣

공의 몸 비록 현귀한 벼슬에 있으나　公身雖簪紱
공의 뜻은 곧 산림에 있다오　公志卽山林
아침마다 상쾌한 기운을 바라보며　朝朝看爽氣
홀을 턱에 괴는 마음[229]을 깊이 체득하였네　深得拄笏心

**226** 조상각(朝爽閣) : 김용겸(金用謙)이 거처하던 효효재(嘐嘐齋)의 뒤편에 자리하였던 누각 이름이다. 김용겸은 이 누각의 여덟 가지 풍경을 제재로 하여 지인들에게 8영(詠)을 짓게 하였는데, 여덟 가지 풍경은 곧 '백악의 아지랑이〔白嶽晴嵐〕', '인왕산의 상쾌함〔西山爽氣〕', '필운대 꽃놀이〔雲臺看花〕', '달밤의 경복궁 길 산책〔天街步月〕', '대은암의 물구경〔隱岩臨流〕', '청풍계 태고정의 단풍놀이〔古亭賞楓〕', '맑은 날 책 말리기〔淸晝散帙〕', '고요한 밤에 거문고 타기〔靜夜理琴〕' 등이다. 《박현순, 18세기 경화사족 金用謙의 삶과 교유, 민족문화연구, 2019》

**227** 효효재(嘐嘐齋) 김공(金公) : 김용겸(金用謙, 1702~1789)으로, 자는 제대(濟大), 호는 효효재, 본관은 안동(安東)이며, 포음(圃陰) 김창즙(金昌緝)의 아들이다.

**228** 서산(西山)의 상쾌한 기운 : 서산은 경복궁의 서쪽에 자리한 인왕산(仁王山)을 가리킨다. '서산의 상쾌한 기운〔西山爽氣〕'은 본래 진(晉)나라 때 왕휘지(王徽之)가 출세에 연연하지 않고 유유자적하게 홍취를 즐기며 벼슬살이하였던 고사에서 나온 말이다. 왕휘지가 환충(桓沖)의 기병 참군(騎兵參軍)으로 있을 적에 한번은 환충이 그에게 말하기를 "경(卿)이 부(府)에 있은 지 오래되었으니, 요즘에는 의당 사무를 잘 알아서 처리하겠지."라고 하자, 왕희지는 아무런 대꾸도 하지 않은 채 고개를 쳐들고 홀을 턱에 괴고〔拄笏〕 있다가는, 엉뚱하게 "이른 아침에 서산이 상쾌한 기운을 불러옵니다.〔西山朝來, 致有爽氣耳.〕"라고 답했던 고사가 있다. 《世說新語 簡傲》

**229** 홀을 턱에 괴는 마음 : 출세에 연연하지 않고 유유자적하게 홍취를 즐기며 벼슬살

운대의 꽃구경[230] 雲臺看花

운대가 도성 가득한 꽃물결 굽어보니 臺臨滿城花
노니는 사람들 모두 봄옷을 입었네 遊者皆春衣
무엇이 증점의 즐거움만 하리오 誰似曾點樂
한가로이 무우에서 바람 쐬고 돌아왔었지[231] 悠然舞雩歸

은암[232]의 물구경 隱巖臨流

흐르는 물 푸른 바위를 감싸 流水籠蒼巖
세속의 떠드는 소리 귀에 들리지 않네 塵囂耳不到
지팡이 짚고 맑은 여울 굽어보며 倚杖俯淸瀨

이하는 마음을 뜻한다. 359쪽 주228 참조.

**230** 운대(雲臺)의 꽃구경 : 운대는 인왕산(仁王山) 자락에 위치한 '필운대(弼雲臺)'를 이른다. 《한경지략》에는 석벽에 세워진 '필운대' 세 글자는 오성부원군(鰲城府院君) 이항복(李恒福)의 글씨라고 하였다. 또 이 주변의 인가에서 복숭아나무를 많이 심어 도성 사람들이 봄날 꽃놀이를 할 때 이곳을 첫손에 꼽고, 여항인들이 술을 마련하여 시회를 여는 장소이므로 여항인의 시를 속칭 '필운대풍월(弼雲臺風月)'이라 한다고 하였다.

**231** 무엇이……돌아왔었지 : 증점(曾點)은 공자(孔子)의 제자로, 자가 석(晳)이며 증자(曾子)의 아버지이다. 공자가 시종하는 제자들에게 자신의 뜻을 어떻게 펼칠 것인가를 물었을 적에, 증점은 거문고를 타고 있다가 대답하기를 "늦은 봄이 되어 봄옷이 만들어지면 관(冠)을 쓴 어른 5, 6명과 동자 6, 7명과 함께 나가 기수(沂水)에서 목욕하고 무우(舞雩)에서 바람 쐬고 시 읊으며 돌아오겠습니다.〔莫春者, 春服旣成, 冠者五六人、童子六七人, 浴乎沂, 風乎舞雩, 詠而歸.〕"라고 하니, 공자가 그의 뜻을 크게 칭찬한 일이 있다. 《論語 先進》

**232** 은암(隱巖) : 경복궁 북쪽의 북악산(北岳山) 기슭에 있는 바위인 대은암(大隱巖)을 이른다.

초은조[233]를 낭랑하게 읊조리네 朗詠招隱操

고정의 단풍구경[234] 古亭賞楓

공이 어찌하여 이 정자를 아끼는고 公何愛斯亭
태고를 흠모하는 효효한 뜻이라네[235] 太古嘐嘐意
단풍나무 잎이 꽃처럼 붉어 楓葉紅似花
사당의 짙푸른 잣나무 잎과 어우러지네 交映廟柏翠

고요한 밤의 거문고 연주 靜夜理琴

술 마시고 거문고 튕기니 酒後撫孤桐
산에 뜬 달이 창문 앞으로 찾아오네 山月來窓前
무심해진 지 오래라는 것[236]은 믿지 않으니 不信無心久

**233** 초은조(招隱操) : 초사(楚辭) 〈초은사(招隱士)〉로, 회남왕(淮南王) 유안(劉安)의 식객들 중 소산(小山)에 속하는 문사가 지은 노래이다. 원래 은자에게 세상으로 나오라고 부른 노래였으나, 뒤에는 은거를 지향하는 뜻으로 쓰이게 되었다.

**234** 고정(古亭)의 단풍구경 : 고정은 서울 장동(壯洞), 김상용(金尙容)의 별장에 있었던 정자인 태고정(太古亭)을 이른다. 김상용은 인왕산 자락의 청풍계(淸風溪)에 별장을 지었는데, 청풍계는 푸른 단풍나무가 많아서 본래 '청풍계(靑楓溪)'로 불렸으나 김상용이 별장을 지으면서부터 맑은 바람이 있는 계곡이라는 뜻의 '청풍계(淸風溪)'로 명칭이 바뀌어 불렸다고 한다. 이곳에 그 후손들이 대대로 살았으므로 장동 김씨들의 본거지가 되었는데, 태고정은 이들의 주요 문화공간 구실을 하였다.

**235** 태고에……뜻이라네 : 《맹자(孟子)》 〈진심 하(盡心下)〉에서 '광자(狂者)'에 대하여 설명하여 "그 뜻이 효효하여 말하기를 '옛사람이여, 옛사람이여.' 하나 평소에 그 행실을 살펴보면 행실이 말을 따르지 못하는 자이다.〔其志嘐嘐然曰"古之人, 古之人", 夷考其行而不掩焉者也.〕"라고 한 것을 원용하여 말한 것이다. 주희(朱熹)는 《집주(集註)》에서 "효효(嘐嘐)는 뜻이 크고 말이 큰 것이다."라고 해설하였다.

남풍가 연주에 화답하기를 원하네[237] 願和南風絃

236 무심해진……것 : 세상에 뜻을 펼치는 데에 무심해진 지 오래되었다는 뜻으로, 주희(朱熹)의 〈이빈로의 옥간시를 읽고 우연히 읊다〔讀李賓老玉澗詩偶吟〕〉에 "홀로 거문고 안고 옥계를 지나니, 환하게 맑은 밤 달 밝은 때라네. 그저 지금은 이미 무심해진 지 오래이건만, 산 앞의 삼태기 멘 이가 알까 두렵네.〔獨抱瑤琴過玉溪, 琅然淸夜月明時. 秖今已是無心久, 却怕山前荷蕢知.〕"라고 한 것을 원용하여 말한 것이다. 주희의 시의 '삼태기 멘 이'는, 공자(孔子)가 위(衛)나라에서 경쇠를 치고 있었는데, 어떤 사람이 삼태기를 메고 공자의 문 앞을 지나가면서 "세상에 마음이 있구나, 경쇠 소리여.〔有心哉, 擊磬乎!〕"라고 하며 공자가 세상에 뜻을 펼치는 데에 마음이 있음을 알아보았던 일을 가지고 말한 것이다. 《論語 憲問》

237 남풍가(南風歌)……원하네 : 남풍가는 순(舜)임금이 거문고를 타며 지어 부른 노래로, 치국부민(治國富民)을 기원하는 뜻을 담고 있는바, 세상에 뜻을 펼쳐 태평성대를 이루는 데에 공헌하고자 함을 말한 것이다. 《孔子家語 辯樂解》

## 어 참봉 경국[238] 용빈 에 대한 만시

魚參奉景國 用賓 輓

존망의 이치 깨달아 스스로 슬퍼하지 않으니　理悟存亡不自悲
요부는 주역을 완미하여 상수(象數)에 침잠해 추론하였네[239]　堯夫玩易數潛推
소나무에 밝은 달 걸리니 마음이 꿈을 꾸는 듯하고[240]　松懸素月心如夢
산에 황혼이 찾아드니 참언이 시에 나타났네　山近黃昏讖見詩
쇠한 세상엔 끝내 걸출한 선비 머물기 어려우니　衰世竟難留傑士
남긴 문장은 그저 남은 자식들에게 맡겨졌네　遺文只得付孤兒
만년에야 교제하여 종유함이 짧은 것 내 한스러우니　晩交吾恨從遊短

**238** 어 참봉(魚參奉) 경국(景國) : 어용빈(魚用賓, 1737～1781)으로, 자는 경국, 호는 농환당(弄丸堂), 본관은 함종(咸從)이다. 1771년(영조47) 진사시에 합격하였고 1773년 온릉 참봉(溫陵參奉)이 되었다.

**239** 요부(堯夫)는……추론하였네 : 요부는 송(宋)나라 경학가 소옹(邵雍)의 자로, 호는 안락와(安樂窩)·백원(百源), 시호는 강절(康節)이다. 소옹은 《주역(周易)》에 정통하여, 역전(易傳)에 근거하여 팔괘(八卦)를 해석하였고 도가 사상을 참고하여 '상수지학(象數之學)'을 개창한 바 있다. 홍석주(洪奭周)가 지은 어용빈(魚用賓)의 행장에, 42세에 처음으로 《주역》을 읽고는 이를 좋아하게 되어 밤을 새워가며 침잠하여 완미하였다는 내용이 보이는데, 이를 소옹에 빗대어 말한 것이다. 《淵泉集 卷32 溫陵參奉魚公行狀》

**240** 소나무에……듯하고 : 망자에 대한 간절한 그리움을 표현한 것으로, 당(唐)나라 시인 두보(杜甫)가 강남(江南)에 유랑하는 이백(李白)의 꿈을 꾸고 〈몽이백(夢李白)〉을 지어서 "달빛이 들보에 가득 비추니, 흡사 그대 안색을 본 듯하오.〔落月滿屋梁, 猶疑見顏色.〕"라고 한 것을 원용한 것이다.

누구와 함께 도촌에서 의심나는 것을 분석할까[241] 誰與陶村共析疑

**241** 도촌(陶村)에서……분석할까 : 동진(東晉)의 고사(高士) 도잠(陶潛)이 남촌(南村)에 순박한 사람이 많이 산다는 소문을 듣고 그곳으로 이사하여 마을 사람들과 마음을 터놓고 지내면서 〈이거(移居)〉 시를 읊었는데, 이 시에 "기이한 문장을 함께 기꺼이 감상하고, 의심스러운 뜻을 서로 풀어보노라.〔奇文共欣賞, 疑義相與析.〕"라고 한 구절이 있다. 이를 원용하여 말한 것이다.

## 유형 여정[242] 한장 에 대한 만사
愈兄汝貞 漢蔣 輓

여성[243]이 일찍이 그대의 시를 평하기를 汝成曾把子詩評
백로와 청노새 구는 경책[244]하고도 청신하댔지 白鷺靑騾句警淸
구름 얻어 날지 못한 채 그대로 종종걸음 조심히 걸으니
未得雲飛仍跼步
이 말이 공명에 해가 됨을 내 알겠노라 吾知此語害功名

여정이 일찍이 시를 지었는데, "백로는 능히 물 위를 가건만 청노새는 배에 오르지 못하네."라고 한 구절이 있었다.

### 그 두 번째 其二

오십은 오히려 요절이라 일컬을 나이가 아니니 五十猶非稱天時
집안의 훌륭한 자제[245]로는 다시 한 명의 뛰어난 아들[246]이 있다네

**242** 유형 여정(兪兄汝貞) : 유한장(兪漢蔣, 1731~1780)으로 본관은 기계(杞溪), 자는 여정(汝貞)이다. 유한준(兪漢雋)의 종형(從兄)이다. 1780년(정조4) 4월 13일에 향년 50세를 일기로 졸하였다. 《自著 卷25 從兄通德君墓誌銘》

**243** 여성(汝成) : 유한준(兪漢雋, 1732~1811)으로, 본관은 기계(杞溪), 자는 만청(曼倩), 또는 여성(汝成), 호는 저암(著菴)이다. 또 다른 호가 창애(蒼厓), 창하(蒼下)이다.

**244** 경책 : 원문의 '경(警)'은 '경책(警策)'으로, 문장이 정제되고 정곡을 찌르면서 함의가 깊고도 절실하여 읽는 사람이 감동함을 가리키는 비평 용어이다.

**245** 집안의 훌륭한 자제 : 원문의 '정란(庭蘭)'은 남의 집안의 우수한 자제(子弟)를 예찬하는 말로, 진(晉)나라 사안(謝安)이 자질(子姪)들에게 "어찌하여 사람들은 자기

庭蘭復有一佳兒

그대 집안의 청시[247]가 몹시도 곤궁하고 박명하였으니 君家淸始偏窮薄

만약 그대 몸에 견준다면 그대는 슬프지 않다네 若比君身君不悲

자제가 출중하기를 바라는가?" 하고 묻자, 조카 사현(謝玄)이 "비유하자면 마치 지란(芝蘭)과 옥수(玉樹)가 자기 집 뜰에 자라기를 바라는 것과 같습니다.〔譬如芝蘭玉樹, 欲使其生於階庭耳.〕"라고 말 한 데에서 유래하였다. 《世說新語 言語》

**246** 한……아들 : 유담주(兪聃柱)로 승지 김노순(金魯淳)의 사위이며 참봉이었다. 《自著 卷25 從兄通德君墓誌銘, 準本2 曾王考慈教堂府君墓碣追記》

**247** 청시(淸始) : 유한준(兪漢雋)의 종형 유한엄(兪漢嚴, 1732~1759)의 자이다. 부친은 생원 유언상(兪彦鏛)이다. 1759년(영조35) 3월 7일에 향년 28세를 일기로 졸하였다. 《自著準本2 從兄通德公墓誌銘》

## 소나기가 번잡함을 씻어 내다

驟雨滌煩

| | |
|---|---|
| 무더운 한낮에 손님이 오지 않으니 | 午炎客不來 |
| 잠깐 턱을 괴고서 곤히 잠들었네 | 困眠暫支頤 |
| 홀연 소낙비가 흩날리며 쏟아지니 | 驟雨忽飄灑 |
| 서늘한 기운이 서재 휘장에 생겨나네 | 凉意生書帷 |
| 일어나고 앉음에 마음이 유연한데 | 起坐意悠然 |
| 높다란 가지에서는 매미 소리 울려오네 | 蟬聲在高枝 |
| 국화 떨기는 담장 아래에 벌여 있고 | 菊叢墻下列 |
| 석류 열매는 뜰 앞에 드리웠네 | 榴實庭前垂 |
| 병든 사내 오랫동안 붓을 들지 않았더니 | 病夫斷毫久 |
| 이때에 이르러서 다시 시를 이루었네 | 卽此還成詩 |

## 봄 동안의 와병을 추억하여서 소생의 기쁨을 보이다
追記春間臥病 以見回蘇之喜

병 낫고서 와병할 때의 어려움을 말하자면 病痊却說病時艱
꿈꾸는 듯 가물가물 죽을 고비 겪었지 如夢昏昏在鬼關
손님은 병증이 의심스럽다며 모두 피해 떠나갔고 客道證疑皆避去
의원은 맥이 해괴하다며 또한 놀라서 돌아갔네 醫言脉怪且驚還
어찌 알았으랴 말라비틀어진 구각에 생기가 불어와 那知生意嘘枯殼
끝내 진원을 회복하여 옛 용모로 만들 줄을 竟復眞元作舊顔
이는 아마도 하늘이 도를 듣고 죽게 하려고[248] 無乃天敎聞道死
오히려 이 몸이 인간 세상에 머무르도록 허락해 주신 듯하네 此身猶許住人間

**248** 도를……하려고 : 이는 《논어》 〈이인(里仁)〉에 "아침에 도를 들으면 저녁에 죽어도 괜찮다.〔朝聞道, 夕死可矣.〕"라고 한 공자의 말을 원용한 표현이다.

## 평숙이 나의 전 시에 화답하였기에[249] 또 그 운을 써서 화답하다

平叔和余前詩 又用其韻和之

| | |
|---|---|
| 새 책을 빌려서 상 가에 두니 | 新書借得置床邊 |
| 긴 해에 어찌 굳이 멍하니[250] 잠잘 필요 있으랴 | 長日何須睡嗒然 |
| 열사의 마음 웅장해도 오히려 준마는 엎드리고[251] | 烈士心雄猶伏驥 |
| 고인의 기풍 장원하나 그저 매미 소리만 들리네 | 高人風遠但聞蟬 |
| 구름은 암혈로 돌아가 미약하게 안개가 되고 | 雲歸巖穴微爲霧 |
| 비는 누대에 흩뿌려 가늘게 연기를 적시네 | 雨灑樓臺細濕烟 |
| 불평 가득한 이 가슴 씻어 내는 것은 술이기에 | 磈磊滿胸澆是酒 |
| 동자를 부르면서 장두전[252]을 푸노라 | 呼童且解杖頭錢 |

**249** 평숙이……화답하였기에 : '평숙(平叔)'은 박준원(朴準源, 1739~1807)으로, 본관은 반남(潘南), 자는 평숙(平叔), 호는 금석(錦石), 시호는 충헌(忠獻)이다. 박준원이 화답한 시는 《금석집》 권2에 실려 있는 〈근차백씨운(謹次伯氏韻)〉 세 수의 시를 가리킨다.

**250** 멍하니 : 원문의 '탑연(嗒然)'은 '답언(荅焉)'과 같은 뜻으로 '몸을 풀어 놓은 듯한 모습〔解體貌〕'을 나타내는 말이다. 마치 정신이 나가버린 것처럼 몸을 전혀 움직이지 않음을 뜻한다.

**251** 준마는 엎드리고 : 조조(曹操)가 지은 〈보출하문행(步出夏門行)〉에 "늙은 천리마가 구유에 누웠어도 뜻은 언제나 천 리 밖에 있고, 열사가 늙었어도 장한 그 마음 변함없네.〔老驥伏櫪, 志在千里 ; 烈士暮年, 壯心不已.〕"라고 한 구절이 보인다.

**252** 장두전(杖頭錢) : '지팡이 끝에 걸린 돈'이란 뜻으로, 진(晉)나라 완수(阮脩)의 고사에서 유래한 말이다. 완수의 자는 선자(宣子)로, 완적(阮籍)의 조카인데, 항상

다닐 때는 백전의 돈을 지팡이 끝에 걸어 가지고 주점에 이르면 문득 홀로 거나하게 취하였다. 《晉書 卷49 阮籍列傳 從子脩》 이로 인하여 후세에 '장두전'을 술 살 돈이라는 뜻으로 일컫는다.

## 임인년 7월 11일은 내 증조고[253]의 기신이다. 부군께서는 합천의 임소에서 고종하셨는데 지금 61년이 되었다.[254] 이날 제사를 거행함에 비창함이 여느 해보다 배나 되었기에 이틀 뒤에 추후하여 감회의 시를 지어서 평숙[255]에게 보인다

壬寅七月十一日 我曾祖考忌辰也 府君考終于陜川任所 今爲六十一年矣 是日行祭 悲愴倍於常年 後二日追述感懷詩 以示平叔

합천 관아의 비참한 상고를 차마 돌이켜 생각하랴 陜衙喪禍忍追思
천 리 멀리 타향에는 염을 도울 친척도 없었다네[256] 千里無親助斂爲
해인사의 구름은 쓸쓸히도 옛 묵적을 머물러 두고 海印雲凄留舊墨

**253** 증조고 : 박태원(朴泰遠, 1660~1722)으로 본관은 반남(潘南), 자는 경구(景久), 호는 회와(悔窩)·일우(一愚)·송담(松潭)이다. 1689년(숙종15)에 진사가 되고, 같은 해 기사환국으로 인현왕후(仁顯王后)가 폐위되자 이를 적극 반대하였다. 휘릉참봉(徽陵參奉)·부평현감(富平縣監)·황주목사(黃州牧使) 등을 역임하고 1721년 합천군수(陜川郡守)로 부임하였는데 다음 해 7월 11일에 임소에서 향년 63세를 일기로 졸하였다.《近齋集 卷30 曾祖考牧使府君墓誌, 卷31 曾祖考牧使府君墓表》

**254** 지금 61년이 되었다 : 박태원이 졸한 지 만 60년이 되는 '임인년'은 1782년(정조6)으로 박윤원은 당시 49세였다.

**255** 평숙 : 박준원(朴準源, 1739~1807)으로, 본관은 반남(潘南), 자는 평숙(平叔), 호는 금석(錦石), 시호는 충헌(忠獻)이다.

**256** 합천……없었다네 : 이와 관련된 내용으로 《근재집》 권30 〈조고통덕랑부군묘지(祖考通德郎府君墓誌)〉에 "그 황고의 상이 합천의 임소에서 있었는데 영외 천 리의 타향에서 그 반함과 염을 도울 친당이 한 명도 없었지만 공은 혼자 스스로 예를 다하여 후회하는 바가 없었다.〔皇考之喪, 在陜川任所, 嶺表千里, 無一親黨助其含斂, 而公獨自盡禮, 無所有悔.〕"라고 한 내용이 보인다.

홍류동의 물은 오열하며 돌아가는 상여를 전송하네 紅流水咽送歸輀
해마다 기신이면 길이 사무치는 사모의 심정이건만 每年諱日長纏慕
올해는 그해 간지 다시 돌아오니 갑절이나 슬프네 今歲周星倍覺悲
짝 잃은 증손[257]은 제사를 올릴 수 없기에 失耦曾孫無以祭
때 되면 제부가 제수를 마련한다오 時來弟婦豆觴治

**257** 짝 잃은 증손 : 박윤원이 1781년(정조5) 3월 16일에 부인 안동 김씨의 상을 당하였기 때문에 이렇게 표현한 것이다. 《近齋集 卷29 亡室行狀》《梅山先生文集 卷43 贈貞夫人安東金氏墓誌銘》

## 옛날에 인왕산에서 놀던 일을 추억하여서 평숙[258]에게 보이다
追記仁山舊遊 以示平叔

인왕산 비취색이 허공중에 떠 있으니　　仁王山色翠浮空
여기에 우리 집이 있었던 것[259] 아직도 생각나네　　尙憶吾家在此中
성정에는 샘물 마시러 남녀들이 찾아오고　　聖井飮泉來士女
　산 아래에 성재정(聖在井)이 있다.
심대[260]에는 풀싸움하느라 아이들 달려다녔지　　心臺鬥草走兒童
꽃 핀 원림의 시구는 김로[261]의 재주를 보았고　　花園詩句看金老

**258** 평숙 : 박준원(朴準源, 1739～1807)으로, 본관은 반남(潘南), 자는 평숙(平叔), 호는 금석(錦石), 시호는 충헌(忠獻)이다.

**259** 여기에……것 : 박윤원의 집안은 1736년(영조12), 조부 박필리(朴弼履, 1685～1752)가 인왕산 자락 세심대(洗心臺)에 집을 정한 이래로 1750년 여름까지 여기에 거처하였다. 박윤원 형제는 여기에서 자랐다. 《近齋集 卷21 洗心臺幽居記, 卷31 家錄》

**260** 심대 : 인왕산 자락의 세심대(洗心臺)이다.

**261** 김로(金老) : 김인로(金仁老)로 박윤원의 소싯적 친구이다. 이와 관련하여 《근재집》 권28 《김수백애사(金壽伯哀辭)》에 "김수백은 이름이 인로이니, 사재 선생의 후손으로 남평 현감 휘 시언의 손자이다. 뛰어난 문재와 행실이 있었는데 일찍 졸하였으니, 향년 23세로 아들이 한 명 있다. 처음에 내가 동자였을 때 집이 인왕산 아래에 있었는데, 수백의 집과 담장을 잇대어 거처하여서 날마다 서로 달려가 쫓으며 왕래하였다. 당시 수백은 이미 관례를 치렀으나 나보다 5세 연장이었기 때문에 내가 벗할 수 있었다. 내가 막 처음으로 문장 짓기를 익히고 있었을 적에 수백은 이미 문장을 잘 지어서 장자들께 칭찬을 받았었다. 그가 나를 인도해 줌이 매우 정성스러웠으니, 내가

소나무 언덕의 그림은 정옹[262]의 솜씨가 있었지　　松岸丹青有鄭翁

김로(金老)는 바로 사재(思齋)[263]의 후손이고, 정옹(鄭翁)은 바로 겸재(謙齋)이다.

한번 거처를 옮긴 뒤로 인간사는 변하였는데　　一自移居人事變

멀리 바라다보매 산봉우리는 옛적과 다름없네　　峰巒遙望舊時同

실로 취하여서 스스로 유익하게 하였다.〔金壽伯名仁老, 思齋先生之後孫, 南平縣監諱時彦之孫, 有文行早卒, 年二十三, 有子一人. 始余童子時, 家北山下, 與壽伯連墻而居, 日相馳逐往來, 時壽伯已冠, 然視余年五歲以長, 故余得以友焉. 余方初習屬文, 而壽伯已以能文, 見稱於長者, 其導余甚勤, 余實取而自益也.〕"라고 기록하였는데, 이를 통하여 어렸을 적 이웃에 살았던 김인로가 문장에 능하여 박윤원에게 도움을 주었던 사실을 알 수 있다. 아울러 여기에 근거하면 김인로의 생년은 1729년, 몰년은 1751년이 된다.

**262** 정옹(鄭翁) : 정선(鄭敾, 1676~1759)으로, 본관은 광산(光山), 자는 원백(元伯), 호는 난곡(蘭谷)・겸재(謙齋)이다. 조선 후기의 대표적인 문인화가이다. 우리나라 산천을 소재로 한 진경산수화를 그려 한국 회화사 발전에 큰 업적을 남겼다. 도화서에 들어가 벼슬을 하여 동지중추부사에까지 올랐다. 특히 인왕산을 소재로 한 그림을 다수 남겨서 유명한데 이 때문에 여기에서 언급한 것이다.

**263** 사재(思齋) : 김정국(金正國, 1485~1541)으로, 본관은 의성(義城), 자는 국필(國弼)이며, 김안국(金安國)의 동생이다. 김굉필(金宏弼)의 문인으로 황해도, 전라도, 경상도의 관찰사를 역임하면서 선정을 베풀었다. 1519년(중종14) 기묘사화로 삭탈관직된 후 1537년 복직되기까지 경기도 고양(高陽)에서 학문을 닦으며 저술과 후진양성에 매진하였다. 저서로는 시문집인 《사재집(思齋集)》을 비롯하여 《성리대전절요(性理大全節要)》・《역대수수승통지도(歷代授受承統之圖)》・《촌가구급방(村家救急方)》・《기묘당적(己卯黨籍)》・《사재척언(思齋摭言)》・《경민편(警民篇)》 등이 있다.

## 새벽에 읊다

曉吟

잠에서 깨 창가에서 여전히 이불을 껴안고 있는데 睡罷窓間猶擁被
새벽종은 이미 울려 행인이 일어나네 曉鐘已動行人起
북쪽 골목의 개 짖는 소리는 시끄러움이 처음으로 그치고
北巷犬吠喧初息
서쪽 이웃의 나귀 울음소리는 들려오매 기뻐할 만하구나
西隣驢鳴聞可喜
장맛비 잠깐 걷히자 남은 더위 물러가고 霖雨乍收殘暑退
약한 바람 문에 들어오자 서늘한 기운 생기네 微風入戶涼意始
늙은 사내는 몸이 가벼워 병을 떨고자 하고 老夫身輕欲祛痾
또한 새로운 흥취 타고서 시를 읊조린다네 且乘新興爲吟哦
해가 뜬 산속 집에 다시 무슨 일이 있으랴 日出山家復何事
그저 석류 화분에 물이나 흠뻑 줄 뿐이지 只向榴盆灌水多

## 선조 야천 선생[264]의 문집에 있는 두 절구에 삼가 차운하다
敬次先祖冶川先生集中二絶韻

| | |
|---|---|
| 일에는 공사의 구분이 있어 뒤섞지 말아야 하니 | 事有公私休汨了 |
| 마음에 잊음도 조장함도 없는 것[265]이 바로 천연일세 | 心無忘助卽天然 |
| 문강공의 시어를 지금도 오히려 외니 | 文康詩語今猶誦 |
| 바른길을 뒤따라갈 인연 얻기를 바라서라오 | 願得追攀正路緣 |

그 두 번째 其二

| | |
|---|---|
| 모기떼처럼 분분한 소인배 갖가지로 떠들어 대니 | 蚊蚋紛紛鬧百千 |
| 자고로 덧없는 이 세상은 배보다 좁다네 | 古來浮世狹於船 |
| 선생의 큰 도를 어찌 용납할 수 있겠는가 | 先生道大容何得 |
| 산림으로 돌아가 은거하여 스스로 천명을 즐기셨지 | 歸隱山林自樂天 |

**264** 야천(冶川) 선생 : 박소(朴紹, 1493~1534)로, 자는 언주(彦胄), 호는 야천(冶川), 시호는 문강(文康)이다. 김굉필(金宏弼)의 문하에서 공부하였고, 1519년(중종 14) 식년시 갑과(甲科)에 장원급제하였다. 1530년 김안로(金安老) 등의 훈구파를 탄핵하려다가 좌천되었고, 그 뒤에도 여러 번 탄핵하여 그들의 미움을 사는 바람에 파직당하여 고향인 합천에 내려가 학문에 전념하였다. 뒤에 영의정에 추증되었다.

**265** 마음에……것 : 이는 《맹자》 〈공손추 상(公孫丑上)〉의 "반드시 호연지기를 기르는 데 종사하되 효과를 미리 기대하지 말아서 마음에 잊지도 말며 억지로 조장하지도 말라.〔必有事焉而勿正, 心勿忘, 勿助長也.〕"라고 한 맹자의 말을 원용한 표현이다.

## 이른 가을에 비갠 뒤 달을 보다

早秋觀霽月

| | |
|---|---|
| 더위가 오늘부터 없어지리니 | 暑從今日盡 |
| 비가 어제아침부터 그쳤네 | 雨自昨朝收 |
| 자던 새는 밝은 달에 놀라고 | 鳥宿驚明月 |
| 우는 벌레는 이른 가을을 아는구나 | 蟲鳴識早秋 |
| 병든 탓에 모습이 노쇠하고 | 病餘仍老態 |
| 한가한 가운데 또 시름겹네 | 閑裏且窮愁 |
| 홀로 앉아 슬피 읊조리니 | 獨坐悲吟苦 |
| 술을 함께할 사람도 없구나 | 無人酒可謀 |

## 이백의 〈자극궁감추시〉[266]에 차운하다

次李白紫極宮感秋詩

| | |
|---|---|
| 지난날 공명을 마음에 두었으니 | 夙昔懷功名 |
| 내 머리카락 대처럼 짙푸렀지 | 我髮綠如竹 |
| 사장에 고심하여 | 詞章用心苦 |
| 날마다 몇 움큼씩 피를 토하였네 | 嘔血日數掬 |
| 쓸쓸하여 끝내 무엇을 이루었는가 | 濩落竟何成 |
| 만년의 공부는 신독[267]을 구하였네 | 晚工求愼獨 |
| 뜬구름은 허공 향해 흩어지고 | 浮雲向空散 |
| 날던 새는 수풀에 머무네 | 飛鳥投林宿 |
| 내년이면 쉰이 될 것이니 | 明年且五十 |
| 이 생은 이미 스스로 정하였네 | 此生已自卜 |
| 한자는 반곡을 일컬어 | 韓子稱盤谷 |
| 구불구불 굽이침이 갔다가 돌아오는 듯하다 하였는데 | 繚曲如往復 |

**266** 이백의 자극궁감추시 : 《이태백전집(李太白全集)》 권21에 실린 〈심양 자극궁에서 가을을 느껴워 짓다〔尋陽紫極宮感秋作〕〉를 가리킨다. 이백은 50세가 되던 해인 750년(천보9) 가을에 심양에 머무르면서 노자(老子)의 사당인 자극궁에서 이 시를 지었는데, 여기에 "49년 동안의 잘못은 이미 지나가 돌이키지 못하네.〔四十九年非, 一往不可復.〕"라고 하였다. 그 후 많은 사람들이 50세 무렵에 이 시에 차운하여 시를 지었다.

**267** 신독(愼獨) : 남은 모르고 자신만이 아는 생각을 삼가는 것으로 《대학》의 성의(誠意) 공부와 같다고 한다. 《중용장구》 제1장에 "숨겨진 곳보다 드러남이 없으며 은미함보다 나타남이 없으니, 그러므로 군자는 그 홀로를 삼가는 것이다.〔莫見乎隱, 莫顯乎微, 故君子愼其獨也.〕"라고 보인다.

매우 안타까운 것은 이원이 어리석어　深恨李愿愚
떠나지 않아 끝내 전복된 것이라네[268]　不去終顚覆
가을바람이 원대한 생각을 일으키니　秋風動遠思
바닷가 논에 벼가 새로 익으리라　海田稻新熟

**268** 한자(韓子)는……것이라네 : 한자(韓子)는 당(唐)나라의 문장가 한유(韓愈)를 가리킨다. 반곡(盤谷)은 하남(河南)의 태항산(太行山) 남쪽에 있는 곳인데, 이원(李愿)이 이곳에 돌아가 은거하려 하자, 한유가 〈송이원귀반곡서(送李愿歸盤谷序)〉를 지어 그에게 주었다. 여기에 반곡에 대해 묘사하여 "구불구불하여 굽이치니 가다가 되돌아오는 듯하네.〔繚而曲, 如往而復.〕"라고 하였다. 이 글이 실린 《고문진보 후집(古文眞寶後集)》 권4의 소주(小註)에 "배우는 자들이 한공(韓公)의 글만 읽으면 이원(李愿)을 일개 은사(隱士)로만 여기지 않으리라는 보장이 없을 것이니, 이원(李愿)이 바로 서평왕(西平王) 이성(李晟)의 아들이요 이소(李愬)의 형으로서 태자빈객(太子賓客)과 상주국(上柱國)이 되어 집안을 일으키고 세 번 절도사(節度使)가 되어, 음악과 여색을 가까이하고 사치와 화려함을 너무 좋아한 나머지 이신칙(李臣則)의 변란을 격발하여 병란의 와중에 집안에서 죽임을 당하여 마침내 황음(荒淫)과 사치로 패망하고 한공의 말을 능히 실천한 적이 없다는 것은 전혀 알지 못할 것이다."라고 한 내용이 보인다. 그러나 현재 연구자들의 고증에 의하면 '이원(李愿)'은 동명이인으로, 한유가 지은 송서(送序)의 주인공인 '이원'은 생몰년이 불분명한 당대의 은사(隱士)이다.

## 명선사

鳴蟬詞

| | |
|---|---|
| 내 성품은 음악 소리 싫어하지만 | 我性厭絲竹 |
| 오직 매미소리 듣기는 좋아한다오 | 惟喜聞鳴蟬 |
| 불볕더위에는 소리 높다가 | 聲高赫炎外 |
| 맑은 바람 불 적에는 소리 작아지네 | 吟細淸風前 |
| 때로 맴맴 여음 남기며 | 有時戛餘音 |
| 다른 나무로 날아서 옮겨가네 | 飛向他樹遷 |
| 너의 관은 어쩌면 그리도 옛스러운가 | 爾冠一何古 |
| 드리운 갓끈 검은색을 숭상하네 | 垂緌色尙玄 |
| 너의 마음 어쩌면 그리도 깨끗한가 | 爾心一何潔 |
| 단지 차갑고 둥근 이슬만 마시네 | 但飮寒露圓 |
| 깃든 곳은 수풀 사이지만 | 所棲雖林間 |
| 새들과 더불어 날지 않네 | 不與群鳥翩 |
| 아이들아, 부디 잡지 말거라 | 兒童愼莫捕 |
| 곤충 중에 현자이니 | 蟲中之高賢 |

## 고요히 보다

靜觀

| | |
|---|---|
| 난간에 기대어 맑은 대낮에 앉아 | 倚軒坐淸晝 |
| 물건들을 고요한 중에 바라보네 | 群物靜中視 |
| 거미줄 빽빽하니 거미는 절로 공교롭고 | 網密蛛自巧 |
| 개미집 깊으니 개미도 지혜롭네 | 封深蟻亦智 |
| 가장 영묘한 사람이 | 何如最靈者 |
| 도리어 화를 피할 줄 모르는 것과 비교하면 어떠한가 | 反昧患害避 |
| 술과 여색으로 본성을 해치고 | 戕性以酒色 |
| 영화와 이익 때문에 몸을 잃으니 | 滅身以榮利 |
| 애석하게도 보주를 | 可惜一寶珠 |
| 끝내 진흙 속에 떨어지게 하는구나 | 終令泥中墜 |

# 의고

擬古

| | |
|---|---|
| 거북이 진흙 속에서 꼬리를 흔들다가 | 龜尾曳泥中 |
| 희생으로 비단에 싸여 묘당에 들어가니[269] | 繡犧入廟宮 |
| 한번 영화롭고 한번 쇠함이 | 一榮與一枯 |
| 생사 간에 끝내 다르네 | 死生竟不同 |
| 장주는 비록 허망하지만 | 莊周雖謬悠 |
| 이 말은 이치가 실로 통하네 | 斯言理實通 |
| 내 부귀한 사람을 보니 | 吾觀富貴子 |
| 덕이 없으면 재앙을 부르네 | 無德招殃災 |
| 어이하여 앞 수레가 전복되었는데 | 如何前車覆 |
| 뒤 수레가 또 좇아온단 말인가[270] | 後車又赶來 |

**269** 거북이……들어가니 : 초왕(楚王)의 사자(使者)가 장자(莊子)를 찾아와서 초나라를 맡아 달라는 초왕의 부탁을 전하자, 장자가 말하기를 "내가 듣자하니, 초나라에는 신귀(神龜)가 있어 죽은 지 3천 년이나 되었는데, 이것을 상자에 넣어 묘당(廟堂)에 높이 보관하고 있다고 한다. 이 거북은 죽어서 뼈를 남겨 귀중하게 되기를 바라겠는가, 차라리 살아서 진흙 속에 꼬리를 끌고 다니기를 바라겠는가?" 하며 부탁을 거절한 고사에서 연유한 것이다. 《莊子 秋水》

**270** 어이하여……말인가 : 앞의 잘못을 교훈으로 삼아 경계하지 못하고 같은 잘못을 반복하는 것을 말한다. 《대대례기(大戴禮記)》 〈보부(保傅)〉에, "앞의 수레가 넘어짐에 뒤 수레가 조심한다.〔前車覆, 後車誡.〕"라고 하였다.

## 부열[271]

傳說

오묘하도다 학이라는 말을　妙哉學一言
천고에 누가 먼저 진달하였던가[272]　千古誰先陳
꿈에서 내려주어[273] 아름다운 명 드날리니　夢賚揚休命
은 고종에게 어진 신하 있었네　殷高有良臣
옛날에 담을 쌓던 때에는　昔當版築時
심상한 미천한 사람이었는데[274]　尋常胥靡人

**271** 부열(傳說) : 은(殷)나라 고종(高宗) 때의 재상이다. 처음 부암(傅巖)에 숨어 살면서 판축(版築)의 일을 하고 있었는데, 고종이 꿈에서 보고 초상을 그려 찾아 재상으로 발탁하고 스승으로 섬겼다. 《書經 說命》

**272** 오묘하도다……진달하였던가 : 은(殷)나라 고종(高宗)이 부열(傳說)에게 가르침을 줄 것을 청하자 부열이 말하기를, "오직 학문〔學〕은 뜻을 겸손하게 해야 합니다. 힘써서 때로 민첩하게 하면 그 닦여짐이 올 것이니, 독실하게 믿어 이것을 생각하면 도가 그 몸에 쌓일 것입니다. 가르침은 배움의 반이니, 생각의 처음과 끝을 항상 학문에 둔다면 그 덕이 닦여짐을 자신도 깨닫지 못할 것입니다.〔惟學遜志, 務時敏, 厥修乃來, 允懷于玆, 道積于厥躬. 惟斅學半, 念終始典于學, 厥德修罔覺.〕"라고 하였다. 《書經 說命下》

**273** 꿈에서 내려주어 : 은(殷)나라 고종(高宗) 신하들에게 "부왕께서 나에게 왕위를 전하여 사방을 바로잡는 책임을 맡기셨으나, 나는 나의 덕이 선왕과 같지 못할까 두려워서, 말을 하지 않고 공경히 삼가며 묵묵히 치도를 생각하였는데, 꿈에 상제가 나에게 훌륭히 보필할 재상을 내려 주셨다. 그가 나를 대신해서 말해 주리라.〔以台正于四方, 台恐德弗類, 玆故弗言, 恭默思道, 夢帝賚予良弼, 其代予言.〕"라고 하였는데, 그 뒤에 부열(傅說)을 얻어 재상으로 임명했다. 《書經 說命上》

| | |
|---|---|
| 하루아침에 좌우에 두었으니 | 一朝置左右 |
| 성현의 인륜 우뚝하네 | 卓矣聖賢倫 |
| 뜻을 겸손하게 하고 힘써서 때로 민첩하게 해야하니 | 遜志懋時敏 |
| 이를 닦으면 도가 몸에 쌓인다고 하였으니 | 厥修道積身 |
| 이 어찌 인군에게만 적용되리오 | 豈惟人主用 |
| 이 말 상하 사람들에게 고르게 해당되네 | 斯言上下均 |
| 이전의 현인이 어찌 이를 드러낸 적 있으리오 | 前哲何曾發 |
| 아름다운 은혜가 천추에 미치네 | 嘉惠及千春 |
| 시습은 《노론》의 가르침이고[275] | 時習魯論訓 |
| 명덕은 증자가 전한 책인데[276] | 明德曾傳書 |
| 연원을 거슬러 가보면 | 若泝淵源來 |

**274** 옛날에……사람이었는데 : 부열(傅說)은 은(殷)나라 부암(傅巖)에서 담 쌓는 일을 하다가 고종(高宗)에게 발탁되어 재상이 되었으므로, 《맹자》 〈고자 하(告子下)〉에 "부열은 담을 쌓는 곳에서 등용되었다.〔傅說擧於版築之間.〕"라고 하였다. 또 원문의 '서미(胥靡)'는 고대에 노역(勞役)을 하던 노예로, 《여씨춘추(呂氏春秋)》 〈구인(求人)〉에 "부열(傅說)은 은(殷)나라의 서미이다."라고 하였는데, 서미를 도형(徒刑)의 죄인이라고 보는 견해도 있다.

**275** 시습(時習)은 노론(魯論)의 가르침이고 : 《노론》은 《논어》로, 《논어》 〈학이(學而)〉에 "공자께서 말씀하셨다. '배우고 때때로 익히면 즐겁지 않겠는가.' 〔子曰: 學而時習之, 不亦說乎?〕"라고 하였다.

**276** 명덕(明德)은……책인데 : '명덕'은 《대학장구》 경1장에 "대학의 도는 명덕을 밝힘에 있으며 백성을 새롭게 함에 있으며 지선에 그침에 있다.〔大學之道, 在明明德, 在親民, 在止於至善.〕"라고 한 데에서 나오는 것으로 이에 대한 주(註)에 "명덕은 사람이 하늘에게서 얻은 바, 허령하고 어둡지 않아서 모든 이치를 갖추어 있고 온갖 일에 응하는 것이다.〔明德者, 人之所得乎天而虛靈不昧, 以具衆理而應萬事者也.〕"라고 하였다. 증자는 《대학》의 저자로 알려져 있다.

〈열명〉[277]이 그 권여[278]이네　說命爲權輿
이 때문에 내 흠앙하기를　所以余欽仰
이(伊) · 홰(虺)[279]에게 하듯이 할 뿐이 아닌 것이네　不啻伊虺如

**277** 열명(說命) : 《서경(書經)》의 편명으로, 상나라의 고종(高宗)인 무정(武丁)이 부열(傅說)을 정승으로 임명하고 훈계한 말과 부열이 군주에게 치국의 대도를 아뢴 내용이다.

**278** 권여(權輿) : 사물의 처음을 이르는 말이다. 권(權)은 저울대이고, 여(輿)는 수레의 바탕으로, '저울을 만들 때는 저울대부터 만들고 수레를 만들 때는 수레의 바탕부터 만든다'는 의미에서 유래하였다. 《시경》 〈진풍(秦風) 권여〉에 "나에게 큰 집이 깊고 넓더니, 지금에는 밥먹을 때마다 남음이 없도다. 아, 권여를 잇지 못함이여.〔於我乎, 夏屋渠渠, 今也, 每食無餘, 于嗟乎, 不承權輿.〕"라고 보이는데, 이는 군주가 현자를 초치해서 처음에는 큰 집을 하사하여 살게 하였으나 지금은 박대하여 식사조차 남는 것이 없어, 군주가 처음을 잇지 못함을 현자가 한탄한 시이다.

**279** 이(伊) · 홰(虺) : 이윤(伊尹)과 중홰(仲虺)로, 은(殷)나라 탕왕(湯王)의 신하들이다.

## 엄광[280]

嚴光

| | |
|---|---|
| 자릉은 광무의 부름을 사양하고 | 子陵辭光武 |
| 돌아가 동강의 물가에 누웠네 | 歸臥桐江潯 |
| 이미 그림을 그려 구하였으니 | 已入丹青求 |
| 어찌 훌륭한 재상 구하는 마음 없었겠는가[281] | 何無霖雨心 |
| 재주는 진실로 부열의 아래였고 | 才固下傅說 |
| 지우를 입은 것도 고종이 아니었네 | 所遇非高宗 |
| 다만 한나라 법도가 | 但識漢家制 |
| 삼대[282]처럼 융성하기 어려움을 알았으니 | 難爲三代隆 |
| 인을 품고 의를 보필하라는 말이 | 懷仁與輔義 |
| 아직도 남겨진 글 속에 실려 있네[283] | 尙載遺文中 |

**280** 엄광(嚴光) : 후한(後漢)의 고사(高士)로, 자는 자릉(子陵)이다. 일찍이 광무제(光武帝) 유수(劉秀)와 동문수학하였다. 광무제가 등극한 뒤에 그를 물색하여 간의대부(諫議大夫)를 제수하였으나 끝내 거절하고 부춘산(富春山)에 들어가 농사를 짓고 동강(桐江)에서 낚시질하며 일생을 마쳤다.《後漢書 卷113 嚴光傳》

**281** 이미……없었겠는가 : 광무제(光武帝)가 등극한 뒤에 엄광(嚴光)이 이름과 성을 바꾸고 은거하였는데, 광무제가 그의 어짊을 생각하여 초상을 그려 찾게 하였다.《後漢書 卷113 嚴光傳》 원문의 '임우(霖雨)'는 장맛비로, 훌륭한 재상을 뜻한다.《서경》〈열명 상(說命上)〉에 은(殷)나라 고종(高宗)이 부열(傅說)을 재상으로 임명하면서 "만약 나라에 큰 가뭄이 든다면 내가 그대를 장맛비로 삼으리라.〔若歲大旱, 用汝作霖雨.〕"라고 한 데서 온 말이다.

**282** 삼대(三代) : 하(夏)·은(殷)·주(周) 세 왕조로, 태평성대를 가리킨다.

| | |
|---|---|
| 맹자 이후 적막하였으니 | 寥寥孟子後 |
| 이 뜻을 누가 진달하였던가 | 此意誰陳之 |
| 비록 당세에는 등용되지 못하였으나 | 雖不用當世 |
| 천년토록 드리울 만하네 | 亦足千載垂 |
| 내 생각건대 두 사람의 공이 | 我謂二子功 |
| 구정을 부지한 낚싯줄[284]보다 크네 | 大於扶鼎絲 |
| 전현이 이미 표창하였으니 | 前賢已表章 |
| 낚시터 바위에 이 말을 새기리 | 釣石刻此辭 |

**283** 인(仁)을……실려있네 : 광무제(光武帝)는 등극한 뒤에 엄광(嚴光)을 찾아내어 세 차례나 사신을 보낸 끝에 그를 불러 관사에 머물게 하며 극진히 우대하였다. 이때 사도(司徒)인 후패(侯霸)가 그와 평소 친분이 있었던 터라 사람을 시켜 서찰을 보내 초청하였는데, 엄광은 그 서찰에 답장도 쓰지 않고 구두로 답하기를 "군방 족하. 지위가 삼공(三公)에 이르렀으니 매우 좋소. 인을 품고 의를 보필하매 천하가 기뻐하지만 아부하여 뜻을 따르느라 허리와 목이 끊어지겠구려.〔君房足下, 位至鼎足甚善, 懷仁輔義天下悅, 阿諛順旨要領絶.〕"라고 하였다. 군방은 후패의 자이다. 《後漢書 卷113 嚴光傳》

**284** 구정(九鼎)을 부지한 낚싯줄 : 엄광(嚴光)의 절개가 당시의 혼탁한 세상을 바로잡았다 하여 사람들이 "동강의 한 가닥 낚싯줄이 한나라의 구정을 붙들었다.〔桐江一絲, 扶漢九鼎.〕"라고 칭송하였다. 구정은 나라의 국권(國權)을 이른다. 하(夏)나라의 우(禹)임금이 구주(九州)의 쇠를 거두어 만든 아홉 개의 솥으로 천하의 보물로 알려졌으며 또한 국가의 상징물로 인식되었다.

## 무를 심다

種蘿葍

| | |
|---|---|
| 종에게 말하여 뒤 채마밭을 갈게 하니 | 語僕耕後圃 |
| 무를 제때에 심었네 | 葑菲種正時 |
| 가을하늘 막 비를 내리고자 하니 | 秋天方欲雨 |
| 장차 은택을 입고 번성하리 | 且被膏澤滋 |

## 《백주집》의 시[285]에 차운하다

次白洲集韻

| | |
|---|---|
| 어버이 여읜 슬픈 이 인생 | 孤露哀此生 |
| 한밤중에 눈 퍼붓듯 눈물을 쏟누나 | 中夜涕如雪 |
| 풍수의 탄식[286] 밀려온들 어찌 되돌리랴 | 風樹嗟何及 |
| 영달하는 길에 있어 이미 단념하였네 | 榮塗念已絶 |
| 흐르는 물은 떠나가는 것 붙잡을 수 없고 | 流水逝莫停 |
| 뜬 구름은 피어올랐다가도 이내 사라져 버리네 | 浮雲起還滅 |
| 내 머리털 또한 벌써 하얗게 세었으니 | 吾髮亦已白 |
| 슬픈 일과 기쁜 일을 숱하게 겪었네 | 悲歡屢歷閱 |
| 몸은 깊은 근심으로 늘 병을 지녀 | 身抱幽憂疾 |
| 십 년 동안 기혈이 다하였네 | 十年耗氣血 |
| 괴롭게도 성품 또한 조급하여 | 辛苦性亦燥 |
| 열화가 창자 안에 맺혔네 | 熱火腸內結 |
| 뭇 책들 봐도 이해하기가 어렵고 | 群書理會艱 |

**285** 백주집(白洲集)의 시 : 백주(白洲)는 이명한(李明漢, 1595~1645)으로, 자는 천장(天章), 호는 백주, 본관은 연안(延安)이며, 시호는 문정(文靖)이다. 이 시는 〈밤에 앉아 아이들의 시에 차운하다〔夜坐次兒輩韻〕〉라는 제목의 시로, 《백주집》 권11에 실려 있다.

**286** 풍수(風樹)의 탄식 : 부모가 돌아가신 뒤에, 생전에 효를 다하지 못한 것을 슬퍼하며 탄식함을 말한다. 공자(孔子)가 길을 가는데 고어(皐魚)란 사람이 슬피 울고 있기에 까닭을 물었더니 "나무는 고요하고자 하여도 바람이 그치지 않고 자식은 봉양하고 싶어도 어버이는 기다려 주지 않는다.〔樹欲靜而風不止, 子欲養而親不待也.〕" 하고는 서서 울다가 말라 죽은 고사에서 나온 것이다. 《韓詩外傳 卷9》

심사는 늘 흐리멍덩하기만 하네　神思每怳惚
지난해 먼지 쌓인 대자리에 눈물 흘리니[287]　去歲泣塵簟
이내 몸 더욱 외로워졌네　此身益煢孑
가을바람 불어온들 누가 추위를 염려해주랴　秋風誰念寒
해진 옷이 무릎을 가리지 못하네　敝衣不掩膝
장차 산수를 유람하고자 하나　且欲遊山水
아이와 이별하기가 어렵네　兒子難離別
쓸쓸하게 빈집을 지키니　寥寥守空屋
무엇을 하며 세월을 보낼 것인가　何以送日月
만사는 모두 하늘에서 비롯되니　萬事皆由天
분한은 뛰어넘을 수가 없는 것이지　分限不可越
근심스레 앉아 등불 그림자와 짝하니　愁坐伴燈影
벌레 소리가 우는 듯 처량하네　蟲語凄似咽
송추[288]가 눈 안에 들어오니　松楸入望眼
추석을 맞이하여 성묘하러 가야지　往掃趁秋節

**287** 지난해……흘리니 : 박윤원(朴胤源)의 부인이 죽은 것을 두고 말한 것이다. 박윤원은 1781년(정조5) 3월, 48세의 나이에 부인 안동 김씨(安東金氏)의 상을 당하였다. 서진(西晉)의 문인인 반악(潘岳)이 10여 세에 양씨(楊氏)와 혼인하여 부부의 금슬이 아주 좋았는데, 불행히도 양씨가 먼저 세상을 떠나자 〈도망(悼亡)〉 시 3수를 지어 심경을 노래하였다. 그 두 번째 수에 "뒤척이며 잠자리를 바라보매, 어느덧 긴 대자리 깔린 침상이 비었네. 빈 침상에는 맑은 먼지만 쌓여 가고, 빈방에는 서글픈 바람이 불어오네.〔展轉眄枕席, 長簟竟床空. 床空委淸塵, 室虛來悲風.〕"라고 하였는데, 이를 원용하여 말한 것이다.

**288** 송추(松楸) : 소나무와 가래나무로, 선영에 주로 이들 나무를 심었으므로 선영을 가리키는 말로 쓰였다.

## 스스로 탄식하며

自歎

| | |
|---|---|
| 아내가 떠난 지 이제 두 해이니 | 妻亡今二載 |
| 더욱 괴로움을 견디기 힘드네 | 轉覺苦難勝 |
| 이내 옷 어느 누가 만들어줄까 | 誰執裁衣尺 |
| 쌀 담는 되를 직접 본다네 | 親看計米升 |
| 집에 머물지만 나그네와 똑같고 | 在家還似客 |
| 머리카락 있지만 승려와 다름없네 | 有髮却如僧 |
| 잠을 이루지 못해 가을밤 길기도 한데 | 不寐秋宵永 |
| 외로운 시름 속에 이내 그림자 등불만 마주하네 | 孤愁影伴燈 |

## 감회가 있어

有感

| | |
|---|---|
| 풍년에는 인심이 교만하고 | 豐歲人心驕 |
| 흉년에는 인심이 고약하네 | 凶歲人心惡 |
| 교만하고 고약함은 어찌하여 그런 것인가 | 驕惡何爲然 |
| 바로 예와 의가 박하기 때문이라네 | 直由禮義薄 |
| 물과 불은 오곡도 아니건만 | 水火非五穀 |
| 밤에 찾아와 구하면 사람들이 주지 않으니[289] | 夜叩人不與 |
| 맹자 살았던 전국시대에도 | 孟子戰國時 |
| 풍속이 이와 같지는 않았다네 | 風俗不如許 |
| 세도가 날로 무너지고 낮아지니 | 世道日頹下 |
| 탄식하며 아무런 말도 하지 않으려 하네 | 歎息欲無語 |

**289** 오곡도……않으니 : 《맹자(孟子)》 〈진심 상(盡心上)〉에 "백성들은 물과 불이 없으면 생활할 수 없으나, 저녁에 남의 집 문을 두드려 물과 불을 구하면 주지 않는 사람이 없는데, 이는 그것이 매우 풍족하기 때문이다.〔民非水火, 不生活, 昏暮叩人之門戶, 求水火, 無弗與者, 至足矣.〕"라고 하였는데, 이를 원용하여 말한 것이다.

## 새벽녘 침상에서 '성' 자 운을 얻다

曉枕得聲字

| | |
|---|---|
| 새벽녘 침상에 벌레가 시끄럽게 울어대고 | 曉枕多蟲語 |
| 가을날 창가에 기러기 소리 들리네 | 秋窓有雁聲 |
| 인생은 원래 쉬이 늙건만 | 人生元易老 |
| 계절의 변화가 또 새삼 놀랍네 | 時序且堪驚 |
| 서리와 이슬에 송추에 의지하고픈 소원이 들고[290] | 霜露依楸願 |
| 안개와 노을에 계수나무를 부여잡고픈 심정이 드네[291] | 烟霞攀桂情 |
| 죽기 전까지 나의 일이 남아 있으니 | 終身吾事在 |
| 만년의 공부를 혹여 이룰 수 있으리 | 晩學倘能成 |

**290** 서리와……들고 : '서리와 이슬〔霜露〕'은 계절의 변화를 나타내면서 돌아가신 부모님을 그리워하게 하는 매개체로, 《예기(禮記)》 〈제의(祭義)〉에서 "가을에 서리와 이슬이 내리거든 군자가 그것을 밟아 보고 반드시 슬픈 마음이 생기나니, 이는 날이 추워져서 그런 것이 아니다. 또 봄에 비와 이슬이 내려 땅이 축축해지거든 군자가 그것을 밟아 보고 반드시 섬뜩하게 두려운 마음이 생겨 마치 죽은 부모를 곧 만날 것 같은 생각이 들게 된다.〔霜露旣降, 君子履之, 必有悽愴之心, 非其寒之謂也. 春雨露旣濡, 君子履之, 必有怵惕之心, 如將見之.〕"라고 한 데에 보인다. 송추(松楸)는 소나무와 가래나무로, 선영에 주로 이들 나무를 심었으므로 선영을 가리키는 말로 쓰였다.

**291** 안개와……드네 : '안개와 노을〔烟霞〕'은 경치 좋은 산수를 비유하는 말이다. '계수나무를 부여잡는다〔攀桂〕'는 것은 산중에 은거한다는 뜻으로, 《초사(楚辭)》 〈초은사(招隱士)〉에 "계수나무 가지를 부여잡으며 편히 오래 머무른다네.〔攀援桂樹兮聊淹留〕"라고 한 데에서 나온 말이다.

## 추흥

秋興

성성한 내 귀밑머리에 서풍이 불어오니 西風吹我鬢毛華
남쪽 하늘 뜬구름에 비껴 나는 기러기 떼 바라보네 目送南雲鴈陣斜
서리 내리자 숲속 나무는 이파리 시들려 하고 林木欲凋霜打葉
비 재촉하자 국화꽃은 꽃망울 터지려 하네 菊英將綻雨催花
책을 읽음에 늙어서 총명함이 떨어진 것 한스럽고 念書老恨聰明減
끼니를 걱정함에 곤궁하여 질병이 더해진 것 가련하네
憂食窮憐疾病加
억지로 시를 지어 적료함을 달래려 하니 强欲題詩慰寥寂
두릉의 추흥 시[292]도 온통 서글픈 탄식뿐이구나 杜陵秋興揔悲嗟

**292** 두릉(杜陵)의 추흥 시 : 두릉은 당(唐) 나라 시인 두보(杜甫)를 가리키는 것으로, 두보는 두릉에 살면서 두릉포의(杜陵布衣), 두릉야로(杜陵野老), 두릉야객(杜陵野客) 등으로 자호(自號)하였다. '추흥 시'는 두보가 지은 칠언율시 형식의 연작시 8수 〈추흥〉을 가리킨다.

## 평숙[293]이 가솔과 함께 서울에 와서 머물러 일곱 달 동안 단란하게 모이니 내 마음이 흡족하여 이를 읊어서 보이다

平叔與眷屬來留京中 七朔團會 余心欣滿 賦此以示

| | |
|---|---|
| 반갑게도 너희 온가족 찾아와 | 喜爾全家至 |
| 반년이 넘도록 나와 함께 지내네 | 同吾半歲過 |
| 이전엔 푸른 풀의 꿈으로 위로받았더니[294] | 向勞青草夢 |
| 이제는 자형의 가지가 다시 합하였네[295] | 今合紫荊柯 |
| 한 솥에 해먹는 국과 밥이 따뜻하고 | 一鼎羹飧煖 |
| 긴 대자리에서 나누는 담소가 정다워라 | 長筵笑語和 |
| 참으로 늘그막을 즐겁게 만들 만하니 | 正堪娛晩境 |
| 이러한 날이 많이 있기를 소원해보네 | 此日願將多 |

**293** 평숙(平叔) : 박준원(朴準源, 1739~1807)으로, 자는 평숙, 호는 금석(錦石), 본관은 반남(潘南)이며, 박윤원(朴胤源)의 동생이다.

**294** 푸른……위로받았더니 : 남조(南朝) 송(宋)나라의 시인 사영운(謝靈運)은 족제(族弟) 사혜련(謝惠連)만 보면 아름다운 시구가 떠오르곤 하였는데, 한번은 종일토록 시상이 떠오르지 않아 고민하다가, 꿈에서 사혜련을 만나보고 곧바로 "지당에 봄풀이 돋아난다.〔池塘生春草.〕"라는 절묘한 시구를 얻었다는 고사가 있다. 이를 원용하여, 아우를 꿈에서 만나보며 그리워하였음을 말한 것이다.《南史 卷19 謝惠連列傳》

**295** 자형(紫荊)의……합하였네 : 자형은 박태기나무라고도 하는데, 서로 멀어질 수 없는 형제간의 우애를 상징한다. 남조(南朝) 때 양(梁)나라의 경조(京兆) 사람인 전진(田眞)에게 두 아우가 있었는데, 형제간에 모든 재산을 서로 나누고 오직 집 앞의 자형나무 한 그루만 남게 되자, 세 형제가 의논하여 다음날 이것마저 쪼개서 나누기로 하였다. 다음날 자형나무를 나누려고 가서 보니 나무가 마치 불에 탄 것처럼 말라 죽어 있었다. 이에 세 형제가 크게 뉘우치고 다시 재산을 합하기로 하니, 그 나무가 금방 다시 살아났다고 한다.《續齊諧記 紫荊樹》

## 조카 종보[296] · 종경[297]에게 보이다

示從子宗輔宗慶

| | |
|---|---|
| 해좌의 의관 성대한데 | 海左衣冠盛 |
| 반남의 문호 드높아라 | 潘南門戶高 |
| 자손이 어찌 오만하고 게으르랴 | 子孫寧傲惰 |
| 선조가 본래 부지런히 힘썼으니 | 先祖本勤勞 |
| 집안의 법도는 청전[298]이 있고 | 家法靑氈在 |
| 유자의 공부는 소리[299]가 견고하네 | 儒工素履牢 |
| 나는 노쇠하여 이미 가망이 없으니 | 吾衰已無望 |
| 면려하는 바가 너희에게 있노라 | 責勉在兒曹 |

**296** 종보(宗輔) : 박종보(朴宗輔, 1760~1808)로, 자는 여신(汝臣), 본관은 반남(潘南)이며, 박윤원의 아우 박준원(朴準源)의 장남이다. 1789년(정조13) 생원시에 합격하였고 형조 참판, 성천 부사(成川府使), 춘천 부사(春川府使) 등을 역임하였다.

**297** 종경(宗慶) : 박종경(朴宗慶, 1765~1817)으로, 자는 여회(汝會), 호는 돈암(敦巖), 본관은 반남(潘南)이며, 박윤원의 아우 박준원(朴準源)의 이남(二男)이다. 1790년(정조14) 진사시에 합격하고 1801년(순조1) 식년 문과에 급제하였으며 도승지, 여주 목사(驪州牧使), 호조 판서 등을 역임하였다.

**298** 청전(靑氈) : 푸른 모포로, 선대로부터 내려온 오랜 가업을 이른다. 진(晉)나라 왕헌지(王獻之)가 누워 있는 방에 도둑이 들어와서 물건을 모두 훔쳐 가려 하자 "도둑이여, 그 푸른 모포는 우리 집안의 유물이니, 그것만은 놓고 가라.〔偸兒, 靑氈, 我家舊物, 可特置之.〕"라고 하였는바, 이로부터 선대로부터 전해오는 귀한 유물이나 가업을 가리키는 말로 쓰이게 되었다. 《晉書 卷80 王羲之列傳 王獻之》

**299** 소리(素履) : 평소에 본분대로 행하는 것으로, 《주역(周易)》 〈이괘(履卦) 초구(初九)〉에 "본래의 행함으로 가면 허물이 없으리라.〔素履往, 无咎.〕"라고 보인다.

### 그 두 번째 其二

마씨의 편지[300]는 말이 절실하고　　馬氏書辭切
범공의 시[301]는 뜻이 간곡하네　　范公詩意勤
옛사람의 몸가짐에 대한 가르침을　　古人行己訓
너희는 나에게서 듣는구나　　汝輩就余聞
배움은 마음을 가지고 주로 삼고　　學以心爲主
충심은 효심을 미루어 군주를 섬기거라　　忠移孝事君
분음을 아까워 할 줄 알고　　分陰知可惜
사람들을 따라 저포(樗蒲)하는 것을 경계하여라　　蒱博戒隨群

**300** 마씨(馬氏)의 편지 : 마씨는 후한(後漢) 때의 명장 마원(馬援)이다. 마원에게는 남을 비평하길 좋아하고 경박한 유협(遊俠)들과 사귀던 엄돈(嚴敦)이라는 조카가 있었는데, 마원이 엄돈에게 편지를 보내어, 돈후(敦厚)하고 신중한 용백고(龍伯高)를 본받고 의기(義氣)가 높은 호협(豪俠) 두계량(杜季良)을 본받지 말라고 하면서 "용백고를 본받다가 그렇게 되지 못해도 오히려 삼가는 선비가 될 것이니, 이른바 '고니를 조각하다가 완성하지 못해도 오히려 오리를 닮을 수는 있다.'는 경우이다. 그러나 두계량을 본받다가 그렇게 되지 못하면 천하의 경박한 사람이 되고 말 것이니 이른바 '범을 그리다가 완성하지 못하면 도리어 개를 닮게 된다.'는 것이다.〔效伯高不得, 猶爲謹勅之士, 所謂刻鵠不成, 尙類鶩者也. 效季良不得, 陷爲天下輕薄子, 所謂畵虎不成, 反類狗者也.〕"라고 경계한 일이 있다. 《小學 嘉言》

**301** 범공(范公)의 시 : 범공은 북송(北宋)의 명재상인 노국공(魯國公) 범질(范質)을 가리킨다. 범질의 조카 범고(范杲)가 품계(品階)를 올려 주기를 청하자, 범질이 시를 지어 그를 깨우친 일이 있다. 《小學 嘉言》

## 먼저 여강으로 돌아가는 종경[302]을 전송하며

送宗慶先歸驪江

| | |
|---|---|
| 구월이라 강이 이미 차가우니 | 九月江已寒 |
| 배 타고 가는 길 험난함이 그려지네 | 舟行正覺難 |
| 따르는 노복 없는 네가 안쓰럽고 | 憂汝無僕從 |
| 단벌 옷 입은 네가 딱하네 | 愍汝衣服單 |
| 성중에서는 잘 먹지 못하여 고생하였으나 | 城中苦無食 |
| 가서는 새 곡식으로 밥을 해먹거라 | 去矣新穀餐 |
| 네가 돌아가 강 서쪽에 있게 되면 | 汝歸在川西 |
| 물고기를 사서 아침 밥상을 차려 먹거라 | 買魚充朝盤 |
| 이를 마주하면 부모 생각이 날 것이니 | 對之思父母 |
| 부모는 아직도 돌아가지 못하는구나 | 父母猶未還 |
| 이별은 대부분 가난 때문에 생겨나니 | 離別多由貧 |
| 너를 전송함에 내 크게 탄식하네 | 送汝余浩嘆 |
| 그저 바라는 바는 풍파를 조심하여 | 但願愼風波 |
| 무사히 도착하였다고 편지로 알려주는 것이네 | 書報泊平安 |

**302** 종경(宗慶) : 박종경(朴宗慶, 1765~1817)으로, 자는 여회(汝會), 호는 돈암(敦巖), 본관은 반남(潘南)이며, 박윤원(朴胤源)의 아우 박준원(朴準源)의 이남(二男)이다.

# 추흥 40운
## 秋興 四十韻

7월은 〈빈풍〉에서 대화가 흐른다 하였고[303] 七月豳風大火流
소중은 요임금의 책력에서 또 알맞은 가을일세[304] 宵中堯曆又殷秋
고요하고 쓸쓸하여 국화는 벌써 피었고 蕭條已見黃花發

**303** 7월은……하였고 : '대화(大火)'는 이십팔수 가운데 하나인 심성(心星), 즉 심수(心宿)를 이른다. 이 구절은 《시경》 〈빈풍(豳風) 칠월(七月)〉에 "7월에 대화가 서쪽으로 내려가거든, 9월에 옷을 만들어 주느니라.〔七月流火, 九月授衣.〕"라고 한 부분에서 '칠월류화(七月流火)'라는 표현을 원용한 것이다. '흐른다〔流〕'는 '하(下 내려가다)'의 뜻으로, 심수는 음력 6월 초저녁에는 남중(南中)하고 7월 초저녁에는 서쪽으로 흘러가 고도가 더 낮아지므로 이렇게 읊은 것이다.

**304** 소중은……가을일세 : '소중'은 밤과 낮의 길이가 같다는 뜻으로 '추분'을 뜻한다. '알맞은 가을〔殷秋〕'은 본래 '이은중추(以殷仲秋)'로, 주야의 시각이 똑같아지고 북방칠수의 하나인 허성(虛星)이 저물녘에 남중하게 되는 추분의 절기가 되면 이를 통해서 가을의 절기를 알맞게 한다는 뜻이다. 《서경(書經)》 〈요전(堯典)〉에 요임금이 희씨(羲氏)와 화씨(和氏)에게 명하여 일월(日月)과 성신(星辰)을 책력으로 기록하고 기구로 관찰하게 한 다음 계절별로 해야 할 일을 시켰는데, 그중 가을에 대하여 "화중(和仲)에게 나누어 명하여 서쪽에 머물게 하시니, 매곡(昧谷)이라 하는 곳이다. 들어가는 해를 공경히 전송하여 가을 수확을 고르게 하니, 밤과 낮의 길이가 같고 별은 허수(虛宿)이다. 알맞은 중추(仲秋)가 되면 백성들은 평화롭고 조수(鳥獸)는 털갈이를 하여 윤택해진다.〔分命和仲宅西, 曰昧谷, 寅餞納日, 平秩西成, 宵中, 星虛, 以殷仲秋, 厥民夷, 鳥獸毛毨.〕"라고 한 기록이 보인다. 참고로 '은(殷)' 자에 대하여 공전(孔傳)과 공영달(孔穎達)의 소(疏)에서는 '정(正)' 자의 뜻으로 보아 '조정한다'라고 풀이하였는데, 채침(蔡沈)의 《집전(集傳)》에서는 마융(馬融)과 정현(鄭玄)의 설(說)을 따라 '중(中)' 자의 뜻으로 보아 '알맞게 한다'라고 풀이하였다.

훌훌 흘러가니 백일을 뒤쫓아 만류하기 어려워라 倏忽難追白日留
시절은 삼추가 깊어져 경물이 바뀜에 깜짝 놀라고 節晏三秋驚物換
마음은 길이 백세 동안 흐르는 광음을 아까워하네 心長百歲惜光遒
천기[305]에 시절이 바뀜을 늙바탕에 애달파하고 天機暮境傷時易
추흥은 소인(騷人)이 예로부터 시름겨워했지 秋興騷家自古愁
반악이 슬픔을 읊었던 것은 산기성에서 엄체했을 때이고[306]
潘岳賦悲淹騎省
두릉이 고달픔을 시로 읊었던 것은 기주에 있었을 때라네[307]
杜陵詩苦在夔州
세월은 덧없이 흘러 서리에 잎이 시들고 光陰荏苒霜凋葉
소장함은 눈 깜짝할 새 흰 눈이 머리에 가득하네 少壯須臾雪滿頭
사시사철 아름다운 흥취 충분히 즐기지 못하였는데 佳興四時娛未足
신량[308] 한 기운에 감회가 도리어 유유하네 新涼一氣感還悠

305 천기(天機) : 하늘의 작용, 또는 자연의 추기(樞機)를 가리킨다.

306 반악이……때이고 : 진(晉)나라 때 반악(潘岳, 247~300)이 일찍이 〈추흥부(秋興賦)〉를 지어서 가을에 느끼는 정회(情懷)를 피력했던 일을 가지고 말한 것이다. 이 구절과 관련하여 반악의 〈추흥부서(秋興賦序)〉에 "진나라 14년, 내 나이가 32세인데 처음 머리가 반백이 됨을 보았다. 태위연 겸 호분중랑장으로서 산기성에서 우직(寓直)한다.〔晉十有四年, 余春秋三十有二, 始見二毛. 以太尉掾兼虎賁中郎將, 寓直於散騎之省.〕"라고 한 내용이 보인다.

307 두릉이……때라네 : 두릉(杜陵)은 당나라 시인 두보(杜甫)의 별칭이다. 두보가 만년에 기주(夔州)에서 우거하면서 8수 연작시인 〈추흥(秋興)〉을 지었던 일을 가지고 말한 것이다. '기주'는 현재 중경시(重慶市) 봉절현(奉節縣)이다.

308 신량(新涼) : 초가을의 싸늘한 기운이다. 한유(韓愈)의 〈부독서성남(符讀書城南)〉에 "시절은 가을이라 장맛비가 개고, 서늘한 기운이 들녘에 들어오니, 등불을 점차

태평성세 그림 같던 봄볕 잠깐 훑어보다가 春光乍閱昇平畫
혹리의 우환 같은 여름 더위에 비로소 깜짝 놀라네 夏熱纔驚酷吏憂
장차 온갖 동물 감추어 칩거하게 하는 겨울 추위 이르려고 하여 將到冬寒藏萬蟄
먼저 가을 냉기에 온갖 벌레가 소리 내어 우는구나 先爲秋冷動羣啾
인간 세상에는 비가 우물가 오동나무를 지나가니[309] 人間雨過梧桐井
하늘 끝에 바람은 모래섬의 물억새와 갈대에서 생겨나네 天末風生荻葦洲
사덕 중에 이(利)는 오직 화합이 의(義)에 있고[310] 四德利惟和在義

가까이할 만하고, 서책을 펴서 읽을 만도 하리라.〔時秋積雨霽, 新涼入郊墟. 燈火稍可親, 簡編可卷舒.〕"라고 한 데에 보인다. 《東雅堂昌黎集註 卷6》

**309** 인간……지나가니 : 이는 가을이 된 것을 이르는 말이다. 백거이(白居易)의 장한가(長恨歌)에 "봄바람에 복사꽃 오얏꽃 피는 밤이요, 가을비에 오동 잎새 떨어지는 때로다.〔春風桃李花開夜, 秋雨梧桐葉落時.〕"라고 하였다. 오동은 가을을 상징하는 소재로, 입추(立秋)가 되면 오동잎이 가장 먼저 떨어지기에 "오동의 한 잎새가 떨어지면, 천하 사람이 다 가을임을 안다.〔梧桐一葉落, 天下盡知秋.〕"라고도 하였다. 《詩傳名物集覽 卷12 梧桐生矣》

**310** 사덕……있고 : '사덕(四德)'이란 춘(春)·하(夏)·추(秋)·동(冬)을 나타내는 원(元)·형(亨)·이(利)·정(貞)으로, 이는 각각 인(仁)·예(禮)·의(義)·지(智)를 뜻한다. 이 구절은 《주역》 〈건괘(乾卦) 문언(文言)〉에 "군자가 인을 체행함이 남의 우두머리가 될 만하며 모임을 아름답게 함이 족히 예에 합하며 물건을 이롭게 함이 족히 의에 조화되며, 정고함이 족히 일의 근간이 될 수 있다.〔君子體仁足以長人, 嘉會足以合禮, 利物足以和義, 貞固足以幹事.〕"라고 하였기 때문에 이렇게 말한 것이다. 이에 대하여 정이의 《역전》에 "건도를 미루어 사람의 일에 시행하니, 건의 원, 형, 이, 정 네 덕이 사람에게 있으면, 원은 여러 선의 으뜸이요, 형은 아름다움의 모임이요, 이는 의에 화합함이요, 정은 일을 주간할 때의 쓰임이다.〔推乾之道, 施於人事, 元亨利貞乾之四德在人, 則元者, 衆善之首也；亨者, 嘉美之會也；利者, 和合於義也；貞者, 幹事之用

오행 중에 금(金)이 바로 거둠을 상징하네[311] 五行金是象爲收
율은 남려를 따르니 현조가 돌아가고[312] 律從南呂歸玄鳥
방위는 서방에 속하니 상구를 떨치네[313] 位屬西方振爽鳩
게으른 아낙네도 귀뚜라미 소리에 깜짝 놀랄 테고 懶婦亦應驚蟋蟀
노쇠한 늙은이는 도로 하루살이 인생을 탄식하겠지 衰翁還自歎蜉蝣
천시와 인사는 원래 서로 재촉하니 天時人事元相促
형체가 부려서[314] 정신이 피로한데 잠시도 쉬지 않네 形役神疲不暫休

也.]"라고 설명하였다.

**311** 오행……상징하네 : 오행(五行) 가운데 금(金)은, 계절로는 가을에 해당하면서 모든 것을 수렴(收斂)하는 역할을 맡기 때문에 이렇게 말한 것이다.

**312** 율은……돌아가고 : '율(律)'이란 12율로, 고대 악률(樂律)의 표준이 되는 음(音)인바, 양률(陽律)과 음률(陰律)로 나뉘는데, 양은 율(律)이라 하고 음은 여(呂)라 한다. 양률은 황종(黃鍾), 태주(太簇), 고선(姑洗), 유빈(蕤賓), 이칙(夷則), 무역(無射)이고, 음률은 대려(大呂), 협종(夾鍾), 중려(仲呂), 임종(林鍾), 남려(南呂), 응종(應鍾)이다. 12율은 12개월에 짝하는데, 황종은 11월 동지(冬至), 태주는 정월(正月), 고선은 3월, 유빈은 5월, 이칙은 7월, 무역은 9월, 대려는 12월, 협종은 2월, 중려는 4월, 임종은 6월, 남려는 8월, 응종은 10월에 각각 배속된다. 이 때문에 남려는 음력 8월 중추의 별칭으로 사용되며 방위로는 서쪽에 해당한다. '현조(玄鳥)'는 제비로, 봄에 우리나라에서 처마 밑에 집을 짓고 살다가 가을에 남으로 날아간다. 즉 가을이 되었기 때문에 제비가 돌아간다고 말한 것이다.

**313** 방위는……떨치네 : '상구(爽鳩)'란 새의 명칭으로 매의 일종이다. 고대 중국에서 소호씨가 세상을 다스릴 적에는 새의 이름을 빌려 관직의 명칭을 삼았다고 전한다. 《춘추좌씨전(春秋左氏傳)》 소공(昭公) 17년(B.C.525) 조를 살펴보면, 상구씨(爽鳩氏)는 사법(司法)을 담당하는 사구(司寇)로 제(齊)나라 지역을 맨 처음 통치했다는 전설상의 인물이다. '사구'라는 관직은 결국 형옥(刑獄)을 관장하는 형관(刑官)으로서 가을을 상징하며, 가을은 오행 중에 금(金)에 속하고 방위로는 서쪽이기 때문에 이렇게 말한 것이다.

포류[315]는 아직 영락하지 않았으니 마음은 자재하고 蒲柳未零心自在
상유[316]에 이미 임박하였으니 도는 마땅히 구해야 하네 桑榆已迫道宜求
흐르는 세월은 늦게 깨달은 거원과 똑같고[317] 蘧瑗晩悟流年似
다른 시대는 깊이 슬퍼한 송옥[318]과 나란하네 宋玉深悲異代侔
밝은 은한으로 씻어서 하늘은 더욱 깨끗하니 明漢濯來天愈潔

314 형체가 부려서 : 원문의 '형역(形役)'은 육신이 정신을 구속한다는 의미이다. 도잠(陶潛)의 〈귀거래사(歸去來辭)〉에 "이미 스스로 마음이 육신으로 인해 구속을 받고 있으니, 어찌 실의에 빠져 슬퍼만 하고 있으리.〔旣自以心爲形役, 奚惆悵而獨悲.〕"라고 한 말을 원용한 것이다.

315 포류(蒲柳) : 갯버들로, 가을이 가까워지면 바로 시들기 때문에 일찍 노쇠함을 비유한다. 동진(東晉)의 고열지(顧悅之)가 간문제(簡文帝)와 동갑이었는데도 머리카락이 하얗게 세자 황제가 그 까닭을 물었는데, "신은 포류와 같은 체질이라서 가을이 바라보이기만 해도 벌써 지고 맙니다.〔蒲柳之姿, 望秋而落.〕"라고 대답하였다. 《世說新語 卷上之上 言語》 여기서는 박윤원 자신의 허약한 체질을 말한 것이다.

316 상유(桑榆) : 뽕나무와 느릅나무로 해 질 녘에 햇빛이 이들 나무에 머문다고 하여 서산에 걸려 있는 해를 가리키며, 또한 사람의 노년에 대한 비유로도 쓰인다.

317 흐르는……똑같고 : 박윤원의 현재 나이가 거원(蘧瑗)이 지난날의 잘못을 깨달았을 때의 나이와 똑같이 50세라는 말이다. '거원'은 춘추 시대 위(衛)나라의 대부 거백옥(蘧伯玉)의 본명인데, 공자가 위나라에 갔을 때 주인으로 삼았던 사람이다. 그에 대해서는 《회남자(淮南子)》 〈원도훈(原道訓)〉에 "나이 50세 때 49년 동안의 잘못을 깨달았다.〔年五十而知四十九年非.〕"라고 하였고, 《장자(莊子)》 〈칙양(則陽)〉에서는 또 "살아온 나이 60이 되어 자기의 삶을 60번 바꾸었다.〔行年六十而六十化.〕"라고 칭찬하였다.

318 깊이 슬퍼한 송옥 : 송옥(宋玉)은 전국 시대 초(楚)나라의 시인이자 대부로 자는 자연(子淵)이며, 굴원(屈原)의 제자이다. 그가 지은 〈구변(九辯)〉에 "슬프도다! 가을 기후여. 소슬하구나! 초목이 떨어지고 쇠락함이여.〔悲哉! 秋之爲氣也. 蕭瑟兮! 草木搖落而變衰.〕"라는 구절이 있으므로 이렇게 말한 것이다.

| | |
|---|---|
| 맑은 상성 발하는 곳에 만물이 모두 수렴되네[319] | 淸商發處物皆揫 |
| 월궁 안에 항아와 토끼 잠자고 | 蟾蜍宮裏眠娥兎 |
| 오작교 가에 견우와 직녀 만나네[320] | 烏鵲橋邊會女牛 |
| 숲속의 단풍나무는 이슬 맺혀 슬슬하고 | 露滴林間楓瑟瑟 |
| 창밖의 대나무는 바람 지나 가지런하네 | 風過窓外竹脩脩 |
| 우산의 해는 제공의 자리에 떨어지고[321] | 牛山日落齊公席 |
| 분수의 구름은 한제의 배에 나는도다[322] | 汾水雲飛漢帝舟 |
| 백 년간 세상을 어루만짐에 즐거운 일 드물어 | 撫世百年稀樂事 |
| 구일에 산에 올라[323] 청유를 하네 | 登山九日作淸遊 |

**319** 맑은……수렴되네 : '청상(淸商)'이란 오음(五音)의 하나인 상성(商聲)으로, 그 곡조가 청아하고도 구슬퍼 오행 중 금(金)에 해당하고 계절로는 가을에 해당하며 속성은 수렴(收斂)이기 때문에 이렇게 말한 것이다.

**320** 오작교……만나네 : 해마다 음력 7월 7일 밤이면 견우성(牽牛星)과 직녀성(織女星)이 오작교(烏鵲橋)에서 서로 한 번씩 만난다는 전설에서 온 말이다.

**321** 우산의……지고 : 춘추 시대 제 경공(齊景公)이 우산(牛山)에서 놀다가 아름다운 국토를 내려다보면서, 얼마 후에 죽을 것을 슬퍼하여 눈물을 흘리며 탄식했던 고사를 원용한 표현이다. 《안자춘추(晏子春秋)》 〈내편(內篇) 간상(諫上)〉에 "경공이 우산에서 놀다가 북쪽으로 국성을 내려다보고 눈물을 흘리면서 말하였다. '어찌 이렇게 광대히 흐르는고. 이 고장을 버리고 죽어야 한단 말인가.'〔景公遊于牛山, 北臨其國城, 而流涕曰: '若何滂滂? 去此而死乎!'〕"라고 한 내용이 보인다.

**322** 분수의……나는도다 : 한 무제가 원봉(元封) 6년 3월에 하동(河東)의 분수(汾水)에서 후토신(后土神)에게 제사 드린 뒤에 도성을 돌아보고는 기쁘게 여겨 분수에서 배를 타고 중류(中流)에서 신하들과 연음(宴飮)하면서 〈추풍사(秋風辭)〉를 지었던 고사를 원용한 표현이다. 〈추풍사〉에 "가을바람이 일고 흰 구름이 나니, 초목이 시들어 떨어지고 기러기가 남으로 돌아가네.……누선을 띄워서 분하를 건너가니, 중류를 가로질러 흰 물결이 날리네.……〔秋風起兮白雲飛, 草木黃落兮雁南歸.……泛樓船兮濟汾河, 橫中流兮揚素波.……〕"라고 한 내용이 보인다. 《漢書 卷6 武帝紀》

| | |
|---|---|
| 강천에는 홍안이 처음으로 진을 이루니 | 江天鴻鴈初成陣 |
| 수향(水鄕)에선 농어가 틀림없이 잡히리라[324] | 澤國鱸魚定上鉤 |
| 몸에 걸친 홑겹 도포를 비로소 바꾸어 입으니 | 身上單袍方換着 |
| 손에 쥔 가벼운 부채는 이미 던져 버렸다네 | 手中輕箑已捐投 |
| 어찌 이웃 마을에서 가져오는 흰색 탁주가 없으랴 | 豈無白酒携隣社 |
| 틀림없이 들 밭에서 취한 누런 벼가 있으리라 | 定有黃禾取野疇 |
| 유량의 누가 높으니 담론이 참으로 좋고[325] | 庾亮樓高談儘好 |
| 매승의 파도가 장쾌하니 병이 나을 만하네[326] | 枚乘濤壯病堪瘳 |

**323** 구일에 산에 올라 : '구일(九日)'은 음력 9월 9일인 중양절(重陽節)이다. 후한(後漢)의 환경(桓景)이 사기(邪氣)를 물리치기 위해, 9월 9일에 수유 열매를 주머니에 담아 차고 높은 산에 올라가 국화주를 마셨다는 고사가 전한다.《續齊諧記 重陽登高》

**324** 수향(水鄕)에선……잡히리라 : '농어〔鱸魚〕'는 가을을 나타내는 소재로, 진(晉)나라 장한(張翰)의 고사가 전한다. 장한은 오중(吳中) 출신으로 자가 계응(季鷹)이다. 일찍이 낙양(洛陽)에서 동조연(東曹掾)으로 있다가 어느 날 갑자기 가을바람이 일어나는 것을 보고는 자기 고향의 순챗국〔蓴羹〕과 송강(松江)의 농어회〔鱸膾〕가 생각나서 즉시 벼슬을 버리고 고향으로 돌아갔다.《晉書 卷92 文苑列傳 張翰》

**325** 유량의……좋고 : 진(晉)나라 정서장군(征西將軍) 유량(庾亮)이 태위(太尉)로 무창(武昌)을 다스리고 있었다. 이때 부하 은호(殷浩)와 왕호지(王胡之) 등이 달밤에 남루(南樓)에 올라 막 시를 읊고 있었는데 유량이 오자 일어나서 자리를 피하려고 하였다. 이에 유량이 "제군들은 잠시 더 머물라. 이 늙은이도 이러한 일에 흥이 얕지 않다."라고 말하고 호상(胡床)에 걸터앉아 함께 시를 읊으며 놀았다.《晉書 卷73 庾亮列傳》

**326** 매승의……만하네 : 매승(枚乘)은 후한(後漢) 경제(景帝) 때 사람이다. 사부(辭賦)에 뛰어나서 양 효왕(梁孝王)의 상객이 되어 추양(鄒陽)과 사마상여(司馬相如) 등과 교유하였다. 매승이 지은 시 가운데 오객(吳客)과 병에 걸린 초 태자(楚太子)가 문답하는 형식으로 지은 〈칠발팔수(七發八首)〉에 "오객이 말하였다. '우리는 장차 8월 15일에 제후 및 원방에서 온 붕우, 형제들과 함께 광릉의 곡강에 가서 파도를 구경할 것이다.'〔客曰 : '將以八月之望, 與諸侯遠方交遊兄弟, 並往觀濤乎廣陵之曲江.'〕"라고 하면서 광릉

반딧불 나는 한나라 궁전에는 공연히 원망을 우짖고 螢飛漢殿空啼怨
잎 떨어지는 당나라 궁전에는 부질없이 노래를 부르네
葉墜唐宮謾唱謳
꽃다운 봄날 향긋한 난초가 시듦을 이미 아까워했는데
已惜春芳蘭質委
늦은 계절에 국화가 빽빽한 것이 다시 어여뻐라 還憐晚節菊花稠
나그네 심사는 상포[327]에서 외로운 돛단배를 멈추고 羈懷湘浦停孤帆
이별의 심정은 하교[328]에서 멀리 떠나는 수레를 전송하네
別意河橋送遠輈
계절의 차서는 쉬지 않고 흘러가 바닷물에 뒤섞이는 물과 같아
節序駸駸渾海水
벗님들은 드문드문 떨어져 절반은 산의 무덤이 되었네
朋知落落半山丘

(廣陵) 곡강(曲江)에 이는 파도의 장관을 멋지게 묘사한 내용이 나온다. 《文選 卷34》

**327** 상포(湘浦) : 소상강(瀟湘江) 강변으로 초(楚) 나라 굴원(屈原)이 조정에서 쫓겨나 거닐었던 곳이다.

**328** 하교(河橋) : '하량(河梁)'과 같은 말로 황하에 있는 다리인데, 아쉬운 이별의 장소를 뜻한다. 당(唐)나라 송지문(宋之問)의 〈별두심언(別杜審言)〉에 "병들어 누워 인사도 못 하는데, 아 그대 만 리 길 떠나는가. 하교에서 전송도 못 하니, 강가 나무에 멀리 정이 어렸네.〔臥病人事絶, 嗟君萬里行. 河橋不相送, 江樹遠含情.〕"라고 하였다. 《全唐詩 卷52》 이보다 앞서 한(漢)나라 이릉(李陵)이 흉노(匈奴)의 땅에서 소무(蘇武)와 이별하면서 지은 〈여소무(與蘇武)〉에 "손을 잡고서 하량에 오르니, 그대는 저물녘에 어디로 가는가.〔攜手上河梁, 遊子暮何之?〕"라고 하였으며, 또한 북주(北周) 유신(庾信)의 〈이릉소무별찬(李陵蘇武別贊)〉에 "하교 양쪽 기슭에, 길 떠나려니 마음 처연하여라.〔河橋兩岸, 臨路悽然.〕"라고 한 내용이 보인다.

세상 사람들의 장적[329]은 참으로 한스럽게 여길만하니 世人戕賊眞堪恨
우리 무리[330]는 어찌 더욱 공부하지 않겠는가 吾黨工夫盍益修
이미 휘장을 치고 북쪽 창을 가려 놓았으니 已設帷幃遮北牖
차츰 등잔불을 가까이할 만해 서쪽 누에 앉았네[331] 稍親燈火坐西樓
차가운 못에 비친 달그림자 그 맑음을 사랑하니 寒潭月影淸相愛
노포의 가을 모습 담박함을 부끄러워하지 않네[332] 老圃秋容淡不羞

**329** 장적(戕賊) : 꺾고 해치는 것을 말한다. 《맹자》 〈고자 상(告子上)〉에 "그대는 버드나무의 본성을 그대로 따라서 그릇을 만듭니까? 반드시 버드나무를 구부리고 해친 뒤에야 그릇을 만들 것이니, 만일 버드나무를 구부리고 해쳐서 그릇을 만든다면, 또한 장차 사람을 해쳐서 인의를 행한다는 것입니까?〔子能順杞柳之性, 而以爲桮棬乎? 將戕賊杞柳而後, 以爲桮棬也. 如將戕賊杞柳而以爲桮棬, 則亦將戕賊人以爲仁義與?〕"라고 하여, 맹자가 고자(告子)에게 한 말에서 인용한 것이다.

**330** 우리 무리 : 원문의 '오당(吾黨)'은 유학(儒學)에 종사하는 무리를 가리킨다고 할 수 있는바, 공자가 진(陳)에 있을 때 "돌아가자, 돌아가자. 우리 무리의 소자들은 뜻만 크고 일에는 소략하여 찬란하게 문채만 이루었을 뿐이고 스스로 재단할 줄을 모른다.〔歸歟歸歟! 吾黨之小子狂簡, 斐然成章, 不知所以裁之.〕" 라고 탄식한 데에서 유래하였다. 《論語 公冶長》

**331** 차츰……앉았네 : 한유(韓愈)의 〈부독서성남(符讀書城南)〉에 "시절은 가을이라 장맛비가 개고, 서늘한 기운이 들녘에 들어오니, 차츰 등잔불을 가까이할 만하고, 서책을 펴서 읽을 만도 하리라.〔時秋積雨霽, 新涼入郊墟. 燈火稍可親, 簡編可卷舒.〕"라고 한 부분을 원용한 표현이다. 《東雅堂昌黎集註 卷6》

**332** 노포의……않네 : '노포(老圃)'는 채소를 가꾸는 데 경험이 많은 원예사로, 《논어》 〈자로(子路)〉에 "번지(樊遲)가 채전(菜田) 가꾸는 일을 배울 것을 청하자, 말씀하셨다. '나는 늙은 원예사만 못하다.'〔請學爲圃, 曰:吾不如老圃.〕"라고 한 데에 보인다. 일찍이 북송(北宋)의 명재상 한기(韓琦, 1008~1075)가 〈구일수각(九日水閣)〉에서 "늙은 원예사가 가꾼 가을빛 담박함을 부끄러워하지 말고, 우선 늦게 피는 국화의 향기를 보라.〔不羞老圃秋容淡, 且看寒花晩節香.〕"라고 표현하여 자신의 노년의 절개가 높음을 자부하였으므로 이를 원용한 것이다. 참고로 '노포'를 '옛적 오래된 원포(園圃)'로

백제의 엄한 위풍이 숙살을 준수하니[333] 白帝嚴威遵肅殺

청년의 화려한 습기는 경조하고 부박함을 거두네 青年華習斂輕浮

근심과 걱정을 어찌 궁인들과 같게 하랴 憂愁肯似窮人輩

비분강개함은 오직 열사들을 추종할 뿐이라네 慷慨唯追烈士儔

주륜을 가지고 부귀를 자랑하지 말지어다 莫把朱輪誇富貴

공후한테도 백발이 찾아옴을 다시 본다오 還看白髮到公侯

장년 시절은 머물러 두기 어려워 부질없이 업을 포기했고 難留壯歲空抛業

소슬한 이 가을철은 쉽게 느껴워 가만히 허물을 헤아리네 易感蕭辰默數尤

《대기》로는 경(庚)을 써서 시령을 살피고[334] 戴記用庚時令按

보아서 '오래된 옛 원포의 가을 경광이 소담하여 시인의 늙어가는 모습과 똑같은 것이 부끄럽긴 하지만, 활짝 핀 국화가 향기를 내뿜는 것과 같은 만년의 기절(氣節)을 한번 보라'고 해석하기도 한다.

**333** 백제의……준수하니 : '백제(白帝)'는 5천제(天帝)의 하나로 방위로는 서방(西方)을, 계절로는 가을을 맡아 다스린다고 한다. '숙살(肅殺)'은 가을의 엄혹(嚴酷)하고 소슬한 기운이 초목을 말라 죽게 하는 것을 말한다. 냉혹하게 죽인다는 뜻인데, 가을이 오면 만물이 시들어 죽어가므로 가을 기운을 숙살지기(肅殺之氣)라 한다. 이와 관련하여 구양수(歐陽脩)는 〈추성부(秋聲賦)〉에서 "가을은 형관(刑官)이니, 사시에 음(陰)이 되고, 또 병상(兵象)이다. 오행으로 금(金)에 속하니, 이것을 천지의 의기(義氣)라고 일컫는바, 항상 숙살을 마음으로 삼는다.〔夫秋, 刑官也, 於時爲陰, 又兵象也. 於行用金, 是謂天地之義氣, 常以肅殺而爲心.〕"라고 하였다.

**334** 대기로는……살피고 : '대기(戴記)'는 한(漢) 나라 때 대성(戴聖)이 주해(註解)한 《예기(禮記)》를 이른다. 대성은 숙부인 대덕(戴德)에게 예를 배웠는데, 대덕은 일찍이 《의례(儀禮)》를 주해하였다. 이 때문에 대덕을 대대(大戴), 대성을 소대(小戴)라 칭하고 《의례》를 대대기(大戴記), 《예기》를 소대기(小戴記)라 하여, 《의례》와 《예기》

《희경》으로는 태(兌)를 그어 점사를 뽑네[335] 羲經畫兌占辭抽

차가운 달빛 아래 다듬이질 소리 울려 일천 집이 동하고

砧聲月冷千家動

처량한 바람 불 제 풀벌레 울음 우니 일만 골짝이 그윽해라

蟲語風凄萬壑幽

옥로[336]는 밤이 다할 무렵에 깊은 후회를 일으키고 玉露夜闌深悔惹

금단은 해가 끝날 무렵에 묘리가 담긴 말을 찾노라[337] 金丹歲暮妙詮搜

누가 가을 달을 얼음 항아리에 담을꼬[338] 誰將秋月氷壺貯

를 모두 '대기'라고도 칭하나 후대에는 주로 《예기》를 지칭하는 말로 쓰인다. 천간 중 경(庚)은 오행으로 분류하면 양금(陽金)에 속한다. '시령(時令)'은 고대에 계절에 따라 제정한 농사에 관한 정령으로 '월령(月令)'과 같은바, 《예기》에 〈월령〉이 있기 때문에 이렇게 말한 것이다.

**335** 희경으로는……뽑네 : '희경(羲經)'은 《주역(周易)》을 말한다. 복희씨(伏羲氏)가 황하(黃河)에서 나온 용마(龍馬)의 그림을 보고 팔괘(八卦)를 그어서 처음으로 《주역》을 만들었기 때문에 붙여진 이름이다. 태(兌)는 방위로 따지면 서(西)로, 가을에 해당하기 때문에 이렇게 말한 것이다.

**336** 옥로(玉露) : 가을에 내리는 이슬을 가리킨다. 당(唐)나라 두보(杜甫)의 〈추흥(秋興)〉 8수 중 첫째 수에 "옥로가 내려 단풍 숲에 잎이 시드니, 무산과 무협에 기후가 쌀쌀하여라.〔玉露凋傷楓樹林, 巫山巫峽氣蕭森.〕"라고 하였다.

**337** 금단은……찾노라 : '금단(金丹)'은 도가에서 이른바 복용하면 장생불사한다는 단약(丹藥)으로, 여기에서는 진정한 학문을 이루는 것을 비유한다. 이와 관련하여 《회암집(晦庵集)》 권84 〈원기중이 교정한 참동계의 뒤에 적다〔題袁機仲所校參同契後〕〉에 "흘러가는 인생 백 년 얼마나 될 수 있을까. 세 번 피는 영지는 무엇 하려고 하는지. 금단은 한 해가 저물도록 이루어진 소식 없으니, 운당포 벽에 적혀 있던 시에 대해 거듭 탄식하노라.〔鼎鼎百年能幾時? 靈芝三秀欲何爲? 金丹歲晚無消息, 重歎篔簹壁上詩.〕"라는 내용이 있기에 이를 원용하여서 표현한 것이다.

**338** 누가……담을꼬 : '빙호추월(氷壺秋月)'이라 하여 얼음 항아리에 담긴 달빛이란

넉넉히 도에 들어가신 연평[339]을 배우고 싶네 　　　願學延平入道優

뜻으로, 고결한 인품을 형용한다. 소식(蘇軾)의 〈증반곡(贈潘谷)〉에 "베옷은 때 묻어 검고 손은 갈라 터졌어도, 얼음 항아리에 가을 달을 담는 건 문제가 안 되네.〔布衫漆黑手如龜, 未害氷壺貯秋月.〕"라고 한 데에서 유래하였다.《蘇東坡詩集 卷24》 이후 주희(朱熹)의 스승 이통(李侗)의 인품에 대해서 등적(鄧迪)이 "원중(愿中)은 마치 빙호추월과 같아 한 점 티 없이 맑게 비치니, 우리들이 미칠 바가 아니다.〔愿中如氷壺秋月, 瑩徹無瑕, 非吾曹所及.〕"라고 평하였으며, 주희 역시 이 말을 가지고 스승 이통의 인품을 형용하였다.《宋史 卷428 道學列傳 李侗》《朱子大全 卷87 祭延平李先生文》'원중'은 이통의 자이다.

**339** 연평(延平) : 이통(李侗, 1093~1163)으로, 자는 원중(愿中), 시호는 문정(文靖)이며, 검남(劍南) 사람이다. 나종언(羅從彦)이 양시(楊時)에게 낙학(洛學)을 전수받았다는 이야기를 듣고 나종언에게 가서 배워 양시・나종언과 함께 '검남 삼선생(劍南三先生)'으로 불렸으며, 이정(二程)의 학문이 주희에게 이어지는 교량적 역할을 하였다. 저서에 주희가 편찬한《이연평집(李延平集)》이 있다.

## 밤에 읊다
夜吟

| | |
|---|---|
| 등 꺼진 차가운 창가에 누워 홀로 읊조리니 | 燈盡寒窓臥自哦 |
| 가을과 겨울 교차하는 때에 온갖 시름 더해지네 | 秋冬交際百愁加 |
| 뜰 계단에 서리 쌓였는데 꽃은 아직 피어있고 | 庭階霜積花猶在 |
| 처마 밑 창에 별빛 드리우니 달은 이미 지나갔네 | 簷牖星垂月已過 |
| 잠이 없어 밤에도 더욱 오래도록 깨어있고 | 夜以無眠逾覺永 |
| 배우지 못한 채 나이만 많아진 것이 더욱 놀랍네 | 年因不學更驚多 |
| 다만 만년의 계책은 밭 갈고 낚시함이 좋을 것이니 | 只應晩計耕漁好 |
| 어이하면 띠집 지어 냇가 언덕에 살거나 | 安得誅茅卜澗阿 |

# 스스로 경계하다

自警

항상 공부를 방해할까 두려워　常恐妨書課

오래도록 한가하게 읊조리기를 그만두었는데　久斷閑吟哦

그저 깊은 근심을 쏟아내고자　聊爲寫幽憂

시를 지은 것 도로 다시 많아졌네　作詩還復多

감히 자양[340]을 따르겠다던 약속 어기겠다 말하랴　敢言罷約遵紫陽

바로 동파[341]와 같음을 스스로 꾸짖는 것이네　正是自罵如東坡

풍광을 부질없이 조탁하니　風烟謾雕鏤

일월이 헛되이 흘러가네　日月空消磨

천 편을 지어 상자에 가득 찬들　縱得千篇盈篋中

한 글자도 내 몸을 윤택하게 하지 못하네　一字不能潤我躬

방랑하면서 시인이 되는 것이　由來放浪作騷客

전전긍긍하며 영웅이 되는 것[342]과 비교해 어떠한가　如何戰兢爲英雄

**340** 자양(紫陽) : 주희의 별호(別號)로, 주희가 복건성(福建省) 숭안현(崇安縣)에 있을 때 서재를 자양서실(紫陽書室)이라고 명명했던 데서 붙여진 것이다.

**341** 동파(東坡) : 소식(蘇軾 1036~1101)의 호이다.

**342** 전전긍긍하며……것 : 이는 주희(朱熹)의 말로, 《학림옥로(鶴林玉露)》 권1에 "주문공(朱文公)이 진동보(陳同父)에게 '진정한 대영웅(大英雄)은 전전긍긍하여 깊은 못에 임한 듯, 얇은 얼음을 밟듯 하는 데서 나오는 법이다.'라고 하였다.〔朱文公告陳同父云: 眞正大英雄人, 却從戰戰兢兢臨深履薄處做將出來.〕"라고 하였는데, 이 내용은 《회암집(晦庵集)》 권36 〈답진동보(答陳同甫)〉에도 보인다.

# 아침에 읊조리며 바라보다

朝日吟望

세수 마치고 난간에 기대어 바라보니　　盥罷憑軒望
안개와 서리 먼 언덕에 쌓였네　　烟霜積遠皐
날씨가 추우니 인가는 고요하고　　天寒人戶靜
낙엽이 다하니 까치집은 높네　　葉盡鵲巢高
노쇠함에 문장에 게을러짐을 깨닫고　　老覺文章倦
부귀는 수고롭다는 것 익숙히 알겠네　　閒知富貴勞
섬돌 가의 국화는 쇠잔하였지만　　階邊殘菊在
그래도 술잔에 띄울 만하네　　猶可泛杯醪

## 감회가 일어
有感

| | |
|---|---|
| 거울 속 실 같은 백발을 부끄럽게 바라보니 | 鏡中羞見髮如絲 |
| 학업은 왕년에 일찍 실기하였네 | 學業當年早失期 |
| 안타깝게도 노둔한 말 채찍질해 나아가지 못하여 | 却恨駑駘鞭不進 |
| 유유한 큰길에 저물녘이 되었네 | 悠悠大道日斜時 |

## 동지 다음날에 사집이 오언 절구 한 수를 보내주었는데, 경계하고 반성하는 말이 있어 사람을 감발하게 하였다. 마침내 그 시에 첩운한다

南至後一日 士執送示五絶一首 有警省語令人感發 遂疊其韻

| | |
|---|---|
| 몸가짐의 법도를 지키고자 한다면 | 欲守持躬法 |
| 모름지기 존심[343]의 설을 새겨야 하네 | 須佩存心說 |
| 어찌 한갓 뉘우치기만 할 것 있으리오 | 寧用徒愧悔 |
| 부지런히 옛 현인을 발돋움하여 구해야지 | 勉勉跂前哲 |

두 번째 첩운하다 再疊

| | |
|---|---|
| 도를 강론함에 하늘에서 꽃이 떨어지더라도[344] | 講道天花墜 |
| 실천하지 않으면 한갓 쓸데없는 설일 뿐이네 | 弗踐徒閑說 |
| 박문약례(博文約禮)의 공부 모두 지극하였으니 | 博約功俱至 |
| 안씨는 십철 중에 으뜸이네[345] | 顏氏冠十哲 |

**343** 존심(存心) : 《맹자(孟子)》 〈진심 상(盡心上)〉에 "그 심(心)을 다하는 자는 그 성(性)을 아니, 그 성(性)을 알면 하늘을 알게 된다. 그 심(心)을 보존하여 그 성(性)을 기름은 하늘을 섬기는 것이다.〔盡其心者, 知其性也. 知其性, 則知天矣. 存其心, 養其性, 所以事天也.〕"라고 하였다.

**344** 도를……떨어지더라도 : 불교의 전설에 큰 법사가 설법을 하면 하늘이 감동하여 꽃이 마구 떨어진다는 고사가 있다.

**345** 박문약례(博文約禮)의……으뜸이네 : 안씨(顏氏)는 공자의 제자 안연(顏淵)을 가리킨다. 《논어》 〈자한(子罕)〉에, 안연이 말하기를 "부자(夫子)께서 나를 문으로 넓

세 번째 첩운하다 三疊

| | |
|---|---|
| 좋은 벗이 마침 병에 걸리는 바람에 | 良友適因病 |
| 삼순 동안 강론하지 못하였는데 | 三旬隔論說 |
| 문득 새로운 시가 오니 | 忽有新詩來 |
| 선철을 배우기를 서로 기약하네 | 相期學先哲 |

네 번째 첩운하다 四疊

| | |
|---|---|
| 천시가 동지를 만나니 | 天時遇南至 |
| 관문 닫는다[346]는 《주역(周易)》의 설을 완상하네 | 閉關玩易說 |
| 선단은 양이 회복됨과 같으니 | 善端如陽復 |
| 이를 확대하면 현철이 된다네 | 擴來爲賢哲 |

게 하여 주시고 예로써 요약하여 주신다.〔博我以文, 約我以禮.〕"라고 하였는데, 이는 스승에게 배워 식견을 넓히고, 예(禮)로 요약하여 행(行)으로 실천하는 것을 말한다. 십철(十哲)은 《논어》〈선진(先進)〉에 공자가 문하의 제자들을 두고 "덕행에는 안연(顏淵)·민자건(閔子騫)·염백우(冉伯牛)·중궁(仲弓)이고, 언어에는 재아(宰我)·자공(子貢)이고, 정사에는 염유(冉有)·계로(季路)이고, 문학에는 자유(子游)·자하(子夏)이다."라고 말한 데서 온 말로, 공자 문하의 열 명의 제자를 가리킨다.

**346** 관문 닫는다 : 원문의 "폐관(閉關)"은 《주역(周易)》〈복괘(復卦) 상(象)〉에 "선왕이 복괘를 보고서 동짓날에는 관문을 닫게 하고, 행상인의 출입을 금지시키며, 임금은 지방을 순행하지 않는 것으로 경계를 삼았다.〔先王以至日閉關, 商旅不行, 后不省方.〕"라고 한 데서 온 말이다. 복괘는 상괘가 곤(坤)이고 하괘가 진(震)이어서 하나의 양효(陽爻)가 제일 아래에서부터 회복되어 점점 자라나는 형세를 상징하므로, 이 양기를 잘 보존해야 한다는 뜻이다.

다섯 번째 첩운하다 五疊

평생 보기 싫어하는 바는　平生所厭看
패관과 소설이네　稗官與小說
바라는 바는 육경을 따라서　願從六經裏
아침저녁으로 성철을 대하는 것이네　朝夕對聖哲

여섯 번째 첩운하다 六疊

성현이 어찌 나를 속였겠는가[347]　聖賢豈欺我
하나하나 진심으로 말하여준 것이네　片片赤心說
배움은 응당 기질을 변화해야 하니　學應變氣質
본성에는 어리석고 어진 차이가 없다네　性靡間愚哲

일곱 번째 첩운하다 七疊

칠정이 고요히 아직 발하지 않았을 때　七情寂未發
조짐을 말로 형용할 수 없네　兆眹不容說
동한 곳에서 선과 악이 나뉘니　動處分善惡

**347** 성현이……속였겠는가 : 《맹자》 〈등문공 상(滕文公上)〉에 "성간이 제 경공에게 이르기를 '저들도 장부이며 나도 장부이니 내 어찌 저 성현들을 두려워하겠는가?'라고 하였고, 안연이 말하기를 '순 임금은 어떠한 사람이며 나는 어떠한 사람인가? 훌륭한 일을 하는 사람도 이와 같다.'라고 하였으며, 공명의가 말하기를 '주공이 『문왕은 내 스승이다.』라고 하였는데, 주공이 어찌 나를 속였겠는가?' 하였습니다.〔成覸謂齊景公曰: 彼丈夫也, 我丈夫也, 吾何畏彼哉? 顔淵曰: 舜何人也, 予何人也? 有爲者亦若是. 公明儀曰: 文王, 我師也. 周公豈欺我哉?〕"라고 하였으니, 이는 누구나 성인이 될 수 있음을 말한 것이다.

기미를 아는 것은 오직 철인이라네[348] 知幾其惟哲

여덟 번째 첩운하다 八疊

성성[349]은 진실로 묘전이요 惺惺固妙詮

주일[350]은 가장 좋은 말이네 主一最好說

천 년 동안 차가운 물에 비친 달처럼 千載寒水月

심법은 여러 성현을 거쳐왔네[351] 心法歷群哲

아홉 번째 첩운하다 九疊

나의 호연지기를 길러서[352] 養吾浩然氣

**348** 기미를……철인이라네 : 정이(程頤)의 〈사물잠(四勿箴)〉 중 〈동잠(動箴)〉에 "철인은 기미를 알아 생각할 때부터 성실하게 하네.〔哲人知幾, 誠之於思.〕"라고 하였다.

**349** 성성(惺惺) : 마음을 어둡지 않게 항상 일깨우는 방법으로, 경(敬)을 말한다. 송(宋)나라 사양좌(謝良佐)가 《심경부주(心經附註)》에서 "경(敬)은 마음을 항상 깨어 있게 하는 법이다.〔敬是常惺惺法.〕"라고 하였다.

**350** 주일(主一) : 성학(聖學)의 요체인 경(敬)을 말한다. 이천(伊川) 정이(程頤)가 "하나를 주장함을 '경'이라 하고, 마음이 다른 곳으로 감이 없는 것을 '하나'라 한다.〔主一之謂敬, 無適之謂一.〕"라고 한 것이 《이정수언(二程粹言)》 권상(卷上)에 보인다.

**351** 천……거쳐왔네 : 주희(朱熹)가 당나라 진자앙(陳子昻)의 〈감흥(感興)〉을 본떠 〈집에서 홍이 일다〔齋居感興〕〉라는 제목의 오언고시 20수를 지어 옛 성인이 전수한 심법(心法)을 전수하였는데, 열 번째 수에 "삼가 생각건대 천 년의 마음은 가을 달이 차가운 물을 비추는 듯.〔恭惟千載心, 秋月照寒水.〕"이라는 구절이 있다. 이는 요(堯), 순(舜), 우(禹), 탕(湯), 문왕(文王), 무왕(武王), 주공(周公) 등의 성인들이 이 세상에 살다 간 시간적인 차이는 천 년이 넘지만 이들이 서로 전수한 심법(心法)은 경(敬) 하나에서 벗어나지 않았으며, 그 맑고 밝은 마음은 마치 차갑고 맑은 못물에 잠긴 둥근 가을 달처럼 밝다는 뜻이다. 《朱子全書 卷66 齋居感興二十首》

저 양묵의 설을 물리쳤네[353] 闢彼楊墨說
내면을 닦아야 외적을 물리칠 수 있으니 內修方外攘
맹자는 진실로 영명한 현철이었네 孟氏眞英哲

열 번째 첩운하다 十疊

눈으로는 사특한 색을 접하지 않고 目不接邪色
귀에는 음란한 소리를 두지 않아야 하네 耳不留淫說
보는 것과 듣는 것에 가리움이 없어야 하니 視聽宜無蔽
〈홍범〉에서 총명함을 서술하였네[354] 洪範敍聰哲

**352** 나의 호연지기를 길러서 : 《맹자》 〈공손추 상(公孫丑上)〉의 호연장(浩然章)에 "나는 나의 호연지기를 잘 기른다.〔我養吾浩然之氣〕"라고 한 맹자의 말이 보인다.

**353** 저……물리쳤네 : 양묵은 맹자가 이단이라 배척하였던 양주(楊朱)와 묵적(墨翟)을 가리킨다. 《맹자》 〈등문공 하(滕文公下)〉에 "내가 이 때문에 두려워하여 선성(先聖)의 도를 보호하여 양주와 묵적을 막으며 부정한 말을 추방하여 부정한 학설이 나오지 못하게 하는 것이다.〔吾爲此懼, 閑先聖之道, 距楊墨, 放淫辭, 邪說者不得作.〕"라고 한 맹자의 말이 보인다.

**354** 보는……서술하였네 : 〈홍범(洪範)〉은 《서경(書經)》의 편명으로, 홍범구주(洪範九疇), 즉 천하를 다스리는 아홉 가지의 큰 요체를 말한 것이다. 그 아홉 가지 항목 중에 두 번째가 오사(五事)인데, "첫째는 모습〔貌〕이고, 둘째는 말〔言〕이고, 셋째는 보는 것〔視〕이고, 넷째는 듣는 것〔聽〕이고, 다섯째는 생각하는 것〔思〕이다. 모습은 공손하고, 말은 순종하고, 보는 것은 밝고, 듣는 것은 귀 밝고, 생각하는 것은 지혜로워야 한다. 공손함은 엄숙함을 만들고, 순종함은 다스림을 만들고, 밝음은 지혜를 만들고, 귀 밝음은 헤아림을 만들고, 지혜로움은 성스러움을 만든다.〔一曰貌, 二曰言, 三曰視, 四曰聽, 五曰思. 貌曰恭, 言曰從, 視曰明, 聽曰聰, 思曰睿. 恭作肅, 從作乂, 明作哲, 聰作謀, 睿作聖.〕"라고 하였다.

## 계묘년(1783, 정조7) 2월 24일 밤에 꿈에 평숙[355]과 묵계에서 노닐면서 율시 한 수를 얻었는데 제7구를 마치지 못하였다. 깨어나서 마저 완성하였다

癸卯二月二十四日夜 夢與平叔遊墨溪得一律 第七句未圓 覺而足成之

| | |
|---|---|
| 해후하고서야 비로소 좋은 줄 알겠으니 | 邂逅方知好 |
| 이내 생활이 모두 그른 것임을 깨닫네 | 營爲摠覺非 |
| 우연히 여강의 아우 데리고 | 偶携驪浦弟 |
| 함께 묵계의 사립문에 이르렀네 | 共到墨溪扉 |
| 골짝에 들어가니 꽃이 술을 맞이하고 | 入谷花迎酒 |
| 산에 오르니 해가 옷을 비추네 | 登山日照衣 |
| 앉아 있을 제 승경이 많은데 | 坐來多勝景 |
| 해질 무렵 비가 부슬부슬 내리네 | 向晚雨霏霏 |

**355** 평숙(平叔) : 박준원(朴準源, 1739~1807)으로, 자는 평숙(平叔), 호는 금석(錦石), 본관은 반남(潘南)이며, 박윤원(朴胤源)의 동생이다.

## 나이 오십에 스스로 경계하며
五十自警

| | |
|---|---|
| 나이 오십을 애(艾)라고 하니[356] | 五十曰艾 |
| 그 머리털이 희끗해지네 | 其髮蒼白 |
| 예에 따라 집안에서 지팡이를 짚고[357] | 禮杖於家 |
| 비단옷을 입을 수 있네[358] | 可以衣帛 |
| 인생이 여기에 이르면 | 人生到斯 |
| 또한 이미 늙었다고 말하네 | 亦云已老 |
| 늙었는데도 이룬 것이 없으니 | 老而無成 |

**356** 나이……하니 : 이 말은 본래 《예기(禮記)》 〈곡례 상(曲禮上)〉에 보이는 것으로, "나이 오십을 애라 하니 관복을 입고 정사에 참여할 수 있으며, 육십을 기라 하니 사람들을 부릴 수 있다〔五十曰艾, 服官政, 六十曰耆, 指使.〕"라고 하였다.

**357** 예(禮)에……짚고 : 《예기(禮記)》 〈왕제(王制)〉에 "50세가 되면 집안에서 지팡이를 짚고, 60세가 되면 마을에서 지팡이를 짚고, 70세가 되면 나라에서 지팡이를 짚고, 80세가 되면 조정에서 지팡이를 짚는다.〔五十杖於家, 六十杖於鄉, 七十杖於國, 八十杖於朝.〕"라고 하였다.

**358** 비단옷을……있네 : 《맹자(孟子)》 〈양혜왕 상(梁惠王上)〉에 "5묘의 집 주변에 뽕나무를 심게 한다면 50세 된 자가 비단옷을 입을 수 있으며, 닭과 돼지와 개와 큰 돼지의 기름을 새끼 칠 때를 잃지 않게 한다면 70세 된 자가 고기를 먹을 수 있으며, 100묘의 토지에 농사철을 빼앗지 않는다면 몇 식구의 집안이 굶주림이 없을 수 있으며, 상서(庠序)의 가르침을 삼가서 효도와 공경의 의리로써 거듭한다면 반백이 된 자가 도로에서 짐을 지거나 이지 않을 것이다.〔五畝之宅, 樹之以桑, 五十者可以衣帛矣; 鷄豚狗彘之畜, 無失其時, 七十者可以食肉矣; 百畝之田, 勿奪其時, 數口之家可以無飢矣; 謹庠序之教, 申之以孝悌之義, 頒白者不負戴於道路矣.〕"라고 보인다.

일찍 배우지 못한 것이 한스럽네　恨學不早
공성은 천명을 알았건만[359]　孔聖知命
아, 나는 이미 어그러졌네　嗟余已違
거씨는 잘못을 깨달았으니[360]　蘧氏覺非
지금 혹 이를 기대해보네　今或庶幾
백 년을 살 수 있다면　如得百年
그 절반이 앞으로 올 것이니　其半將來
부디 남은 날들을 잘 좇아서　尙追餘日
나의 소원을 이루게 되기를[361]　遂吾願哉

**359** 공성(孔聖)은 천명을 알았건만 : 공성은 공자(孔子)를 가리킨다. 《논어(論語)》 〈위정(爲政)〉에 보이는 공자의 말에 "나는 열다섯 살에 학문에 뜻을 두었고, 서른 살에 자립하였고, 마흔 살에 사리(事理)에 의혹(疑惑)하지 않았고, 쉰 살에 천명을 알았고, 예순 살에 귀로 들으면 그대로 이해되었고, 일흔 살에 마음에 하고자 하는 바를 좇아도 법도에 넘지 않았다.〔吾十有五而志于學, 三十而立, 四十而不惑, 五十而知天命, 六十而耳順, 七十而從心所欲不踰矩.〕"라고 하였다.

**360** 거씨(蘧氏)는 잘못을 깨달았으니 : 거씨는 춘추 시대 위(衛)나라의 대부 거원(蘧瑗)으로, 자는 백옥(伯玉)이다. 그에 대해서 《회남자(淮南子)》 〈원도훈(原道訓)〉에서는 "거백옥은 쉰 살에 지난 마흔아홉 살까지의 잘못을 알았다.〔蘧伯玉年五十而知四十九年非〕"라고 하였고, 《장자(莊子)》 〈칙양(則陽)〉에서는 "거백옥은 나이 육십에 육십 번 잘못을 고쳐 나이에 맞게 변화하였다.〔蘧伯玉行年六十而六十化〕"라고 하였다.

**361** 나의……되기를 : 명(明)나라 학자 설선(薛瑄)의 《독서록(讀書錄)》에 "나의 마음이 진실로 학문에 뜻을 둔다면 하늘이 나의 소원을 이루어줄 것이다.〔吾心誠有志於學, 天其遂吾願乎!〕"라고 하였는데, 이를 원용하여 말한 것이다.

## 꽃 섬돌을 두고 읊다

詠花階

| | |
|---|---|
| 돌을 쌓고 꽃떨기 늘어놓아 | 累石花叢列 |
| 뜰의 섬돌에 작은 산 만들었네 | 庭階作小山 |
| 우연히 아이들 손으로 이루었는데 | 偶成童子手 |
| 이어서 늙은이 얼굴 풀어지네 | 仍解老夫顔 |
| 고요한 날에 소나무 그늘 가늘고 | 日靜松陰細 |
| 깊은 봄에 새 소리 한가하네 | 春深鳥語閑 |
| 이 가운데 높이 베개 베고 누우니 | 是中高枕得 |
| 풍진 세상 가까이 있는 줄 알지 못하네 | 未覺近塵寰 |

## 산청현으로 부임하는 현호 유숙[362] 언수 을 전송하며
送玄湖兪叔 彦鏽 赴山淸縣

강촌에서 늙어가는 사람 늘 안타까워하였는데 每惜江村老却人
만년에 벼슬하여 지금 사군(使君 수령)의 몸이 되었네 晩官今作使君身
한나라 조정에서 진휼을 논의함에[363] 공로가 먼저 드러나고 漢廷議賑勞先著
제나라 고을에서 목초를 구함에[364] 정사가 다시 새로워지네

**362** 현호(玄湖) 유숙(兪叔) : 유언수(兪彦鏽, ?~?)로, 본관은 기계(杞溪)이다. 부친은 유하기(兪夏基)이고 조부는 유명뢰(兪命賚)이다. 《승정원일기(承政院日記)》정조 7년 5월 6일 기사에 산청 현감(山淸縣監)에 제수한다는 내용이 보인다.

**363** 한(漢)나라……논의함에 : 한(漢)나라 문제(文帝)가 춘궁기의 주린 백성을 구제할 대책을 논의하라고 신하들에게 조서를 내려 "지금은 바야흐로 봄빛이 화창한 시절이므로 초목과 뭇 생물들이 모두 스스로 즐거워하고 있다. 그런데 우리 백성들 가운데 의지할 곳 없는 사람들과 곤궁한 사람들이 죽음의 구렁에 떨어지기도 하는데, 이를 보살펴 주지 못하고 있다. 백성의 부모가 된 임금의 입장에서 장차 어떻게 해야 하겠는가? 이들을 구제할 대책을 논의하여 아뢰라.〔方春和時, 草木群生之物皆有以自樂, 而吾百姓鰥寡孤獨窮困之人或阽於死亡, 而莫之省憂. 爲民父母將何如? 其議所以賑貸之.〕"라고 하였던 고사가 있는데, 이를 원용하여 조정에서 춘궁기에 백성을 구제할 정책을 폄을 말한 것이다. 《漢書 卷4 文帝本紀》

**364** 제(齊)나라……구함에 : 백성들 구휼 사업에 애쓴다는 뜻으로, 《맹자(孟子)》〈공손추 하(公孫丑下)〉에서 맹자가 흉년에 굶주린 백성을 제대로 구제하지 못한 제(齊)나라 대부 공거심(孔距心)에게 "지금 남에게서 소와 양을 받아 대신해서 기르는 자가 있다면, 그는 반드시 목지(牧地)와 목초(牧草)를 구할 것이다. 목지와 목초를 구하나 얻지 못하면 소와 양을 그 사람에게 돌려줄 것인가? 아니면 소와 양이 죽어가는 것을 서서 보기만 할 것인가?〔今有受人之牛羊而爲之牧之者, 則必爲之求牧與芻

齊邑求芻政更新

| | |
|---|---|
| 운로에서는 비록 지업을 이루기 틀렸지만 | 雲路縱違成志業 |
| 뇌봉[365]에서는 그래도 경륜을 시험할 수 있네 | 雷封猶可試經綸 |
| 환아의 옛터[366] 산천이 좋으니 | 換鵝舊址山川好 |
| 한가한 날에 못가를 찾으면 흥이 더욱 참되리 | 暇日臨池興更眞 |

矣. 求牧與芻而不得, 則反諸其人乎? 抑亦立而視其死歟?]"라고 말한 것을 원용하여 표현한 것이다.

**365** 뇌봉(雷封) : 지방의 작은 고을을 맡아 다스리는 수령을 뜻한다. 보통 사방 100리 정도 되는 고을이 현(縣)이 되는데, 천둥이 치면 그 소리가 100리쯤 진동한다 하여 현령을 뇌봉이라고 하였다.

**366** 환아(換鵝)의 옛터 : 경상남도 산청군에 있는 환아정(換鵝亭)을 두고 말한 것이다. 환아정은 1395년 산음 현감(山陰縣監) 심린(沈潾)이 객사 서쪽에 세운 정자로, 정자의 이름은 권반(權攀)이 지은 것인데, 평소에 거위를 좋아하던 명필 왕희지(王羲之)가 거위를 많이 기르고 있다는 산음(山陰)의 한 도사(道士)를 찾아가서 《도덕경(道德經)》 한 권을 붓으로 써 주고 그 대가로 거위를 모조리 가지고 왔던 고사에서 취한 것이다. 《太平御覽 卷238 晉中興書》

# 기성 윤 유공[367] 한갈 에게 올리다

奉呈箕城尹兪公 漢葛

| | |
|---|---|
| 적성의 노을 속에서 삼 년을 지냈더니[368] | 赤城霞裏臥三年 |
| 높은 부벽루[369] 있는 곳으로 관직이 또 옮겨졌네 | 浮碧樓高官又遷 |
| 한 쌍의 신이 훌쩍 쉬이도 가니 | 雙舃翩然來去易 |
| 서쪽 구름 서글피 바라봄에 신선이 묘연하네 | 西雲悵望杳神仙 |

**367** 기성 윤(箕城尹) 유공(兪公) : 유한갈(兪漢葛, 1722~1795)로, 자는 여수(汝水), 본관은 기계(杞溪)이다. 1747년(영조23) 생원시에 합격하였다. 기성은 평양(平壤)의 이칭으로, 유한갈은 1783년(정조7) 6월 24일에 평양 서윤(平壤庶尹)에 제수되었다. 그 밖에 남원부사(南原府使), 충주 목사(忠州牧使), 제천 현감(堤川縣監), 무주 부사(茂朱府使), 나주 목사(羅州牧使) 등을 지냈다.

**368** 적성(赤城)의……지냈더니 : 적성은 적성산(赤城山)으로 중국 천태산(天台山)의 남문(南門) 역할을 하는 산인데, 선비의 은거지를 뜻하는 말로 많이 쓰인다. 진(晉)나라 시인 손작(孫綽)이 적성산에 표지를 세우고 은거 생활을 즐겼는데, 그가 지은 〈유천태산부(遊天台山賦)〉에 "적성산에 노을이 일어나 절로 표지를 세운다.〔赤城霞起而建標〕"라고 보인다. 여기서는 무주의 적상산(赤裳山)을 적성산에 빗대어 말한 것으로 보인다. 유한갈(兪漢葛)이 평양 서윤에 제수되기 전에 무주 부사(茂朱府使)로 있었으므로 이렇게 말한 것이다.

**369** 부벽루(浮碧樓) : 평안남도 평양시 대동강변 청류벽 위에 위치한 누각으로 을밀대(乙密臺)의 아래쪽, 영명사(永明寺) 동쪽에 있다. 진주의 촉석루, 밀양의 영남루와 더불어 조선의 3대 누각으로 일컬어질 정도로 이름이 나서 많은 문인들이 이곳에 올라 시를 지었다.

### 그 두 번째 其二

| | |
|---|---|
| 기자가 남긴 도읍 옛 풍습을 숭상하니 | 箕子遺都尙舊風 |
| 인현서원[370]이 글 외는 소리 속에서 세워졌네 | 仁賢院闢誦聲中 |
| 공에게 여쭈노니 관서의 선비 중에 | 從公爲問關西士 |
| 누가 사문을 부흥시켜 돈옹[371]을 이으리오 | 誰復斯文繼遯翁 |

**370** 인현서원(仁賢書院) : 평양(平壤) 서성리에 있던 기자(箕子)의 영정을 모시던 서원으로 1576년(선조9)에 감사 김계휘(金繼輝)와 지방 유림들에 의해 세워졌는데, 1608년에 사액(賜額)되었고 1871년(고종8) 대원군의 서원철폐령에 의해 훼철되었다.

**371** 돈옹(遯翁) : 선우협(鮮于浹, 1588~1653)으로, 자는 중윤(仲潤), 호는 돈암(遯菴), 본관은 태원(太原)이다. 김태좌(金台佐), 장현광(張顯光) 등의 문하에서 수학하였으며, 학행으로 사직서 참봉, 장악원 주부, 성균관 사업 등에 제수되었으나 모두 사양하였다. 심성이기(心性理氣)를 깊이 연구하였으며, 특히 《주역(周易)》에 통달하였다. 당대의 석학 김집(金集)과도 학문적인 논의를 주고받았으며, 관서부자(關西夫子)로 일컬어졌다. 1883년(고종20) 이조 판서에 추증되었고, 평양(平壤)의 용곡서원(龍谷書院)과 태천(泰川)의 돈암서원(遯菴書院)에 제향되었다. 시호는 문간(文簡)이다. 저서로는 《돈암전서(遯菴全書)》가 있다.

## 처사 오사집[372]에 대한 만사

處士吳士執輓

| | |
|---|---|
| 어려서는 화려한 습속을 알지 못하였으니 | 幼不識綺紈習 |
| 빈한한 집안의 자제처럼 검소하였고 | 儉若寒門子 |
| 장성해서는 과장(科場)에 들어가지 않았으니 | 長不入棘圍場 |
| 삼대[373]의 선비처럼 고상하였네 | 高如三代士 |
| 오직 밤낮으로 독서하는 소리가 | 惟有日夜讀書聲 |
| 심수[374]의 누대 안에서 흘러 나왔네 | 出自沁水樓臺裏 |
| 독서하는 소리가 홀연히 끊어지니 | 讀書聲忽然絶 |
| 쓸쓸히도 육경의 책이 먼지 쌓인 책상 위에 버려졌네 | 寥寥六籍委塵几 |

그 두 번째 其二

| | |
|---|---|
| 혁혁한 명문가의 후손이여 | 赫赫兮名胄 |

**372** 오사집(吳士執) : 오윤상(吳允常, 1746～1783)으로, 자는 사집(士執), 호는 영재(寧齋), 본관은 해주(海州)이다. 순암(醇菴) 오재순(吳載純)의 첫째 아들이며, 미호(渼湖) 김원행(金元行)의 문하에서 수학하였다.

**373** 삼대(三代) : 하(夏)·은(殷)·주(周) 시대를 가리킨다.

**374** 심수(沁水) : 공주의 집을 가리키는 말로, 후한(後漢) 명제(明帝)의 딸인 심수공주(沁水公主)가 소유하던 원전(園田)을 황후의 오라비였던 두헌(竇憲)에게 강탈당하였던 고사에서 비롯하여 심수원(沁水園) 또는 심원(沁園)은 공주의 원림이나 처소를 뜻하게 되었다. 오윤상(吳允常)의 증조인 오태주(吳泰周)가 현종의 딸인 명안공주(明安公主)와 혼인하여 해창위(海昌尉)에 봉해졌으므로 이렇게 말한 것이다.

양옹[375]은 절의가 뛰어나고 월로[376]는 문장이 있었네 陽翁節義月老文章
군이 또 우뚝하게 태어나 도학에 독실히 힘쓰니 君又挺生敦道學
대대로 이어온 훌륭함을 넓혀 빛나는 명성을 더하였네 廣厥世美增聲光
세상 사람들이 다투어 칭탄하니 世人競稱歎
정영과 숙기가 수양[377]에 모였네 精英淑氣鍾首陽
어찌하여 고가의 웅대한 집에 如何故家大門戶
하루아침에 갑자기 동량이 없어졌단 말인가 一朝奄然去棟樑

**375** 양옹(陽翁) : 오두인(吳斗寅, 624~1689)으로, 본관은 해주(海州), 자는 원징(元徵), 호는 양곡(陽谷)이며, 충정(忠貞)은 그의 시호이다. 오윤상(吳允常)의 고조이다. 1648년(인조26) 진사시에 합격하고, 이듬해 별시 문과에 장원으로 급제하였다. 이후 지평·사간·부교리·경기도 관찰사·공조 판서·형조 판서 등을 역임하였다. 1689년(숙종15)에 기사환국으로 서인이 실각하자 지의금부사(知義禁府事)에 세 번이나 임명되고도 나가지 아니하여 삭직 당하였고, 그해 5월에 인현왕후 민씨(仁顯王后閔氏)가 폐위되자 이세화(李世華)·박태보(朴泰輔)와 함께 이에 반대하는 소를 올려 국문을 받고 의주로 유배 가다가 파주에서 죽었다. 곧 복관되었고 1694년 영의정에 추증되었으며, 덕봉서원(德峰書院)·충렬사(忠烈祠) 등에 제향되었다. 저서로 《양곡집》이 있다.

**376** 월로(月老) : 오원(吳瑗, 1700~1740)으로, 자는 백옥(伯玉), 호는 월곡(月谷), 본관은 해주(海州)이다. 시호는 문목이며, 이재(李縡)의 문하에서 수학하였다. 오윤상(吳允常)의 조부이다. 1723년(경종3) 사마시에 합격하고, 1728년(영조4) 정시문과에 장원하였으며, 홍문관 대제학, 공조 참의 등을 역임하고 좌찬성에 추증되었다. 저서로는 《월곡집》이 있다.

**377** 수양(首陽) : 황해도 해주(海州)의 이칭으로, 오윤상(吳允常)의 본관이 해주이므로 이렇게 말한 것이다.

그 세 번째 其三

심양으로 사행 떠난 배가 동쪽으로 돌아오던 길이었는데[378]

瀋陽使輈東歸在塗

홀연히 어떤 이가 집안의 보주가 부서졌다는 소식을 전하였네

忽有人傳報家中碎寶珠

아버지가 자식을 보러 왔으나 자식이 기다려주지 않았으니

父來見子子不待

귀백(鬼伯)이 재촉하였던가[379] 잠깐의 시간도 얻지 못하였네

鬼伯催促兮不能少須臾

길 가는 이가 들어도 간장이 찢어지니 行路聞之摧肝腸

혼이여, 혼이여 응당 머뭇거리고 있으리 魂兮魂兮應踟躕

그 네 번째 其四

부모가 울부짖고 과부가 곡하니 爺孃號孀婦哭

망자가 혈속을 두지 못하였기 때문이네 亡者無血屬

빈객이 탄식하고 붕우가 오열하니 賓客嗟朋友咽

현자가 지업을 마치지 못하였기 때문이네 賢者志未卒

**378** 심양(瀋陽)으로……길이었는데 : 오윤상(吳允常)의 부친 오재순(吳載純)이 1783년(정조7) 4월에 심양문안부사(瀋陽問安副使)에 차임되어 6월에 심양으로 사행을 떠났다가 10월 10일에 조정으로 돌아왔는데, 오윤상이 10월 3일에 세상을 떠났다. 《正祖實錄 7年 4月 1日, 6月 13日》《老洲集 卷14 祭伯氏文》

**379** 귀백(鬼伯)이 재촉하였던가 : 귀백은 염라대왕을 이른다. 《악부시집(樂府詩集)》 권27 〈호리(蒿里)〉에, "귀백은 어찌 이리도 재촉하는가, 사람의 목숨 조금도 머뭇거리지 못하게 하네.〔鬼伯一何相催促? 人命不得少踟躕.〕"라고 보인다.

향교동의 어귀에 유거[380]가 나가는데　　　鄕校洞口柳車出

마을 동쪽의 병든 사람 상엿줄 잡지 못하였네　　　巷東病夫未執紼

아아, 오래된 교분이 다하여 다시 이어가기 어려우니
嗚呼宿契已矣難復續

다만 두 가닥 눈물로 해로가[381] 몇 곡조를 부쳐 보내네
但將雙淚寄送薤露數曲

**380** 유거(柳車) : 나라 또는 민간에서 장사 지낼 때 재궁(梓宮)이나 시체를 실어 끌게 하던 큰 수레이다. 소가 끌었으나, 세종 때 이를 없애고 상여를 사용하도록 하였다.

**381** 해로가(薤露歌) : 사람의 생명은 마치 부추 잎에 내린 이슬처럼 덧없다는 뜻으로, 상여가 나갈 때에 부르는 만가(輓歌)를 가리킨다. 한 고조(漢高祖)에게 반기를 들다 패망한 전횡(田橫)의 죽음을 두고 그 무리가 지은 만가 2장 중 1장에 "부추 위의 아침 이슬 어찌 그리 쉬이 마르는가. 이슬은 말라도 내일 아침 다시 내리지만, 사람은 죽어 한번 가면 언제 다시 돌아오나.〔薤上朝露何易晞? 露晞明朝更復落. 人死一去何時歸?〕" 라고 한 데에서 나온 말이다. 《古今注 音樂》

## 제석에 기쁜 마음을 적다

除夕述喜

| | |
|---|---|
| 온갖 근심을 제석에 부치니 | 千愁屬除夕 |
| 한번 기쁜 마음 또 말할 수 있으랴 | 一喜且堪言 |
| 자부는 그 새 용모 아름답고 | 子婦新容美 |
| 선고는 그 옛 법도 남아 있네 | 先姑舊法存 |
| 집이 가난하나 오히려 떡을 만들고 | 家貧猶作餠 |
| 나는 병들었으나 그래도 술잔을 잡네 | 吾病且携罇 |
| 내일은 정갈한 제기를 올려서 | 來日豆籩潔 |
| 증조의 혼을 즐겁게 해드릴 수 있기를 | 庶娛曾祖魂 |

근재집

제3권

# 詩 시

## 높은 벼랑에 있는 잠려 신씨 어르신[1] 황 의 집에 유숙하다

崑崖宿潛廬申老 晃 家

나그네 길 저녁 빛을 따라오니 客行隨暝色
신씨 노인의 집 사립문이 있네 申老有柴門
말은 차가운 계곡물을 건너고 馬渡寒溪水
소는 어지러운 나무 언덕에서 우누나 牛鳴亂樹原
원래 오랜 세교(世交)가 있는 집안이니 通家元舊誼
아이 불러 촛불 켜고 함께 정다운 대화 나누네 呼燭共情言
온갖 변화에 사람의 일 느끼니 百變感人事
작별에 임함에 시름이 더욱 많아지네 臨分愁更繁

1 잠려(潛廬) 신씨(申氏) 어르신 : 신씨 어르신은 박윤원의 증조모인 평산 신씨(平山申氏)의 일가로 보이나 인적 사항은 미상이다. 잠려는 그의 호로 보인다.

## 평숙[2]이 여강 오두막에 우거하거늘 슬픈 마음을 써서 주다
平叔驪江寓廬 敍悲以贈

그대가 여강에 우거한 지 이미 육 년 째인데　　爾寓驪江已六霜
녹거를 끌던 처음 마음 갑자기 처량해졌네[3]　　鹿車初意忽凄涼
봄바람에 유인[4]의 묘에는 잔디가 자라고　　春風莎長孺人墓
가을비에 장인[5]의 서당 들보가 무너졌네　　秋雨樑頹岳丈堂
새로운 곡식을 수확하지 못하니 땅 팔아먹을 줄을 알고　　新穀無收知鬻土

**2** 평숙(平叔) : 박윤원의 아우인 박준원(朴準源, 1739~1807)의 자이다. 호는 금석(錦石), 시호는 충헌(忠獻)으로 순조의 생모인 수빈 박씨(綏嬪朴氏)의 부친이다. 1786년(정조10) 식년 생원시에 합격하고 벼슬이 금위대장(禁衛大將)에 이르렀다.

**3** 녹거(鹿車)를……처량해졌네 : 박준원의 부인인 원주 원씨(原州元氏)가 별세한 것을 말한다. 녹거를 끌었다는 것은 부부가 노력하며 청빈한 생활을 함을 이른다. 후한(後漢)의 고사(高士)인 포선(鮑宣)이 청빈(淸貧)을 숭상하였는데 그에게 시집간 환소군(桓少君)이 남편의 뜻을 존중하여 화려한 혼수품을 모두 친정으로 돌려보내고, 남편과 함께 녹거(鹿車)를 끌며 향리로 가서 함께 청빈한 생활을 한 고사에서 유래하였다. 녹거는 작은 수레를 이른다. 《後漢書 列女傳 卷47 鮑宣妻》

**4** 유인(孺人) : 벼슬하지 못한 사람의 아내의 신주(神主)나 명정(銘旌)에 쓰는 존칭이다. 박윤원의 부인은 증 이조 참판 원경유(元景游, 1708~1741)의 따님으로 1783년(정조7) 8월 29일에 별세하였는데, 이때 박윤원의 신분이 유학(幼學)이었으므로 이렇게 칭한 것이다.

**5** 장인(丈人) : 박윤원의 장인인 원경유로 자는 문중(文仲), 호는 유안당(遺安堂), 본관은 원주(原州)이고, 벼슬은 통덕랑(通德郞)을 지냈다. 《近齋集 卷30 弟婦孺人原州元氏墓誌銘》《敦巖集 卷8 外祖遺安堂元公墓表》

겨울옷 아직 만들어 주지 못하니 부지런히 누에 친 것 생각나네 寒衣未授憶勤桑

어린아이들 데리고 서쪽으로 돌아가 不如携幼西歸去

형제가 한강 북쪽에서 서로 의지하는 것만 못하네 兄弟相依漢水陽

## 청심루[6]에서 응재공의 시[7]를 외고 삼가 그 운에 차운하다
清心樓誦凝齋公詩 謹次其韻

| | |
|---|---|
| 황려[8]의 골짝 사이로 한 강물이 돌아가니 | 黃驪峽東一江歸 |
| 단청한 난간에서 물가에 임함에 바람이 옷에 가득하네 | 畫檻臨汀風滿衣 |
| 팔수[9]의 아침 햇볕에 푸른 아지랑이 걷히고 | 八藪朝暉蒼靄捲 |
| 이릉[10]의 가을빛에 흰 구름 날아가네 | 二陵秋色白雲飛 |
| 마음 깨끗하니 아름다운 누대 마음에 흡족하고 | 心淸方愜玆樓好 |

**6** 청심루(淸心樓) : 여주(驪州) 관아(官衙)의 객관 북쪽에 있던 누대의 이름이다. 여주 팔경의 하나로, 목은(牧隱) 이색(李穡)·포은(圃隱) 정몽주(鄭夢周) 등 40여 문객(文客)의 시판(詩板)이 걸려 있었다고 한다.

**7** 응재공(凝齋公)의 시 : 응재공은 응재가 호인 이희지(李喜之, 1681~1722)를 가리킨 것으로 보인다. 자는 사복(士復), 본관은 전주(全州)로 병조 판서 이사명(李師命)의 아들이다. 당색은 노론으로 성균관 유생이었는데, 신임사화(辛壬士禍) 때 경종 시해를 도모하였다는 무고를 받고 장살(杖殺)되었다. 차운한 시는 《응재집(凝齋集)》 권1에 실려 있는 〈어부(漁父)〉란 제목의 칠언절구의 시 가운데 두 번째 편으로 보인다. 이 시의 운이 '의(衣)'와 '비(飛)'이다.

**8** 황려(黃驪) : 여주의 옛 이름이다. 황마(黃馬)와 여마(驪馬 검은말)가 물에서 나왔기 때문에 황려라고 명명하였다고 한다. 《新增東國輿地勝覽 卷7 京畿 驪州牧》

**9** 팔수(八藪) : 팔대수(八大藪)를 이른다. 《신증동국여지승람》 권7 〈경기 여주목〉에 "팔대수는 주 북쪽 3리에 있다. 옛날에는 패다수(貝多藪)라 일컬었는데, 주위가 5·6리 된다."라고 하였다. 여주팔경 중의 하나인 지금의 오학동 강변의 무성한 숲을 가리킨다.

**10** 이릉(二陵) : 세종(世宗)과 소헌왕후(昭憲王后)를 모신 영릉(英陵)과 효종(孝宗)과 인선왕후(仁宣王后)를 모신 영릉(寧陵)을 가리킨 말이다.

시가 졸렬하니 아름다운 경치 묘사하기 어렵네　　詩拙難描勝境稀
다시 작은 배 노 저어 벽사[11]를 찾으니　　更棹小舟尋甓寺
깊고 궁벽하여 인간 세상 아님을 점점 알겠노라　　漸知幽僻世間非

**11** 벽사(甓寺) : 신라 진평왕 때 원효(元曉)가 창건하였다는 여주 신륵사(神勒寺)를 말한다. 경내의 동대(東臺) 위에 벽돌로 쌓은 탑이 있어서 이렇게 칭한다.

## 신륵사에서

神勒寺

| | |
|---|---|
| 사찰은 산속에 많이 있고 | 寺多在山裏 |
| 강가에 있는 것은 적다네 | 寺少在江頭 |
| 강과 산의 아름다움 모두 간직하였으니 | 具有江山美 |
| 신륵사가 가장 깨끗하고 그윽하네 | 神勒最淸幽 |
| 바위 언덕에는 소나무와 회나무가 덮여있고 | 巖崖松檜被 |
| 물가 모래톱에는 갈매기와 해오라기가 떠있네 | 洲渚鷗鷺浮 |
| 무수히 걸어 놓았던 어망을 | 漁網懸無數 |
| 햇볕에 말리니 바로 깨끗한 가을이네 | 曬日正素秋 |
| 채취한 버섯이 나무 그릇에 가득하니 | 採菌盈木器 |
| 우물가에 두 승려가 머물고 있네 | 井上二僧留 |

## 양화나루 배 안에서 자다

宿楊花舟中

누워 우러러보매 뭇 별들이 가까우니 仰臥衆星近
은하수 가에서 자는가 의심하네 疑宿霄漢邊
밤이 깊어 바람과 이슬 차가우니 夜深風露凄
추위에 자주 잠에서 깨네 寒冷屢警眠
흐르는 강물 소리 언제나 시끄러운데 江流長自喧
어룡은 아직도 조용하구나 魚龍猶寂然
먼 곳의 닭들은 새벽에 이미 울었을 터인데 遠鷄應已唱
새벽달은 더디게 하늘로 올라오네 曉月遲上天
사공은 횃불을 잡고 沙工持炬火
배 들어가는 물길 비춰 살피고 있네 照看水入船

# 이호[12]를 지나며 감회를 쓰다

過梨湖有感

청심루 아래에 배를 띄었다가 돌아오니 淸心樓下放舟廻
이포 구비에 안개 낀 나무들 아련하네 烟樹依依梨浦隈
높은 누대는 내옹이 지은 것임을 아니[13] 高榭知爲耐翁築
약관에 일찍이 장인을 배알하러 왔었네[14] 弱冠曾拜聘君來
성긴 창에서 책 읽으니 바람이 대를 울리고 書聲疏牖風鳴竹
차가운 처마에서 시 구상하니 달이 매화 비추네 詩意寒簷月照梅
삼십육 년이 꿈결 같이 지나가니 三十六年如夢寐
강의 물고기와 모래섬 새들 모두 슬픈 정 머금고 있네 江魚沙鳥摠含哀

**12** 이호(梨湖) : 여주 이포(梨浦) 일대의 남한강을 이른다.

**13** 높은……아니 : 내옹(耐翁)은 홍태유(洪泰猷, 1672~1715)로 호가 내재(耐齋)이기 때문에 이렇게 칭한 것이다. 자는 백형(伯亨), 본관은 남양(南陽)으로 효종의 둘째 딸 숙안군주(淑安郡主)의 손자이며 박윤원의 장인인 김시관(金時筦)의 장인이다. 1689년(숙종15) 기사환국 이후 남인(南人) 정권에 의해 부친이 사사(賜死)되자 여주의 이호(梨湖)에 내려가 내재(耐齋)를 짓고 우거하며 평생 벼슬을 하지 않고 학문에 전념하였다. 높은 정자는 이 내재를 가리킨 것으로 보이나 분명하지 않다.

**14** 약관에……왔었네 : 박윤원의 장인은 선원(仙源) 김상용(金尙容)의 고손(高孫)인 처사(處士) 김시관이다. 박윤원은 1748년(영조24) 15세의 나이로 안동 김씨(安東金氏)와 혼인하였는데, 이때 김시관의 집이 여주에 있었다.

## 주중잡영
舟中雜咏

| | |
|---|---|
| 바위를 만난 뱃사람들 시끄럽게 떠들며 | 遇石舟人喧 |
| 배를 끄느라 다투어 힘을 쓰네 | 挽舟爭用力 |
| 잠시 험한 여울 지나가니 | 須臾過險灘 |
| 서로 마주보며 희희낙낙하네 | 相看皆喜色 |

두 번째 其二

| | |
|---|---|
| 미풍에 가는 배 더디니 | 微風行舸緩 |
| 한낮에 봉창 거두고 앉았노라 | 捲篷坐亭午 |
| 뱃사공이 푸른 도롱이 보관하고 있으나 | 舟子藏綠蓑 |
| 삼일 동안 비를 만나지 않았네 | 三日不逢雨 |

## 이경심[15] 규복 의 시 〈제석〉에 차운하다

次李景心 奎復 除夕韻

| | |
|---|---|
| 언제 오늘 밤에 잠든 적이 있었던가 | 何曾着得此宵眠 |
| 작은 촛불 앞에서 깜박깜박 외로이 시름하노라 | 耿耿孤愁小燭前 |
| 이미 삼여[16]를 헛되이 보낸 것 안타깝고 | 已惜三餘虛度日 |
| 오십이 되어도 천명을 알지 못하는 것 부끄럽네[17] | 還慚五十未知天 |
| 갈까마귀 깃든 숲에는 잔설이 있고 | 鴉棲林木留殘雪 |
| 닭이 우는 이웃에는 가느다란 연기 일어나네 | 鷄唱村隣起細烟 |
| 또 새로운 시가 있어 계곡으로 오니 | 且有新詩來桂谷 |
| 그대 대취하여 흐르는 세월 잊는 것 부럽노라 | 羡君泥醉忘流年 |

**15** 이경심(李景心) : 이규복(李奎復)으로 경심은 자로 보인다. 박윤원의 아들인 박종여(朴宗輿, 1736~1785)의 장인이다. 본집 권30 〈자부 유인 한산 이씨 묘지명(子婦孺人韓山李氏墓誌銘)〉에 보인다.

**16** 삼여(三餘) : 학문하기에 좋은 세 가지 여가(餘暇)로, 해의 여가〔歲之餘〕인 겨울, 하루의 여가〔日之餘〕인 밤, 계절의 여가〔時之餘〕인 장마를 이르는 말이다. 《三國志 魏書 王肅傳 註》

**17** 오십이……부끄럽네 : 이 내용은 《논어》 〈위정(爲政)〉에 "나는 오십 세에 천명(天命)을 알았다."라고 한 공자의 말씀이 있으므로 이렇게 말한 것이다.

## 새봄에 감흥을 쓰다

新春遣興

| | |
|---|---|
| 늙어져 자연히 새해 맞는 것 익숙해지니 | 老來自是慣逢新 |
| 수심에 잠긴 얼굴 억지로 풀고 이때를 보내네 | 强解愁顔度此辰 |
| 이웃 친구 책을 빌려주니 긴긴 해에 마땅하고 | 隣友借書宜永日 |
| 집의 아이가 술상 마련하니 따뜻한 봄이 되었네 | 家兒供酒作陽春 |
| 저 분수 밖의 한가로운 일들은 자연에 맡겨두고 | 任他分外悠悠事 |
| 가슴속 어지러운 진세의 생각 깨끗이 씻어 내노라 | 滌盡胸中擾擾塵 |
| 뜰의 나무는 겨울 겪으며 뿌리가 견고해졌으니 | 庭樹經寒根蔕固 |
| 꽃을 피워 다시 은거한 사람을 기쁘게 하리라 | 開花應復悅幽人 |

## 평숙이 〈매화〉 시를 부쳐왔으므로 여기에 화답하다

平叔寄示梅詩答之

창가에서 한번 웃으며 그대의 편지 펴보니　　窓間一笑發君書
매벽[18]의 시의 정취 젊은 날과 똑같네　　梅癖詩情少日如
산천에 막혀 서로 떨어져 있는 것 완전히 잊으니　　渾忘山川遠相隔
매화가 막 피어나면 예전처럼 함께 취하리라　　依然共醉盛開初

두 번째 其二

그대가 매화 보며 형을 그리워하는 편지 썼는데　　看梅爾寫憶兄書
형을 고상한 매화에 견주었으나 매화만 못한 것 부끄럽네　　兄比梅高愧不如
다만 기쁘게도 매화 향기가 아름다운 시구를 따라와　　但喜香隨佳句至
세한에도 옛 마음 변치 말자던 기약 비춰주었네　　心期猶照歲寒初

**18** 매벽(梅癖) : 유난히 매화를 좋아하는 성벽(性癖)을 말한다.

## 여아[19]의 시운에 차운하다

次輿兒韻

| | |
|---|---|
| 절서에 따라 추위와 더위가 변하니 | 節序變寒暄 |
| 한가로운 가운데에 시름이 더욱 많아지네 | 閒中愁更繁 |
| 나이 들어 노쇠해지니 벗이 줄어들고 | 年衰仍寡友 |
| 몸이 병드니 바로 술잔을 잊노라 | 身病便忘樽 |
| 창에 비치는 햇빛에 그림자가 생기고 | 窓日晴生影 |
| 처마에 흐르는 구름 축축한 흔적이 있네 | 簷雲濕有痕 |
| 때로 아이 공부시키느라 | 時因課兒業 |
| 다시 옛 책을 익히는 듯하네 | 還似舊書溫 |

**19** 여아(輿兒) : 아들 박종여(朴宗輿, 1766~1815)로, 자는 원득(元得), 호는 냉천(冷泉)이다. 부친의 가르침을 받아 일찍부터 시(詩)와 예학(禮學)에 조예가 깊었으며 음보로 출사하여 벼슬이 서흥 부사(瑞興府使)에 이르렀다.

## 한식 이틀 뒤에 양주의 선영에서 돌아오는 길에 벼랑에 있는 금성위[20]의 정자에 들러 잠시 쉬다

寒食後二日 自楊州先墓歸過震崖錦城尉亭子 小憩

우리 집안 도위에게 누정이 있으니 吾宗都尉有樓亭
숲속에 곱게 단장해 놓았는데 구름이 빗장을 닫아걸었네 粧點林間雲鎖扃
꽃과 대나무의 주인은 이때 집에 있지 않았으나 花竹主人時不在
송추[21]에서 돌아오는 나그네 잠시 와서 머무노라 松楸歸客暫來停
봄바람에 풀빛은 네모진 연못 에워싸고 春風草色圍方沼
석양에 새 우는 소리는 넓은 뜨락에 모여드네 斜日禽聲集廣庭
멀리서도 연경 사행길 괴로움을 알겠으니[22] 遙識幽燕行役苦
수레 안에서 푸른 고향 산 꿈꾸고 있으리라 車中應夢故山青

**20** 금성위(錦城尉) : 박명원(朴明源, 1725～1790)으로 자는 회보(晦甫), 호는 만보정(晩葆亭)이다. 1738년(영조14) 영조의 제3녀 화평옹주(和平翁主)에게 장가들어 금성위에 봉해졌다.

**21** 송추(松楸) : 소나무와 가래나무로 주로 묘 주위에 심었기 때문에, 전하여 무덤이나 선영을 가리키는 말로 쓰였다.

**22** 멀리서도……알겠으니 : 박명원이 1784년(정조8) 12월 진하 겸 사은사(進賀兼謝恩使)의 정사(正使)로 임명되어 연경(燕京)에 갔으므로 말한 것이다.

## 여성[23]이 벼슬을 그만두고 《주역》을 읽는다는 말을 듣고 기뻐하여 시를 지어 주다
聞汝成解官讀易 喜而賦贈

| | |
|---|---|
| 노년의 공부는 《주역》을 읽는 것이 마땅하니 | 晩境工夫讀易宜 |
| 관직이 없음에 참으로 한가한 시간을 얻어 좋네 | 無官正好得閒時 |
| 부디 의리와 상수를 가지고 부지런히 연구하고[24] | 須將理數勤推究 |
| 문장으로 계사[25]들을 헤아리지 마오 | 莫以文章擬繫辭 |

**23** 여성(汝成) : 유한준(兪漢雋, 1732~1811)의 자로, 호는 저암(著菴)이고 본관은 기계(杞溪)이다. 1768년(영조44) 진사시에 합격하고 벼슬이 형조 참의에 이르렀다. 당대에 뛰어난 문장가로 손꼽혔으며 당시 화가들의 그림에 제발문(題跋文)을 많이 썼다. 박윤원의 모친인 기계 유씨(杞溪兪氏)의 일가로 박윤원과 같은 마을에서 함께 자라 서로 매우 친하였다.

**24** 부디……연구하고 : 《주역》의 연구 분야는 크게 의리학(義理學)과 상수학(象數學)으로 나뉘는데, 의리학파는 공자(孔子)가 지었다고 알려진 십익(十翼)을 위주로 하여 그 의리에 대한 해석을 중시하는 학파로 왕필(王弼)과 이천(伊川) 정이(程頤)가 대표적이며, 상수학파는 《주역》의 괘사(卦辭)와 효사(爻辭)를 위주로 하여 괘상(卦象)과 효상(爻象), 수(數)를 중시하는 학파로 강절(康節) 소옹(邵雍), 동래(東萊) 여조겸(呂祖謙) 등이 대표적인 학자이다. 주자는 이 두 가지 입장을 통합하여 의리와 상수를 모두 중시하였으므로, 《주역》의 연구는 주자를 따르라고 말한 것이다. 십익은 《주역》에 대한 10편의 설명서로 〈단전(彖傳)〉 상(上)ㆍ하(下), 〈상전(象傳)〉 상ㆍ하, 〈계사전(繫辭傳)〉 상ㆍ하, 〈문언전(文言傳)〉, 〈설괘전(說卦傳)〉, 〈잡괘전(雜卦傳)〉, 〈서괘전(序卦傳)〉을 이르는바 공자가 지었다고 한다. 《史記 卷四十七 孔子世家》

**25** 계사(繫辭) : 《주역》의 각 괘(卦)를 설명한 괘사(卦辭)와 각 괘를 이루는 여섯 개의 효(爻)를 설명한 효사(爻辭)를 함께 이르는 말로, 괘사는 문왕(文王)이, 효사는 주공(周公)이 지었다고 한다.

## 큰 눈이 내리다

大雪

| | |
|---|---|
| 삼일 동안 구름의 음기가 차츰차츰 맺히더니 | 釀成三日結雲陰 |
| 삽시간에 한 길 넘게 눈이 쏟아지네 | 散下須臾丈許深 |
| 나비 춤추듯 다투어 내리니 만 개의 점이 분분하고 | 舞蝶爭來紛萬點 |
| 나는 새 움직이지 않으니 모든 숲이 조용하네 | 飛禽不動寂千林 |
| 시원[26]은 소박하여 새로운 말이 없고 | 詩垣白素無新語 |
| 서실은 맑고 비어 옛 마음이 있네 | 書室淸虛有古心 |
| 오늘 밤 우레가 어느 곳에서 우는가 | 今夜雷從何處動 |
| 미약한 양 한 맥 오히려 찾을 만하네[27] | 微陽一脉尙堪尋 |

**26** 시원(詩垣) : 무엇을 말하는지 미상이다. 전사(轉寫)의 오류가 있는 듯하다.

**27** 오늘……만하네 : 《주역》의 복괘(復卦 ䷗)는 지뢰복(地雷復) 즉 곤상진하(坤上震下)로 땅속에 우레가 있다는 뜻이며 여러 음효(陰爻)의 아래에 양효(陽爻) 하나가 처음 생겨나기 때문에 이렇게 말한 것이다.

숭정 세 번째 을사년[28] 가을에 우암 송시열 선생의 서원을 영릉의 곁에 세웠는데, 주상께서 대로사라는 이름을 하사하시고[29] 친히 글을 짓고 예관을 보내 제사를 지내주시니, 매우 성대한 거조였다. 원근의 여러 군자가 선생의 감회를 기록한 시[30]의 운을 사용하여 이 일을 노래하니, 나는 이를 듣고 기쁜 마음이 솟구쳐서 마침내 이에 화답하였다

崇禎三乙巳秋 尤菴先生院宇建於寧陵之旁 上賜號大老祠 親製文遣禮官致祭 甚盛擧也 遠近諸君子用先生志感詩韻咏歌其事 愚聞而喜聳 遂和之

사당이 선침[31]과 가까워 황홀하게 배종하는 듯하니 祠隣仙寢怳陪追

28 숭정(崇禎)……을사년(乙巳年) : 1785년(정조9)이다. 숭정은 명나라 의종(毅宗)의 연호로 1628년에 시작되는데 이로부터 세 번째 을사년이란 의미이다. 조선에서는 공식적인 기년(紀年)에는 어쩔 수 없이 청나라의 연호를 사용하였으나, 민간에서는 오랑캐인 청나라의 연호를 사용하지 않고 이렇게 표기하는 경우가 많았다.

29 주상께서……하사하시고 : 주상은 정조대왕을 이른다. 대로사(大老祠)는 우암(尤菴) 송시열(宋時烈)이 여주에 머물 때마다 영릉(寧陵 효종의 능)을 바라보고 통곡하며 후진들에게 북벌(北伐)의 대의를 강조한 것을 기리기 위해 1785년(정조9) 정조의 명에 의하여 여주의 남한강 가에 세워진 서원인데, 송시열에 대한 존칭인 대로(大老)의 명칭을 붙여 '대로사'라고 사액되었다.

30 선생의……시 : 《송자대전(宋子大全)》 권4에 실려 있는 두 수의 칠언율시 〈밤에 청심루에 앉아 영릉을 바라보며 감회에 젖어 두 수를 짓다〔夜坐淸心樓瞻望寧陵感賦二首〕〉를 가리킨다.

31 선침(仙寢) : 신선이 자는 곳이라는 뜻으로 왕릉(王陵)을 이르는 말인데, 여기서는 효종의 영릉을 가리킨다.

하늘 위의 바람과 구름은 다할 때가 없네　天上風雲無盡時
끝없이 흐르는 장강은 바다에 조회하는 뜻이요[32]　滾滾長江朝海意
침침한 초승달은 활이 떨어진 슬픔이라오[33]　沈沈微月墮弓悲
흥망(興亡)의 집 음양의 변화 보았고　廢興屋閱陰陽變
제사에 올린 마름은 우로의 은택을 머금었네　祭祀蘋含雨露滋
여수가 문고를 뵌 것을 생각해 보니[34]　呂叟想來文考見
성상의 마음 편액을 게시한 글에서 더욱 우러르네　聖心益仰揭扁辭

**32** 끝없이……뜻이요 : 원문의 '조해(朝海)'는 조종우해(朝宗于海)를 줄여 쓴 말이다. 《서경》 〈우공(禹貢)〉에 "마치 백관이 임금에게 조회하듯, 장강(長江)과 한수(漢水)가 바다로 모여든다.〔江漢朝宗于海〕"라고 하였는바, 이는 천자에게 향하는 제후의 정성을 비유한다.

**33** 침침한……슬픔이라오 : 이 내용은 《사기》 〈봉선서(封禪書)〉에 "황제(黃帝)가 수산(首山)에 있는 구리를 채취하여 형산(荊山) 밑에서 정(鼎)을 만들었는데, 정이 완성되자 용 한 마리가 턱의 수염을 길게 늘어뜨리고 땅으로 내려와 황제를 맞이하였다. 황제가 용에 올라타자, 여러 신하와 후궁 70여 명이 따라 올라탔다. 용이 하늘로 올라가자, 나머지 신하들이 용에 타지 못하고 모두 용의 수염을 붙잡으니, 용의 수염과 황제가 지니고 있던 활이 지상으로 떨어졌다. 백성들이 우러러 바라보니, 황제가 이미 하늘로 올라갔으므로 백성들이 그 활과 수염을 안고 통곡하였다."라고 하였으므로 이렇게 말한 것이다.

**34** 여수(呂叟)가……보니 : 여수는 여씨 노인이란 뜻으로 강태공(姜太公) 여상(呂尙)을 이르며 문고(文考)는 무왕의 부친인 문왕을 이르는바, 《서경》 〈태서(泰誓)〉에 "내가 수(受)를 이기더라도 내가 무용(武勇)이 있어서가 아니라 짐(朕)의 문고(文考)께서 죄(罪)가 없으시기 때문이다."라고 보인다. 강태공은 나이 80이 되도록 위수(渭水)에서 낚시질하며 때를 기다리다가 주(周)나라 문왕을 만나 국사(國師)가 되고 무왕(武王)을 도와 은(殷)나라의 폭군인 주왕(紂王)을 멸망시켜 도탄에 빠진 백성을 구제하였다. 《史記 卷32 齊太公世家》

두 번째 其二

비궁의 정배의 예 추후에 행해졌고[35] 閟宮庭配禮行追
서원을 영릉 옆에 세움은 또 때를 기다렸네 院立陵旁又待時
예로부터 군신 간에 이런 일 드물었으니 從古君臣稀有此
지금 호걸들 누가 슬퍼하지 않으랴 至今豪傑孰無悲
초구 입고 계주(薊州)의 눈 맞으려 했던 마음[36] 부질없이 웅장하였으니 貂裘薊雪心空壯
춘추필법의 왕춘[37]에 눈물이 아직도 불어나네 麟筆王春淚尙滋
산악과 같은 높은 기상 신이 완연히 계신 듯하니 山嶽像高神宛在
성상의 향기로운 치제문(致祭文) 멀리 날아오르네 天香遙帶侑觴辭

35 비궁(閟宮)의……행해졌고 : 비궁은 종묘(宗廟)를 가리키고 정배(庭配)는 종묘의 뜰에 배향한다는 의미로 공로가 있는 신하를 사후에 종묘 제사에 부제(祔祭)하는 일을 말한다. 송시열은 1776년(정조 즉위년)에 효종(孝宗)의 묘정에 배향되었다. 《剛齋集 卷15 附錄 世系》

36 초구(貂裘)……마음 : 초구는 담비 가죽옷을 이른다. 송시열이 효종과 함께 북벌의 계책을 세울 적에 효종이 초구를 하사하며 북벌하여 청나라를 칠 때 요(遼)·계(薊)의 풍설(風雪)에 입으라고 하였으므로 이렇게 말한 것이다.

37 춘추필법(春秋筆法)의 왕춘(王春) : 춘추필법은 공자가 저술한 역사책인 《춘추》를 기록한 필법으로, 천자국을 높이고 제후국을 억누르며 중화(中華)를 높이고 오랑캐를 물리치는 것을 대의(大義)로 삼았으므로 당시 멸망한 명(明)나라를 높이고 오랑캐인 청(淸)나라를 배척하는 명분으로 쓰였다. 왕춘은 춘왕(春王)을 바꿔 쓴 것으로 '춘왕정월(春王正月)'의 줄임말인데, 대일통(大一統) 즉 정통성을 갖춘 왕조임을 표현한 것이다. 《춘추》 경문의 매년 모두(冒頭)에 이 표현이 보이는데, 《춘추공양전(春秋公羊傳)》에 이를 "하나의 큰 대통"을 표현한 것으로 해석하였다. 여기서는 송시열이 명나라가 멸망한 뒤에도 정통이 아닌 오랑캐 왕조인 청나라의 연호를 쓰지 않고 정통 왕조인 명나라에 대해 의리를 지킨 일을 말한 것이다.

세 번째 其三

| | |
|---|---|
| 하옹이 통곡하시던 일 매년 추모하니 | 河翁慟哭每年追 |
| 오월이 다시 칠월 때와 같네[38] | 五月還如七月時 |
| 물고기와 물 끝내 일체로 돌아갔고[39] | 魚水終歸同一體 |
| 《춘추》에서는 오히려 남은 슬픔 기술함을 보네 | 麟經猶見述餘悲 |
| 저무는 해 쇠창으로 돌리려는 웅장한 도모[40] 원대하고 | 金戈日暮雄圖遠 |
| 늙은 측백나무에 서리 차가우니 눈물이 더욱 많아지네 | 老柏霜寒積淚滋 |
| 이 대로사는 화양[41]이란 이름과 함께 빛나니 | 祠與華陽名並耀 |
| 지금부터 반세기 동안 비방하는 말 그치리라 | 從今半世息詖辭 |

**38** 하옹(河翁)이……같네 : 하옹은 김인후(金麟厚, 1510~1560)로, 그의 호가 하서(河西)이므로 이렇게 칭한 것이다. 김인후는 자가 후지(厚之), 본관이 울산(蔚山)으로 1540년(중종35) 별시 문과에 급제하고 출사하였는데 홍문관 부수찬으로 세자를 보필하고 가르치는 직임을 맡았다. 그러나 1545년(인종1) 자신이 보필했던 인종이 계모인 문정왕후(文定王后)에게 시달리다 승하하자, 통곡하고 벼슬을 버리고 낙향하여 인종에 대한 충절을 지켰는데, 박윤원은 이를 효종에게 충성을 다했던 송시열에게 비긴 것이다. 오월은 효종이 승하한 달이고 칠월은 인종이 승하한 달이다.

**39** 물고기와……돌아갔고 : 물고기는 임금인 효종을, 물은 신하인 송시열을 가리킨 것이다. 촉한(蜀漢)의 유비(劉備)가 제갈량(諸葛亮)을 중용하자 관우(關羽)와 장비(張飛)가 불평하니, 유비가 "나에게 공명이 있는 것은 마치 물고기에게 물이 있는 것과 같다"라고 말한 데서 유래하였다. 《三國志 卷35 蜀書 諸葛亮傳》

**40** 저무는……도모 : 이 내용은 청나라를 치기 위해 북벌(北伐)의 계획을 세운 것을 말하는데, 당당한 기상으로 매우 어려운 일을 도모함을 비유한 것이다. 옛날 춘추 시대 초(楚)나라 노양공(魯陽公)이 한(韓)나라와 싸울 적에 전투가 한창 절정에 이르렀는데 해가 기울자 창을 잡고 태양을 향해 휘두르니, 해가 3사(舍) 즉 90리(里)를 되돌아왔다는 전설을 들어 말한 것이다. 《淮南子 覽冥訓》

**41** 화양(華陽) : 우암 송시열을 가리킨다. 송시열이 충북 괴산의 화양동(華陽洞)에서 주로 강학(講學)하였는데, 뒤에 화양서원을 세워 송시열을 제향(祭享)하였으므로 이렇게 칭한 것이다.

## 평숙이 공조에서 숙직하던 중에 선인께서 숙직하실 때 동료들에게 보여준 시의 운에 공경히 차운하니 내가 마침내 눈물을 씻고 화답하였다

平叔在工曹 直中敬次先人直廬示同僚韻 余遂抆淚和之

관직이 깨끗한 공조(工曹)는 바로 한가로운 부서이니 官淸水部是閒司
선친께서 일찍이 당신의 벼슬 마땅하다 하셨네 先子嘗云我仕宜
연꽃 핀 못에 물고기 노니 봄비 가늘게 내리고 蓮沼魚游春雨細
버드나무 자라는 뜰에 새들 지저귀니 한낮의 해 그림자 더디게 가네 柳階禽語午陰遲
둘째 아들 다시 오늘 숙직하고 仲男持被還今日
친구들 투호[42]하니 옛날과 완연하네 僚友投壺宛昔時
편지 속에서 이미 돌을 본 감회[43]를 알았으니 書裏已知看石感
먼지 낀 상자 눈물로 씻고 선친이 남기신 시 보내노라 塵箱拭淚送遺詩

전날 사제(舍弟)의 편지에 초제석(草制石)에 대한 감회가 있으므로 말한 것이다.

**42** 투호(投壺) : 고대에 유행했던 유희(遊戲)의 일종으로, 두 사람이 교대로 푸른 화살과 붉은 화살을 일정한 거리에 놓인 병 속에 던져 넣고 들어간 화살의 숫자로 승부를 가리는 놀이이다. 조선 시대에는 궁중에서도 성행하였다고 한다.

**43** 돌을 본 감회 : 원주로 보아 초제석(草制石)을 본 감회를 이르는데, 초제석은 무엇을 말하는지 미상이다. 초제는 제서(制書)의 초안을 작성한다는 의미로 보인다.

## 반가운 비 삼십운

喜雨 三十韻

사월에 기우제 지내는 일 드물게 있는 일이니 四月之雩罕有焉

성상께서 두 성군(聖君)[44] 생각하시어 선조의 법을 따르셨네 王思二聖式遵先

모심는 시기 이른 것 지금도 옛날과 똑같고 種秧節早今猶昔

가뭄에 근심하여 애를 태우는 것 후왕과 전왕이 똑같네 憫旱心焦後似前

이미 기도하자 또 삼일 내에 보답이 있어서 旣禱又酬三日內

잠시 거두었던 비 사방 교외에 내렸네 暫收旋降四郊邊

시종신은 막 용안(龍顔)에 띠운 기쁨을 아노니 侍臣方識天顔喜

상제께서 응당 성상의 뜻 경건함을 굽어보셨으리라 上帝應監聖意虔

서징 중에 아름답고 나쁜 것은 우임금의 〈홍범〉에서 상고하고[45]

**44** 두 성군(聖君) : 숙종(肅宗)과 영조(英祖)를 이른다. 《정조실록》 1787년 4월 16일 기사에 보이는 정조의 하교에 "삼가 전례를 상고해 보건대, 오월절(五月節) 전의 기우(祈雨)는 숙종〔肅廟〕 경오년에 행했었고, 선조(先祖) 임진년에도 행하였으니 오늘날에 우러러 계술(繼述)할 단서가 된다."라는 구절이 보인다.

**45** 서징(庶徵)……상고하고 : 서징은 《서경》 〈홍범(洪範)〉의 구주(九疇) 가운데 여덟째 조목으로 아름다운 징조〔休徵〕와 나쁜 징조〔咎徵〕로 나뉘는데, 〈홍범〉에 "아름다운 징조는 엄숙하매 제때에 비가 내리며, 군주가 조리가 있으매 제때에 날이 개며, 군주가 지혜로우매 제때에 날이 따뜻하며, 헤아리매 제때에 날이 추우며, 성스러우매 제때에 바람이 부는 것이다."라고 하였으며, 이와 반대로 "나쁜 징조는 군주가 미친 짓을 하매 항상 비가 내리며, 군주가 참람한 짓을 하매 항상 볕이 나며, 게으르매 항상

休咎庶徵稽禹範

농사일의 어려움은 〈빈풍 칠월〉 편에서 읽노라[46] 艱難穡事誦豳篇

백성을 기르는 어진 정사는 원년부터였고 養民仁政元年自

농업을 중시하는 아름다운 법은 열성이 전해왔네 重本徽規列聖傳

나라를 근심하느라 금옥[47]을 편안히 할 겨를이 없었고 憂國未遑安錦玉

하늘을 두려워하여 항상 살얼음과 깊은 못에 임하는 듯하였네 畏天常若惕氷淵

예로부터 재앙은 유행하는 때가 있으니 古來災有流行者

근래의 백성들은 위태로움이 많았네 近歲民多岌嶪然

팔도의 주린 백성들 구휼하고 이어 암행어사가 살피니 八路賑飢仍繡察

구중궁궐에서 세금을 감면하라는 윤음 여러 번 내렸네 九重蠲稅屢綸宣

지난겨울 풍년의 상서인 삼백[48]이 없었으니 去冬三白無豐瑞

날씨가 더우며, 급박하매 항상 날씨가 추우며, 몽매하매 항상 바람이 부는 것이다."라고 보인다. 〈홍범〉은 하(夏)나라 우(禹) 임금 때, 낙수(洛水)에서 나온 신귀(神龜)의 등에 나타났다는 구장(九章)의 글로 천하를 다스리는 원칙을 말한다.

**46** 농사일의……읽노라 : 〈빈풍(豳風) 칠월(七月)〉은 《시경》의 한 편명이다. 주자가 이 시에 대해 《서경집전(書經集傳)》의 해설에서 "주공(周公)은 성왕(成王)이 농사의 어려움을 알지 못하므로 후직(后稷)과 공류(公劉)의 풍화(風化)가 말미암은 바를 말하여, 봉사인 악사(樂師)로 하여금 조석(朝夕)으로 이 시(詩)를 외어 가르치게 한 것이다."라고 하였으므로 이렇게 말한 것이다.

**47** 금옥(錦玉) : 비단옷을 입고 옥과 같은 흰쌀밥을 먹는다는 뜻의 금의옥식(錦衣玉食)을 줄여 쓴 것으로 호사한 생활을 이른다.

**48** 삼백(三白) : 동지 이후 세 번째 돌아오는 술일(戌日)인 납일(臘日) 전에 세 번 눈이 내리는 것을 이른다. 《농정전서(農政全書)》 권11 〈점후(占候)〉에 "납일 이전에 세 차례 큰 눈이 오는 것을 '납전삼백(臘前三白)'이라고 하는데, 보리농사에 아주 좋다."라고 보인다.

금년 여름 여러 백성이 제때에 비 오지 않은 것 안타까워하네

今夏群黎惜雨愆

서풍에 보리 흉년이니 시골 아낙 흐느끼고 麥損西風村婦泣

남쪽 이랑에 벼가 말라가니 농부 한탄하네 禾枯南畝野夫憐

경계를 해마다 외치니[49] 아 어찌 살 수 있을까 庚呼連歲嗟何活

병침[50]의 깊은 밤에도 괴로워 잠 못 이루시네 丙枕深宵苦未眠

한발[51]을 벌하려면 마땅히 벽력을 빌려야 하고 誅魃宜憑揚霹靂

왕을 태워 죽이는 것이 어찌 달려가 산천에 제사함만 하겠는가[52]

**49** 경계(庚癸)를 해마다 외치니 : 해마다 흉년이 들어 백성들의 양식이 부족하다는 뜻이다. 춘추 시대 오(吳)나라의 신숙의(申叔儀)가 공손유산씨(公孫有山氏)에게 군량미를 요청하자, 그가 '만약 수산(首山)에 올라가서 경계호(庚癸乎)라고 외치면 보내 주겠다.'라고 약속한 데서 유래하였다. 《春秋左傳 哀公 13年》 두예(杜預)의 주(注)에, "경(庚)은 서방으로 곡식을 주관하고, 계(癸)는 북방으로 물을 주관한다."라고 하였다.

**50** 병침(丙枕) : 병은 밤 11시에서 1시인 3경(更)으로, 임금이 정사를 살피다가 밤이 깊어서야 잠자리에 드는 것을 말한다.

**51** 한발(旱魃) : 가뭄을 일으키는 전설상의 귀신이다. 《시경》 〈대아(大雅) 운한(雲漢)〉에 "한발이 사나워 속이 타는 듯하며 불을 놓은 듯하도다." 하였는데, 공영달(孔穎達)의 소(疏)에 "《신이경(神異經)》에 말하였다. '남방의 어떤 사람이 키가 2, 3척(尺)이고, 나체이며 정수리 위에 눈이 달렸고 바람처럼 달리니, 그 이름이 발(魃)이다. 그를 본 나라는 크게 가뭄이 들어 천 리에 흉년이 든다.'" 하였다. 주자는 《시경집전(詩經集傳)》에서 "발(魃)은 가뭄 신이다."라고 주하였다.

**52** 왕(尪)을……하겠는가 : 왕은 무왕(巫尪)을 이른다. 춘추 시대 노나라 희공(僖公) 21년에 큰 가뭄이 들자 희공이 무왕을 불태워 죽임으로써 하늘이 비를 내리도록 하려 하였는데, 장문중(藏文仲)이 "그것은 가뭄에 대한 대비가 못 됩니다. 성곽을 수리하고, 임금의 성찬(盛饌)을 줄이고 재용(財用)을 절감하며, 농사에 힘쓰고 양식을 나눠 주어 구휼하도록 부자들에게 권하는 것이 가뭄에 대한 대비책입니다. 무왕이 무엇을 할 수 있겠습니까. 하늘이 그들을 죽이고 싶었다면 그들을 태어나게 하지 않았을 것입니다."

焚庢何似走山川

첫 더위에 분명하게 농사철 급함을 알고 肇炎定識農時急

제사를 지내 오직 비가 빨리 내리기를 기원하네 祇祀惟祈雨澤遄

측근의 신하들 분주히 달려와 관복을 깨끗이 하고 近密駿奔冠服潔

밝은 신에게 제사를 지내며 둥근 규벽[53] 올리네 明神載擧璧圭圓

이날 단비가 내림이 어찌 북채로 북을 치는 것처럼 빠른가

降膏是日何桴鼓

은혜에 보답하느라 다음날 새벽 다시 제수를 차려 제사하네

報惠明晨更豆籩

간곡한 제문은 〈운한〉 시의 기색이니 惻怛祭文雲漢色

감통하는 묘한 이치 귀신의 권도(權度)이네 感通妙理鬼神權

비록 측우기(測雨器)에 고인 물 세 치 깊이임을 보았으나

縱看測器深三寸

라고 만류한 일이 있기 때문에 이렇게 말하였다. 《春秋左傳 僖公 21年》 무왕은 두예(杜預)의 주(注)에 "무왕은 여자 무당으로 기도해 비를 비는 일을 맡은 자이다. 혹자는 '왕은 무당이 아니고 앞 곱사등이이다. 그 얼굴이 위를 향하기 때문에 세속에서는 하늘이 그 병을 가엾게 여겨 비를 내리면 비가 그 코로 들어갈 것을 염려하여 가물게 한다고 한다. 그러므로 희공이 그들을 태워 죽이고자 한 것이다.' 하였다."라고 보인다.

**53** 규벽(圭璧) : 제왕이나 제후가 제사나 조빙(朝聘)할 때에 쓰던 옥(玉)으로 만든 예기(禮器)인데, 여기서는 기우제를 지낼 때 예물로 바치는 옥을 가리켰다. 《시경》 〈대아(大雅) 운한(雲漢)〉에 "왕(王)이 말씀하기를, 아, 지금 사람에게 무슨 죄가 있는가. 하늘이 상란(喪亂)을 내리사 기근(饑饉)이 거듭 이르기에 신(神)의 제사를 거행하지 않음이 없으며 이 희생(犧牲)을 아끼지 아니하여 규벽을 이미 모두 올렸거늘 어찌하여 내 말을 들어주지 아니하시는가?"라고 보이는데, 주자는 《시경집전》에서 "규벽은 신(神)에게 예(禮)를 올리는 옥이다"라고 주하였다.

아직 흡족하게 모든 전지(田地) 쟁기질하기에 부족하네 尙欠耕犁洽萬田

얼마나 다행스러운가 구름이 풍백[54]의 힘을 따라와 何幸雲隨風伯力

갑자기 달이 필성의 궤도에 들었음이[55] 翻成月入畢星躔

상나라 새[56]가 춤추며 날아와 처음 날개를 펼치고 舞來商鳥初舒翼

채찍을 사용하지 않고 못의 용을 일으켜 비가 내리게 하였네 起得潭龍不用鞭

밤에 들으니 단비가 섬돌을 적셨는데 夜聽如酥庭砌潤

아침에 보니 낙숫물이 처마에 걸려 있는 듯하네 朝看似溜屋簷懸

온 산의 나무들 이미 무성해지고[57] 向榮已動千山木

**54** 풍백(風伯) : 바람을 맡은 신(神)이다. 옛날 황제(黃帝)가 치우(蚩尤)와 탁록(涿鹿)의 벌판에서 대전(大戰)을 벌일 적에, 치우가 풍백과 우사(雨師)를 동원하여 크게 풍우(風雨)를 일으키자, 황제가 발(魃)이라는 천녀(天女)를 불러 풍우를 그치게 하고 마침내 치우를 잡아서 죽였다는 전설이 있다. 《史記 卷1 五帝本紀》·《山海經 大荒北經》

**55** 갑자기……들었음이 : 비가 많이 내릴 것이라는 말이다. 《서경》 〈홍범(洪範)〉에 "별에는 바람을 좋아하는 것이 있고, 비를 좋아하는 것이 있다." 하였는데, 채침(蔡沈)의 《서경집전》에 "달이 서남쪽으로 가서 필성(畢星)에 들어가면 비가 많이 온다.〔月行西南, 入于畢則多雨.〕"라고 하였다.

**56** 상나라 새 : 《시경》 〈상송(商頌) 현조(玄鳥)〉에 "하늘이 현조(제비)에게 명하사 내려와 상나라를 탄생시키게 하셨다." 하였는데, 주자가 《집전(集傳)》에서 "고신씨(高辛氏)의 비(妃)이자 유융씨(有娀氏)의 딸인 간적(簡狄)이 교매(郊禖)에 기도할 적에 현조가 알을 떨어뜨려 주거늘 간적(簡狄)이 이를 삼키고 설(契)을 낳았는데, 그 후세에 마침내 유상씨(有商氏)가 되어 천하를 소유했으니, 이 사실이 《사기》에 보인다."라고 주하였는바, 이에 제비를 상나라의 새라고 한 것으로 보이나 분명하지 않다.

**57** 온……무성해지고 : 이 내용은 도연명(陶淵明)의 〈귀거래사(歸去來辭)〉에 "나무들 흔연히 무성히 자라나네.〔木欣欣以向榮〕"라고 한 구절을 원용한 것이다.

생동하는 기색에 멀리 만 호의 연기가 더해지네　生色遙添萬戶烟
어찌 보리만이 여름 양식을 풍족하게 하랴　何但來牟饒夏食
또 응당 가을 하늘에 벼와 기장이 익으리라　且應稻黍熟秋天
성상의 정성스러운 마음 상제(上帝)를 진실로 감동시켜　聖心對越誠應格
신의 은혜 두루 고르게 내리니 이치가 치우치지 않네　神惠均周理不偏
들판에서는 다투어 기뻐하여 분분히 춤을 추고　野外競歡紛蹈足
시장에서는 서로 축하하느라 어깨가 부딪치네　市中相賀幾摩肩
정자 이름 두 글자는 소공의 즐거움이요[58]　亭名二字蘇公樂
시로 삼농을 위로함은 위상의 어짊이네[59]　詩慰三農魏相賢
우물물 넘쳐나니 어찌 수고롭게 두레박줄 내리랴　井溢何勞垂汲綆
여울이 깊어지니 또한 조운(漕運)하는 배 막히지 않으리　灘深亦不礙漕船
민생의 편안함과 근심 원래 농사와 관계가 되니　民生休戚元關係

**58** 정자……즐거움이요 : 두 글자는 '희우(喜雨)'이고 소공(蘇公)은 북송(北宋)의 문호인 동파(東坡) 소식(蘇軾)을 이른다. 소식이 부풍(扶風)에 부임한 이듬해 관아에 정자를 만들었는데, 이해 한 달 동안 비가 내리지 않다가 정자가 완성될 즈음 비가 내려 가뭄이 해소되니, 이를 기념하기 위해 정자 이름을 '희우정(喜雨亭)'이라 하고 〈희우정기(喜雨亭記)〉를 지었으므로 이렇게 말한 것이다. 《東坡全集 卷35 喜雨亭記》

**59** 시로……어짊이네 : 위상(魏相)은 북송의 명상(名相)인 한기(韓琦)를 가리키는바, 그가 위국공(魏國公)에 봉해졌기 때문에 이렇게 칭한 것이다. 한기가 지은 〈희우(喜雨)〉 시에 "잠깐 내린 비로 삼농의 바람을 위로하고 채워주었네.〔須臾慰滿三農望〕"라는 구절이 있으므로 말한 것이다. 《安陽集 卷18 律詩三十二首》 삼농(三農)은 원지(原地)와 습지(濕地)와 평지(平地)의 농사를 합칭한 말이다. 《주례(周禮)》 〈천관(天官) 태재(太宰)〉에 "삼농에서 아홉 가지 곡식을 생산한다.〔三農生九穀〕"라고 보인다.

천도의 재앙과 상서는 서로 맞물려 돌아가네 天道災祥互斡旋
농사짓는 질장구로 함포고복[60]의 노래 이루려 하니 田缶欲成含哺曲
궁중의 거문고는 이미 〈남풍〉의 곡[61]을 연주하네 宮琴已撫阜財絃
소신 또한 농민들과 함께 기뻐하여 小臣亦與農人悅
애오라지 새 시를 지어 풍년을 송축하노라 聊把新詩頌有年

**60** 함포고복(含哺鼓腹) : 실컷 먹고 배를 두드린다는 뜻으로, 태평성대에 백성들이 풍족한 생활을 하는 것을 비유하는 표현이다. 요(堯)임금이 미복(微服) 차림으로 백성들을 살피기 위해 잠행하였는데, 한 노인이 배불리 먹고 배를 두드리며〔含哺鼓腹〕 노래하기를, "해가 뜨면 나가서 일하고 해가 지면 들어가서 쉬도다. 우물 파서 물을 마시고 밭 갈아서 밥을 먹으니, 임금의 힘이 나에게 무슨 상관이 있으랴."라고 하니, 요임금이 듣고 기뻐하였다는 고사에서 유래한 말이다.

**61** 남풍(南風)의 곡(曲) : 순(舜)임금이 지은 거문고 악곡(樂曲)으로, 때맞춰 내리는 단비의 즐거움을 노래하기 위해 〈남풍가(南風歌)〉를 짓고 이를 거문고로 연주한 것이다. 노래에 "남풍의 훈훈함이여, 우리 백성의 노여움을 풀어주도다. 남풍이 제때에 불어옴이여. 우리 백성들의 재물을 풍성하게 하네."라고 하였다. 《禮記 樂記》

## 원림

園林

내 시를 짓지 않다가 다시 짓게 되니 吾詩廢復作
새로운 집에 원림이 있어서이네 新屋有園林
뜰에는 달콤한 배가 열려 있고 庭結甘梨實
담에는 측백나무 그늘 드리워 있네 墻垂側柏陰
이미 진흙의 누추함을 초탈하였으니 已超泥滓陋

이곡(泥谷)에서 옮겨 왔기 때문에 말한 것이다.

교하정 깊은 곳에 앉아 있는 듯하노라 如坐皎霞深

교하(皎霞)는 정자 이름이니, 삼청동의 옛날 살던 곳이다.

어젯밤 깨끗한 서리가 내리니 昨夜淸霜落
소슬한 한 기운이 싸늘하네 蕭然一氣森

## 의흥 현감 김성지[62] 만근 을 애도하다
悼金義興成之 晩根

문장의 재주 높아 아름다운 명성 대단하였고　詞翰才高蔚妙譽
경의 분석하여 난삼(襴衫)을 입었네[63]　經疑剖析服襴裾
어이하여 금란[64]을 맡을 만한 솜씨가　如何掌誥金鑾手
단지 일개 남행가주서가 되었던가[65]　只作南行一注書

두 번째 其二

어진 부친 초헌(軺軒)을 타는 아경의 지위였으니[66]　賢父乘軺位亞卿

**62** 김성지(金成之) : 김만근(金晩根, 1745～?)으로 성지는 그의 자이고 본관은 안동이다. 1768년(영조44) 색년 생원시에 합격하고 의흥 현감(義興縣監) 등의 벼슬을 지냈다.

**63** 경의(經疑)……입었네 : 생원시에 합격한 것을 말한 것이다. 경의는 사서의(四書疑)와 오경의(五經義)로 문과 초장(初場)과 생원시(生員試)의 종장(終場)에서 보이던 시험이다. 사서의는 사서 가운데에서 의심이 들 만한 대목의 글 뜻을 설명하게 하는 것이며, 오경의는 오경의 글 뜻을 해석하게 하는 것이다. 난삼(襴衫)은 1746년(영조22)부터 생원·진사의 합격자가 착용한 옷으로 녹색이나 검은색의 단령(團領)에 각기 같은 색의 선을 둘렀다.

**64** 금란(金鑾) : 중국 한림원(翰林院)의 별칭으로, 조선조에서는 예문관이나 홍문관에 해당된다. 당나라 덕종(德宗) 때에 학사원(學士院)을 금란전(金鑾殿) 곁의 금란파(金鑾坡) 위로 옮긴 이후 한림원의 별칭이 되었다.

**65** 단지……되었던가 : 김만근은 1776년(정조 즉위년) 10월 2일에 남행가주서(南行假注書)에 제수되었다. 가주서는 승정원의 주서를 대리하는 임시직으로 상가주서(上假注書)와 하가주서(下假注書), 남행가주서, 수가가주서(隨駕假注書), 가출가주서(加出假注書) 등이 있다.

| | |
|---|---|
| 명문가의 자제로 빙옥처럼 깨끗하네 | 名門子弟玉氷淸 |
| 오륜의 가곡은 선조의 법도요[67] | 五倫歌曲元先法 |
| 《소학》 책을 다시 일과로 공부하였네 | 小學書中更課程 |

**세 번째 其三**

| | |
|---|---|
| 북촌에 사는 친척들 모두 칭찬하기를 | 北里宗人擧有云 |
| 성지는 집안의 행실이 충분히 향기롭다 하였네 | 成之內行足芳芬 |
| 엄친(嚴親)을 영결한 뒤로부터는 | 自從永訣嚴顔後 |
| 백부의 집에 나아가 부지런히 섬겼네 | 伯父堂前服事勤 |

**네 번째 其四**

| | |
|---|---|
| 벼슬살이에 행여 학문이 전일하지 못할까 염려하여 | 仕宦唯憂學未專 |
| 이불 들고 숙직 들어갈 때마다 책들을 싸갔네 | 每當持被裹靑編 |

**66** 어진……지위였으니 : 어진 부친은 김응순(金應淳, 1728~1774)으로 자는 회원(會元)이다. 1753년(영조29)에 문과에 급제하고 벼슬이 이조 참판에 이르렀다. 초헌(軺軒)은 종2품 이상 관원이 타던 가벼운 수레로, 외바퀴가 달렸고 앉는 자리는 의자처럼 꾸며져 있다. 아경(亞卿)은 육조(六曹)의 차관인 참판(參判)을 이르는바, 장관인 판서를 정경(正卿)이라 칭하므로 이렇게 불렀다.

**67** 오륜의……법도요 : 선조는 김만근의 구대조인 김상용(金尙容, 1561~1637)을 이른다. 오륜(五倫)의 가곡은 김상용이 지은 가사(歌辭)인 〈오륜가〉로, 김상용의 문집인 《선원유고(仙源遺稿)》에 실려 있다. 김상용은 자가 경택(景擇), 호가 선원(仙源), 시호는 문충(文忠)이다. 벼슬이 우의정에 이르렀으며, 1636년 병자호란에 왕족을 시종하고 강화로 피난하였다가, 이듬해 강화성이 함락되자 남문루(南門樓)에 있던 화약에 불을 질러 자폭하였다. 아우인 청음(淸陰) 상헌(尙憲)과 함께 안동 김씨의 대표적인 인물로 꼽힌다.

시끄러운 호조에서도 여전히 책을 읽느라 鬧如地部猶能讀
깊은 밤 등잔불 아래 꼿꼿이 앉아 있었네 深夜燈光坐兀然

다섯 번째 其五

의흥 태수로 한 쌍의 깃발 휘날리며 부임하니[68] 義興太守動雙旌
내가 긴 글을 지어 송별하네 我有長文爲送行
인자한 마음에 목민관의 직임 잘할 줄 아니 已識仁心優字牧
남풍에 귀 기울여 선정(善政)의 평판 들을 것 상상하노라 南風側耳想治聲

여섯 번째 其六

쓸쓸한 집 한 채 서대문을 등지고 있으니 蕭蕭一屋負西門
중년에 관직이 없어 고요히 스스로를 보존하였네 中歲無官靜自存
홀로 옛 책을 보며 출입을 드물게 하였으나 獨抱舊書稀出入
때로는 말 타고 나를 찾아와 대화 나누었네 有時騎馬過余言

일곱 번째 其七

노년의 자당 눈물 젖은 얼굴 비참하니 西日萱堂慘淚顏
한 때에 형제를 청산에 장례하네 一時兄弟葬青山
길가는 사람도 이 말 듣고 애간장 끊어지는 듯 슬퍼하는데

**68** 한……부임하니 : 한 쌍의 깃발을 휘날린다는 것은 지방관으로 부임함을 이르는데, 이는 당(唐)나라 때 절도사(節度使)에게 쌍정(雙旌)과 쌍절(雙節)을 지급하여 정(旌)으로 포상하고 절(節)로 처벌하게 했던 데서 유래하였다.

路人聞此猶腸折

하물며 평소 친분 두터운 사이에 있어서랴 況復平生托契間

여덟 번째 其八

살아서 서로 좋아하다가 죽으면 버리게 되니 生相憐愛死還捐
내 병들어 아직도 궤연에 곡하지 못하였네 我病猶遲哭几筵
오직 내 심중의 뜻 신령은 알 수 있을 터이니 惟有寸心靈可諒
생추를 굳이 관 앞에 놓을 것이 있으랴[69] 生芻何必置棺前

**69** 생추(生芻)를……있으랴 : 생추는 새로 베어 싱싱한 풀로, 소박한 제수(祭需)를 이른다. 후한(後漢) 때 명사인 서치(徐穉)가 곽태(郭泰)의 모친상에 조문하러 갔는데 가난하여 제수를 마련하지 못하자, 생추 한 다발을 놓아두고 상주(喪主)를 보지 않은 채 돌아간 고사가 있으므로 이렇게 말한 것이다.《後漢書 卷53 徐穉傳》

## 병든 뒤에 서쪽 이웃들과 대화하다
病餘西隣對話

병든 객이 문을 나간 것은 애오라지 다리를 시험한 것인데 病客出門聊試脚
주인이 문을 열고 참으로 기뻐하는 얼굴로 맞이하네 主人開戶正怡顔
이웃에 산 지 몇 달이 되어 이제 처음 왔는데 卜隣幾月今初至
자리를 마주함에 해가 져도 돌아가고 싶지 않노라 對榻斜陽未欲還
못에는 연근이 자리하고 활수[70]가 잠겨 있으며 池着蓮根藏活水
창에는 국화의 기운 머무니 맑은 산 들어오네 窓留菊色納寒山
우선 지금부터 자주 왕래할 것 생각하니 且思從此頻來往
다만 우리 형 벼슬살이에 한가롭지 못함을 염려하네 却恐吾兄宦未閒

**70** 활수(活水) : 수원(水源)이 있어 항상 흘러나오는 물을 이른다.

## 종자인 주부 종보[71]에게 보여주다

示從子主簿宗輔

어린아이에 대한 근심 다하지 않았는데 癡兒未了慮
동자가 관직을 맡은 것 부끄럽네 童子備官羞
처지는 응당 옛날과 다를 것이니 地處應殊別
성상의 은혜 또 지극하네 天恩又渥優
이름을 보고 그 뜻을 생각함에[72] 마땅히 나라를 도와야 하고 顧名宜國輔
정성을 바쳐야 하니 어찌 일신(一身)을 도모하랴 輸悃詎身謀
삼가고 고졸(古拙)하게 하라는 가법이 전해오니 謹拙傳家法
노부에게 근심을 끼치지 말게나 無貽老父憂

두 번째 其二

공훈은 평도공[73]이 크셨고 功勳平度大

**71** 주부(主簿) 종보(宗輔) : 박윤원의 조카인 박종보(朴宗輔, 1760~1808)로 자는 여신(汝臣)이다. 누이가 수빈(綏嬪)으로 간택되고서 1787년(정조11) 2월에 장악원 주부에 제수되었기 때문에 이렇게 칭한 것이다. 뒤에 벼슬이 호조 참판에 이르렀다.

**72** 이름을……생각함에 : 이 내용은 삼국시대 위(魏)나라의 명장인 왕창(王昶)이 자신의 아들과 조카의 이름을 지어주며 "너희들로 하여금 이름을 보고서 그 뜻을 생각하여〔顧名思義〕 감히 어기지 못하게 하고자 함이다."라고 당부한 내용을 원용하였는바, 이는 박윤원의 조카의 이름이 종보(宗輔)로 종국(宗國)을 도우라는 뜻이므로 말한 것이다. 종국은 조국(祖國)과 같은 뜻이다. 《三國志 魏志 卷27 王昶傳》

도학은 야천공[74]이 깊으셨네 道學冶川深

대대로 영지의 향기를 이어왔고[75] 世襲靈芝馥

집안에는 교목의 그늘이 남아있네[76] 家留喬木陰

능히 시례의 가르침[77] 실추하지 않아야 能無墜詩禮

**73** 평도공(平度公) : 박윤원의 선조인 박은(朴訔, 1370~1422)으로 평도는 그의 시호이다. 자는 앙지(仰止), 호는 조은(釣隱)으로 1385년(고려 우왕11) 문과에 차석으로 급제하고 조선조의 개국에 공을 세워 뒤에 벼슬이 좌의정에 이르렀다.

**74** 야천공(冶川公) : 박윤원의 선조인 박소(朴紹, 1493~1534)로 야천은 그의 호이며 자는 언주(彦胄)이다. 어려서 한훤당(寒暄堂) 김굉필(金宏弼)의 문하에 들어 학문을 연마하였으며 1519년(중종14) 식년 문과에 장원으로 급제하고 벼슬이 필선(弼善)에 이르렀는데 조광조 등 신진 사류와 함께 왕도정치의 구현을 위해 노력하다가 훈구파의 배척을 받아 고향인 합천으로 낙향하여 학문에 전념하였다.

**75** 대대로……이어왔고 : 뿌리 있는 가문이 되어 훌륭한 인재들이 이어져 나왔다는 의미이다. 영지(靈芝)는 먹으면 불로장생한다는 약초이다. 삼국시대 오(吳)나라 우번(虞翻)이 아우에게 보낸 편지에 뛰어난 인재는 가문이나 출신에 상관없이 나오는 법이라는 뜻으로 "영지는 뿌리가 없고, 예천은 근원이 없다."라고 하였는데, 뒤에 정자(程子)가 〈체설(禘說)〉에서 "혹자가 이르기를 '영지는 뿌리가 없고 예천은 근원이 없다.'라고 하는데, 물건에 어찌 뿌리가 없을 수 있겠는가."라고 하였는바, 여기에서 연유되어 '영지에는 뿌리가 있고 예천에는 근원이 있다'는 말이 나왔다. 《太平御覽 卷510》, 《二程文集 卷上 附錄》

**76** 집안에는……남아있네 : 여러 대에 걸쳐 중요한 지위에 있는 인물을 배출하여 나라와 운명을 같이하는 명가(名家)가 되었다는 의미이다. 맹자가 제 선왕(齊宣王)에게 이르기를 "이른바 오래된 나라라는 것은 높은 나무〔喬木〕가 있다는 것을 이른 말이 아니라, 그 조정에 여러 대 동안 벼슬한 신하〔世臣〕가 있음을 이른 말입니다."라고 한 데서 온 말이다. 《孟子 梁惠王下》

**77** 시례(詩禮)의 가르침 : 선조와 부모로부터 전수된 가학(家學)을 이른다. 공자(孔子)가 그의 아들 이(鯉)에게 시와 예를 배워야 한다고 훈계한 데에서 유래하였다. 《論語 季氏》

비로소 잠영[78]을 귀하게 여길 수 있네 方是貴纓簪
기록이 있어 숭효록[79]이란 이름이 있으니 有錄名崇孝
부디 이것을 날마다 외고 읊어라 須渠日誦吟

세 번째 其三

청한(淸寒)한 가문 본색을 유지하고 寒門持本色
척원[80]의 새로운 영화 두려워해야 하네 戚畹懼新榮
험난한 길에는 몸을 건너기 어렵고 險路身難涉
야박한 풍속에는 비방이 쉽게 생기네 澆風謗易生
응당 안면을 넓히지 말아야 하고 應無顔面廣
또 입과 혀 가볍게 놀리지 말아야 하네 且莫口唇輕
주원[81]에 입직하는 밤에 廚院宵持被
책을 가지고 가서 밝은 등불을 대하라 携書對燭明

**78** 잠영(簪纓) : 고관대작(高官大爵)들이 사용하는 화잠(華簪)과 관자(貫子)로, 바로 고관대작을 가리키는 말로도 쓰인다.

**79** 숭효록(崇孝錄) : 반남 박씨(潘南朴氏) 역대 선조(先祖)들의 유문(遺文)과 사적(事蹟)에 관한 글들을 모아 엮은 책으로, 현석(玄石) 박세채(朴世采)의 저작이다.

**80** 척원(戚畹) : 척리(戚里)와 같은 말로, 왕실의 외척(外戚)을 가리킨다. 송(宋)나라 유문표(兪文豹)의 《취검록(吹劍錄)》 외집(外集)에 "한나라의 천하는 척원에 의해 피폐했고, 당나라의 천하는 환관에 의해 피폐했다."라고 보인다.

**81** 주원(廚院) : 궁중의 음식을 관장하는 사옹원(司饔院)을 말한다. 박종보는 장악원 주부에 제수되었으며 사옹원으로 옮긴 기록이 없는데 이렇게 말한 것은 미상이다.

## 안의 현감으로 나가는 중관[82]을 전송하다

送仲寬出宰安義縣

아 그대는 공명이 늦어서 嗟子功名晚
머리가 희어져서야 비로소 동장[83]을 찼네 霜鬒始佩銅
음직의 벼슬길에 재주를 이미 굽혔으나 蔭途才是屈
속리와는 그 뜻이 똑같지 않네 俗吏志非同
집안에서는 선원의 가르침 지키고[84] 家守仙源訓
관아에서는 일두의 풍모를 생각하시게[85] 官思一蠹風
다스림에는 먼저 해야 할 일이 있으니 爲治先務在
거문고와 글 외는 소리 고을에 가득하게 하는 것이네 弦誦滿鄉中

**82** 중관(仲寬) : 박윤원의 매제(妹弟)인 김재순(金在淳 1733~?)으로 중관은 그의 자이고 본관은 안동이다. 1774년(영조50) 식년 생원시에 장원으로 합격하고 벼슬이 상주 목사(尙州牧使)에 이르렀다.

**83** 동장(銅章) : 지방 수령들이 차는 구리로 만든 인부(印符)를 이른다.

**84** 집에서는……지키고 : 선원(仙源)은 김재순의 팔대조인 김상용(金尙容)의 호로, 김상용에 대한 자세한 내용은 70쪽 주23 참조.

**85** 관아(官衙)에서는……생각하시게 : 일두(一蠹)는 정여창(鄭汝昌, 1450~1504)의 호로 자는 백욱(伯勗), 본관은 하동이다. 1490년(성종21) 별시 문과에 급제하고 벼슬이 시강원 설서에 이르렀다. 1495년(연산군1) 안음 현감(安陰縣監)에 제수되자 백성들의 고통이 부렴(賦斂)에 있음을 알고 편의 수십조(便宜數十條)를 지어 올리고 이를 직접 시행하여 크게 선정(善政)을 베풀어 백성들의 칭송이 자자하였으므로 이렇게 말한 것이다. 안음은 뒤에 안의(安義)로 개명되었다.

## 부평부로 부임하는 여성을 전송하다
送汝成赴富平府

| | |
|---|---|
| 우리 할아버지의 동향[86]이 바로 이 고을이니 | 吾祖桐鄕即此州 |
| 그대 편에 옛날 선정비가 남아 있는지 묻노라 | 憑君爲問舊碑留 |
| 남아 있는 백성들 응당 당시의 공적 칭술할 것이니 | 遺氓應誦當時蹟 |
| 이를 채록하여 부디 읍지를 편수하도록 하게나 | 採入須將邑誌修 |

**86** 동향(桐鄕) : 지방 수령이 선정(善政)을 베풀어 백성들이 사후에도 사모하는 정이 남아 있는 향리를 이르는바, 중국 안휘성(安徽省) 동성현(桐城縣) 북쪽에 있었다. 전한(前漢) 선제(宣帝) 때의 명신인 주읍(朱邑, ? ~B.C. 61)이 젊었을 때 동향의 사법과 조세를 담당한 벼슬인 색부(嗇夫)로 있으면서 선정을 베풀어 동향의 백성들이 그를 사랑하였는데, 그 뒤 대사농(大司農)에 이르러 병으로 죽을 무렵 아들에게 자신을 동향에 장례 지낼 것을 부탁하기를 "동향의 백성들이 나를 사랑하였으니, 내가 죽거든 동향에 묻어 다오. 후세의 자손들이 동향의 백성들만 못할 것이다." 하였다. 아들이 유언대로 동향에 장례하였는데, 과연 그곳 백성들이 모두 와서 무덤을 높이고 사당을 세워 세시(歲時)에 제사 지내기를 끊지 않았다. 《漢書 卷89 循吏傳 朱邑》

# 김여거[87] 택순 내외를 정려한 시축을 보고 감회가 있어 마침내 쓰다
見金汝居 宅淳 內外旌閭詩軸有感 遂題

| | |
|---|---|
| 효자에 열부가 따라 나왔으니[88] | 孝兒仍烈婦 |
| 두 정려문이 찬란하네 | 照耀兩丹門 |
| 풍계[89]의 고택이 완연하니 | 宛爾楓溪宅 |
| 아름답구나 선원(仙源) 어른의 후손이여 | 美哉仙老孫 |
| 깊은 못에 임한 듯 살얼음 밟는 듯[90] 남긴 뜻이 빛나고 | 淵氷耿餘志 |
| 형우[91]에는 향기로운 혼이 숨어있네 | 珩瑀翳芳魂 |

**87** 김여거(金汝居) : 김택순(金宅淳)으로 여거는 그의 자이고 본관은 안동이다. 선원(仙源) 김상용(金尙容)의 7대손이고 박윤원의 제자로 효자로 정려(旌閭)되었다. 이 내용은 여성(汝成) 유한준(兪漢雋)의 문집인 《자저(自著)》 권17에 실린 〈효자김군열녀 신씨 정려 서(孝子金君烈女申氏旌閭序)〉에 보인다.

**88** 효자에……나왔으니 : 효자는 김택순을 이르고 열부는 김택순의 사후 남편을 따라 죽은 처 신씨(申氏)를 이른다. 이들에게 정려한 내용은 《일성록(日省錄)》 정조 10년 11월 11일 기사 "서울과 지방의 효열인(孝烈人) 분등 별단(分等別單)을 판하하였다."에 자세히 보인다.

**89** 풍계(楓溪)의 고택 : 풍계는 김상용이 거주하던 곳으로 김상용의 또 다른 호이기도 하다.

**90** 깊은……듯 : 매우 조심스러운 마음으로 매사를 신중히 처리함을 말한다. 《시경》 〈소아(小雅) 소민(小旻)〉의 "전전긍긍하여 깊은 못에 임하듯 얇은 얼음을 밟듯 하노라.〔戰戰兢兢, 如臨深淵, 如履薄氷.〕"라는 구절에서 나왔다.

**91** 형우(珩瑀) : 패옥(佩玉)이란 의미이다. 《시경집전(詩經集傳)》의 〈여왈계명(女曰雞鳴)〉편의 주에서 주자는 "위에 가로댄 것을 형(珩)이라 하고, 아래에 세 개의 끈을

좋은 세상에 풍성[92]을 세우게 되니　昭代風聲樹
노쇠한 아버지는 성은에 감읍하네　衰爺泣聖恩

여거(汝居)가 스스로 임연자(臨淵子)라고 호하였으므로 두 번째 연에 말하였다.

매달고 진주를 꿰며 가운데 끈의 중간에 하나의 큰 구슬을 꿴 것을 우(瑀)라고 한다."라고 풀이하였다.

**92** 풍성(風聲) : 풍교(風敎)를 이른다. 《서경(書經)》 〈주서(周書) 필명(畢命)〉에 "선(善)과 악(惡)을 표창하고 구별하여 거주하는 마을을 정표(旌表)하며, 선을 표창하고 악을 병들게 하여 풍성을 세워 준다.〔樹之風聲〕"라고 보인다.

## 겨울 밤에 달 아래에서 거닐다
冬夜步月

| | |
|---|---|
| 시월이라 아직 추위가 심하지 않은데 | 孟冬寒尙淺 |
| 밝은 달 아름다워 볼 만하네 | 明月好堪看 |
| 병이 있어 다시 지팡이를 짚고 | 有病還扶杖 |
| 잠이 없어 홀로 난간에 기대노라 | 無眠獨倚欄 |
| 연기 걷히니 누각 고요하고 | 烟收靜樓閣 |
| 나뭇잎 떨어지니 산봉우리 앙상하네 | 木落瘦峯巒 |
| 걸음을 옮겨 동쪽 뜰에 서니 | 移步東庭立 |
| 기쁘게도 원림이 탁 트여 땅이 넓구나 | 園開喜地寬 |

## 대보름 밤에 평숙과 함께 수각교[93]에 나가 달을 구경하다가 이어 낙곡에 이르러 아이를 불러 촛불을 밝히게 하고 대화하였다

上元夜 與平叔 步出水閣橋 徘徊翫月 仍至駱谷 呼燭對話

| | |
|---|---|
| 늙고 병든 이 몸도 흥에 이끌려서 | 老病吾猶被興牽 |
| 문을 나와 수각교 가를 걷노라 | 出門聊踏水橋邊 |
| 형제가 함께 걸으며 새 달을 구경하면서 | 弟兄同步看新月 |
| 친구들이 서로 따르던 지난해를 추억하노라 | 朋友相隨憶舊年 |
| 늘어선 주점의 주기(酒旗)들로 먼 길이 어지럽고 | 列肆酒旗迷遠陌 |
| 차가운 하늘에 퍼지는 노래 어느 집에서 들려오나 | 誰家歌曲響寒天 |
| 남산에서 촛불 밝히고 과일 상 차려놓았으니 | 南山秉燭仍盤果 |
| 깨끗한 시 이야기하며 잠자지 않기를 바라노라 | 且話淸詩欲不眠 |

**93** 수각교(水閣橋) : 청계천의 지류인 창동천(倉洞川)에 있던 다리로 본래 수각(水閣)이 있어 이렇게 이름한 것이라고 한다. 《신증동국여지승람》 제3권 〈비고편 동국여지비고 제2편 한성부(漢城府)〉에 "목멱산(木覓山) 아래 북창동(北倉洞)에서 나와서 숭례문(崇禮門) 안에 있는 수각교(水閣橋)"라고 보인다.

## 보은 현감으로 나가는 평숙을 전송하다

送平叔出宰報恩縣

| | |
|---|---|
| 그대의 벼슬 태수가 되니 | 爾官爲太守 |
| 서생이 노란 인끈[94] 차는 것 영광스런 일이네 | 書生黃綬榮 |
| 현감에게는 오두미의 녹봉[95] 있으나 | 縣有五斗米 |
| 미쳐 어버이 봉양 못 하고 다만 형을 봉양하네 | 不及養親但養兄 |
| 형이 말하노라 | 兄曰 |
| 아아 나의 아우여 너와 함께 풍수의 애통함[96]에 우노라 | 嗟余季與爾泣風樹 |
| 관가에서 향촉 보내 제사를 돕고 | 官家香燭送助祭 |

**94** 노란 인끈 : 원문의 '황수(黃綬)'는 작은 고을의 수령이 차는 노란색 인끈이다. 한(漢)나라 제도에 연봉 2백 석(石) 이상 6백 석 이하 관리는 황색 인끈에 동인(銅印)을 찬 데서 유래하였다.

**95** 오두미(五斗米)의 녹봉 : 오두미는 본래 쌀 5말이란 의미인데 하찮은 녹봉을 의미한다. 진(晉)나라의 고사 도연명(陶淵明)이 팽택 현령(彭澤縣令)으로 있을 때에 군(郡)에서 파견한 독우(督郵)의 시찰을 받게 되었는데 팽택의 아전이 도연명에게 의관을 갖추고 독우에게 인사를 해야 한다고 하자, 도잠이 탄식하며 "내가 쌀 5말의 녹봉 때문에 허리를 꺾어 시골의 어린아이에게 굽실거릴 수는 없다."라고 하고는, 즉시 수령의 인끈을 풀어 놓고 고향으로 돌아갔던 고사에 보인다. 《晉書 卷94 陶潛列傳》

**96** 풍수(風樹)의 애통함 : 부모가 모두 돌아가셔서 봉양할 수 없는 슬픔을 이르는 말이다. 춘추 시대 공자(孔子)가 길을 가는데 고어(皐魚)라는 사람이 길에서 칼을 안고 슬피 울고 있기에 까닭을 물었더니, "나무는 고요하고자 하여도 바람이 그치지 않고[樹欲靜而風不止] 자식이 봉양하고 싶어도 어버이는 기다려 주지 않는다."라고 하고는, 서서 울다가 말라 죽었다는 고사에서 온 말이다. 《韓詩外傳 卷9》

쌍 깃발로 휴가 받아 분묘에 올라 절하라 雙旌乞暇上墳墓
이렇게 하면 나라의 은혜 이미 두텁고 國恩已云厚
사사로운 정 또한 대략 펼 수 있으리라 私情亦粗伸
아우가 말하네 弟曰
형께서는 우리 백성 다스리는 일 어떻게 가르치시렵니까 兄教我何以治吾民
선친께서 지방관이 되셨을 적에 어질고 또 청렴하셨으니 先人爲吏仁且淸
그대 또한 전일에 이 훈계를 들었을 것이다 爾亦前日訓戒聞
내 이제 그대를 전송함에 달리 할 말이 없으니 兄今送汝無他語
밤낮으로 노력하여 부모에게 욕되지 않아서 성군의 은혜에 보답하라 勉爾夙夜無忝報君恩

## 보은으로 가는 길에 도성을 나오면서 읊다
將往報恩出郭有吟

유람하는 나그네 가는 말을 재촉하니 遊人催去馬
비를 맞으며 도성문을 나오네 帶雨出城門
산안개는 걷히려 하고 山霧向晴意
강모래에는 물이 불었다 빠진 흔적 있네 江沙落漲痕
집을 청소하였으니 아우가 기다렸음을 알겠는데 掃堂知弟待
방을 바라보니 공부하는 아이가 있네 看屋有兒存
바로 이 몸이 초탈함을 깨달으니 正覺身超脫
가을 하늘에 흥이 절로 많아지네 秋天興自繁

## 청천[97]에서 우암선생의 묘소를 배알하고 감회를 쓰다
青川拜尤菴先生墓有感

| | |
|---|---|
| 일찍이 소제에 가서 옛 사당에 배알하여[98] | 曾向蘇堤拜舊祠 |
| 칠분의 화상으로 선생의 용모를 뵈었었네[99] | 七分圖畫覿容儀 |
| 이번 유묘에 옴에 어찌 감회가 없으랴 | 今來遺墓寧無感 |
| 본래 높은 산처럼 우러르던 생각 갑절이나 더하노라 | 自是高山倍有思 |
| 차가운 것은 풍천[100] 창고 아래 물이요 | 寒冽風泉倉下水 |
| 광채가 나는 것은 운한각 안의 신도비[101]이네 | 昭回雲漢閣中碑 |

**97** 청천(青川) : 현재 충북 괴산군 청천면으로 여기에 우암 송시열의 묘소가 있다. 원래는 수원(水原) 무봉산(舞峯山)에 있었으나, 1697년(숙종23)에 지금의 장소로 이장하였다.

**98** 소제(蘇堤)에……배알하여 : 소제는 소제호가 있었던 회덕(懷德)의 소제로 지금의 대전시 소제동 일대인데 여기에 송시열이 살았던 기국정(杞菊亭)이 있다. 옛 사당은 문맥으로 보면 기국정을 가리키는 듯한데, 여기에 영정(影幀)이 있었는지는 미상이다. 현재 기국정은 남간정사(南澗精舍) 옆으로 옮겨졌다.

**99** 칠분(七分)의……뵈었었네 : 칠분의 화상(畫像)은 그 사람의 모습을 잘 표현한 화상이라는 뜻이다. 이천(伊川) 정이(程頤)가 《역전(易傳)》을 짓고 문인들에게 주며 "단지 7분(分)만 말한 것이니, 배우는 사람들은 반드시 다시 스스로 살피고 궁구해야 한다."라고 하였는데, 이천 정이의 문인인 장역(張繹)이 이천의 제문을 지으면서 이천의 말을 원용하여 "선생의 말씀으로 문자에 드러난 것은 7분의 마음이고, 단청으로 그려진 것은 7분의 용모이다."라고 하였는바, 이는 글이나 그림으로 그 사람을 나타낼 수 있는 것은 7분에 불과하다는 말이다. 《二程全書 附錄 祭文》

**100** 풍천 창고 : 묘소에 풍천이란 이름의 창고가 있어서 말한 듯하나, 분명하지 않다.

**101** 운한각 안의 신도비 : 송시열의 신도비는 묘소 아래 비각에 보관되어 있는데 비문

| | |
|---|---|
| 후생들이 만약 주자(朱子)의 학문을 잊는다면 | 後生若忘紫陽學 |
| 구천에서 꾸짖는 것을 어찌 감히 사양할 수 있으랴 | 九地冥呵豈敢辭 |

은 정조의 어제(御製), 어필(御筆)로 알려져 있다. 운한각은 신도비를 보관한 비각(碑閣)을 가리킨 것으로 운한은 은하수를 이른다.

## 복천사[102]를 지나다가 동대[103]에 오르다
過福泉寺登東臺

| | |
|---|---|
| 내가 삼산[104]에 온 지 겨우 며칠이 되었는데 | 我到三山數日纔 |
| 속리산을 유람하는 흥취에 지팡이 재촉하노라 | 俗離遊興一筇催 |
| 구름 가의 푸른 산에는 승려가 기다리고 있고 | 雲邊翠峀僧留待 |
| 서리 내린 뒤 붉은 단풍에 나그네 달려오네 | 霜後丹楓客趁來 |
| 가는 곳마다 갓끈 씻을 맑은 물 아님이 없고 | 行處無非濯纓水 |
| 앉을 때마다 다시 옷자락 털 만한 대라오[105] | 坐時還是振衣臺 |
| 오랫동안 병으로 술을 전혀 마시지 못했으나 | 久因疾病全休飲 |
| 경치 좋은 곳 소요하며 다시 술잔 기울이노라 | 勝地盤桓更進杯 |

**102** 복천사(福泉寺) : 《신증동국여지승람》 권16 〈충청도 보은현〉에 "복천사는 법주사(法住寺) 동쪽 7리쯤 되는 곳에 있다. 절 동쪽에 샘물이 있어 돌 사이에서 쏟아져 나와 식수(食水)로 쓰기 때문에 이렇게 이름 지은 것이다."라고 하였다.

**103** 동대(東臺) : 복천사가 자리한 산봉우리로 보인다. 노우(魯宇) 정충필(鄭忠弼, 1725~1789)이 지은 〈유속리산록(遊俗離山錄)〉에 "어제 복천의 동대에 올라 천왕봉과 비로봉 등 여러 봉우리를 바라보았다."라는 기록이 보인다.

**104** 삼산(三山) : 보은군(報恩郡)의 옛 이름이다.

**105** 가는……대(臺)라오 : 전국시대 초나라의 충신 굴원(屈原)이 지은 〈어부사(漁父辭)〉의 "창랑(滄浪)의 물이 맑으면 내 갓끈을 씻고 창랑의 물이 흐리면 내 발을 씻으리라."라는 구절과 "새로 머리를 감은 자는 반드시 갓을 털어서 쓰고, 새로 목욕한 자는 반드시 옷을 털어서〔振衣〕 입는다 한다."라는 구절이 있으므로 이렇게 말한 것이다.

## 상환암에서 금강굴로 향하며[106]

自上還庵向金剛窟

| | |
|---|---|
| 오솔길 굽어드니 숲은 더욱 빽빽하고 | 逕轉林逾密 |
| 저녁 햇빛 나뭇잎 사이에 있네 | 斜暉在葉間 |
| 유람하는 나그네 깊은 곳에 이르니 | 遊人深處到 |
| 나무꾼은 언제나 돌아가는가 | 樵子幾時還 |
| 노을 기운은 신선의 집과 통하였고 | 霞氣通仙宅 |
| 운근[107]에는 부처의 얼굴 새겨져 있네 | 雲根作佛顏 |
| 이 굴의 이름 금강굴이니 | 金剛名此窟 |
| 내가 봉래산에 들어 온 듯하여라[108] | 吾似入蓬山 |

**106** 상환암(上還庵)에서 금강굴(金剛窟)로 향하며 : 상환암은 법주사 소속 암자로 태조 이성계가 여기에 와서 기도하였다고 한다. 금강굴은 미상이다. 《한국민족문화대백과사전》

**107** 운근(雲根) : 산에 있는 바위를 뜻하는 시어(詩語)이다. 두보(杜甫)가 지은 〈제충주용흥사소거원벽(題忠州龍興寺所居院壁)〉 시에 "충주 고을은 삼협 안에 있는지라, 마을 인가가 운근 아래 모여 있네.〔忠州三峽內, 井邑聚雲根.〕"라는 구절이 있는데, 그 주(註)에 "운근은 오악(五岳)의 구름이 바위에 부딪쳐 일어나기 때문에, 이를 구름의 뿌리라고 한 것이다." 하였다.

**108** 내가……듯하여라 : 봉래산(蓬萊山)은 금강산의 다른 이름이다. 금강산에도 같은 이름의 굴이 있으므로 말한 것이다.

## 법주사[109]에서

法住寺

| | |
|---|---|
| 나는 참으로 분명히 세속을 떠나 | 定信吾離俗 |
| 표연히 이 산에 들어왔노라 | 飄然入此山 |
| 사람들은 붉은 나뭇잎 속으로 들어가고 | 人行紅葉裏 |
| 새들은 흰 구름 사이에서 지저귀네 | 禽語白雲間 |
| 이름난 절은 원래부터 크게 지었고 | 名刹元來大 |
| 고승은 본래 한가롭네 | 高僧自在閒 |
| 임천의 무궁한 흥취에 | 林泉無盡興 |
| 삼일이 지나도 돌아갈 줄 모르노라 | 三日不知還 |

**109** 법주사(法住寺) : 보은군 사내리에 있는 사찰로, 553년(진흥왕14)에 의신(義信) 조사가 창건했으며, 절의 이름은 의신이 서역으로부터 불경을 나귀에 싣고 돌아와 이곳에 머물렀다는 설화에서 유래하였다. 776년(혜공왕12)에 금산사를 창건한 진표(眞表)가 이 절을 중창했고 그의 제자 영심(永深) 등에 의해 미륵신앙의 중심도량이 되었다.

## 사찰의 승려 종훈이 나의 조카 종경이 금년 여름에 와서 유람할 때[110]에 지어준 시를 꺼내 보여주고 나로 하여금 웃음을 띠게 하므로 마침내 시의 운에 차운해서 산중의 좋은 일로 삼노라

寺僧宗訓 出示吾從子宗慶今夏來遊時所贈詩 令我解顏 遂次其韻 以爲山中勝事

취하여 높은 봉오리에서 내려와 사찰에서 유숙하는데 醉下高峯宿梵家

산승과 대화하니 달빛이 비껴드네 山僧對話月光斜

향기로운 나물과 단 과일 내온 정에 마땅히 보답하여야 하니 香蔬甘果情宜報

새로운 시 지어 주고자 먹물을 적시노라 欲贈新詩漬墨花

**110** 종경(宗慶)이……때 : 종경은 박윤원의 아우 박준원의 아들인 박종경(1765~1817)으로 자는 여회(汝會), 호는 돈암(敦巖)이다. 1790년(정조14) 진사시에 합격하고 벼슬이 종1품 판의금부사(判義禁府事)에 이르렀다. 《돈암집》 권10 〈연보(年譜)〉에 의하면 1788년(정조12)에 박종경이 보은 현감으로 있던 부친을 뵈러 왔다는 기록이 있는데 이때 법주사를 유람한 듯하다.

## 수정봉[111]에서

水晶峯

속리산 구불구불 이어져 사십 리이니 俗離邐迤四十里
호서와 영남에 끼어있어 아름다움을 독차지하였네 地介湖嶺擅其美
산세는 동쪽 주흘산[112]으로부터 와서 山勢東自主屹來
서로 만나 중첩되어 춤추듯 솟아오르니 용이 솟구치는 듯하네 合沓跳舞如龍起
문장대 봉오리 이미 깎아지른 듯 높은데 文莊之峯旣巉絶
다시 수정봉이 높이 솟아있구나 復有水晶峯高峙
나그네 옛 사찰에 이르러 정오의 종소리 듣고 客到古寺聽午鐘
지팡이 짚고 올라가니 노승이 따라 오네 策杖扶上老僧從
한 산의 진면목이 이곳에 총괄되어 있으니 一山面目斯總括
옆으로 보고 비껴 보니 온갖 자태 다 있구나 橫看側看多態容
앙상한 뼈 깎아지른 듯하니 벽옥과 같고 瘦骨削立如碧玉
수려한 경색 꽂아놓은 듯하니 부용과 같네 秀色揷出如芙蓉
우러러봄에 천왕봉이 특별히 웅장하니 仰視天王特雄拔
존엄한 기상 여러 산의 으뜸이네 尊嚴氣象群巒宗

**111** 수정봉(水晶峯) : 법주사 바로 서쪽에 있는 봉우리이다.

**112** 주흘산(主屹山) : 경상북도 문경시 문경읍에 있는 산으로, 높이는 1,108m이다. 소백산맥의 주봉으로 서남쪽의 속리산(1,058m) 등과 함께 충청북도와 경상북도의 도계를 이룬다.

아래에 깃든 학이 있어 천 길을 날아오르는데[113] 下有巢鶴飛千仞
구름이 깃 일산처럼 나부끼니 붉게 물들어 상서롭구나
雲翻羽蓋祥彩彤
내가 마침 가을 하늘 쾌청할 때에 왔으니 我來正値秋旻晴
사방을 둘러봄에 탁 트여 마음과 눈 상쾌하네 四顧虛曠心目淸
서리 맞은 단풍잎 벼랑을 뒤덮으니 수놓은 것처럼 찬란하고
霜楓被壁爛如繡
석양빛이 비치니 한 폭의 그림이 되었네 斜日照之圖畫成
갑자기 바람이 몰고 온 비가 흩날려 忽驚飛雨驅風力
골짝 침침해지고 수많은 소나무 검어짐에 놀라노라 洞壑陰沈萬松黑
산신령이 객에게 장난하는 것이 아니면 非是山靈與客戱
바로 기이한 변화를 경각에 보게 한 것이리라 定敎奇變閱頃刻
다시 거북 바위 서려 대가 된 것을 가리키니 更指龜巖蟠作臺
돌 머리 끊긴 흔적에 이끼가 꽉 차 있네 石頭斷痕封蒼苔
중원의 술사가 일찍이 와서 보고는 中原術士曾來見
압승술[114]로 재물이 동쪽으로 보내지는 것 막으려 했다네
壓勝要遏東輸財
이 말이 황당하여 믿을 것이 못 되는데 玆說詭怪不足信
애오라지 고적으로 삼아 안계를 한 번 여노라 聊爲古迹眼一開

**113** 아래에……날아오르는데 : 아래쪽으로 학소대(鶴巢臺)가 보이므로 이렇게 말한 것으로 보인다.

**114** 압승술(壓勝術) : 주술(呪術)이나 주문(呪文)을 사용하거나 혹은 지형의 허(虛)한 곳을 보충하여 사악한 기운을 없애고 복을 추구하는 방술을 이른다.

## 산길을 가면서 본 것을 기록하다

山行記所見

| | |
|---|---|
| 붉은 잎은 철쭉꽃과 같고 | 紅葉如躑躅 |
| 노란 국화는 개나리와 같으니[115] | 黃菊如辛夷 |
| 가을빛 깊은 줄을 모르고 | 不知秋色晩 |
| 도리어 늦은 봄이라고 의심하네 | 却疑暮春時 |

두 번째 其二

| | |
|---|---|
| 산중에 오색 장끼가 | 山中五色雉 |
| 떼 지어 날면서 긴 날개 펼치네 | 群飛舒長翼 |
| 숲의 나무가 깊고도 빽빽하니 | 林木深以密 |
| 매 사냥꾼 사냥하지 못하네 | 鷹師獵不得 |

**115** 노란……같으니 : 원문의 '신이(辛夷)'는 개나리와 목련 두 가지 뜻으로 다 쓰이는데 여기서는 노란색이 되어야 하므로 개나리로 번역하였다. 《국역 임하필기》 제35권 〈벽려신지(薜荔新志)〉에 "세상 사람들은 모두 개나리인 황만화(黃蔓花)를 신이라고 하는데, 《본초(本草)》에는 목련인 목필화(木筆花)가 신이로 되어 있다."라고 보인다.

## 문장대[116]에서

文莊臺

| | |
|---|---|
| 문장대는 높은 바위가 층층이 쌓여 | 文莊積危石 |
| 만길 높이로 우뚝 솟아있네 | 崱屴萬仞崇 |
| 앞에서 보니 맷돌이 중첩으로 쌓인 듯하고 | 前視疊磨礑 |
| 뒤에서 바라보니 부처의 몸이 솟아있는 듯하네 | 後望竦佛躬 |
| 폭포가 세 갈래 물줄기로 쏟아져 | 飛泉懸三派 |
| 각각 조화의 공을 다하였네 | 各極造化功 |
| 먼지 떠도는 속세 아득히 머니 | 浮埃逈以絶 |
| 특별히 한 홍몽이 열린 듯하여라[117] | 別若開鴻濛 |
| 승려가 말하기를 꼭대기에 올라가 | 僧言陟其巔 |
| 사방을 바라보면 산세가 가장 웅장하니 | 騁眺勢最雄 |
| 가야산과 조령이 | 伽倻與鳥嶺 |
| 은은하게 푸른 하늘에 비껴 보이고 | 隱約橫蒼穹 |
| 개인 날 구름이 깨끗이 걷히면 | 晴日捲雲靄 |
| 시야가 사방으로 확 트인다네 | 眼界廓四通 |
| 말을 들어보니 기쁠 만하니 | 聞來已可欣 |

**116** 문장대(文莊臺) : 속리산의 주요 봉우리 중의 하나로 높이 1,054미터이다. 본래 구름 속에 감춰져 있는 높은 대라는 의미의 운장대(雲藏臺)였는데 조선 세조가 이곳에 와서 여러 문신과 함께 시문을 읊었다고 하여 문장대라 명명하였다고 한다.

**117** 한……듯하여라 : 홍몽(鴻濛)은 우주가 형성되기 이전의 혼돈(混沌) 상태를 이르는 말로 별천지(別天地)가 열린 듯하다는 의미이다.

여러 아이가 기뻐서 날뛰네　踊躍群兒童
아이들 다투어 올라가니　群兒爭攀上
암벽을 타는 솜씨가 원숭이 같네　緣壁猿猱同
나는 엉금엉금 기느라 어지러워 똑바로 보지 못하고　匍匐眩莫視
공중으로 떨어질까 두려워하였네　懍慄如墜空
잠깐 사이에 곧바로 다시 내려오니　俄頃旋復降
시끄럽게 들리는 소리 거의 회오리바람 같네　喧傳幾飄風
노부는 마음이 더욱 약해져　老夫魂益弱
머뭇대다 바위 가운데 주저앉았네　逡巡坐巖中
걷자니 짚신이 미끌어질까 염려되고　步恐芒鞋滑
오르자니 나무 사다리가 다할까 두렵네　行愁木梯窮
머리를 들자 더욱 아득해지니　擧頭轉茫然
길게 휘파람 불며 단풍나무에 가서 의지하노라　長嘯徙倚楓
평탄한 길로 용화[118]에 이르니　平臨得龍華
들 빛이 숲과 이어졌네　野色連林叢
바로 온자한 모습 감상하기 좋으니　正堪賞蘊藉
하필 높은 봉우리를 범할 것이 있으랴　何必凌穹窿
기이한 경치 탐방함 진실로 내가 원하는 바이나　搜奇固願欲
위험한 곳 가는 것은 본래 근심스런 일이네　蹈危自憂忡
옆 사람들 나의 겁 많은 것 비웃지 마오　傍人休笑怱
두려워하며 조심하는 것이 본래 우리의 공부이네　戰兢本我工

**118** 용화(龍華) : 문장대 동쪽에 있는 용화온천 지역을 이른 것으로 보인다. 지금의 행정구역으로는 경상북도 상주시(尙州市) 화북면(化北面)에 있다.

| | |
|---|---|
| 수주를 쏘아 참새를 잡으니[119] | 隋珠用彈雀 |
| 아이들은 모두 우매하네 | 兒曹皆愚蒙 |
| 화산에 올라 큰 탄식을 발하였던 | 登華發太息 |
| 창려공을 생각하노라[120] | 尙憶昌黎公 |

**119** 수주(隋珠)를……잡으니 : 귀한 구슬을 탄환으로 써서 하찮은 참새를 잡는다는 뜻으로 매우 어리석은 짓을 하는 것을 가리킨다. 수주는 수후(隋侯)가 얻은 매우 진귀한 구슬이라는 말이다. 《장자(莊子)》 〈양왕(讓王)〉에 "지금 여기의 어떤 사람이 수후의 보배 구슬을 가지고 천길 벼랑 위에 있는 참새를 쏘았다면 세상이 반드시 그를 비웃는다. 이는 어째서인가? 쓰인 것이 중하고 바라는 것이 하찮기 때문이다."라고 보인다. 여기서는 짧은 흥미를 위해 귀한 생명을 잃을 수도 있는 높은 바위에 오르는 모험을 하는 것을 경계하여 말한 것이다.

**120** 화산(華山)에……생각하노라 : 창려공(昌黎公)은 당나라의 문장가인 한유(韓愈)로 뒤에 창려백(昌黎伯)에 봉해졌기 때문에 이렇게 칭한 것이다. 한유가 화산에 올랐다가 미끄러운 비탈길과 바람에 흔들리는 다리 때문에 고생한 끝에 화산에 오른 미친 짓을 후회하며 이런 소회를 담은 〈답장철(答張徹)〉 시를 지었는바, 박윤원이 이를 읽고 이렇게 말한 것이다. 《五百家注昌黎文集 卷2 答張徹》

## 상현서원[121]을 배알하고 길게 흘러가는 내를 굽어보며 읊다

謁象賢書院 臨觀長川有吟

| | |
|---|---|
| 푸른 돌 평평하게 깔려 있고 아래로 내가 흐르니 | 蒼石平鋪下有川 |
| 긴 내는 멀리 백마강(白馬江)과 이어지네 | 川長遙與馬江連 |
| 사당 문에서 예를 마치고 물가에 임하여 앉으니 | 祠門禮訖臨流坐 |
| 기수의 풍광에 오현을 생각하노라[122] | 沂水風光憶五賢 |

**121** 상현서원(象賢書院) : 충청북도 보은군 서원리에 있는 서원으로 1555년(명종10) 삼년성서원이란 이름으로 창건하여 충암(冲菴) 김정(金淨)을 모셨는데, 1610년(광해군2) 상현이라는 사액을 받았다. 이후 현종 때 대곡(大谷) 성운(成運)을, 숙종 때 동주(東州) 성제원(成悌元), 중봉(重峯) 조헌(趙憲)과 우암 송시열을 차례로 추가 배향하였다.

**122** 기수(沂水)의……생각하노라 : 기수는 춘추시대 노(魯)나라에 있던 물 이름이다. 공자가 시종하는 제자들에게 자신의 뜻을 어떻게 펼칠 것인가를 물었을 적에, 증점(曾點)이 대답하기를 "늦은 봄이 되어 봄옷이 만들어지면 관(冠)을 쓴 어른 5, 6명과 동자 6, 7명과 함께 나가 기수(沂水)에서 목욕하고 무우(舞雩)에서 바람 쐬고 시 읊으며 돌아오겠습니다." 하니, 공자께서 그의 뜻을 크게 칭찬한 일이 있으므로 말한 것이다. 《論語 先進》 오현은 상현서원에 모신 다섯 분으로 바로 위의 주에 보인다.

## 사찰의 종소리를 듣다
聞寺鐘

| | |
|---|---|
| 정오에 오래된 사찰 문에서 종이 울리니 | 午日鐘鳴古寺門 |
| 종소리 들려옴에 경계하는 마음 가지게 되네 | 聽來吾有警心存 |
| 한 종소리 끊기기 전에 마음이 먼저 달려가 버리니 | 一聲未斷先馳去 |
| 동안의 주자의 말씀 생각하노라[123] | 尙憶同安晦父言 |

**123** 한……생각하노라 : 동안(同安)은 송(宋)나라 때 천주(泉州) 동안현으로 주자가 24세 때 주부(主簿)로 근무하던 곳이다. 주자가 "오늘날 배우는 자들이 크게 진전하지 못하는 이유는 다만 마음이 여기에 있지 않기 때문이다. 일찍이 기억하건대 소년시절 동안현에 있으면서 밤에 종소리를 들었는데, 한 종소리를 들어 채 끝나기도 전에 이 마음이 이미 스스로 달려가곤 하였다. 이로 인하여 경계하고 살폈으니, 학문을 함은 모름지기 뜻을 지극히 해야 함을 비로소 알게 되었다."라고 하였으므로 이렇게 말한 것이다. 《心經附註 卷3 牛山之木》

## 탁곡에서 김 봉사 사달[124] 상진 을 방문하여 하루 종일 서로 이야기를 나누고 돌아온 뒤에 옛날 노소재가 성대곡에게 올린 시[125]의 운을 사용하여 받들어 올리다
濯谷訪金奉事士達 相進 竟日相晤 歸後用盧穌齋呈成大谷韻 奉寄

손님 왔다고 알리는 노복 학과 같으니 報客奴如鶴
그대는 임포처럼 집으로 돌아왔네[126] 君歸林子廬
마음을 씻으니 흐르는 물 깨끗하고 濯心流水淨

**124** 김 봉사 사달(金奉事士達) : 김상진(金相進, 1736~1811)으로 사달은 그의 자이고 호는 탁계(濯溪), 본관은 김해(金海)인데, 1780년(정조4) 선공감 봉사(繕工副奉事)를 지냈기 때문에 이렇게 칭한 것이다. 미호(渼湖) 김원행(金元行)과 늑천(櫟泉) 송명흠(宋明欽)의 문하생으로 1755년(영조31) 생원시에 합격하였다.

**125** 노소재(盧穌齋)가……시 : 노소재는 노수신(盧守愼, 1515~1590)으로, 소재는 그의 호이다. 자는 과회(寡悔), 본관은 광주(光州)로, 1543년(중종38) 식년 문과에 장원 급제하고 벼슬이 영의정에 이르렀다. 성대곡(成大谷)은 성운(成運, 1497~1579)으로, 대곡은 그의 호이다. 자는 건숙(健叔), 본관은 창녕(昌寧)이다. 속리산(俗離山)에 은거하였는데 여러 차례 관직에 제수되었으나 출사하지 않았으며, 이지함(李之菡), 서경덕(徐敬德), 조식(曺植) 등 명현들과 교유하면서 학문에 정진하였다. 차운된 시는 〈대곡처사에게 주다〔贈大谷處士〕〉로 《소재집(穌齋集)》 권5에 실려 있다.

**126** 손님……돌아왔네 : 임포(林逋, 967~1028)는 북송(北宋)의 은사(隱士)이자 시인이다. 박학하고 시와 서법에 통달했으나 일생 동안 벼슬하지 않고 독신으로 항주(杭州) 서호(西湖)에 있는 고산(孤山)에 살면서 매화를 심고 학(鶴)을 길러 사람들이 매처학자(梅妻鶴子)라고 하였다. 임포가 배를 타고 서호에서 노닐 때, 찾아오는 손님이 있으면 학이 날아오르니 이를 보고 다시 배를 저어 돌아왔다는 고사가 있으므로 이렇게 말한 것이다. 《宋史 卷457 林逋列傳》

| | |
|---|---|
| 뜻을 따라 백운은 펴지네 | 隨意白雲舒 |
| 사관 벼슬에 거듭 숨은 뒤에[127] | 重隱祠官後 |
| 미로[128]의 남은 이야기 길게 말하였네 | 長談渼老餘 |
| 평소 경개[129]의 소원을 가진 것은 | 平生傾蓋願 |
| 그와 함께 도서를 강론하고 싶어서였네 | 吾欲講圖書 |

**127** 사관(祠官)……뒤에 : 사관은 송나라 때의 벼슬로, 실직(實職)을 그만둔 사람에게 선황(先皇)의 초상화를 모시는 도교 사원을 맡기되 실제의 업무는 없고 직명(職名)만 지닌 채 봉록을 받게 한 관직이다. 김상진이 1779년(정조3) 조경묘(肇慶廟) 참봉에 제수되었으므로 이렇게 말한 것이다. 조경묘는 전주 이씨(全州李氏)의 시조(始祖)인 사공(司空) 이한(李翰)의 위패를 봉안한 사당으로 영조 때 전주에 세워졌다.

**128** 미로(渼老) : 김상진의 스승인 미호 김원행을 높여 칭한 것이다.

**129** 경개(傾蓋) : '경개여고(傾蓋如故)'를 줄인 말로, 처음 만났음에도 의기가 투합하여 단번에 지기(知己)가 되는 것을 비유한다. 《사기(史記)》 권83 〈추양열전(鄒陽列傳)〉에 "백발이 되도록 오래 사귀었어도 처음 사귄 듯하고, 길을 가다가 수레 일산를 기울이고 잠깐 만났어도 오래 사귄 듯하다.〔傾蓋如故〕"라고 보인다.

## 《충암집》[130]을 읽고 분노를 느껴 짓다

讀冲庵集 感憤有作

| | |
|---|---|
| 아 이 몸 소자는 야천[131]의 후손이니 | 嗟余小子冶川孫 |
| 기묘제현[132] 더욱 우러러 높이네 | 己卯諸賢仰益尊 |
| 누가 당시의 금산 태수이기에 | 誰是當時錦山守 |
| 충암 어른을 억울하게 죽게 하였는가[133] | 却令冲老死銜寃 |

**130** 충암집(冲庵集) : 보은 출신으로 호가 충암인 김정(金淨 1486~1521)의 문집이다. 자는 원충(元冲), 본관은 경주(慶州)로 1507년(중종2) 문과에 장원으로 급제하고 벼슬이 형조 판서에 이르렀다. 1519년 기묘사화 때 금산(錦山)에 유배되고 제주도에 이배되었다가, 금산에 있을 적에 도망했다는 죄목으로 추론되어 자진(自盡)하라는 어명을 받고 자진하였다

**131** 야천(冶川) : 박소(朴紹, 1493~1534)의 호로, 자세한 내용은 376쪽 주264 참조.

**132** 기묘제현(己卯諸賢) : 1519년(중종14) 일어난 기묘사화 때 화를 입은 사림을 말하는데, 조광조를 위시한 김정 등 유교로 정치와 교화의 근본을 삼아 이른바 삼대(三代)의 왕도정치를 실현하려던 신진 사류들이다.

**133** 누가……하였는가 : 당시의 금산 태수는 정웅(鄭熊, 1472~1533)으로 자는 포문(布文)이며 본관은 광주(光州)이다. 1506년(중종1) 별시 문과에 급제하고 벼슬이 나주 목사에 이르렀다. 1520년 금산에 유배 중이던 김정이 보은에 사는 모친이 병들었다는 소식을 듣고 군수 정웅의 허락을 받고 어머니를 만나고 돌아왔는데 뒤에 이 일이 발각되자 정웅은 죄수를 놓아 보냈다는 죄책을 모면하고자, 도망쳐 돌아간 자를 잡아왔다고 하였다. 이에 김정은 곤장(棍杖) 백 대를 맞고 제주(濟州)에 위리안치(圍離安置)되었는데, 이듬해 이일을 추론하여 자진(自盡)하라는 어명이 내려 김정이 자진하였으므로 이렇게 말한 것이다. 《己卯錄補遺 上卷 金淨傳》

## 평숙을 남겨두고 작별할 적에 칠언절구를 써서 권면하는 뜻을 간략히 보이다

留別平叔書贈七絶略示勉意

| | |
|---|---|
| 그대 이미 강명한 자질 가지고 있음 아노니 | 知君已自有剛明 |
| 장차 규모를 넓혀 점점 평탄한 데로 나아가라 | 且拓規模稍就平 |
| 송사를 다스리는 것은 풍속을 교화함만 못하니 | 聽訟不如能化俗 |
| 부디 성 선생과 조 선생 두 분을 생각하라[134] | 須思成趙二先生 |

**134** 부디……생각하라 : 성 선생은 보은 속리산에 은거한 대곡 성운(成運)을 이르고 조 선생은 보은 현감을 지낸 중봉(重峯) 조헌(趙憲)을 이른다. 조헌의 자는 여식(汝式), 본관은 배천(白川), 율곡 이이와 우계 성혼의 문인이다. 1567년(명종22) 식년 문과에 급제하고 벼슬이 종묘서 영(宗廟署令)에 이르렀다. 보은 현감(報恩縣監) 시절 자신의 상소가 받아들여지지 않자 사직하였다. 1592년(선조25) 임진왜란이 일어나자 옥천(沃川)에서 문인 이우(李瑀), 김경백(金敬伯), 전승업(全承業) 등과 의병을 모아 청주(淸州)에서 왜적을 격파하고, 이어 금산(錦山)의 전투에서 의병 7백여 명과 함께 전사하였다. 문묘에 종향되었다. 성운에 대한 자세한 내용은 495쪽 주125 참조.

## 종경[135]과 작별하며 써서 주다 절구 두 수

別宗慶書贈 二絶

| | |
|---|---|
| 관아(官衙)의 자제들은 처신하기가 어려우니 | 衙中子弟處身難 |
| 공문의 정사에 어찌 감히 관여하랴 | 政事公門豈敢干 |
| 동헌에서 혼정신성[136]하며 모시는 여가에 | 東閣晨昏陪奉暇 |
| 오직 깊이 앉아서 책을 안고 보아야 하네 | 只堪深坐抱書看 |

두 번째 其二

| | |
|---|---|
| 너의 몸 삼가고 닦아 가볍게 행동해서는 안 되니 | 爾身修飭未宜輕 |
| 우리 집안 선조의 가르침 법도가 있네 | 先訓吾家有法程 |
| 함께 거처하는 두 아우 나이가 모두 어리니 | 同居二弟皆沖藐 |
| 걸음마다 응당 저희 형을 바라보리라 | 趨步惟應視乃兄 |

**135** 종경(宗慶) : 박윤원의 아우 박준원의 아들인 박종경(1765~1817)으로 자세한 내용은 260쪽 주48 참조.

**136** 혼정신성(昏定晨省) : 어버이를 모시는 것으로 날이 어두워지면 어버이의 잠자리를 챙겨드리고 새벽에는 어버이께 문안함을 이른다. 《예기》 〈곡례 상(曲禮上)〉에 "자식이 된 자는 어버이에 대해서, 겨울에는 따뜻하게 해 드리고 여름에는 시원하게 해 드려야 하며, 저녁에는 잠자리를 보살펴 드리고 아침에는 문안 인사를 올려야 한다. 〔凡爲人子之體, 冬溫而夏凊, 昏定而晨省.〕"라고 한 데서 온 말이다.

# 화양동[137]에 들어가다

入華陽洞

| | |
|---|---|
| 푸른 바위와 흰 돌의 동천[138]이 열리니 | 蒼巖白石洞天開 |
| 물의 형세 굽이굽이 흘러 아홉 굽이를 돌아가네 | 水勢逶迤九曲廻 |
| 가장 한스러운 것은 내가 백 년 늦게 태어나 | 最恨吾生百年晚 |
| 우암 어른을 따라 이 가운데에 오지 못한 것이네 | 未隨杖屨此中來 |

**137** 화양동(華陽洞) : 지금의 충북 괴산군 청천면(青川面)에 있는 경승이 매우 수려한 골짝으로, 우암 송시열이 은거하며 강학했던 곳이다. 이곳에 모두 아홉 개의 구비가 있어 화양구곡(華陽九曲)이라고 부른다.

**138** 동천(洞天) : 별유천지(別有天地)의 아름다운 골짝으로, 도교에서 신선들이 사는 곳을 칭하는 말이다.

## 화양서원[139]을 배알하다

謁華陽書院

무이산에 구곡이 있는데[140] 武夷之山有九曲
화양동에도 구곡이 있네 華陽之洞有九曲
하늘이 두 현자를 낳아 이 도를 맡겼으니 天生兩賢任斯道
땅 또한 똑같이 높은 자취 간직하고 있네 地亦一般藏高躅
이미 어질고 또 지혜로운 송 부자는 旣仁且智宋夫子
즐거워하신 것이 높은 산과 흐르는 물이었네[141] 所樂高山與流水
흐르는 물굽이마다 맑고 그윽하니 流水曲曲淸而幽
지팡이와 나막신으로 푸른 소나무에 기대 한가롭게 쉬네 杖屨閒憩蒼松倚
흘러가는 것이 이와 같고 구덩이가 찬 뒤에 나아가니[142]

**139** 화양서원(華陽書院) : 1695년(숙종21) 우암 송시열을 제향하기 위해 우암의 제자들인 권상하(權尙夏)·정호(鄭澔) 등이 주도해 충청북도 괴산군 화양리에 설립했는데, 다음 해에 사액(賜額)을 받았다.

**140** 무이산(武夷山)에 구곡(九曲)이 있는데 : 무이산은 중국 복건성(福建省) 숭안현(崇安縣) 남쪽에 있는 산으로 주자가 이곳에 무이정사(武夷精舍)를 짓고 지내면서 학문을 강론하였다. 이곳에 산을 감돌고 흐르는 아홉 구비의 절경이 있어 무이구곡이라 불리는데 주자가 시인 신기질(辛棄疾)과 함께 이곳에서 뱃놀이하면서 〈무이구곡도가(武夷九曲櫂歌)〉를 지었다.

**141** 이미……물이었네 : 송부자는 송시열을 높여 부른 것이다. 이 내용은 공자가 일찍이 "지혜로운 사람은 물을 좋아하고 어진 사람은 산을 좋아한다.〔知者樂水, 仁者樂山.〕"라고 하신 말씀을 원용하여 말한 것이다. 《論語 雍也》

逝者如斯盈科進

공자와 맹자께서 관찰하신 이치 깊이 깨닫노라 深悟孔孟所觀理
암서재[143] 안에 강석을 여니 巖棲齋中講席開
제자들이 경전을 들고 수없이 몰려왔네 弟子執經甡甡來
지난 일 지금까지 선비들이 감탄하니 往事至今章甫嗟
사문의 진작 어쩌면 이리도 성대하였는가 斯文振作何盛哉
선생은 도가 높아 세상이 버리지 않으니 先生道高世不捨
다만 연하만 남아 바위와 들을 잠가 놓고 있네 只留烟霞鎖巖野
선생의 큰 뜻 복수설치에 있었으니[144] 先生志大在復雪
공이 이루어지면 전원으로 돌아가 쉬고자 하셨네 功成欲返丘園臥
아 이 계책 끝내 아득해졌으니 嗚呼此計竟杳茫
영릉[145]의 소나무와 측백나무 저녁 구름에 아득하네 寧陵松柏暮雲荒

**142** 흘러가는……나아가니 : 흘러가는 것이 이와 같다는 구절은 《논어》 〈자한(子罕)〉에 공자께서 흐르는 시냇물을 보며 "가는 것이 이와 같구나. 밤낮을 그치지 않는도다."라고 하신 말씀을 원용한 것이고, 구덩이가 찬 뒤에 나아간다는 구절은 《맹자》 〈이루 하(離婁下)〉의 "근원이 있는 물이 끊임없이 흘러 밤낮을 그치지 아니하여 구덩이가 가득 찬 뒤에 나아가서 사해에 이른다."라는 맹자의 말씀을 원용한 것이다.

**143** 암서재(巖棲齋) : 화양구곡의 제4곡 금사담(金沙潭) 물가의 큰 반석 위에 있는 서재로 송시열이 정계에서 은퇴한 후 학문을 닦고 제자들을 가르치던 곳이다.

**144** 선생의……있었으니 : 복수설치(復讐雪恥)는 청(淸)나라에 복수하여 병자호란의 치욕을 씻는다는 뜻이다. 송시열이 효종에게 올린 〈기축봉사(己丑封事)〉의 주요 내용은 존주대의(尊周大義)와 복수설치였으므로 이렇게 말한 것이다. 이후로 송시열은 효종(孝宗)과 의기투합하여 북벌(北伐) 계획의 핵심 인물로 발탁되었다.

**145** 영릉(寧陵) : 효종과 그 비(妃) 인선왕후(仁宣王后) 장씨(張氏)의 능으로 경기도 여주군(驪州郡) 능서면(陵西面)에 있다.

봉과 기린 같은 현인들 돌아가시어 참으로 슬퍼할 만하니 鳳逝麟亡劇可悲
초산의 서리 기운 얼마나 처량하였던가[146] 楚山霜氣何凄涼
옛 골짝의 산수에 영혼도 응당 좋아하실 것이니 古洞山水魂應樂
서원이 우뚝이 시냇물과 골짝에 임하였네 院宇翼然臨泉壑
심법은 차가운 못에 걸린 가을 달과 같고[147] 心法寒潭懸秋月
모습은 흰 벽의 초상에 태산(泰山)처럼 남아있네 形像素壁留喬嶽
내가 와서 뜨락 동쪽에 공수(拱手)하고 서 있으니 我來拱立庭階東
백 년이 지나 더욱 문과 담장 높음을 우러러보노라[148] 百年益仰門墻崇
천자의 유묘[149] 지척 간에 있으니 天子遺廟在咫尺

**146** 초산(楚山)의……처량하였던가 : 초산은 정읍(井邑)의 고호이다. 1689년(숙종 15) 제주에 유배되어 있던 송시열이 그해 6월에 나국(拿鞫)의 명을 받고 상경하다가 정읍에서 사사(賜死)되었기 때문에 이렇게 말한 것이다.

**147** 심법(心法)은……같고 : 심법은 마음을 수양하는 방법으로, 송시열의 마음의 경지가 차가운 못에 걸린 가을 달처럼 티끌 한 점 없이 맑고 깨끗함을 찬양한 표현이다. 주자(朱子)의 〈재거감흥(齋居感興) 이십수(二十首)〉에 보이는 "삼가 천 년의 마음을 생각하건대, 가을 달이 찬 강물을 비추는 듯하도다. 공자께 어찌 일정한 스승이 있었으랴. 산술하신 것에 성현의 법도가 남아있도다.〔恭惟千載心, 秋月照寒水. 魯叟何常師, 刪述存聖軌.〕"라는 구절을 원용한 것이다.

**148** 더욱……우러러보노라 : 이 내용은 《논어》 〈자장(子張)〉편에 자공(子貢)이 "부자(夫子)의 담장은 몇 길이나 되어서 그 문을 얻어 들어가지 못하면 종묘(宗廟)의 아름다움과 백관(百官)의 많음을 볼 수가 없다."라고 한 구절을 원용한 것이다.

**149** 천자의 유묘(遺廟) : 명나라 신종(神宗)과 의종(毅宗)을 제사하기 위하여 세운 만동사(萬東祠)를 이른다. 일찍이 민정중(閔鼎重)이 북경(北京)에 사신으로 갔다가 의종(毅宗)의 친필인 "비례불동(非禮不動)" 4자(字)를 얻어 와서 송시열(宋時烈)에게 주니, 송시열이 청주(淸州)의 화양동(華陽洞) 절벽에 이것을 새겼다. 뒤에 송시열이

봄과 가을에 제향함 일체로 똑같네　　春享秋祀一體同
우선 재사를 돌면서 애오라지 배회하니　　且巡齋舍聊徘徊
인경[150]을 가지고 와서 이 속에서 읽고 싶노라　　願抱麟經讀其中

죽을 때에 권상하(權尙夏)에게 이곳에 사당을 세워 의종과 신종을 제사 지내도록 하였는데, 1704년(숙종30)에 권상하가 부근 유생(儒生)들과 함께 화양동에 만동사를 짓고 제사를 지냈다. 만동사는 만동묘(萬東廟)라고도 부른다.

**150** 인경(麟經) : 《춘추》를 가리킨다. 《춘추》는 노나라 은공(隱公) 원년(기원전 722)에서 시작하여 애공(哀公) 14년(기원전 479) 서쪽으로 사냥을 갔다가 기린을 잡은 기사에서 끝나, 총 242년간이 편년체로 기록되어 있다. 기린은 상서로운 동물로 기린이 나타나면 성인이 나온다고 전해지는데, 난세에 기린이 나와 사람에게 잡혔으므로 공자는 이에 눈물을 흘리고 여기에서 기록을 멈추었다고 한다. 여기에서 '인경'이란 말이 나오게 되었다.

## 만동사[151]에서

萬東祠

| | |
|---|---|
| 도성에는 대보단이 있고[152] | 國有大報壇 |
| 청주에는 만동사가 있네 | 州有萬東祠 |
| 군주와 신하가 똑같은 한마음이니 | 君臣同一心 |
| 백세에 길이 할 말이 있게 되었네 | 百世永有辭 |
| 두 황제의 종묘 빈터가 되었으나 | 二帝宗廟墟 |
| 향기로운 제사 바로 이곳에 남아있네 | 芬苾乃在斯 |
| 황제의 은혜 잊을 수가 없으니 | 皇恩不可忘 |
| 우리 동방에서 제사함이 당연하네 | 吾東祭祀宜 |
| 사신이 중국에 가서 어필을 얻어 | 使臣得御筆 |
| 받들고 해동으로 돌아왔네 | 奉歸左海湄 |
| 벼랑에 글씨 새기고 노승이 보호하고[153] | 刻崖老僧護 |

**151** 만동사(萬東祠) : 중국 명나라 신종과 의종을 모신 사당으로 만동은 '물이 만 굽이로 꺾어 흘러도 반드시 동으로 흘러간다는 의미의 '만절필동(萬折必東)'을 줄인 것인바, 천자에 대한 제후의 존모가 변하지 않음을 의미한다. 자세한 내용은 503쪽 주149 참조.

**152** 도성에는 대보단(大報壇)이 있고 : 대보단은 임진왜란 때에 원군을 보낸 명나라 신종(神宗)을 기리기 위해 1704년(숙종30)에 창덕궁(昌德宮) 안에 설치한 제단(祭壇)으로, 1749년(영조25)에는 명나라 태조(太祖)와 의종(毅宗)까지 합사(合祀)하였다.

**153** 사신이……보호하고 : 사신은 민정중(閔鼎重)이고 어필은 명나라의 마지막 황제 의종(毅宗)이 직접 쓴 "비례불동(非禮不動)" 네 글자이다. 민정중이 송시열에게 이것을 올리자 청주(淸州)의 화양동(華陽洞) 절벽에 이것을 모각하고 옆의 환장암(煥章庵)에

위패를 봉안하였으니 응당 영혼이 여기에 의지하시리라　揭虔合憑茲

선생이 오랫동안 뜻을 두셨는데　先生久有志

제자가 이 뜻을 추후에 이루었네　弟子追成之

단청으로 사당의 모습 꾸미고　丹青飾廟貌

보궤[154]로 제사하는 예의를 구비하였네　簠簋具禮儀

문 앞에는 여전히 흐르는 물이 있어　門前有流水

아직도 조종하는 생각을 머금고 있네[155]　尙含朝宗思

제향에 대명도[156]를 사용하니　薦用大明稻

이 일 또한 기이하다고 말하네　玆事亦云奇

초나라 소왕(昭王)은 초가집에서 제사하고[157]　楚昭祭茅屋

운한각(雲漢閣)를 지어 원본을 보존하고 승려들에게 지키게 하였으므로 이렇게 말한 것이다.

**154** 보궤(簠簋) : 제사나 연회 때에 쓰는 그릇으로 보는 볍쌀〔稻〕과 메조〔粱〕를 담는 용기이며, 궤는 메기장〔黍〕과 차기장〔稷〕을 담는 용기이다. 보는 안이 둥글고 밖이 네모지며, 궤는 안이 네모지고 밖이 둥근 모양이다.

**155** 흐르는……있네 : 조종(朝宗)은 원래 제후가 천자에게 가서 뵙는 것으로 봄에 뵙는 것을 조(朝)라 하고 여름에 뵙는 것을 종(宗)이라 하는데, 강물이 바다에 들어가는 것 역시 제후가 천자국에 가는 것과 같다 하여 조종이라고 한다. 《서경》〈우공(禹貢)〉에 "마치 백관이 임금에게 조회하듯, 장강과 한수가 바다로 모여든다.〔江漢朝宗于海.〕"라고 한 구절에서 나왔다.

**156** 대명도(大明稻) : 중국에서 구해온 볍씨이다. 성해응(成海應, 1760~1839)의 《연경재전집(研經齋全集)》 권31의 〈대명도기(大明稻記)〉에 "대명도는 호남 사람이 구하여 문정공 송시열의 후손에게 주어 화양동에 심고 황묘(皇廟)에 쓸 제수로 바친 벼이다."라고 보인다.

**157** 초나라……제사하고 : 소왕(昭王)은 초(楚)나라 평양(平王)의 아들로 이름이 진(軫)이며 노나라 소공(昭公) 27년에 즉위하고 애공(哀公) 6년에 졸하여 27년 간 재위하

순임금 사당은 구의산에 있네[158] 舜祠在九疑
이 의리 본래 분명한데 此義本皎然
저들은 혹 이를 모르네 彼哉或不知
찬란하고 찬란한 세 큰 글자는 煌煌三大字
아 우리 임금님이 쓰신 것이네[159] 猗歟我王爲

였다. 이 내용은 송나라 위중거(魏仲擧)가 편찬한 《오백가주창려문집(五百家注昌黎文集)》 권9 〈제초소왕묘(題楚昭王廟)〉 시의 주석에 "소왕의 묘는 양주(襄州) 의성현(宜城縣)에 있는데, 창려공(昌黎公 한유(韓愈))의 〈현역기(縣驛記)〉에 '역 동북쪽에 우물이 있는데 이는 소왕의 우물이라고 전해진다. 우물 동북쪽으로 수십 보 거리에 소왕의 사당이 있는데, 옛 사당은 지극히 크고 훌륭하였으나, 지금은 초옥(草屋) 한 칸만이 있을 뿐이다. 매년 10월에 백성들이 함께 제사 지낸다.' 하였다."라고 보인다.

**158** 순(舜)임금……있네 : 이 내용은 《사기》 〈오제본기(五帝本紀)〉에 "순(舜)임금이 제위에 오른 지 39년 되던 해에 천하를 순수하다가 창오(蒼梧)의 들판에서 붕어하여 강의 남쪽 구의산(九疑山)에 장례 지냈는데, 이곳이 바로 영릉(零陵)이다."라고 보인다.

**159** 찬란하고……것이네 : 세 큰 글자는 '만동묘(萬東廟)' 편액 글자를 이른다. 우리 임금님은 정조 대왕으로 1776년(정조 즉위년) 8월 23일에 어필로 만동묘 액자(額字)를 써서 내렸는바, 《정조실록》 동일자 기사에 보인다.

## 환장암[160]에서

焕章庵

| | |
|---|---|
| 유명한 사찰 본래 무수히 많으나 | 名寺自無數 |
| 나는 유독 이 암자를 좋아하노라 | 吾獨愛斯庵 |
| 벼랑에 황제의 필적[161]이 새겨져 있고 | 崖鐫皇帝筆 |
| 운각[162]이 푸르고 깎아지른 암벽에 빛나네 | 雲閣耀青巉 |
| 승려가 《존주록》[163]을 보여주며 | 僧示尊周錄 |

**160** 환장암(焕章庵) : 화양동에 있었던 사찰로 지금의 채운사(彩雲寺)이다. 효종 때에 혜일선사(慧日禪師)가 창건하여 환장사(焕章寺)라 하였다는 등 여러 가지 설이 있는데, 단암(丹巖) 민진원(閔鎭遠)의 〈단암만록(丹巖漫錄)〉에는 "숙종조(肅宗朝)의 상신(相臣) 민정중이 사신으로 북경에 갔을 때 명나라 황실의 유물(遺物)을 수집하였는데 숭정 의종황제(崇禎毅宗皇帝)의 어필(御筆) '비례불동(非禮不動)'의 휘호를 가지고 온 자가 있어 값을 주려고 하였으나 사양하고 가버렸다. 민정중(閔鼎重)이 이 글씨를 가지고 귀국하자 송시열이 화양동에 이 글씨를 큰 암벽에 새기고 그 옆에 승려를 모아 암자를 이루어 그 이름을 환장사라 하였다."라고 하였다. 이 환장암 근처 도명산(道明山) 골짜기에 고려 때 창건된 채운암이 있었는데, 1948년의 큰 홍수로 파괴되자 그 재목을 옮겨 환장사의 요사채를 세우고 절 이름을 채운사라고 하였다.

**161** 황제의 필적 : 명나라 마지막 황제 의종의 어필 '비례불동'을 가리킨다.

**162** 운각(雲閣) : 의종 어필 원본을 보관한 환장암 안의 운한각(雲漢閣)을 이른다.

**163** 존주록(尊周錄) : 같은 제목의 여러 편의 책과 글이 있는데, 수암(遂菴) 권상하(權尙夏)의 제자인 윤봉구(尹鳳九, 1681～1767)가 편찬한 《화양존주록(華陽尊周錄)》으로 보인다. 이 책은 권상하, 민정중, 김수항(金壽恒) 등 송시열의 문인들이 쓴 존주(尊周)에 대한 글을 모은 것이다. 윤봉구는 자가 서응(瑞膺), 호가 병계(屛溪), 본관이 파평(坡平)이다. 유일(遺逸)로 천거되어 벼슬이 공조 판서에 이르렀다.

| | |
|---|---|
| 지나간 일들 제법 잘 말하네 | 往事頗能談 |
| 승려들도 오히려 이와 같으니 | 緇徒尙如許 |
| 대의는 여러 사람이 함께하는 것이네 | 大義衆所咸 |
| 유필의 향기 아직도 없어지지 않으니 | 遺筆香不沫 |
| 어루만짐에 눈물이 저절로 떨어지네 | 摩挲淚自含 |
| 찬란한 극기복례의 가르침[164] | 煌煌克復訓 |
| 한 구절을 두세 번 외우노라 | 一句誦再三 |
| 승려 데리고 시내 골짝을 거닐다가 | 携僧步澗壑 |
| 소나무와 녹나무에 의지한 채 멀리 바라보네 | 遐眺倚松楠 |
| 앞에는 낙양산을 마주하고[165] | 前對洛陽山 |
| 금사담[166]에 임해 굽어보네 | 俯臨金沙潭 |
| 소중히 여긴 것 춘추대의에 있으니 | 所重在春秋 |
| 어찌 군이 숲과 바위를 평할 것이 있으랴 | 何須評林巖 |

**164** 찬란한 극기복례(克己復禮)의 가르침 : 극기복례는 자신의 사욕(私欲)을 이겨 예(禮)로 돌아감을 이른다. 안연(顔淵)이 인(仁)을 행하는 방법을 묻자, 공자(孔子)께서 "사욕을 이겨 예로 돌아감이 인을 행하는 방법이다." 하였으며, 극기복례의 조목으로 "예가 아니면 보지 말고, 예가 아니면 듣지 말고, 예가 아니면 말하지 말고, 예가 아니면 동하지 말라." 하였는데 의종의 어필이 '비례불동'이므로 말한 것이다. 《論語 顔淵》

**165** 앞에는 낙양산(洛陽山)을 마주하고 : 낙양산은 환장암 앞의 내 건너편에 있는 산으로 이 산자락에 만동사가 있으므로 이렇게 말한 것이다.

**166** 금사담(金沙潭) : 화양구곡의 제4곡으로 환장암 앞 냇가에 있는데, 여러 반석의 앞을 흐르는 물속에 금빛 모래가 반짝인다고 하여 이렇게 이름하였다고 한다.

## 화양구곡에 쓰다
題華陽九曲

### 경천벽[167]에서 擎天壁

| | |
|---|---|
| 맑은 물 흐름이 저절로 늦춰지니 | 淸泉流自緩 |
| 푸른 절벽이 하늘을 버티며 솟구쳐 있네 | 蒼壁撑天起 |
| 우뚝 솟은 천 길의 모습에 | 巖巖千仞像 |
| 우리 송부자[168]를 생각하노라 | 懷我宋夫子 |

### 운영담[169]에서 雲影潭

| | |
|---|---|
| 깨끗한 못 거울처럼 밝으니 | 澄潭明似鏡 |
| 구름의 그림자와 하늘빛이 함께 비추네 | 雲影共天光 |
| 활수에서 마음의 묘함을 관찰하니 | 活水觀心妙 |
| 이것이 주자로부터 온 것임을 아노라[170] | 知自朱紫陽 |

**167** 경천벽(擎天壁) : 화양구곡의 제1곡으로 기암(奇巖)의 형세가 길게 뻗히고 높이 솟은 것이 마치 하늘을 떠받친 듯하다고 하여 이렇게 이름하였다.

**168** 송부자(宋夫子) : 부자는 스승에 대한 존칭인바, 송시열을 큰스승이라는 의미로 칭한 것이다.

**169** 운영담(雲影潭) : 화양구곡의 제2곡으로 맑은 계곡물이 모여 이루어진 넓은 못에 흐르는 구름이 맑게 비추인다고 해서 붙여진 이름이다.

**170** 활수(活水)에서……아노라 : 활수는 콸콸 쏟아져 내리는 물로, 주자가 지은 시 〈관서유감(觀書有感)〉의 내용을 들어 이렇게 말한 것인바 그 내용은 아래와 같다. "반묘의 네모난 연못 한 거울처럼 열렸는데, 하늘빛과 구름 그림자가 함께 배회하네. 묻노니 저 어찌 이렇듯이 맑은가. 근원에 콸콸 흐르는 물이 있기 때문이라네.〔半畝方塘一鑑

읍궁암[171]에서 泣弓巖

정호에서 활이 떨어지던 날에[172] 鼎湖弓墮日
통곡하며 매번 여기에 올라 임하셨네 痛哭每登臨
시냇물 소리 남은 오열을 띠고 있으니 泉聲帶餘咽
지나가는 객 또한 슬피 읊노라 過客亦悲吟

금사담[173]에서 金沙潭

모래 깨끗하니 돌이 더욱 흰데 沙明石逾白
빈 못은 본래 절로 맑다네 空潭本自淸
참으로 내 마음 깨끗이 씻어야 하니 正須洗我心

開, 天光雲影共徘徊. 問渠那得淸如許, 爲有源頭活水來.〕"

**171** 읍궁암(泣弓巖) : 화양구곡의 제3곡으로, 이름의 내력은《송자대전부록(宋子大全附錄)》〈기술잡록(記述雜錄)〉'채지홍(蔡之洪)' 조에, "우암이 해마다 효종의 휘신(諱辰)인 5월 4일이면 반드시 이 바위에 올라 서쪽을 바라보고 곡을 하였기 때문에 '읍궁'이라 이름하였다.〔臨於此巖, 故名以泣弓.〕"라고 보인다. '읍궁'이란 말은 활을 안고 운다는 뜻으로 임금의 승하를 애통해 함을 이른다.

**172** 정호(鼎湖)에서……날에 : 효종이 승하하신 날을 이른다.《사기》〈봉선서(封禪書)〉에 "황제(黃帝)가 수산(首山)에 있는 구리를 채취하여 형산(荊山) 밑에서 정(鼎)을 만들었는데, 정이 완성되자 용 한 마리가 수염을 길게 늘어뜨리고 땅으로 내려와 황제를 맞이하였다. 황제가 용에 올라타자, 여러 신하들과 후궁 70여 명이 따라 올라탔다. 용이 하늘로 올라가자, 나머지 신하들이 용에 타지 못하고 모두 용의 수염을 붙잡으니, 용의 수염과 황제가 지니고 있던 활이 지상으로 떨어졌다. 백성들이 우러러 바라보니, 황제가 이미 하늘로 올라갔으므로 백성들이 그 활과 수염을 안고 통곡하였다. 이 때문에 후세 사람들이 그곳을 '정호'라고 이름하고, 그 활을 '오호(烏號)'라고 이름하였다."라는 고사가 있으므로 말한 것이다.

**173** 금사담(金沙潭) : 화양구곡의 제4곡으로 자세한 내용은 509쪽 주166 참조.

어찌 다만 내 갓끈을 빨 뿐이리오[174] 豈但濯我纓

능운대[175]에서 凌雲臺

무성한 소나무와 회나무 속에 蕭森松檜裏
푸른 절벽 위로 구름을 뚫고 솟았네 翠壁上干雲
흰 돌들은 어찌 이리 줄지어 있으며 白石何齒齒
흐르는 물은 어찌 이리 돌아 흐르는가 流水何沄沄

와룡암[176]에서 臥龍巖

깊은 구덩이 가뭄에도 물이 마르지 않으니 窪坎旱不渴
아직도 용이 서려 있나 의심하네 尙疑龍蜿蜒
승려가 돌 틈 사이를 가리키며 僧指石罅裂
용이 서려 있던 곳이 뚫린 것이라고 말하네 云是蟠處穿

**174** 어찌……뿐이리오 : 이 내용은 《맹자》 〈이루 상(離婁上)〉의 "동자가 노래하기를 '창랑의 물이 맑거든 나의 갓끈을 씻을 것이요, 창랑의 물이 흐리거든 나의 발을 씻겠다.' 하니, 공자께서 말씀하시기를 '소자들아, 저 노래를 들어보라. 물이 맑으면 갓끈을 씻고 물이 흐리면 발을 씻는다고 하니, 이는 물이 스스로 취하는 것이다.' 하셨다."라고 한 구절을 원용하였다.

**175** 능운대(凌雲臺) : 지금의 화양구곡 제6곡인데 여기서는 다섯 번째로 읊어졌다. 아래의 첨성대가 지금의 제5곡이다. 능운대와 첨성대가 물길을 떠나 산에 있기 때문에 차례가 바뀐 것으로 보인다. 우뚝 솟은 봉우리가 구름 위로 치솟아 있다는 뜻의 이름이다.

**176** 와룡암(臥龍巖) : 지금의 화양구곡 제7곡으로 길게 늘어진 기암이 용이 누워있는 것처럼 보인다고 하여 붙여진 이름이다.

### 첨성대[177]에서 瞻星臺

| | |
|---|---|
| 높은 바위 푸른 하늘에 기대고 있으니 | 穹石倚靑天 |
| 부여잡고 올라가면 별을 잡을 수 있네 | 攀登星可捫 |
| 때로 가벼운 바람이 부니 | 有時輕風至 |
| 물 위로 바람이 불어 무늬를 이루네 | 吹水蹙成紋 |

### 학소대[178]에서 鶴巢臺

| | |
|---|---|
| 맑은 학 울음소리 마치 들리는 듯하니 | 淸唳如可聞 |
| 우의로 높은 바위에 깃들었네 | 羽衣棲高巖 |
| 소나무와 삼나무 그림자 드리운 곳에 | 松杉落影處 |
| 물빛이 쪽보다도 푸르네 | 水色碧於藍 |

### 파곶[179]에서 巴串

| | |
|---|---|
| 화양동에 들어섬에 기이한 바위 많았는데 | 入洞多奇石 |
| 이곳에 오니 큰 너럭바위 약간 기울어져 있네 | 到此大盤陀 |
| 맑은 시내 파 자 모양으로 돌아가니 | 澄溪巴字回 |
| 완연히 강이 파 자처럼 굽이치는 것과 같네[180] | 宛若江之巴 |

**177** 첨성대(瞻星臺) : 지금의 화양구곡 제5곡인데 물길과 약간 떨어져 북쪽 산자락에 있다. 층층이 쌓인 바위로 송시열이 여기에서 별을 관측했다고 하여 붙여진 이름이다.

**178** 학소대(鶴巢臺) : 화양구곡 제8곡으로 물길 가에 우뚝 솟은 층층의 암벽인데 정상과 바위 사이에 소나무들이 자라고 있어 여기에 학들이 둥지를 틀고 새끼를 길렀기 때문에 붙여진 이름이다

**179** 파곶(巴串) : 화양구곡 제9곡으로 계곡 전체에 희고 깨끗한 너럭바위가 펼쳐져 화양구곡 중 경치가 가장 아름다운 곳으로 송시열이 말년에 거처하면서 강학하던 곳이다.

# 수옹의 초당[181]에서

遂翁草堂

당일에 스승을 따르던 곳에　當日從師地

오직 한 초당만 남아있네　惟餘一草堂

황강[182]으로 진상은 돌아갔으니　黃江眞像返

영정을 일찍이 초당에 봉안했는데 지금 이미 황강으로 옮겨 받들고 있다.

이곳에는 옛 책만 보관되어 있네　是處舊書藏

흐르는 물이 황제의 사당 아래 있고　流水皇祠下

차가운 소나무는 서원 옆에 서있네　寒松院宇傍

**180** 완연히……같네 : 이 내용은 당(唐)나라 때의 시인 왕유(王維, 699~759)가 지은 〈송최오태수(送崔五太守)〉 시에 "안개 속에 언뜻 익주 먼 숲이 드러나고, 하늘가에 맑은 강이 굽이돌아 흐른다.〔霧中遠樹刀州出, 天際澄江巴字回.〕"라는 구절을 원용한 것이다.

**181** 수옹(遂翁)의 초당 : 수옹은 우암 송시열의 수제자인 수암(遂菴) 권상하(權尙夏, 1641~1721)를 높여 칭한 것이다. 수암은 호이고 자는 치도(致道) 본관은 안동(安東)으로 1660년(현종1) 진사시에 합격하고 벼슬이 좌의정에 이르렀다. 이이(李珥), 송시열로 이어지는 기호학파의 정통 계승자로 많은 제자를 남겼다. 초당은 화양서원 인근에 있었을 것으로 보이나 미상이다.

**182** 황강(黃江) : 황강서원(黃江書院)을 가리킨 것으로 보인다. 1726년(영조2)에 수암(遂菴) 권상하(權尙夏)가 제자를 가르쳤던 곳에 그의 학문과 덕행을 추모하기 위해 창건되어, 권상하와 그의 스승인 우암 송시열을 제향하였으며 1727년에 황강이라 사액되고 이후 권상하의 제자인 한원진(韓元震)과 권상하의 아들 권욱(權煜)을 추가로 배향하였다. 1871년(고종8) 서원철폐령으로 훼철되었는데, 서원이 있던 황강리가 수몰되자 지금의 제천시 한수면 송계리로 이건, 복원하였다.

| | |
|---|---|
| 일찍이 듣건대 직 자를 전수받았다고 하니[183] | 曾聞傳直字 |
| 대의가 밝힐수록 더욱 빛나네 | 大義闡逾光 |

**183** 직(直)……하니 : 우암 송시열이 임종 때에 문인들에게 "천지가 만물을 내는 소이(所以)와 성인(聖人)이 만사를 수응하는 소이는 직(直)일 뿐이다."라고 하면서, '직' 자야말로 공자 · 맹자 · 주자가 전한 동일한 법도라고 강조하며 전수하였으므로 이렇게 말한 것이다.

## 무신년 계추에 청주를 지나다가 지난 무신년 봄에 병란이 일어난 일을 생각하고 분함을 느껴 시를 짓다

戊申季秋 過淸州 憶前戊申春兵亂事 憤而作詩

| | |
|---|---|
| 어렸을 때에 장노들께 | 兒時聞長老 |
| 무신년 난리[184]에 대한 말씀을 들었네 | 亂離說戊申 |
| 최 정승이 밤에 변란을 고하니[185] | 崔相夜告變 |
| 도성의 백성들 솥에 물이 끓는 듯하였네 | 鼎沸都中民 |
| 문정에서 큰 도적이 생겨나니 | 門庭生巨寇 |

**184** 무신년(戊申年) 난리 : 영조 4년(1728)에 소론 강경파와 남인 일부가 경종(景宗)의 죽음에 영조와 노론이 관계되었다고 주장하면서 일으킨 난으로, 이인좌(李麟佐)가 중심이 되었기에 '이인좌의 난'이라고도 한다. 1724년 경종의 승하로 영조가 즉위하여 김일경(金一鏡) 등이 제거되고 노론 정권이 들어서자, 일부 소론들이 남인들을 포섭하여 반정을 도모하기 위해 비밀 조직을 결성하였는데, 영조가 1727년 정미환국으로 탕평책을 실시함에 따라 서울의 많은 소론이 이탈하였다. 이에 초조해진 지방의 세력들이 이인좌를 대원수로 삼고 거병하였는데, 반군은 한때 청주성(淸州城)을 점령하는 등 기세를 떨치고 도성을 향해 진격하였으나 안성(安城)과 죽산(竹山)에서 관군에게 대파당하고 이인좌 등 수뇌부가 체포되어 평정되었다. 이인좌는 본관이 전주(全州)이고 청주 송면(松面) 출신으로, 관찰사 운징(雲徵)의 손자이며 윤휴(尹鑴)의 손서(孫壻)인데 벼슬하지 않았다.

**185** 최 정승이……고하니 : 최 정승은 최규서(崔奎瑞, 1650~1735)로 자가 문숙(文叔), 호가 간재(艮齋), 본관이 해주(海州)이다. 1680년(숙종6) 별시 문과에 급제하고 벼슬이 영의정에 이르렀다. 1728년 무신난(戊申亂) 때 용인에 있었는데, 변란의 소식을 접하자마자 80세의 노구를 이끌고 제일 먼저 조정으로 달려가 이를 알렸기 때문에 이렇게 말한 것이다.

근심이 남쪽과 북쪽 오랑캐보다 더 심하였네 憂甚南北塵
다행히 나는 늦게 태어나 自幸我生晩
병란을 직접 보지 못 하였네 兵革見未親
이제 청주의 경내를 지나가는데 今過淸州境
연도가 마침 다시 무신년이네 歲甲適復臻
청주는 반란이 시작된 곳이니 淸州亂所始
변란이 일어난 때를 생각하노라 却憶變起辰
호서가 적의 소굴이 되니 湖西作巢窟
온 도가 역적 이인좌에게 붙었네 一道附逆麟
안성 장터에서 사람들을 불러 모으고 嘯聚安城場
소사[186]의 경계에서 진법을 익혔네 習陣素沙垠
이 일 말하려 함에 이미 머리털이 곤두서고 欲言已竪髮
지난 날을 생각함에 더욱 가슴이 아프네 追思愈傷神
상당[187]의 몇 리쯤에서 上黨幾里許
말을 멈추고 행인에게 묻노라 駐馬問行人
손가락으로 가리켜줌에 눈으로 보는 듯하니 指點如可覩
구름 낀 산이 푸른 하늘에 이어져 있네 雲山連碧旻
지나간 일에 거듭 분노하여 팔뚝 걷어붙이니 往事重扼腕
백 치의 성[188] 공연히 높기만 했네 百雉空嶙峋

**186** 소사(素沙) : 문맥으로 보아 직산(稷山) 북쪽에 위치한 들판인 소사평(素沙坪)을 가리킨 것으로 보인다. 소사들, 소사벌이라고도 부른다.

**187** 상당(上黨) : 청주(淸州)의 옛 이름이다.

**188** 백 치(百雉)의 성(城) : 치는 고대에 면적을 나타내는 단위로 길이 3장(丈), 높이

| | |
|---|---|
| 상여(喪輿)에 몰래 병기를 싣고 들어오니 | 喪車潛載兵 |
| 양덕부가 성문을 열어 주었네[189] | 德溥開門闉 |
| 당당한 이 장군[190]이 | 堂堂李將軍 |
| 역적을 꾸짖음은 안고경(顔杲卿)과 장순(張巡) 같았네[191] | 罵賊同杲巡 |
| 남공[192]은 참으로 늠름하고 열렬하였고 | 南公信凜烈 |

1장(丈)이다. 《예기》 〈방기(坊記)〉에 "도성은 백 치를 넘지 못한다.〔都城不過百雉〕" 하였는데, 정현(鄭玄)의 주에 "치는 단위의 이름이다. 높이 1장(丈), 길이 3장(丈)을 치(雉)라 한다."라고 하였다.

**189** 상여(喪輿)에……주었네 : 양덕부(梁德溥)는 청주읍성의 비장(裨將)이다. 이인좌(李麟佐)가 청주성을 도모할 적에 병사들을 장례 행렬로 위장하고 상여에 병기를 실은 체 양덕부의 내응(內應)으로 성문을 통과하여 야음에 병영을 덮쳐 충청도 병마절도사 이봉상(李鳳祥)을 살해하고 청주를 장악하였다. 《國朝人物考 洪霖傳》

**190** 이 장군 : 이봉상(李鳳祥 1676～1728)으로, 자가 의숙(儀淑), 시호가 충민(忠愍), 본관이 덕수(德水)이며 충무공 이순신 장군의 5세손이다. 1702년(숙종28) 무과에 급제하고 벼슬이 훈련대장에 이르렀다. 무신난 당시 충청도 병마절도사로 있다가 이이좌의 반군에 붙잡혀 항복을 권유 받았으나 충무공 집안의 충의를 말하며 반역을 꾸짖다가 살해되었다.

**191** 역적을……같았네 : 안고경(顔杲卿 692～756)은 당나라 현종 때의 인물로 명필 안진경(顔眞卿)의 종형(從兄)이며 시호는 충절(忠節)이다. 천보(天寶) 14년 을미년(755) 안녹산(安祿山) 밑에서 영전 판관(營田判官)으로 있다가 상산태수(常山太守)로 발탁되었는데, 안녹산이 반란을 일으키자 평원태수(平原太守)로 있던 아우 안진경(顔眞卿)과 호응하여 의병을 일으 반란군의 배후를 위협하며 하북(河北) 일대의 고을들을 안정시키다다 패전하여 안녹산에게 끌려가 항복을 권유받았으나 끝까지 굽히지 않고 반역을 꾸짖다가 처형되었다. 장순(張巡 709～757)은 진원(眞源)의 현령으로 안녹산의 반란 때 군대를 일으켜 수양성(睢陽城)을 지켰으나 중과부적으로 성이 함락되자 순국하였다.

**192** 남공(南公) : 남연년(南延年 1653 ～1728)으로, 자는 수백(壽伯), 본관이 의령(宜寧)이며 시호가 충장(忠壯)이다. 1676년(숙종2) 무과에 급제하고 선전관 등을 거쳐

홍공[193]은 더더욱 절륜하였네　洪公尤絶倫
애통하도다 저 투항한 무리들은　痛彼投降輩
흉악한 괴수와 죄가 똑같네　凶魁罪與均
붕당은 참으로 두려울 만하니　朋黨吁可畏
인군을 배반하여 끝내 자신의 몸을 해쳤네　叛君竟陷身
영묘께서 성스러운 무력을 떨쳐　英廟奮聖武
원수[194]가 개선가를 불렀네　元帥凱歌陳
지금 육십 년 동안　于今六十年
팔도가 임금의 교화를 입고 있네　八域囿陶匀
이에 용과 뱀도 적자로 변하니[195]　龍蛇化赤子
두 조정[196]의 인자함을 더욱 우러르네　益仰兩朝仁
당저[197]께서 감회를 일으키니　當宁興感思

청주 영장 겸 토포사(淸州營將兼討捕使)로 부임하였는데 무신난에 병영이 함락되자 누대 위에 앉아 반군들을 꾸짖다가 순국하였다.

**193** 홍공(洪公) : 홍림(洪霖, 1685~1728)으로, 자가 춘경(春卿), 본관이 남양(南陽), 시호가 충강(忠剛)이다. 1727년(영조3) 병마절도사 이봉상의 막료가 되었다. 무신난 때 병영에서 사로잡혀 반군의 회유를 받았으나 이를 거부하고 반군을 꾸짖다가 순국하였다.

**194** 원수(元帥) : 무신난 때 병조 판서로 있다가 사로 도순무사(四路都巡撫使)에 제수되어 난을 평정한 오명항(吳命恒, 1673~1728)을 가리킨 것이다. 오명항은 자가 사상(士常), 호가 모암(慕菴), 본관이 해주(海州)로 1705년(숙종31) 식년 문과에 급제하고 벼슬이 우의정에 이르렀다.

**195** 용과……변하니 : 용와 뱀은 억세고 사나운 백성을, 적자(赤子)는 순량한 백성을 말한다.

**196** 두 조정 : 영조와 정조의 조정을 이른다.

**197** 당저(當宁) : 현재의 임금이란 뜻으로 《예기》 〈곡례 하(曲禮下)〉의 "천자는 저를

선왕조에 훈신들이 많았네　先朝多勳臣
슬퍼하며 추증하고 다시 시호를 내리고　哀贈復宣謚
치제하고 표창하는 윤음이 내려졌네　賜祭垂褒綸
자손들 불러 만나보심에　子孫被召見
북신[198]을 둘러싸고 절하고 감사하네　拜謝環北宸
공을 기억하여 특별한 예우를 베푸시니　記功紓異數
사대부들 보고 들으며 진작되네　瞻聆聳衿紳
편안함에도 위태로움을 잊지 않으니　居安不忘危
성상의 마음 항상 두려워하시고 공경하시네　聖心常惕寅
세운이 나쁘다고 말하지 말라　莫道歲運惡
길흉은 원래 순환하는 법이네　吉凶元相循
여행하는 나그네들도 도로에 편안하여　行旅安道路
태평성대의 봄을 읊고 노래하네　詠歌太平春

당하여 선다.〔天子當宁而立.〕"라는 구절에서 유래하였는바, 저(宁)는 문병(門屛)의 사이를 말한다. 여기서는 순조를 이른다.

**198** 북신(北宸) : 북극성(北極星)으로 북신(北辰)으로도 표기하는바, 제왕이나 대궐을 가리킨다. 《논어》 〈위정(爲政)〉에 "정사(政事)를 덕(德)으로 하는 것은, 비유하건대 북신이 제자리에 머물러 있으면 여러 별이 북신을 향하여 도는 것과 같다."라고 한 공자의 말씀에서 왔다.

## 홍무[199]에 대한 노래
洪武歌

| | |
|---|---|
| 크게 생각하건대 대명의 태조는 | 洪惟皇帝明太祖 |
| 홍무 무신년에 구우[200]에 군림하였네 | 洪武戊申臨九宇 |
| 지금 또다시 무신년이 돌아옴을 보니 | 如今又見戊申回 |
| 나로 하여금 다시 홍무의 때를 생각하게 하네 | 令人却憶時洪武 |
| 철목[201]의 비린내 나는 오랑캐의 긴긴밤 뒤에 | 鐵木腥塵長夜後 |
| 문물이 혁혁하게 빛나 대낮과 같았네 | 文物赫赫如亭午 |
| 대명의 국호를 천하가 높이니 | 大明國號天下尊 |
| 제후들 모두 와서 중국에 조회하였네 | 諸侯悉來朝中土 |
| 궁전을 새로 지었으나 단청을 하지 않았고 | 宮殿新成不丹青 |
| 벽 위에 새긴 《대학연의》는 해와 달처럼 밝았네[202] | 壁上衍義昭日星 |

**199** 홍무(洪武) : 명(明)나라를 건국한 태조(太祖) 주원장(朱元璋)의 연호로, 1368년부터 1398년까지이다.

**200** 구우(九宇) : 구주(九州)와 같은 말로 중국을 아홉 개의 주(州)로 나눈 것을 이르는바, 곧 천하(天下)를 가리킨다.

**201** 철목(鐵木) : 원(元)나라를 이른다. 원나라 태조(太祖)의 이름이 철목진(鐵木眞 테무진)이기 때문에 이렇게 말한 것이다.

**202** 벽……밝았네 : 이 내용은 《명사기사본말(明史紀事本末)》 권14 〈개국규모(開國規模)〉 중 1367년 9월 계묘일 기사에 "또 시신(侍臣)에게 《대학연의(大學衍義)》를 양쪽 회랑 벽 사이에 쓰도록 명하고 말하기를 '전대의 궁실에는 대부분 회화를 그려 놓았지만 나는 이를 갖추어 아침저녁으로 보고자 하니, 단청(丹青)하는 것보다 낫지 않겠는가.' 하였다."라고 보이므로 이렇게 말한 것이다.

이 일에서 충분히 훌륭한 계책을 남겨준 것 볼 수 있으니
茲事足見垂宏謨

주씨의 보배로운 국운 장차 천 년을 갈 듯하였네 朱氏寶祚將千齡

어찌하여 겨우 이백 년이 되자 如何甫及二百年

예악이 모두 변하여 비린내 나는 오랑캐 세상이 되었는가
禮樂盡化爲腥羶

만세산[203] 위에 금 등불 밝으니 萬壽山上金燈明

산 귀신이 밤에 황제의 어가를 앞에서 인도하였네 山鬼夜導帝駕前

우리 동방은 예부터 내복[204] 대우를 받았고 我東舊蒙視內服

황제의 은혜로 다시 나라가 세워졌으니[205] 황하처럼 무궁하리라
皇恩再造河無極

지사들은 순치의 연호로 칭하는 것 부끄러워하였고[206]

203 만세산(萬歲山) : 저본에는 '만수산(萬壽山)'으로 되어 있으나 사실(史實)에 의거하여 정정하였다. 북경(北京)에 있는 인공산(人工山)으로, 이자성(李自成)이 반란군을 이끌고 북경에 쳐들어 왔을 때 명나라의 마지막 황제인 의종(毅宗)이 자결한 곳이다.

204 내복(內服) : 천자가 다스리는 중국 본토를 뜻한다. 천자가 있는 곳의 사방 500리 이내를 왕기(王畿)라 하고 그 밖으로 500리씩 나가면서 전복(甸服), 후복(侯服), 유복(綏服), 요복(要服), 황복(荒服)이라 하였는데, 요복 이내를 내복이라 하여 정교(政敎)가 잘 미치지 않는 황복과 구별하였다.

205 황제의……세워졌으니 : 조선이 임진왜란으로 멸망 직전까지 몰렸다가 명나라 신종(神宗)이 보내준 원군으로 왜적의 북진을 저지시키고 이후 연합군이 왜적을 물리쳐 나라를 다시 부흥시켰으므로 말한 것이다.

206 지사(志士)들은……부끄러워하였고 : 순치(順治)는 청나라 3대 황제인 세조(世祖)의 연호이다. 당시 조선조는 중국의 청나라와 사대관계를 맺고 있어서 공식적으로는 청나라 연호를 썼으나, 일부 지사들은 청나라 연호를 위호(僞號)라 하여 쓰지 않고

志士羞稱順治號

유민들은 숭정[207]의 책력을 울며 안고 있었네　遺民泣抱崇禎曆

매년 삼월 대보단[208]에　每年三月大報壇

천왕을 제사하러 백관들이 달려오네　祭祀天王走百官

더구나 이 무신년[209]을 다시 만나니 마음이 어떠한가　況逢此歲意如何

풍천[210]을 한 번 읊조림에 마음속의 탄식을 더하노라　風泉一吟增感歎

우리 임금님 주나라를 높임[211]은 선조의 뜻을 따르는 것이니

我后尊周先志遵

맹춘에 공경히 배알함에 예가 다시 새로워지네　孟春祇謁禮更新

윤음의 글자마다 천조를 생각하니　綸音字字懷天朝

천조의 배신들 수건에 눈물 가득하네　天朝陪臣淚盈巾

황하가 다시 맑아질 시기[212]가 어찌 없으랴　黃河再澄豈無期

명나라의 마지막 연호인 숭정을 써서 '숭정 기원후(崇禎紀元後) 모년(某年)'이라는 표현을 사용하기도 하였으므로 이렇게 말한 것이다.

**207** 숭정(崇禎) : 명나라의 마지막 황제 의종(毅宗)의 연호이다.

**208** 대보단(大報壇) : 명나라 황제들을 제사하기 위한 제단(祭壇)으로 자세한 내용은 505쪽 주152 참조.

**209** 무신년(戊申年) : 1368년으로 명나라가 건국된 홍무 1년을 가리킨다.

**210** 풍천(風泉) : 《시경》 〈회풍(檜風)〉의 〈비풍(匪風)〉과 〈조풍(曹風)〉의 〈하천(下泉)〉을 병칭한 것인데, 〈비풍〉은 주주(周)나라 왕실이 쇠미한 것에 대하여 현인(賢人)이 이를 근심하고 탄식하는 내용이고, 〈하천〉은 주나라 왕실이 무너지자 소국이 곤폐(困弊)하여 주나라 서울을 그리워하는 내용이다.

**211** 주(周)나라를 높임 : 공자가 자신이 지은 《춘추》에서 당시 천자국인 주나라를 높이는 것을 의리로 천명하였는바, 이를 '존주대의(尊周大義)'라고 하므로 이렇게 말한 것이다. 이는 곧 명나라를 높이는 숭명사상(崇明思想)을 이른다.

현기에 양이 돌아오는 이치[213]를 미룰 수 있네　　玄機陽復理可推
중국에 진짜 황제가 나와　　願見中國眞帝出
문명이 다시 홍무 때와 같아질 때를 보고 싶노라　　文明復如洪武時

**212** 황하가……시기 : 성인(聖人)의 출현을 이르는 말로 삼국시대 위(魏)나라 이강(李康)의 〈운명론(運命論)〉에 "황하가 맑아지면 성인이 출현한다.〔夫黃河淸而聖人生〕"라는 말이 나오는데, 그 주(註)에 "황하는 천 년에 한 번 맑아지는데, 그 상서(祥瑞)에 응하여 성인이 나온다고 세상에 전한다.〔世傳黃河千年一淸, 淸則聖人生於此時也.〕"라고 보인다. 《文選 卷53》 여기서는 성인이 출현하여 오랑캐인 청나라를 멸망시키고 정통(正統)의 왕조가 건국됨을 말한 것이다.

**213** 현기(玄機)에……이치 : 현기는 천지자연이 운행되는 오묘한 이치를 이르고 양이 돌아온다는 것은 흉(凶)한 것이 가고 길(吉)한 것이 돌아오는 것으로 다시 태평성대가 됨을 이른다.

## 여성[214]이 청주로 부임하는 것을 전송하며

送汝成之任淸州

땅은 화양의 골짝보다 더 좋은 곳이 없으니 有地莫如華陽谷
관원이 되려면 마땅히 청주 목사가 되어야 하네 爲官當作淸州牧
화양동의 수석을 내 좋아해서일 뿐만이 아니요 華陽泉石非徒好
선현께서 점쳐 사신 곳[215]이라 좋아할 만하네 可愛先賢所嘗卜
대명의 천지가 한 골짝에 열리니 大明乾坤闢一壑
성스러운 황제의 어필이 바위 한 가운데에 새겨져 있네[216] 聖帝御筆鐫巖腹
굽이굽이 물의 형세는 만 번 꺾여도 동쪽으로 흘러가니[217] 逶迤水勢萬折東
장엄한 황제의 사당 숲 기슭에 의지하여 있네 翼翼皇廟依林麓
오랑캐의 먼지 중원에 가득함을 알지 못하고 不知腥塵滿中原

**214** 여성(汝成) : 유한준(兪漢雋, 1732~1811)의 자이다. 1788년(정조12)에 청주 목사(淸州牧使)에 제수되었다. 유한준에 대한 자세한 내용은 232쪽 주3 참조.

**215** 선현께서……곳 : 선현은 우암 송시열로, 만년에 화양동에 은거하면서 학문과 강학에 힘쓰고 동시에 정국(政局)에 영향력을 행사하였다.

**216** 성스러운……있네 : 성스러운 황제는 명나라 마지막 황제인 의종(毅宗)을 가리킨다. 이 구절에 대한 자세한 내용은 503쪽 주149 참조.

**217** 굽이굽이……가니 : 원문의 '만절동(萬折東)'은 '만절필동(萬折必東)'을 줄여 쓴 것인데, 중국의 모든 강물이 천만번 굽이쳐 흘러가도 결국은 모두 동쪽 바다로 흘러 들어간다는 의미로 제후가 천자에 대해 갖는 존모(尊慕)의 뜻은 변하지 않음을 의미한다. 황제의 사당은 만동묘(萬東廟)를 가리킨다.

오직 해와 달이 화양구곡에 비추는 것을 보노라　惟見日月照九曲
지난해 시월 이곳에서 유람할 적에　去年十月吾遊此
사찰 창가에 앉아 《존주록》[218]을 보았네　禪窓坐閱尊周錄
자옹[219]의 장편 시가 내 눈에 들어오니　慈翁長篇入我眼
나로 하여금 손을 씻고 세 차례 읽게 했네　令我盥水三回讀
자옹은 일찍이 대로[220]의 문하에서 가르침을 받았으니　翁曾摳衣大老門
인경[221]의 깊은 뜻 평소 익숙히 강하였네　麟經微旨講素熟
그대는 바로 그 분의 증손으로 이 지역을 맡았으니　君是曾孫守玆土
이 암자에 오면 옛 자취에 감동하리라　定到庵中感舊躅
눈물을 차가운 샘물처럼 흘리며 유시를 이어 지어　淚如冽泉續遺詩
산승에게 옛 상자에 잘 보관하라 분부하게나　分付山僧藏古簏
천자의 제전을 더 늘릴 것을 의논하고　天子祭田議增置
한편으로는 녹봉을 덜어 사당 수리할 것을 생각하게나　且思捐俸葺廟屋
어진 수령은 정사에서 먼저 힘써야 할 것을 아니　賢侯此政知先務
부디 대의를 붙들어 무너진 풍속을 진작시키게나　庶扶大義勵頹俗

**218** 존주록(尊周錄) : 수암 권상하의 제자인 병계 윤봉구가 편찬한 《화양존주록(華陽尊周錄)》으로 보인다. 자세한 내용은 508쪽 주163 참조.

**219** 자옹(慈翁) : 유명뢰(兪命賚, 1652~1712)로 호가 자교당(慈敎堂)이기 때문에 이렇게 칭한 것이다. 자가 필경(弼卿), 본관이 기계(杞溪)로 유한준의 증조부이며 우암 송시열의 제자이다. 벼슬에 뜻을 두지 않고 사부(詞賦)와 성리학(性理學) 등 학문에 전념하였다.

**220** 대로(大老) : 우암 송시열에 대한 존칭이다.

**221** 인경(麟經) : 《춘추》의 별칭이다. 자세한 내용은 221쪽 주274 참조.

## 김원집[222] 이중 을 애도하다 일곱 장

哀金元執 履重○七章

아아 원집이여 嗟嗟元執
혁혁한 가문이었네 有赫其門
선원[223]의 후예요 仙源之後
수북[224]의 후손이라네 水北之孫

아아 원집이여 嗟嗟元執
진실로 고아한 선비였네 允矣雅士
이미 그 행실 돈독하였고 旣敦其行
재주 또한 매우 아름다웠네 才亦孔美

아아 원집이여 嗟嗟元執
닷새 동안 굶주렸네[225] 五日其饑

**222** 김원집(金元執) : 김이중(金履中, 1740～1787)으로, 원집은 그의 자이고 선원(仙源) 김상용(金尙容, 1561～1637)의 6대손이다. 1787년(정조11) 나이 48세로 병으로 작고하였다. 저본의 원주에는 이름이 '이중(履重)'으로 되어 있으나 외숙인 유한준(兪漢雋)이 지은 〈원집묘지명(元執墓誌銘)〉에 의거해서 '이중(履中)'으로 정정하였다.

**223** 선원(仙源) : 김상용의 호이다. 자세한 내용은 70쪽 주23 참조.

**224** 수북(水北) : 김광현(金光炫, 1584～1647)으로 수북은 그의 호이고, 자는 회여(晦汝)이며 김이중의 5대조이다. 1625년(인조3) 정시 문과에 급제하고 벼슬이 이조참판에 이르렀다.

현달하여 영화를 누리지 못하고 弗榮而顯
포의로 일생을 마쳤네 終于布衣

아아 원집이여 嗟嗟元執
밀옹[226]의 조카라네 密翁從子
어질면서 곤궁함을 굳게 지켰으니 賢而固窮
바로 숙부를 닮았네 乃叔是似

아아 원집이여 嗟嗟元執
유형[227]의 생질이네 兪兄之甥
내 처음 그대를 만나 보았을 때 我初覯子
미목이 외숙처럼 수려하였네 眉如舅淸

아아 원집이여 嗟嗟元執
내 아내의 족질이라네[228] 吾婦族姪

**225** 닷새 동안 굶주렸네 : 무슨 내용을 말하는지 미상이다. 닷새에 한 끼를 먹을 정도로 가난하였다는 의미로 새길 수 있을 듯하나, 오자(誤字)가 있을 수도 있다.

**226** 밀옹(密翁) : 김지행(金砥行, 1716~1775)으로, 호가 밀암(密菴)이기 때문에 이렇게 칭한 것이다. 자는 유도(幼道)이다. 일찍이 과거에 뜻을 버리고 공주(公州) 계실곡(溪室谷)에 은거하여 학문에 전념하였다.

**227** 유형(兪兄) : 유한준(兪漢雋)으로, 김이중의 외숙이다. 자세한 내용은 232쪽 주3 참조.

**228** 내 아내의 족질이라네 : 박윤원의 부인은 안동 김씨 김시관(金時寬)의 딸인바, 김이중은 7촌의 족질이 된다.

다만 인척으로 좋아했을 뿐만 아니요　　匪直姻好
우정이 친밀하였네　　情以友密

아아 원집이여　　嗟嗟元執
노량에 장사 지냈는네　　葬于露梁
내 병으로 장송(葬送)하지 못하니　　我病莫送
눈물만 줄줄 흘리노라　　涕淚滂滂

## 척숙인 유공[229] 언제 에 대한 만사
戚叔兪公 彦銻 輓

대완[230]의 문장 굴원[231]과 흡사하니 大阮文騷逼屈原

유명한 집안 재주 있는 자제로 아우가 형[232]을 따랐네 名家才子季隨昆

연달아 안탑에 이름 올렸으나[233] 형이 먼저 작고하였고

**229** 유공(兪公) : 유언제(兪彦銻, 1724~?)로, 자가 주서(珠瑞), 본관이 기계(杞溪)이다. 1753년(영조29) 식년 진사시에 합격하고 벼슬이 광주 목사(光州牧使)에 이르렀다.

**230** 대완(大阮) : 원래 숙부를 이르는 말인데 여기서는 척숙(戚叔)인 유언제를 가리킨다. 진(晉)나라 때 문인으로 자가 중용(仲容)인 완함(阮咸)과 그의 숙부 완적(阮籍, 210~263)이 함께 죽림칠현(竹林七賢)으로 명성이 높아 완적을 대완(大阮), 완함을 소완으로 칭하였는데, 인신하여 숙부를 대완, 조카를 소완이라고 칭하게 되었다. 《晉書 卷49 阮咸傳》

**231** 굴원(屈原) : 기원전 343~기원전 277. 전국시대 초(楚)나라의 충신으로 이름이 평(平)이고, 자가 원(原)이다. 뛰어난 문인으로 명성이 높았으나, 간신의 참소로 상수(湘水)로 추방당하여 머리를 풀어헤치고 방랑 생활을 하였는데, 진(秦)나라에 의해 조국인 초나라가 멸망하게 되자 울분을 참지 못해 멱라수(汨羅水)에 투신하여 별세하였다.

**232** 형 : 유언종(兪彦鍾, 1722~?)으로 자는 희서(羲瑞)이다. 1768년(영조44) 식년 생원시에 합격하였으나 벼슬에는 나아가지 않았다.

**233** 연달아……올렸으나 : 형과 아우가 연달아 사마시(司馬試)에 합격하였으므로 이렇게 말한 것이다. 안탑은 중국의 섬서성 장안현 남쪽 자은사(慈恩寺)에 있는 탑으로 당나라 때 진사 시험에 급제한 이들이 곡강(曲江)의 연회를 마친 뒤 자은사에 가서 안탑에 자기의 이름을 쓰는 풍습이 있었는바 이 고사에 유래하여 후대에 진사에 급제하는 것을 '안탑제명(雁塔題名)'이라고 하였다. 중국의 진사는 우리의 문과이나 이름이 진사이기 때문에 인용한 것이다.

連題雁塔兄先逝

소 잡는 칼 여러 번 시험했는데[234] 아우만 홀로 남았었네 屢試牛刀弟獨存

애석하게도 유공은 끝내 문과에 낙방하였으니 可惜劉公終下第

어찌하여 우씨처럼 문을 높이지 못하였는가[235] 如何于氏未高門

내 두 외숙에 대해 어려서부터 친숙하였으니 我於二叔童年熟

두 번의 애사는 늙은이의 눈물 흔적이어라 再寫哀詞老淚痕

**234** 소……시험했는데 : '소 잡는 칼〔牛刀〕'은 뛰어난 능력을 가지고도 작은 고을을 맡아 예악(禮樂)으로 잘 다스리는 것을 말하는바, 공자(孔子)의 제자 자유(子游)가 노(魯)나라 무성(武城)의 읍재(邑宰)로 있으면서 예악으로 백성을 교화하며 선정을 베풀자 공자께서 즐거워 이렇게 농담한 고사가 《논어(論語)》 〈양화(陽貨)〉에 보인다.

**235** 우씨(于氏)처럼……못하였는가 : 우씨 가문은 전한(前漢) 선제(宣帝) 때의 명재상인 우정국(于定國)의 가문을 이른다. 우정국의 부친인 우공(于公)이 옥사를 공정하게 처리하여 억울한 사람들을 많이 구제하였으므로 사람들에 의해 생사당(生祠堂)이 세워지기까지 하였다. 어느 날 마을로 들어가는 문이 무너져서 보수하는데, 우공이 "사마(駟馬)가 끄는 높은 수레가 드나들 수 있을 정도로 문을 더 높이고 키워라. 나는 억울한 사람이 없도록 옥사를 공정하게 처리하여 음덕을 많이 쌓았으니, 반드시 자손 중에 고관이 되는 자가 있을 것이다." 하였는데, 과연 그의 아들 우정국이 승상이 되고 뒤를 이어 자손들이 봉후(封侯)된 고사가 있으므로 이렇게 말한 것이다. 《漢書 卷71 于定國傳》

## 김 응교[236] 이용 에 대한 만사
金應敎 履鏞 輓

진심으로 옛 것 사모하고 시 읊기를 잘하였으니 眞心慕古善哦詩
연옹[237]의 증손 특별히 걸출하였네 淵老曾孫傑出奇
석실서원[238]에서 글을 외니 한강 물이 얼었고 石室誦書江水凍
포천의 산에서 시묘살이하니 측백나무에 부는 바람 슬펐네 抱山廬墓柏風悲
충량과[239]는 바로 좋은 과명이었으나 忠良正是科名好

**236** 김 응교(應敎) : 김이용(金履鏞, 1732~?)으로, 자가 성희(聖喜), 본관이 안동(安東)이며 삼연(三淵) 김창흡(金昌翕, 1653~1722)의 증손자이다. 1772년(영조48) 충량과에서 수석을 차지하여 문과에 급제하고 벼슬이 홍문관 응교(弘文館應敎)에 이르렀다.

**237** 연옹(淵翁) : 삼연 김창흡으로 그의 호가 삼연이므로 이렇게 칭한 것이다. 1673년(현종14) 진사시에 합격하였으나 벼슬에 뜻을 두지 않고 학문에 전념하였는데 1689년 기사환국 때 아버지 김수항(金壽恒)이 사사(賜死)되자 영평(永平)에 은거하였다. 형 농암 김창협과 함께 성리학과 문장으로 명성이 높았다.

**238** 석실서원(石室書院) : 지금의 경기도 남양주시 수석동(水石洞)에 있던 서원으로 인조 당시 척화파(斥和派)를 이끌었던 김상용(金尙容)과 김상헌(金尙憲)을 기리기 위하여 1656년(효종7) 건립되었는데, 1663년(현종4) 석실이라는 편액을 하사받고, 사액서원으로 승격되었다. 1697년(숙종23) 김수항(金壽恒)・민정중(閔鼎重)・이단상(李端相)이 배향되었고, 그 후 김창집(金昌集)・김창협(金昌協)・김창흡(金昌翕) 3형제와 김원행(金元行)・김이안(金履安)・김조순(金祖淳) 등이 추가 배향되었다.

**239** 충량과(忠良科) : 1764년(영조40) 처음으로 시행된 정시(庭試)의 일종으로, 병자호란 때 청나라에 항거하다가 순절한 이들의 충절을 기리고 아울러 그 후손들을 위로

| | |
|---|---|
| 경세제민은 벼슬이 낮아 어쩔 수 없었네 | 經濟無如宦業卑 |
| 약보[240]를 평소 익숙히 보았는데 | 藥譜平生曾慣閱 |
| 묵은 병을 어찌하여 스스로 치료하지 못하였는가 | 沈痾何不自爲醫 |

할 목적으로 처음 실시하였다. 따라서 이 시험에 응시할 수 있는 사람은 윤집(尹集)·홍익한(洪翼漢)·오달제(吳達濟) 등 삼학사와 김상용·김상헌 등 절신(節臣)의 후손이었지만, 뒤에는 임진왜란 이후 귀화한 명나라 사람의 후예들까지 포함시켰다. 김이용(金履鏞)은 충량과에 응시하여 수석을 차지하여 급제를 하사받았는바, 이일은《영조실록》48년 3월 20일 기사에 보인다.

**240** 약보(藥譜) : 약초에 대한 성미(性味)와 효능 등을 기록한 책을 이른다.

## 이지경[241] 정재 를 애도하다

悼李止卿 定載

| | |
|---|---|
| 지난 해에는 오사집[242]의 상에 곡했는데 | 昔哭吳士執 |
| 이번에는 이지경의 상에 곡하네 | 今哭李止卿 |
| 사문이 날로 침체하니 | 斯文日衰替 |
| 외롭고 외로운 여생을 서글퍼하노라 | 踽踽傷餘生 |

두 번째 其二

| | |
|---|---|
| 위의는 삼가 태만함이 없었고 | 威儀飭無惰 |
| 논설은 분석함이 정미함에 들어갔네 | 論說剖入微 |
| 잠심하여 대업을 이루니 | 潛心成大業 |
| 나는 그대가 거의 도에 가깝다고 여겼네 | 吾謂子庶幾 |

세 번째 其三

| | |
|---|---|
| 난초의 향기 스며든 지 오래지 않았는데 | 蘭襲未云久 |
| 지초가 불에 타니 참으로 한탄스럽네[243] | 芝焚良可歎 |

**241** 이지경(李止卿) : 이정재(李定載)로 지경은 자로 보이는데 분명하지 않다.

**242** 오사집(吳士執) : 오윤상(吳允常, 1746~1783)으로, 사집은 그의 자이고 호가 영재(寗齋), 본관이 해주(海州)다. 대제학을 지낸 순암(醇菴) 오재순(吳載純)의 아들로, 김원행의 문하에서 배웠으며, 학문으로 명성이 높았다. 박윤원의 친구이다.

**243** 지초가……한탄스럽네 : 자신과 동류(同類)의 사람의 불행을 슬퍼한다는 뜻이다. 진(晉)나라 육기(陸機)의 〈탄서부(歎逝賦)〉에 "참으로 소나무가 무성하면 잣나무

쓸쓸한 사천[244]의 문하에　寥落沙川門
전통을 전할 사람 없구나　無人傳緖餘

네 번째 其四

다만 그대가 부모상으로 흙덩어리를 베고 잔다는 말[245]만 들었고　但聞君枕塊
그대가 이미 죽은 줄은 알지 못하였네　不知君已死
처음은 그대에게 조문하러 왔는데　初爲弔君來
도리어 그대의 아들에게 조문하네　却弔君之子

가 기뻐하고, 지초가 불에 타면 혜초가 탄식하도다.〔信松茂而栢悅, 嗟芝焚而蕙歎.〕"라고 하였다.

**244** 사천(沙川) : 누구인지 미상이다. 김극형(金克亨, 1605~1663)의 호가 사천이나 그를 가리킨 것인지는 분명하지 않다.

**245** 흙덩어리를……말 : 거상(居喪) 중에 있음을 가리키는 표현이다. 《의례》〈상복(喪服)〉에 "여막에 거처하며 거적자리를 깔고 흙덩어리를 벤다.〔居倚廬, 寢苫枕塊.〕"라고 보인다.

## 평숙이 서원의 습조에 갔다[246]는 말을 듣고서 이 시를 지어 부치다

聞平叔赴西原習操 作此以寄

그대가 일찍이 육도[247]를 본 적이 없는 것을 아는데 知君曾未六韜窺
억지로 서원의 습조하는 시기에 달려갔다네 强赴西原習操期
절도사 앞에서 군례로 뵈니 節度使前軍禮見
서생이 갑자기 한 편비[248]가 되었네 書生忽作一編裨

두 번째 其二

시월이라 서리 내려 추운데 고각 소리 울리니 十月霜寒鼓角聲
용맹한 군사[249] 십만이 중한 군영(軍營)을 옹위하네 貔貅十萬擁重營
세상이 평화로워도 대비하는 계책[250]을 잊을 수 없으니

**246** 서원(西原)의 습조(習操)에 갔다 : 서원은 청주의 고호이다. 습조는 군사들의 습진(習陣)과 조련(調練)을 아울러 이르는 말이다.

**247** 육도(六韜) : 원래 주(周)나라의 태공망(太公望)이 지었다고 전해지는 병서(兵書)로 〈문도(文韜)〉·〈무도(武韜)〉·〈용도(龍韜)〉·〈호도(虎韜)〉·〈표도(豹韜)〉·〈견도(犬韜)〉의 6권으로 되어 있기 때문에 이렇게 칭한다. 여기서는 병서라는 의미로 쓰였다.

**248** 편비(編裨) : 각 영문(營門)의 부장(副將)을 가리키는 말이다.

**249** 용맹한 군사 : 원문의 '비휴(貔貅)'는 호랑이를 잡아먹는다는 맹수의 이름으로 비(貔)는 수컷이고 휴(貅)는 암컷인데, 옛날에 길들여 전쟁에 썼다고 한다. 전하여 용맹한 군사를 뜻하는 말로 쓰였다.

**250** 대비하는 계책 : 원문의 '주무책(綢繆策)'은 유사시를 미리 대비하여 국방을 튼튼

時平未忘綢繆策

난리를 평정했으나 상당성에는 남은 근심이 있네[251] 戡亂餘憂上黨城

히 하는 계책을 말한다. 《시경》 〈빈풍(豳風) 치효(鴟鴞)〉에 "비 오기 전 날씨가 좋을 때에 저 뽕나무 뿌리를 거두어다가 창문을 칭칭 감는다면, 지금 이 아래에 있는 사람들이 혹시라도 감히 나를 업신여기겠는가."라는 구절에서 유래하였다.

**251** 상당성(上黨城)에는……있네 : 상당성은 청주성(淸州城)을 이른다. 상당은 청주의 고호이다. 1728년(영조4) 3월에 반란을 일으킨 이인좌가 양성(陽城)에서 군대를 일으킨 권서봉(權瑞鳳) 등과 합류하여 스스로 대원수라 칭하고 청주성을 함락하였기 때문에 이러한 일을 방비하기 위해 습조를 행하므로 말한 것이다. 《英祖實錄 4年 3月 15日》

평숙이 보은의 임소에 있으면서 정월 초하루에 성인의 사당에 배알하고 분향례를 행하고는 시 한 수를 지어 나에게 보내어 보여주니, 그 시에 이르기를 "금년은 바로 공부자께서 탄생하신 해이니, 장차 성인이 우리 동방에 다시 태어나시는 것을 볼 수 있을 것이다."[252]라고 하였으니, 이는 나라의 경사를 크게 바라는 때에 좋은 기도를 붙인 것이다. 내가 읽고 기뻐서 마침내 이에 차운하노라

平叔在報恩任所 正朝謁聖廟 行焚香禮 有一詩寄示于余 其詩 以爲今年卽夫子降生之歲 將見聖人復出於吾東 蓋邦慶顒望之時 用寓善禱也 余讀而喜焉 遂次之

궁궐의 담장 몇 길이라 바라보매 우뚝하니[253] 宮墻數仞望巍然
깨끗한 새벽 분향하면서 예법에 맞게 걷네 淸曉焚香步折旋
부디 오성이 동방을 비춰서 須看五星東海照
성인이 응당 금년에 다시 탄생하는 것을 보았으면 하노라[254]

**252** 금년은……것이다 : 금년은 경술년(庚戌年)이다. 공자가 태어난 기원전 551년이 경술년이기 때문에 이렇게 말한 것이다. 성인이 우리 동방에 다시 나온다는 것은 1790년(정조14) 경술년 6월 18일에 박윤원의 아우인 박준원의 따님인 수빈(綏嬪) 박씨에게서 순조(純祖)를 탄생한 것을 말한 것이다.

**253** 궁궐의……우뚝하니 : 이 내용은《논어》〈자장(子張)〉에 자복경백(子服景伯)이 숙손무숙(叔孫武叔)의 말을 빌려 자공이 공자보다 낫다는 말을 전하자 자공이 "궁궐의 담장에 비유하면〔譬之宮牆〕 나의 담장은 어깨에 미쳐 집안의 좋은 것들을 들여다 볼 수 있지만, 부자(夫子)의 담장은 여러 길이어서 그 문을 얻어 들어가지 못하면 종묘(宗廟)의 아름다움과 백관(百官)의 많음을 볼 수가 없다."라고 한 구절을 원용한 것이다.

聖人應復降今年

254 부디……하노라 : 오성(五星)은 금(金)·목(木)·수(水)·화(火)·토(土)의 다섯 행성인데, 송 태조(宋太祖) 건덕(建德) 5년에 오성이 구슬처럼 엮여서 규성(奎星)에 모이는 현상이 있었고, 이듬해에 진종(眞宗)이 태어났으므로 순조의 탄생을 기원하며 이렇게 축원한 것이다.《宋史 卷1 太祖本紀》

## 함열 현감으로 나가는 외제 이사장[255] 단형 을 전송하며
送外弟李士長 端亨 出宰咸悅縣

원을 옮길 적에 장작감의 공로로[256] 遷園將作勞
특별히 뛰어난 은전이 내렸네 恩典逈超常
사송의 직임을 경유하지 않고 곧바로 나아갔으니 直不由詞訟
어찌 일찍이 강하는 글을 시험했으랴[257] 何曾試講章
한 쌍의 오리[258]로 북궐에 사직하고 雙鳧辭北闕

**255** 외제(外弟) 이사장(李士長) : 외제는 고종(姑從)의 아우를 이른다. 이사장은 이단형(李端亨)으로, 사장은 그의 자이고 본관이 전주이다. 부친은 이광회(李匡會), 모친은 박윤원의 고모이며, 음보(蔭補)로 출사하여 함열 현감(咸悅縣監), 대구 판관(大丘判官) 등을 지냈다.

**256** 원(園)을……공로로 : 원은 사도세자(思悼世子)의 묘인 영우원(永祐園)을 이른다. 1789년(정조13) 사도세자의 묘를 수원(水原)으로 옮기고 이름을 현륭원(顯隆園)으로 바꾸었는데, 이때 이단형이 별공작(別工作)에 제수되어 공로를 세웠다.《承政院日記 正祖 13年 10月 7日》

**257** 사송(詞訟)의……시험했으랴 : 음직(蔭職)의 관원이 6품으로 승진되어 지방 수령으로 나가기 위해서는 6개월간 사송(詞訟)의 직임을 맡아야 하고 또 이조에서 치르는 시험인 수령강(守令講)을 거쳐야 하는데, 이단형은 이것을 특별히 면제받았으므로 말한 것이다. 사송의 직임은 민사상의 고소나 송사를 판결하는 직임으로 형조나 한성부 등이 대표적이다.《續大典 吏典 考課條》《六典條例 吏典 取才》

**258** 한 쌍의 오리 : 지방 수령을 가리키는 말이다. 후한(後漢) 명제(明帝) 때 선인(仙人) 왕교(王喬)가 일찍이 섭현 영(葉縣令)으로 있으면서 매월 초하루와 보름이 되면 수레도 없이 머나먼 길을 와서 조회에 참예하였다. 이를 괴이하게 여긴 명제가 태사(太史)에게 그 내막을 알아보게 한 결과, 그가 올 때마다 한 쌍의 오리가 동남쪽에서 날아오기에 그물을 쳐서 잡고 보니 바로 왕교의 신발이었다는 전설에서 유래하였다.《後漢書

다섯 필의 말[259]로 남쪽으로 향하는구나　五馬向南方
청백한 집안의 지조를 이어서　淸白承家操
마음을 다해 성왕께 보답하게나　殫心答聖王

卷82 方術列傳 王喬》

**259** 다섯 필의 말 : 옛날 수령들은 부임할 때에 다섯 필의 말을 타고 갔기 때문에 수령의 부임이나 수령을 지칭하는 말로 쓰인다.

## 경술년 6월 18일에 원자가 탄생하니 신하들과 백성들이 모두 좋아서 뛰고 춤추기에[260] 삼가 이 시를 써서 기쁜 정성을 나타내었다

歲庚戌六月十八日 元子誕生 臣民蹈舞 謹書此以見歡忭之忱

종묘 무지개와 궁중의 구름에 상서로운 빛이 응집되니 廟虹宮霱瑞輝凝

하늘이 원량[261]을 내려줌에 여러 축하하는 소리 비등하네

天與元良衆賀騰

노나라 여인이 일찍이 칠실에서 근심했다는 말 들었는데[262]

魯女昔聞憂漆室

당나라 요임금 지금 단릉에서 탄강함을 보노라[263] 唐堯今見降丹陵

**260** 경술년……춤추기에 : 경술년은 1790년(정조14)이고 원자(元子)는 후일의 순조(純祖)인 이공(李玜)이다. 이 내용은 《정조실록(正祖實錄)》 14년 6월 18일 기사에 "신시(申時)에 창경궁 집복헌(集福軒)에서 원자가 태어났으니, 수빈 박씨(綏嬪朴氏)가 낳았다. 이날 새벽에 금림(禁林)에는 붉은 광채가 있어 땅에 내리비쳤고 해가 한낮이 되자 무지개가 태묘(太廟)의 우물 속에서 일어나 오색광채를 이루었다. 백성들은 앞을 다투어 구경하면서 이는 특이한 상서라 하였고 모두 뛰면서 기뻐하였다."라고 보인다.

**261** 원량(元良) : 훌륭한 세자(世子)를 가리킨다. 《예기》 〈문왕세자(文王世子)〉에 "한 사람이 크게 선량하면 만국이 바르게 되니, 세자를 말한 것이다.〔一有元良 萬國以貞, 世子之謂也.〕"라고 보인다.

**262** 노(魯)나라……들었는데 : 여러 사람이 부질없는 걱정을 하였다는 말이다. 춘추시대 노(魯)나라 목공(穆公) 때 칠실(漆室)이란 읍(邑)에 사는 과년한 처녀가 자신이 시집가지 못하는 것은 걱정하지 않고 임금은 늙고 태자가 어린 것을 걱정하여 기둥에 기대어 울자, 이웃집 부인이 비웃으며 "이는 노나라 대부가 할 근심이니 그대가 무슨 상관인가?"라고 한 고사에서 유래하였다. 《列女傳 卷3 漆室女》

관현악의 기쁜 기운 온 거리에 가득하고　　管絃喜氣通衢匝
금옥의 영광 나라가 수역에 오르리라[264]　　金玉榮光壽域登
다행히 천한 신하의 시가 맞아서　　自幸賤臣詩有驗
오성이 경술년에 동방에 모이기를 먼저 일찍이 축원하였네　　五星庚戌祝先曾

금년 봄에 천한 신하가 가제(家弟)의 〈정월 초하루에 성묘에 배알하다[正朝謁聖廟]〉 시에 차운할 적에 성인(聖人)이 금년에 탄강한다는 말이 있었다.

두 번째 其二

만백성 일제히 환호하며 대궐 문에 모이니　　萬姓齊歡集闕門
우리 동방 유월에 신손[265]이 탄생하였네　　吾東六月誕神孫
빈실에서 응애응애 울며 천인이 탄강하여　　呱啼嬪室天人降
안고 왕비의 궁으로 들어가니 성사로 높였네[266]　　抱入妃宮聖嗣尊

**263** 당(唐)나라……보노라 : 태어난 원자가 장차 요임금과 같은 성군(聖君)이 되기를 축원하는 말이다. 당나라는 요임금이 세운 나라이고 단릉(丹陵)은 요임금의 출생지로 전해지는 곳이다. 진(晉)나라 황보밀(皇甫謐)의 《제왕세기(帝王世紀)》에, "어머니 경도(慶都)가 잉태한 지 14개월 만에, 단릉에서 요(堯)를 낳았다."라고 하였다. 《太平御覽 卷80 皇王部五》

**264** 금옥의……오르리라 : 금과 옥 같은 자질의 원자가 영광스럽게 탄생하였으니, 나라가 장차 태평성대를 맞이할 것이라는 말이다. 수역(壽域)은 '인수지역(仁壽之域)'을 줄여 쓴 말로 모든 사람이 장수를 누리는 태평성대를 말한다. 《논어》 〈옹야(雍也)〉의 "인을 좋아하는 사람은 장수한다.[仁者壽.]"라는 구절에서 나온 말이다.

**265** 신손(神孫) : 왕위를 계승할 임금의 후손에 대한 미칭이다.

**266** 안고……높였네 : 수빈박씨가 원자를 낳자 정조(正祖)가 바로 효의왕후(孝懿王后)로 하여금 양자로 삼게 하고 임금의 후사로 정했으므로 이렇게 말한 것이다. 성사(聖嗣)는 임금의 후사라는 의미이다.

| | |
|---|---|
| 소해와 전성[267]을 백성들이 장차 볼 것이니 | 少海前星民且覩 |
| 태산과 반석처럼 나라가 길이 보존되리라 | 泰山磐石國長存 |
| 본손과 지손이 백세를 전함은 주나라의 일이니[268] | 本支百世周家事 |
| 이로부터 베짱이처럼 후손들이 점점 번성하리라[269] | 自此螽斯漸茂繁 |

**267** 소해(少海)와 전성(前星) : 모두 태자(太子)나 세자(世子)를 가리키는 말이다. 대해(大海)는 천자를 비유하고 소해는 태자를 비유하는데, 명(明)나라 하완순(夏完淳)의 〈대애부(大哀賦)〉에 "무릇 별은 소해에 밝고 하늘은 대황(大潢)에 떠 있다."라고 보인다. 전성이란 표현은 《진서(晉書)》 권11 〈천문지(天文志)〉에 "심(心)이란 별이 있는데, 중간 별〔中星〕은 천자(天子)를, 앞의 별〔前星〕은 태자(太子)를, 뒤의 별〔後星〕은 서자(庶子)를 가리킨다."라고 보인다.

**268** 본손(本孫)과……일이니 : 《시경》 〈대아(大雅) 문왕(文王)〉에 "문왕의 자손들 본손과 지손(支孫)이 백세(百世)를 전할 것이로다.〔文王孫子, 本支百世.〕"라고 하였으므로 이렇게 말한 것이다.

**269** 베짱이처럼……번성하리라 : 이 내용은 베짱이처럼 많은 자식을 두어 후손들이 번성한다는 말로 베짱이는 한 번에 99개의 알을 낳는다고 한다. 《시경》 〈주남(周南) 종사(螽斯)〉에 "종사의 깃이 화(和)하게 모였으니, 너의 자손이 번성함이 당연하도다.〔螽斯羽, 詵詵兮, 宜爾子孫, 振振兮.〕"라고 하였다.

## 종경이 경술년 경과의 사마시에 합격하니[270] 특별한 기쁨이 자별하기에 마침내 율시 한 편을 써서 주다
宗慶中庚戌慶科司馬 奇喜自別 遂書一律以與之

네가 이 방중[271]에 든 것 기쁘니 喜爾能參此榜中
이번 과거는 보통의 과거와 똑같지 않네 今科不與凡科同
이름이 금원에서 불려지니[272] 몸이 하늘로 올라가는 날이요 名呼禁苑身攀日
음악이 균천에서 내려오니[273] 그 소리 바람 따라 퍼지네 樂下勻天響轉風
오 년 동안에 삼부자가 연꽃을 꺾었고[274] 五載折蓮三父子

**270** 종경(宗慶)이……합격하니 : 박종경(1765~1817)은 자가 여회(汝會), 호가 돈암(敦巖)으로 박준원(朴準源)의 아들이다. 1801년(순조1) 식년 문과에 급제하고 벼슬이 호조 판서에 이르렀다. 박종경은 경술년(1790 정조14) 원자 정호(元子定號)를 기념하여 설행한 경과(慶科) 진사시에 합격하였다.

**271** 방중(榜中) : 과거에 같이 합격한 사람을 가리키는 말이다.

**272** 이름이 금원(禁苑)에서 불려지니 : 금원은 창덕궁(昌德宮)의 후원(後苑)을 이른다. 여기에 있는 영화당(暎花堂) 앞 춘당대(春塘臺)에서 경과가 치러졌기 때문에 이렇게 말한 것이다.

**273** 음악이 균천(勻天)에서 내려오니 : '균천'은 도교에서 천제가 사는 하늘의 중앙으로, 여기서는 임금이 사는 대궐을 가리키는바, 대궐의 음악이 연주됨을 말한 것이다.

**274** 오 년……꺾었고 : 연꽃을 꺾었다는 것은 사마시에 합격한 것을 이른다. 사마시에 합격한 자에게 연꽃을 내리기 때문에 사마시 합격자를 게시한 방을 연방(蓮榜)이라고 한다. 박종경의 아버지 박준원(朴準源)이 1786년(정조10) 식년 생원시에 합격하였고, 형 박종보(朴宗輔, 1760~1808)가 1789년(정조13)에 식년 생원시에 합격하였기 때문

| | |
|---|---|
| 이경에 말 꿈을 꾸니 한 아이였네[275] | 二更夢馬一兒童 |
| 아름다운 때 국경일에 어찌 술 마시지 않으랴 | 佳辰志慶那無飮 |
| 달은 밝고 국화꽃은 노랗고 해는 또 풍년이네 | 月白花黃歲又豐 |

에 이렇게 말한 것이다.

**275** 이경(二更)에……아이였네 : 이경은 하룻밤을 다섯으로 나눈 것 중 두 번째로 밤 아홉 시부터 열한 시 사이이다. 말 꿈은 진사가 될 징조라고 하는바, 이는 《성호사설(星湖僿說)》 제26권 〈경사문(經史門) 웅비훼사(熊羆虺蛇)〉에 "지금 사람들이 꿈으로써 과거를 점칠 적에는 용꿈이 급제할 징조가 되고 말 꿈은 진사가 될 징조라고 한다."라고 보인다. 한 아이는 박종경을 가리킨 것이다.

## 평숙이 오랫동안 금중에서 숙직하므로 그리운 회포가 있어 써서 보여주다

平叔久直禁中 有懷書示

| | |
|---|---|
| 삼산의 검은 일산[276] 꿈이런가 의심스러운데 | 三山皁蓋夢還疑 |
| 봉래궁에서 숙직한 지[277] 지금 얼마인가 | 鎖直蓬萊今幾時 |
| 자주 어린 원자[278]를 문후하니 얼굴 가득 희색이요 | 頻候尺衣渾喜色 |
| 항상 공복을 입으니 절로 위의가 단정하네 | 常持公服自端儀 |
| 음직의 길이지만 몸은 문과에 오른 것처럼 귀하고 | 蔭途身似登科貴 |
| 척리[279]이지만 마음은 콩잎 먹는 천한 사람과 똑같네 | 戚里心如食藿卑 |
| 밤낮으로 국가에 보답하여 오직 직분을 다해야 하니 | 報國夙宵惟盡分 |

**276** 삼산(三山)의 검은 일산(日傘) : 삼산은 보은(報恩)의 고호이다. 검은 일산은 검은색 비단 수레 덮개로 지방 수령이 행차할 때 쓰는 의장이다. 박준원이 1788년(정조 12) 보은 현감(報恩縣監)을 지냈기 때문에 말한 것이다.

**277** 봉래궁(蓬萊宮)에서 숙직한 지 : 봉래궁은 당(唐)나라 고종(高宗) 때 대명궁(大明宮)을 개명한 궁궐인데 후대에는 주로 임금이 있는 대궐을 가리키는 뜻으로 쓰였다. 수빈 박씨가 원자(元子)를 낳자 박준원을 호조 참의에 제수하고 항상 대궐 안에 머물면서 원자를 보도(輔導)하게 하였으므로 이렇게 말한 것이다.

**278** 어린 원자 : 원문의 '척의(尺衣)'는 약간 척(尺)의 옷을 입는 어린 원자를 의미한다. 《예기》 〈곡례 하(曲禮下)〉에, "천자(天子)의 나이를 물으면 대답하기를, '듣건대 비로소 약간 척(尺)의 옷을 입는다고 하더이다.' 한다."라고 한 데서 온 말이다.

**279** 척리(戚里) : 왕의 외척 또는 처가를 가리키는 말로, 본디 한(漢)나라 때 장안(長安) 안에 있던 마을 이름인데, 왕의 인척(姻戚)들이 여기에서 살았으므로 이러한 의미가 있게 되었다.

집을 떠난 지 한 달이 되어도 감히 사사로움을 말하랴

離家旬月敢言私

## 병중에 번민을 다스리다

病中撥悶

| | |
|---|---|
| 병으로 누워 삼춘을 보내니 | 病臥三春度 |
| 뜰 앞 나무 이미 녹음이 짙어졌네 | 庭前已綠陰 |
| 책이 있어도 도로 눈을 감아버리니 | 有書還闔眼 |
| 일이 없어서 도리어 마음이 깨끗해지네 | 無事却澄心 |
| 삽살개 조니 문은 더욱 고요하고 | 狵睡門逾靜 |
| 꾀꼬리 지저귀니 골짝은 더욱 깊구나 | 鶯啼洞更深 |
| 화로에 끓이는 차 한낮에 우러나니 | 爐烟茶午熟 |
| 어찌 술잔에 술 따를 필요 있으랴 | 何用酒杯斟 |

## 《송자대전》을 읽다
讀宋子大全

| | |
|---|---|
| 아침에는 주자의 글 읽고 | 朝讀朱子文 |
| 저녁에는 송자의 글 읽네 | 暮讀宋子文 |
| 강한과 추양[280]이 | 江漢與秋陽 |
| 통쾌함이 십분 똑같네 | 痛快同十分 |

### 두 번째 其二

| | |
|---|---|
| 땅이 지고 있는 듯 바다가 모든 물을 포함하는 듯하니[281] | 地負而海涵 |
| 이런 책은 오직 전후 두 노선생께만 있네 | 前後有二老 |
| 진실로 그 책을 높이고자 한다면 | 苟欲尊其書 |
| 그 도를 행하는 것보다 더한 것이 없네 | 莫如行其道 |

**280** 강한(江漢)과 추양(秋陽) : 훌륭한 스승에 대한 존모(尊慕)를 뜻하는 말로, 《맹자》 〈등문공 상(滕文公上)〉에 "공자가 별세한 다음, 제자인 자하(子夏)·자장(子張)·자유(子游)가, 유약(有若)이 성인(聖人)과 유사하다 하여 공자를 섬기던 예(禮)로써 그를 섬기고자 해서 증자에게 강요하자, 증자가 말씀하기를 '불가하니, 공자께서는 강한(江漢)으로써 씻으며 가을볕〔秋陽〕으로써 쪼이는 것과 같아서 깨끗하고 깨끗하여 더할 수 없다.' 하셨다."라는 구절에 보인다.

**281** 땅이……듯하니 : 원문의 '지부해함(地負海涵)'은 책의 규모가 마치 대지가 만물을 그 위에 실어 주듯 바다가 온갖 물줄기를 다 받아들이듯 넓고 크다는 의미이다.

## 인제 현감으로 부임하는 조카 사수[282] 종복 를 전송하고서 작별하는 시를 추후에 지어서 부쳐주다

送族姪士受 宗福 出宰麟蹄縣 追成贐章却寄

| | |
|---|---|
| 풍류가 참으로 속되지 않으니 | 風流眞不俗 |
| 설악산을 응당 경시해서는 안 되네 | 雪嶽未應輕 |
| 석종유가 다시 나온다고 백성들 장차 고할 것이요[283] | 石乳民將告 |
| 단사를 이 현에서 다시 만들 수 있으리라[284] | 丹砂縣可成 |
| 꽃가지로 세어봄에 갑년(甲年)에 임하였으니 | 花籌臨甲歲 |
| 댓잎을 관아의 술잔에 띄우리라[285] | 竹葉泛官觥 |

**282** 사수(士受) : 박윤원의 족질(族姪)인 박종복(朴宗福, 1732~1798)의 자이다. 인제 현감 외에도 금성 현령(錦城縣令), 공조 정랑(工曹正郎) 등을 지냈다.

**283** 석종유(石鍾乳)가……것이요 : 박종복이 고을에서 선정(善政)을 베풀어 백성들의 칭송을 들을 것임을 말한 것이다. 석종유는 돌의 진액(津液)으로 영험한 약재이다. 당나라 유종원(柳宗元)이 지은 〈영릉군복유혈기(零陵郡復乳穴記)〉에, 석종유(石鍾乳)의 생산지로 유명한 연주(連州)에 5년 동안이나 석종유가 나오지 않다가 최군민(崔君敏)이 자사(刺史)로 부임하여 선정을 베풀자 다시 생산되기 시작했다는 내용이 있으므로 이렇게 말한 것이다.

**284** 단사(丹砂)를……있으리라 : 단사는 복용하면 신선이 된다는 단약(丹藥)의 재료가 되는 광물이다. 진나라의 선인(仙人)인 갈홍(葛洪)이 교지(交趾)의 구루(句漏) 지방에 선약(仙藥)의 재료가 되는 단사가 생산된다는 말을 듣고 자청하여 구루의 현령이 된 고사가 있으므로 인제를 구루에 빗대어 말한 것이다. 《晉書 卷72 葛洪列傳》

**285** 꽃가지로……띄우리라 : 박종복이 곧 환갑을 맞이하여 술을 빚어 환갑잔치를 이곳 임소에서 할 것이라는 말로 인제 현감으로 부임하던 당시 박종복의 나이가 59세였으므로 이렇게 말한 것이다.

| | |
|---|---|
| 나는 삼연 어른께 부끄러워 | 我愧三淵叟 |
| 유명한 구역을 평생 동안 저버렸네[286] | 名區負一生 |

**286** 나는……저버렸네 : 삼연(三淵)은 김창흡(金昌翕, 1653~1722)의 호이다. 1689년(숙종15) 기사환국으로 아버지 영의정 김수항(金壽恒)이 진도(珍島)에서 사사되자, 속세를 떠날 생각을 품고 있다가 모친상을 마치자 1705년(숙종31)에 설악산에 들어가 은거하였다. 자신이 설악산을 한 번도 찾지 못해 부끄러움을 말한 것이다.

## 김 봉사 영숙[287] 이수 을 애도하다
悼金奉事永叔 履脩

| | |
|---|---|
| 옛날 내가 계실곡(溪室谷)[288]에 가서 | 昔我往溪室 |
| 도를 강론하느라 밀옹[289]을 배알했었네 | 講道拜密翁 |
| 밀옹에게는 훌륭한 장남이 있으니 | 翁有長男賢 |
| 시와 예[290]로 아버지의 풍모 계승하였네 | 詩禮承父風 |
| 내가 촌가에 유숙하면서 | 我留宿村家 |
| 베개를 베고 한 등불을 밝혔네 | 聯枕一燈紅 |
| 깊은 밤 기나긴 이야기 나누니 | 深宵聽長話 |
| 이치의 굴속으로 많이 들어갔네 | 多入理窟中 |
| 가정의 가르침에 물든 것 진실로 당연하니 | 擩染固其然 |
| 묘한 식견은 저절로 이치에 밝게 통하네 | 妙識自明通 |
| 옥수[291]의 깨끗한 위의를 사랑하여 | 玉樹愛淸儀 |

**287** 김 봉사(金奉事) 영숙(永叔) : 김이수(金履脩, 1745~1788)로, 영숙은 그의 자이며 본관이 안동이다. 밀암(密菴) 김지행(金砥行, 1716~1774)의 장남으로 1782년(정조6) 동부 봉사(東部奉事)에 제수되었으므로 이렇게 칭한 것이다.

**288** 계실곡(溪室谷) : 충청도 공주(公州)에 있는 골짝으로 밀암 김지행이 은거하며 학문을 닦던 곳이다. 《近齋集 卷31 密庵金公墓碣銘》

**289** 밀옹(密翁) : 김지행으로 호가 밀암(密菴)이기 때문에 이렇게 칭한 것이다. 자세한 내용은 325쪽 주149 참조.

**290** 시(詩)와 예(禮) : 선조와 부모로부터 전수받은 가학(家學)을 이른다. 공자(孔子)가 그의 아들 이(鯉)에게 시와 예를 배워야 한다고 훈계한 데에서 유래하였다. 《論語 季氏》

| | |
|---|---|
| 금란지계[292]에 깊은 속마음 의탁하였네 | 金蘭托深衷 |
| 밀옹이 작고하시어 우리가 애통해 하였으나 | 翁亡吾輩慟 |
| 전형[293]은 다행히 없어지지 않았네 | 典刑幸不空 |
| 연원 따라 성대하게 학업에 힘쓰고 | 淵源勉盛業 |
| 이택의 도움[294] 변변찮은 나의 공부에 힘이 되었네 | 麗澤資陋工 |
| 그대의 집 가난하여 | 早知君家貧 |
| 부자지간이 대그릇과 표주박의 곤궁함 일찍 알았노라 | 簞瓢兩世窮 |
| 음직(蔭職)은 유명한 할아버지 덕이니 | 蔭宦藉名祖 |
| 한 말 녹봉으로 선공에게 제사하게 되었네 | 斗祿祭先公 |
| 치공[295]이 이 말을 편지로 나에게 일러주니 | 穉恭書報我 |

**291** 옥수(玉樹) : 훌륭한 인물이나 뛰어난 자제(子弟)를 가리키는 말로, 진(晉)나라의 명재상인 사안(謝安)이 여러 자제에게 "왜 사람들은 모두 자기의 자제가 출중하기를 바라는가?" 하고 묻자, 아무도 대답하지 못하고 있었는데, 조카 사현(謝玄)이 "이것은 마치 지란(芝蘭)과 옥수(玉樹)가 자기 집 정원에서 자라나기를 바라는 것과 같습니다." 한 데서 유래하였다.《晉書 卷79 謝安傳》

**292** 금란지계(金蘭之契) : 두 사람의 마음이 합치되어 우정이 매우 돈독함을 이르는 바,《주역》〈계사전 상(繫辭傳上)〉에 "두 사람이 마음을 함께하면 그 예리함이 쇠를 자를 수 있고 마음을 함께한 말은 그 향기가 난초와 같다."라는 구절에서 유래하였다.

**293** 전형(典刑) : 전형(典型)과 같은 말로, 자손이나 제자의 모양이나 행동이 그 조상이나 스승과 닮음을 이른다.

**294** 이택(麗澤)의 도움 : 인접해 있는 두 못이 서로 도와 서로 윤택하게 한다는 뜻으로, 벗끼리 서로 도와 학문과 덕행을 닦는 일을 비유하는 말이다.《주역》〈태괘(兌卦) 상전(象傳)〉에 "붙어 있는 택〔麗澤〕이 태(兌)이니, 군자가 보고서 붕우(朋友)들과 강습한다."라고 한 말에서 유래하였다.

**295** 치공(穉恭) : 임정주(任靖周, 1727~1796)의 자이다. 호가 운호(雲湖), 본관리 풍천(豊川)으로 1762년(영조38) 사마시에 합격하고, 서연관(書筵官)으로 세손(世孫)

| | |
|---|---|
| 밝고 밝은 하늘의 이치 믿었었네 | 昭昭信蒼穹 |
| 그러나 하늘의 이치 끝내 아득해서 | 蒼穹竟杳茫 |
| 순수하고 밝은 이가 은택을 입지 못했네 | 純明澤未蒙 |
| 모자가 서로 이어 별세하니[296] | 母子相繼逝 |
| 길 가는 사람들 또한 서글퍼하네 | 行路亦傷恫 |
| 선친의 유고 먼지 낀 상자에 버려두어 | 先藁委塵箱 |
| 아직도 다 수습하지 못했네 | 收拾尙未終 |
| 그대는 응당 지극한 한을 머금을 것이니 | 君應含至恨 |
| 친구들의 눈에 눈물이 가득하네 | 朋友涕盈瞳 |
| 내 늙어 홀로 경서를 안고 있으나 | 吾老獨抱經 |
| 누구와 함께 토론할까 | 討論誰與同 |

시절의 정조를 보필하며 학문을 강론하여 정조의 칭찬을 받았으나 정조가 즉위한 뒤 홍국영(洪國榮)의 모함을 받아 벼슬은 청산 현감(靑山縣監)에 그쳤다.

**296** 모자(母子)가……별세하니 : 모친 함평 이씨(咸平李氏)가 1787년(정조11)에 작고하고, 김이수가 1년 뒤인 1788년에 별세하였으므로 말한 것이다.《近齋集 卷31 密庵金公墓碣銘 幷序》

## 임자년 대보름 하루 전날은 바로 여성[297]의 환갑 해이니 삼가 시를 지어 축하하다

歲壬子燈夕前一日 卽汝成周甲之辰也 謹呈詩祝賀

| | |
|---|---|
| 옥류동 안의 옛 아이였는데[298] | 玉流洞裏舊兒童 |
| 지금은 자각봉 앞의 한 늙은이이네[299] | 紫閣峯前今老翁 |
| 죽마고우로서 축하하는 시를 지으니 | 竹馬故人題賀語 |
| 그대 나이 화갑인데도 아직 홍안이니 기쁘구나 | 喜君花甲尙顔紅 |

두 번째 其二

| | |
|---|---|
| 뛰어난 기개와 웅장한 문장 모두 쇠퇴하지 않았으니 | 奇氣雄詞摠不衰 |
| 그대의 백 년 장수를 멀리 점치노라 | 爲君遙占百年期 |
| 만약 하늘이 병든 나의 모진 목숨 연장시켜 준다면 | 若敎病我延頑齒 |
| 황발에 구공[300] 짚고 날마다 따르리라 | 黃髮鳩笻日日隨 |

**297** 여성(汝成) : 유한준(兪漢雋, 1732～1811)의 자이다. 유한준에 대한 자세한 내용은 232쪽 주3 참조.

**298** 옥류동(玉流洞) : 인왕산(仁王山) 아래에 있는 골짝으로 경관이 빼어난데, 인척(姻戚) 간인 박윤원과 유한준이 어릴 때 함께 놀던 곳이다.

**299** 자각봉(紫閣峯) : 서울의 남산(南山)을 가리킨다.

**300** 황발(黃髮)에 구공(鳩笻) : 황발은 노인의 머리카락이 백색에서 황색으로 바뀐 것으로, 장수(長壽)의 징표(徵標)이다. 《시경》 〈노송(魯頌) 비궁(閟宮)〉에 "황색 머리털과 복어 등을 한 사람〔黃髮台背〕이 장수하여 서로 함께 쓰여진다" 하였는데 정현(鄭玄)의 전(箋)에 "황색 머리털과 복어 등은 모두 장수의 징표이다."라고 하였다. 구공은 손잡이 부분을 비둘기 모양으로 조각한 지팡이로, 예전에 임금이 나이 많은 신하에게

## 비를 기뻐하다

喜雨

| | |
|---|---|
| 농가들 가뭄 근심 이미 한 달이 넘었는데 | 憂旱農家已月餘 |
| 오늘 아침 단비가 내려 쟁기와 호미 들었네 | 今朝甘雨下犁鋤 |
| 온화한 바람 소리 참으로 앞선 징험이었고 | 風聲習習眞先驗 |
| 구름 기운 어둡더니 끝내 헛되지 않았네 | 雲氣冥冥竟不虛 |
| 밭 가운데 보리 싹 윤택함을 멀리서 알겠고 | 遙識田中麥苗潤 |
| 뜰 가에 나물 꽃 활짝 핀 것 가까이에서 보노라 | 近看庭畔菜花舒 |
| 이 늙은이 배불리 먹으니 다른 소원이 없고 | 老夫含哺無他願 |
| 가을 오면 벼와 기장 수레에 가득하길 축원하노라 | 稌黍秋來祝滿車 |

비둘기처럼 소화를 잘 시키라는 의미에서 내려주었는데, 구장(鳩杖)이라고도 한다. 《後漢書 志5 禮儀中》

## 김 진사[301] 이문 에 대한 만사

金進士 履文 輓

| | |
|---|---|
| 조심하니 묵은 병을 절로 치료할 수 있었고 | 操心自可藥沈痾 |
| 어릴 적 가정에서 많은 가르침 배웠네 | 早歲家庭襲訓多 |
| 입으로 조용히 글 읽는 소리는 처자와 같았고 | 口裏低聲如處子 |
| 붓으로 의심나는 뜻 설명함은 장강과 대하 같았네 | 筆端疑義若長河 |
| 높은 재주 펴지 못하여 연방[302]에만 이름 올랐고 | 高才未展惟蓮榜 |
| 대업을 다하기 어려워 곧 해가[303]를 듣는구나 | 大業難窮便薤歌 |
| 상자 속에 예설[304]이 보관되어 있다고 하니 | 聞道篋中藏禮說 |
| 여한이 없도록 편집을 끝마칠 수 있겠는가 | 能無遺恨卒編摩 |

**301** 김 진사(金進士) : 김이문(金履文, 1736~1792)으로, 본관은 안동(安東)이다. 부친은 김의행(金毅行)인데, 뒤에 백부인 김경행(金敬行)의 양자로 들어갔다. 1777년(정조1) 식년시(式年試) 생원시(生員試)에 2등 22위로 입격하였다. 《密菴先生文集 卷15 雲井處士行狀》

**302** 연방(蓮榜) : 사마시 합격자를 게시한 방을 이른다.

**303** 해가(薤歌) : 해로가(薤露歌)의 약칭으로 상여가 나갈 때에 부르는 만가(輓歌)를 말한다. 〈해로가〉의 1장이 "부추 위의 아침 이슬은 어찌 그리 빨리 마르는가.〔薤上朝露何易晞〕"로 시작하기 때문에 이런 명칭이 붙게 되었다. 한(漢)나라 고조(高祖) 때에 제왕(齊王) 전횡(田橫)이 자살하자, 해도(海島)에 남았던 그의 무리 5백 명이 이 소식을 듣고 모두 자살하였는데, 사람들이 이들의 혼을 위로하기 위해 〈해로가〉와 〈호리가(蒿里歌)〉를 지었다고 한다.

**304** 예설(禮說) : 김이문이 지은 《신여요록사례설(呻餘聊錄四禮說)》을 가리킨다. 박윤원이 이 책의 서문을 지었는바, 이 서문은 본집(本集) 권21에 〈신여요록사예설서(呻餘聊錄四禮說序)〉라는 제목으로 실려 있다.

## 김의중[305] 이홍 에 대한 만사

金毅仲 履弘 輓

세덕이 있는 그대의 집안 오륜을 노래했는데 世德君家歌五倫
밀옹[306]의 조카에 또 단정한 사람이네 密翁之姪又端人
모용처럼 무릎 꿇고 앉으니 참으로 학문을 이루었고[307] 茅容斂膝眞爲學
원헌처럼 종신토록 다만 가난하게 살았네[308] 原憲終身只是貧
평소 바른 지조는 응당 철석과 다툴 만하고 平日貞應爭鐵石
중년에 갑자기 죽음은 포말과 먼지와 같구나 中年化忽若泡塵

**305** 김의중(金毅仲) : 김이홍(金履弘, 1746~1792)으로 의중은 그의 자이다. 나와(羅窩) 김여행(金礪行)의 아들이다.

**306** 밀옹(密翁) : 김지행(金砥行, 1716~1775)으로 자세한 내용은 325쪽 주149 참조.

**307** 모용(茅容)처럼……이루었고 : 모용은 후한(後漢) 사람으로 자가 계위(季偉)이다. 비가 내려 나무 아래에서 비를 피할 적에 다른 사람들은 편안히 앉았으나 모용은 홀로 무릎 꿇고 공손히 앉아 있으니, 지나가던 당대의 고사인 곽태(郭泰)가 이를 기특하게 여겨 모용의 집에 하룻밤을 유숙하였다. 다음 날 아침 모용이 닭을 잡자, 곽태는 자신을 위한 것으로 여겼는데, 모용이 이를 어머니께 공양하고 채소 반찬을 만들어 손님과 함께 밥을 먹었다. 이에 곽태가 자리에서 일어나 모용에게 절하고는 "그대는 어질다."하고 그에게 학문을 권하여 끝내 학문으로 덕을 이루게 하였으므로 이렇게 말한 것이다. 《小學 善行》

**308** 원헌(原憲)처럼……살았네 : 원헌은 공자의 제자로 자가 자사(子思)이다. 집이 몹시 가난하였지만 의지가 굳고 학문을 좋아하였다. 그가 노(魯)나라에 살 때 매우 가난하여 오두막집 마당에는 풀이 무성하고 쑥대로 만든 방문은 온전치 못했다고 한다. 《莊子 讓王》

아내가 죽은 지 한 달이 되어 함께 장례하니[309] 妻亡一月還同葬
새벽에 상여 출발함에 사방의 이웃들 오열하네 曉發輀車咽四隣

두 번째 其二

유형 집안의 두 생질을[310] 兪兄宅裏兩甥兒
내 옛날 일찍이 더벅머리일 때 보았네 昔我曾看髧髮時
붓을 휘두르면 각각 묘한 서법을 엿볼 수 있었고 揮筆各能窺妙法
책을 읽을 때에는 오직 은미한 말을 알고자 하였네 讀書唯欲解微辭
한 자 지름의 벽옥(璧玉) 둘 다 광채를 드날리리라 깊이 기대했는데 深期尺璧雙揚彩
어찌 자형화(紫荊花)가 다시 가지에서 떨어질 줄 알았으랴[311] 那意荊花再墜枝
인척의 교분에 지금 한 마을에 같이 살아서 姻戚交情今里巷

309 아내가……장례하니 : 김이홍의 아내 박씨(朴氏)가 1792년(정조16) 3월 3일에 작고하였는데, 26일 뒤에 김이홍이 별세하였는바, 이는 유한준이 지은 〈김의중묘지명(金毅仲墓誌銘)〉에 보인다. 《自著著草 雜錄》

310 유형(兪兄)의……생질을 : 유형은 김이홍의 외숙인 유한준(兪漢雋)을 이르고 두 생질은 김이홍과 김이중(金履中1740～1787)을 이른다. 유한준과 김이중에 대한 자세한 내용은 232쪽 주3, 527쪽 주222 참조.

311 어찌……알았으랴 : 정의가 두텁던 형제가 모두 작고한 것을 비유한 표현이다. 옛날 남조(南朝) 때 양(梁)나라의 경조(京兆) 사람인 전진(田眞)에게 두 아우가 있었는데, 세 사람이 분가하려고 재산을 나눈 뒤에 정원의 자형나무 한 그루까지도 나눠 갖고자 하였는데, 이튿날 자형나무가 도끼를 대기도 전에 말라 죽어 있는 것을 보고, 형제들이 크게 뉘우치고 분가하기로 한 결정을 철회하니, 자형나무가 다시 살아났다는 고사가 있으므로 이렇게 말한 것이다. 《續齊諧記 紫荊樹》

위양[312]을 대함에 눈물을 함께 떨구노라　　　　　渭陽相對涕同垂

312 위양(渭陽) : 외숙이란 의미로 유한준을 가리킨다. 춘추시대 진 문공(晉文公)이 진 목공(秦穆公)에게 의탁하면서 목공의 누이에게 장가들었는데, 문공이 고국으로 돌아가기 위해 떠날 적에 목공의 아들로서 당시에 태자였던 강공(康公)이 문공을 전송하며 "내가 외숙을 전송하려고 위수 북쪽에 이르렀다네.〔我送舅氏, 曰至渭陽.〕"라고 읊은 고사에서 유래하였다.《詩經 秦風 渭陽》

## 중양절[313]에

重陽

| | |
|---|---|
| 중양절에 비바람이 없으니 | 重陽無風雨 |
| 날씨가 쾌청하고 따뜻하네 | 天氣淸而溫 |
| 소년들은 다투어 높은 곳에 오르나[314] | 少年爭登高 |
| 늙은 나는 홀로 문을 닫고 있었네 | 老我獨掩門 |
| 뜨락 가에 몇 떨기 국화가 | 庭畔數叢菊 |
| 쓸쓸하게 늦가을까지 남아있네 | 蕭條晩更存 |
| 네 덕에 좋은 때가 되니 | 賴汝作佳辰 |
| 굳이 천 송이 많을 필요 있으랴 | 何必千朶繁 |
| 시름 속에 또한 즐거움이 있으니 | 愁中亦有樂 |
| 병이 많은데도 억지로 술잔을 잡네 | 多病强把樽 |
| 오늘 밤 어찌 시를 읊지 않으랴 | 今夜那無咏 |
| 깨끗한 달이 또 서재로 들어오네 | 涼月又入軒 |

**313** 중양절(重陽節) : 세시 명절의 하나로 음력 9월 9일을 이르는 말이다. 이날 남자들은 시를 짓고 국화주를 마셨으며, 가정에서는 국화전을 만들어 먹었다.

**314** 소년들은……오르나 : 중양절에는 사람들이 붉은 주머니에 수유(茱萸)를 담아서 팔뚝에 걸고 높은 곳에 올라가 국화주(菊花酒)를 마셔 재액(災厄)을 소멸시켰으므로 말한 것이다.

## 구일에 평숙이 궁중의 직소에 있으므로 그리워 시를 지어 부치다

九日 平叔在禁直 有懷寄詩

소년 시절에는 붉은 산수유 머리에 가득 꽂았는데 少日紅萸滿挿頭
늙어지니 노란 국화를 보고도 도리어 시름 생기네 老來黃菊却生愁
세월이 흘러가는 것 원래 떳떳한 이치이니 年光流轉元常理
우선 아름다운 술잔 잡고 늦가을을 보내네 且把芳樽度暮秋

## 황해도 관찰사로 나가는 김정보[315] 방행 를 전송하다
送金正甫 方行 出按海西

단아하고 맑은 명성 국자감의 스승[316]이었으니 儒雅淸名國子師
위풍이 또한 충분히 서쪽 변방 진정시켰네 威風亦足鎭西維
가법을 이어 감당나무 아래에서 선정을 베푿은[317] 甘棠布政承家法
응당 선대인께서 금수영에 계실 때와 같으리라[318] 應似先公錦水時

**315** 김정보(金正甫) : 김방행(金方行, 1738~1793)으로 정보는 그의 자이고 본관은 안동(安東)이다. 1773년(영조49) 증광 문과에 급제하고 벼슬이 황해도 관찰사에 이르렀는데 재직 중 임지에서 별세하였다.

**316** 국자감의 스승 : 성균관 대사성을 이른다. 김방행은 황해도 관찰사로 나가기 전에 대사성을 지냈기 때문에 이렇게 말한 것이다.

**317** 감당나무……베픎은 : 지방관이 선정(善政)을 베푸는 것을 가리키는 표현이다. 주(周)나라 초기의 명재상인 소공 석(召公奭)이 남국(南國)을 순행하며 선정을 베풀던 중에 감당나무 아래에서 휴식하였으므로 백성들이 감당나무를 아껴 사모하는 마음을 표하였는바, 《시경》 〈소남(召南) 감당(甘棠)〉에 "무성한 감당나무를 자르지 말고 휘지 말라. 소백이 머무셨던 곳이니라."라고 보인다.

**318** 응당……같으리라 : 선대인은 김방행의 부친인 김시찬(金時粲, 1700~1766)으로 자가 치명(穉明), 호가 초천(苕川)이다. 1735년(영조11) 증광 문과에 급제하고 벼슬이 충청도 관찰사에 이르렀다. 금수영(錦水營)은 금강 가의 공주(公州)에 있는 충청도 감영을 이른다.

## 황해도 관찰사 김정보에 대한 만사
海西伯金正甫輓

공이 서쪽의 중요한 수양산으로 부임해 가며[319] 公行西重首陽山
잠깐 수레의 휘장 걷자 백성들이 얼굴 알아보았네 乍捲襜帷民識顏
아독이 갑자기 정삽으로 바뀌어 돌아오니[320] 牙纛忽成旌翣返
수십 일 사이에 길에 가득했던 노래가 곡소리로 변했네 滿途歌哭數旬間

### 두 번째 其二

초로[321]의 깨끗한 명성 한 시대에 완전하였으니 苕老清名一代完
남기신 풍모 연못가의 붉은 봉황 깃털이네[322] 餘風池上鳳毛丹

**319** 공이……가며 : 수양산(首陽山)은 본디 중국 산서성(山西省)에 있는 산 이름으로 주(周)나라 때 백이(伯夷), 숙제(叔齊)가 멸망한 은(殷)나라에 지조를 지키며 은거한 산이다. 여기서는 황해도 감영이 있는 해주(海州)에 있는 수양산을 가리킨 것으로 김방행이 해주 감영으로 부임해 갔으므로 말하였다.

**320** 아독(牙纛)이……돌아오니 : 아독은 깃대 끝을 상아로 장식한 큰 깃발로, 주장(主將)이나 주수(主帥)가 있는 곳에 세우는 깃발인데 여기서는 관찰사의 행렬에 따르는 기를 이른 것이다. 정삽(旌翣)의 '정(旌)'은 붉은 천에 사자(死者)의 관직과 성명을 써서 상여 앞에 들고 가는 명정(銘旌)이고, 삽(翣)은 네모진 화포(畫布)에 다섯 자 길이의 자루를 붙여 상여의 양옆에 세우고 가는 제구(諸具)이다.

**321** 초로(苕老) : 호가 초천(苕川)인 김방행의 아버지 김시찬을 높여 부른 것이다.

**322** 연못가의……깃털이네 : 이 구절은 당나라 시성(詩聖) 두보(杜甫)가 지은 시 〈사인 가지의 대명궁에 일찍 조회한다는 시에 받들어 화답하다〔奉和賈至舍人早朝大明

예로부터 덕이 높은 분이 지위도 높기 어려웠는데 從來厚德難高位
두 대가 모두 이품의 고관이 되었네 兩世俱爲二品官

세 번째 其三

남쪽 고을에 수령 되어 장부를 대하였으나[323] 南郡分憂對簿書
뽕과 삼이 호서의 시골집을 덮고 있었네[324] 桑麻湖外暎田廬
다만 임금님 그리워 도성에 왔을 뿐 只因戀闕來京國
본래 영화의 길에는 뜻이 적었다네 自是榮途意本疏

네 번째 其四

문아하고 단엄하여 중한 명망 지고 있으니 文雅端嚴負重名
깨끗한 새벽 태학에 선생으로 앉아있었네[325] 淸晨太學坐先生
구공처럼 참으로 많은 선비를 흥기시키고자 하였는데[326]

宮]〉의 "대를 이어 제왕의 조서를 쓰는 아름다움 알고자 한다면 연못가에 지금 봉황의 깃털이 있네.〔欲知世掌絲綸美, 池上於今有鳳毛.〕"라는 구절을 원용한 것이다. 봉황의 깃털〔鳳毛〕은 사람의 아름다운 풍모와 걸출한 재주를 가리키는 말인데 또 훌륭한 부모를 닮은 뛰어난 자식을 비유하기도 한다. 여기서는 초로의 뛰어남을 말하고 동시에 김정보가 아버지의 재능과 풍모를 닮았음을 함께 말한 것이다.

**323** 남쪽……대하였으나 : 남쪽 고을은 전라도 영광(靈光)을 이른다. 김방행은 1787년(정조11) 12월 영광 군수(靈光郡守)에 제수되었다. 《承政院日記》

**324** 뽕과……있었네 : 호서(湖西)는 충청도를 가리키는바, 김방행의 고향이 충청도에 있었으므로 말한 것으로 보인다.

**325** 깨끗한……선생이었네 : 김방행이 1791년(정조15), 대사성(大司成)에 제수되었으므로 이렇게 말한 것이다. 《正祖實錄 15年 9月 29日》

**326** 구공(歐公)처럼……하였는데 : 구공은 송나라의 문장가인 구양수(歐陽脩, 1007

歐公正欲興多士

이 년 만에 관직 옮겨 뜻 이루지 못했네 二載遷官志未成

다섯 번째 其五

내 옛날 공과 사귄 것이 약관 시절부터였으니 我昔交公自弱冠

한 집안처럼 지내다 인척이 되어 서로 기뻐하였네[327] 通家姻好兩相歡

말세의 길에 부침하여 만난 자취 드물었으나 升沈末路雖稀迹

또한 마음에 기약 있어 세한[328]에 이르렀네 也有心期到歲寒

~1072)로 자는 영숙(永叔), 호는 취옹(醉翁)이며 당송팔대가(唐宋八大家)의 한 사람이다. 인종(仁宗) 가우(嘉祐) 2년(1057) 지공거(知貢擧)가 되어 고문(古文)을 제창하고 많은 선비를 진작시켜 당시 유행하던 서곤체(西崑體)의 문풍(文風)을 일신시켰으므로 말한 것이다.

**327** 인척이……기뻐하였네 : 박윤원의 부인은 김시관(金時筦)의 따님으로, 김방행과는 4촌간이다.

**328** 세한(歲寒) : 날씨가 추운 겨울로, 곤궁한 처지나 난세(亂世)를 비유한다. 《논어》 〈자한(子罕)〉에 "날씨가 추워진 뒤에야 소나무와 잣나무가 늦게 시듦을 안다.〔歲寒然後, 知松柏之後凋也.〕"라고 보인다.

중양절에 여성이 편지로 나를 불러 함께 높은 산에 올라 옛사람의 자취를 잇자고 하였다. 나는 그에게 노년의 흥이 아직도 있는 것을 신기하게 여겨 병을 무릅쓰고 지팡이 짚고서 따라갔다. 석양에 먼 곳을 바라보며 서성이고 풀밭에 앉아 이야기하면서 술 한 잔 마시고 돌아오니, 우리에게 말년의 멋진 일이 이보다 더한 것 없는지라 애오라지 이로써 기록한다

九日 汝成以書招余 要與登高繼古人之躅 余奇其老興猶在 强病扶策而從之 夕陽眺望盤桓 藉草坐話 飮一杯而歸 吾輩晩年勝事 無過於此 聊以識之

오랜 벗이 편지 한 통으로 함께하자 부르니 故人一札喚相將
병든 내가 그래도 저 언덕에 오를 수 있었네 病我猶能陟彼岡
국화를 감상하며 그런대로 선배처럼 술을 마시나 賞菊聊爲前輩飮
수유를 꽂은 것으로는 젊은이의 광달함 배우기 어렵네[329] 揷萸難學少年狂
산림은 늦가을의 기운에 쓸쓸하고 林丘蕭瑟深秋氣
누각은 환한 석양빛에 분명하여라 樓閣分明夕照光
노쇠한 나이 어느덧 모두 육십이 넘었으니 衰齒居然俱六十
중양절 몇 번이나 더 맞을 수 있을지 모르겠네 不知看得幾重陽

**329** 국화……어렵네 : 중양절에는 국화를 감상하거나 국화잎을 따다 담근 술을 마시며, 붉은 수유(茱萸) 열매를 머리에 꽂고 산에 올라 시를 지으며 하루를 즐기는 풍습이 있었기 때문에 이렇게 말한 것이다.

## 망월사[330]에서

望月寺

| | |
|---|---|
| 소나무 숲에서는 범 발자국에 두려워했고 | 松林怕虎迹 |
| 오솔길에서는 사람 소리에 기뻐했네 | 樵逕喜人聲 |
| 오래된 절 결국에는 도착할 터이니 | 古寺終應到 |
| 깊은 골짝 지팡이 짚으며 우선 천천히 걸어가네 | 幽筇且緩行 |
| 높은 데 오르니 덧없는 세상 작아지고 | 登高浮世小 |
| 험한 길 무릅쓰니 몸이 가벼워지네 | 凌險此身輕 |
| 노승은 나그네 보는 일이 드무니 | 老釋稀看客 |
| 서로 만나자 도리어 거듭 놀라네 | 相逢却復驚 |

**330** 망월사(望月寺) : 경기도 의정부시 도봉산(道峯山)에 있는 사찰로, 639년 신라의 해호(海浩)가 창건하였다.

# 절간 누대에서 새벽달을 보며

寺樓看曉月

| | |
|---|---|
| 깨끗하고 빛나는 높은 곳에 자리했으니 | 淸光高處占 |
| 망월사가 그 이름이 되었네 | 望月寺爲名 |
| 이슬이 씻겨지자 삼추의 기운 깨끗하고 | 露濯三秋淨 |
| 구름이 걷히자 오경의 밤 밝기도 하네 | 雲披五夜明 |
| 시는 외로운 객이 읊조리는 것이요 | 詩篇孤客咏 |
| 범게[331]는 노승의 소리이네 | 梵偈老僧聲 |
| 우선 막 떠오르는 해를 기다려 | 且待曦初上 |
| 도봉서원 향해 갈 것을 생각하노라 | 吾思向院行 |

**331** 범게(梵偈) : 불가에서 부처의 공덕이나 가르침을 찬탄하는 시나 노래를 이르는 말이다.

## 도봉서원[332]을 배알하다

謁道峯書院

사당 문 앞에 소나무 노송나무 있고 옆에 물소리 나는데 祠門松檜水聲邊
말에서 내려 달리듯 들어가니 마음이 숙연해지네 下馬來趨意肅然
서원에 두 분 현인 봉안하니 참으로 좋은 자리 얻었고 院奉兩賢眞得地
봉우리 만 길로 솟아 참으로 하늘을 찌를 듯하네 峯高萬丈正參天
한 분은 순임금의 태평성대 되돌릴 것을 생각하였고[333] 鳳儀舜世心思挽
한 분은 춘추대의를 전하였네[334] 麟筆王春法有傳

**332** 도봉서원(道峯書院) : 1573년(선조6)에 중종조(中宗朝)의 명신인 정암(靜菴) 조광조(趙光祖, 1482～1519)의 학문과 덕행을 추모하기 위하여 정암이 자주 찾았던 도봉산 자락에 세워진 서원으로, 창건과 동시에 사액되었으며, 1696년에 우암 송시열을 추가 배향하였다. 현재 서울시 도봉구 도봉산 입구에 있다.

**333** 순임금의……생각하였고 : 정암 조광조가 요순시대의 왕도정치를 구현하고자 하였기 때문에 이렇게 말한 것이다. 원문의 '봉의(鳳儀)'는 '봉황래의(鳳凰來儀)'를 줄여 쓴 것으로 봉황이 와서 춤춘다는 뜻인데, 전하여 길상(吉祥)의 조짐이나 태평성대를 의미한다. 《서경》 〈우서(虞書) 익직(益稷)〉에 "소소를 아홉 번 연주하자 봉황이 와서 춤을 춥니다.〔簫韶九成, 鳳凰來儀.〕"라고 보인다.

**334** 춘추대의(春秋大義)를 전하였네 : 춘추대의는 공자가 지은 《춘추》에서 강조된 대의로, 주(周)나라를 존숭하고 오랑캐를 물리쳐야 한다는 존주양이(尊周攘夷)의 의리를 이른다. 우암 송시열은 효종과 함께 명(明)나라를 위해 청(淸)나라에 복수하여 춘추

한나절의 배회로는 사모하는 마음 붙이기 어려우니 半日徘徊難寓慕
경전 읽으며 여러 해 동안 머물고 싶어라 抱經吾欲住多年

대의를 높이고자 하였기 때문에 이렇게 말한 것이다.

## 도봉서원에서 우암 선생의 시[335]에 공경히 차운하다

道峯 敬次尤菴先生韻

| | |
|---|---|
| 웅장한 사당 높아 계개의 공적[336] 우러르니 | 翼翼堂高仰繼開 |
| 샘물이 굽이굽이 흘러 바위 끼고 도네 | 泉流曲曲抱巖廻 |
| 몸소 남은 자취 봄에 마치 가르침 받는 듯하니 | 躬瞻遺躅如攀誨 |
| 어찌 한가로이 노닐려고 부질없이 왕래하랴 | 豈爲閒遊漫往來 |

**335** 우암 선생의 시 : "도봉서원에 쓰다〔題道峯書院〕"라는 제목의 시로 《송자대전》 권2 〈칠언절구(七言絶句)〉에 실려 있다.

**336** 계개(繼開)의 공적 : 계개는 '계왕성개래학(繼往聖開來學)'을 줄여 쓴 것으로, 과거의 성현(聖賢)의 학문을 잇고, 앞으로 올 후학의 길을 열어준다는 의미이다.

## 늦봄에 김포 사또인 여성[337]과 함께 남쪽 산기슭에 오르니, 이인수[338] 의기 도 와서 모였다

暮春 與金浦使君汝成 登南麓 李仁叟 宜耆 亦來會

| | |
|---|---|
| 쓸쓸하게 수십 일을 어찌 견디랴 | 可耐寥寥度數旬 |
| 높은 곳에 올라 애오라지 남은 봄 함께 감상하네 | 登高聊與賞餘春 |
| 저 산새는 나의 벗 같음이 참으로 어여쁘고 | 正憐幽鳥如吾友 |
| 시든 꽃은 노인 같음이 또 애석하구나 | 且惜殘花似老人 |
| 누대에 얽힌 고금의 일을 이야기하고 | 話入樓臺今古事 |
| 성시에 왕래하는 먼지를 눈으로 바라보네 | 眼窮城市往來塵 |
| 자주 권하는 술잔 사양하지 마시게 | 莫辭杯酒頻相勸 |
| 내일 금릉[339]과 이별하는 뜻 새로울 터이니 | 明日金陵別意新 |

**337** 늦봄에……여성(汝成) : 여성은 유한준(兪漢雋, 1732~1811)의 자이다. 유한준은 1794년(정조18) 김포 군수(金浦郡守)에 제수되었다.

**338** 이인수(李仁叟) : 이의기(李宜耆, 1729~?)로 인수는 그의 자이며 본관은 용인(龍仁)이다. 1762년(영조38) 식년 진사시에 합격하고 벼슬이 무주 부사(茂朱府使)에 이르렀다.

**339** 금릉(金陵) : 김포(金浦)의 옛 이름인바, 김포 군수를 지낸 유한준을 비유한 것이다.

## 갑인년(1794, 정조18) 단오는 곧 나의 회갑 날이다. 이경심[340]이 회갑 일에 앞서 시를 보내 축하하므로 내가 그 뜻에 감사하여 화답하였다

歲甲寅端午 卽余之回甲也 李景心先期送詩作賀 余感其意而答之

평생의 심사가 어긋났으니　平生心事却差池
거울 속 세어버린 눈썹에 자주 놀라네　鏡裏頻驚已皓眉
별이 돌아 뽕나무 활 처음 쏘던 해가 되고[341]　星轉桑弧初設歲
시절이 돌아 창포 잎 처음 뽑는 때이네[342]　節回菖葉始抽時
그대 아름다운 시구로 힘써 하례함에 감사하고　感君佳句勤相賀
나의 못난 재주가 잘못 그대에게 추앙받는 것 부끄럽네　愧我疏才謬見推
〈육아〉 시의 비통함[343] 절로 간절하니　自是蓼莪悲慟切

**340** 이경심(李景心) : 이규복(李奎復)으로 경심은 그의 자로 보인다. 박윤원의 아들인 박종여(朴宗輿, 1736~1785)의 장인이다. 본집 권30 〈자부 유인 한산 이씨 묘지명(子婦孺人韓山李氏墓誌銘)〉에 보인다.

**341** 별이……되고 : 세월이 흘러 환갑이 되는 해를 맞이하였다는 의미이다. 옛날에 사내아이가 태어나면 '뽕나무 활〔桑弧〕'과 '쑥대 화살〔蓬矢〕' 여섯 개를 가지고 장차 남자가 일할 곳인 천지 사방에 쏘기 때문에 이렇게 말한 것이다. 별자리는 1년에 한번을 돌아 제자리로 돌아온다. 《禮記 射儀》

**342** 창포……때이네 : 박윤원이 태어난 날이 단오이기 때문에 단오의 풍습을 들어 말한 것이다. 옛날에 단오에 창포를 뽑아 머리를 감고 술을 담아 마셔 역질(疫疾) 등을 물리치기를 기원하는 풍속이 있었다.

**343** 육아(蓼莪) 시의 비통함 : 낳아 주고 길러 주신 부모의 별세에 대한 비통함을

어찌 아이들에게 헌수(獻壽)를 기꺼이 허락하랴　　稱觴豈肯許家兒

말한다. 육아는 《시경》 〈소아(小雅)〉의 편명으로 돌아가신 부모의 은혜를 생각하고 살아생전에 제대로 봉양하지 못한 것을 서글퍼하는 내용이다

## 구월에 축석령[344]에 와서 성묘하다

季秋 至祝石嶺省墓

| | |
|---|---|
| 지금 예순한 살의 아들이 | 兒今六十一 |
| 무덤 앞에 와서 소제(掃除)하고 절 올리네 | 來掃拜墳前 |
| 종천의 비통함[345] 오래 품었는데 | 久抱終天慟 |
| 이 땅에 태어난 해가 다시 돌아왔네 | 重回墮地年 |
| 단오에 오직 사당에 배알하여 | 端陽唯謁廟 |
| 이날 내 환갑잔치 열지 않았었네 | 是日不張筵 |
| 서리와 이슬 밟는 마음[346] 추수하는 달에 | 霜露秋成月 |
| 송추[347]에서 눈물이 샘솟듯 흐르누나 | 松楸淚似泉 |

**344** 축석령(祝石嶺) : 지금의 경기도 의정부시에 있는 천보산(天寶山) 기슭에 위치한 고개로 여기에 박윤원 집안의 선영(先塋)이 있다.

**345** 종천(終天)의 비통함 : 죽을 때까지 품게 되는 애통함이라는 말로, 부모님이 돌아가신 슬픔을 가리킨다.

**346** 서리와……마음 : 이 내용은 《예기》 〈제의(祭義)〉의 "가을에 서리가 내린 뒤에 군자가 밟고서 반드시 서글픈 마음이 생기니 그 추워 때문이 아니요, 봄에 이슬이 젖으면 군자가 밟고서 반드시 놀라는 마음이 생기니 마치 부모를 다시 뵐 듯하기 때문이다."라는 구절을 원용한 것인데, 돌아가신 부모와 선조를 그리는 마음을 말한 것이다.

**347** 송추(松楸) : 소나무와 가래나무로, 옛날 선산(先山)에 이들 나무를 심었기 때문에 선영(先塋)이라는 의미로 쓰인다.

## 경양루[348]에 쓰다

題慶陽樓

| | |
|---|---|
| 관아(官衙)의 터는 영험함이 모인 곳이니 | 官居占地地鍾靈 |
| 뒤에 있는 기이한 봉우리 모자의 모습이네 | 背置奇峯似帽形 |
| 다시 높은 누대 물색 머금은 것 가리키고 | 更指高樓含物色 |
| 저무는 해가 단청 비추는 것 문득 바라보네 | 忽看斜日照丹青 |
| 들판의 구름 옅게 피어나 빈 창문으로 들어오고 | 野雲淡淡來虛牖 |
| 못 가의 버들 하늘거려 넓은 뜰을 쓸고 있네 | 池柳垂垂拂廣庭 |
| 설악산의 시원한 바람 여기까지 옮겨오니 | 雪嶽淸風移到此 |
| 새 읍의 현가 소리[349] 이제 응당 들으리라 | 弦歌新邑且應聽 |

**348** 경양루(慶陽樓) : 강원도 금성현(金城縣) 읍내에 있던 누대로 금성현은 지금의 철원군 일대이다. 박윤원의 족질(族姪)인 박종복(朴宗福)이 1794년(정조18) 6월 20일에 금성 현령(金城縣令)에 제수되었는바, 이때 박윤원이 이 누대를 찾아 이 시를 지은 것으로 보인다. 《承政院日記 正祖》

**349** 현가(弦歌) 소리 : 현가(弦歌)는 현가(絃歌)와 같은 말로, 수령이 예악(禮樂)으로 잘 다스려 고을이 교화됨을 말한다. 공자의 제자 자유(子游)가 무성(武城)의 수령으로 있으면서 예악으로 잘 가르쳤으므로 고을 사람들이 모두 거문고를 뜯고 시를 노래하였다고 한다. 《論語 陽貨》

아침에 단발령[350]에 올라 금강산을 바라보니 안개가 일만 이천 봉을 덮고 있어 천지를 분간할 수 없었다

朝登斷髮嶺 望見金剛 霧冪萬二千峯 不可辨

| | |
|---|---|
| 시원한 바람이 얼굴을 씻어주니 | 泠然風灑面 |
| 옷깃을 털고 높은 언덕에 서 있노라 | 振衣立高岡 |
| 안개 속에 일만 이천 봉 숨겨져서 | 霧中萬峯隱 |
| 산과 하늘 분간 못해 다만 흐릿할 뿐이네 | 不辨但微茫 |
| 배회하며 산이 드러나기를 기다리다 | 遲回待呈露 |
| 우선 앉아 술 한 잔 올리노라 | 且坐進一觴 |
| 시를 지어 산악의 신령께 고하노니 | 題詩報嶽靈 |
| 나를 위하여 산의 풍광을 드러내주오 | 爲我吐山光 |
| 비록 머리 깎은 사람 아니지만 | 雖非斷髮人 |
| 맑고 얽매임 없는 마음은 똑같다네 | 同是意淸狂 |

**350** 단발령(斷髮嶺) : 강원도 김화군 통구면과 회양군 내금강면 사이에 있는 고개 이름으로 신라의 마의태자(痲衣太子)가 이곳에서 삭발하여 붙여진 이름이라고 한다는 등의 여러 설이 있다. 금강산으로 들어가는 주요 도로가 지나는 곳이기 때문에 자주 언급된다.

## 입산

入山

| | |
|---|---|
| 붉은 단풍나무 천 그루에 또 만 그루인데 | 丹楓千樹復萬樹 |
| 수석 사이로 나의 걸음 한가롭네 | 我行悠悠水石間 |
| 하늘에 흰 구름 일어남은 알지 못하고 | 不知天中白雲起 |
| 도리어 산 위에 또 산이 있는가 의심하네 | 却疑山上更有山 |

## 장안사[351]에 도착하다

到長安寺

겹겹의 절벽 층층의 바위 나의 길 전송하니　　疊壁層巖送我行
가파르게 솟은 험한 바위들 말 앞에 펼쳐지네　　嵯峩亂石馬前生
끝없이 옷을 적시는 것은 오직 구름 기운이요　　濕衣不盡唯雲氣
쉬지 않고 귀에 들리는 것은 바로 물소리이네　　吹耳無停是水聲
깊고 무성한 한 골짜기에 소나무 늘어섰고　　一洞幽森松作列
신령하고 빼어난 세 봉우리 부처로 이름 지었네[352]　　三峯靈秀佛爲名
절에 사는 스님 나에게 누대가 좋다 자랑하니　　居僧誇我樓臺好
단청이 휘황하여 눈을 환히 비추네　　金碧煌煌照眼明

**351** 장안사(長安寺) : 금강산 장경봉(長慶峯) 아래에 있는 큰 사찰로, 신라 514년(법흥왕 1)에 창건됐다는 설과 고구려 551년(양원왕7)에 혜량(惠亮)이 창건했다는 설이 있다. 주위의 경관이 매우 수려하여 명성이 높다.

**352** 신령하고……지었네 : 장안사 앞에 석가봉(釋伽峯), 관음봉(觀音峯), 지장봉(地藏峯)이 있는데, 이는 석가모니(釋迦牟尼), 관세음보살(觀世音菩薩), 지장보살(地藏菩薩)로 봉우리를 이름한 것이다.

## 밤새도록 가을비가 내려 표훈사[353]에 투숙하다
秋雨竟夕 投宿表訓寺

백화암[354]에서 한나절 쉬면서 흐르는 물소리 듣다가 白華午憩聽流泉
표훈사로 돌아오니 이미 해가 저물었네 表訓歸來已暮天
온 골짜기에 노을 물들자 승려는 선정(禪定)에 들었고 一洞烟霞僧入定
온 산에 비바람 불자 나그네는 머물며 잠을 청하네 萬山風雨客留眠
적막한 종소리에 마음까지 고요해지고 鐘音寂默心俱靜
둥글고 밝은 등불에 본성도 함께 온전해지네 燈影圓明性與全
한밤중에 운납[355] 불러 대화하고자 하는데 深夜欲呼雲衲語
뛰어나고 기이함 어찌 태전선사[356]의 어짊과 같으랴 魁奇誰似太顚賢

**353** 표훈사(表訓寺) : 금강산 비로봉 남서쪽 기슭에 있는 사찰로 금강산 4대 사찰 중 하나이다. 598년(진평왕20)에 관륵(觀勒)이 융운(隆雲)과 함께 창건하였으며, 여러 번 중창되었다.

**354** 백화암(白華庵) : 표훈사 인근에 있었던 암자이다.

**355** 운납(雲衲) : 승려의 누더기 옷으로 승려의 옷이 구름처럼 펄럭인다 하여 붙인 이름인데, 운수승(雲水僧)이나 행각승(行脚僧)처럼 여러 곳을 돌아다니며 수행하는 승려를 가리킨다.

**356** 태전선사(太顚禪師) : 732~824. 당(唐)나라 중기의 승려로 조주(潮州) 영산(靈山)에서 불법을 전하였는데 한유(韓愈)가 조주 자사로 있을 적에 서로 왕래하며 깊은 교분을 쌓았다.

## 정양사[357] 에서

正陽寺

금강산의 빼어난 경치는 삼한에서 으뜸인데 金剛秀色擅三韓
일만 이천 봉이 백옥처럼 맑고 차갑네 萬二千峯白玉寒
깨끗한 기운 용솟음치니 응당 제좌[358]와 통할 것이요 淑氣湧應通帝座
기이한 형상 만드느라 신선의 관리 부렸겠지 奇形造是役靈官
해동에 나라 연 것 감히 작다 말하랴 海東敢道開邦小
천하에 명산 되기 어려운 것 비로소 알겠네 天下方知爲嶽難
내 늙도록 뛰어난 시 짓지 못한 것 스스로 부끄러우니 自愧老來無健句
젊을 적에 명승 유람하지 못한 것 한스럽네 名區恨不少時觀

**357** 정양사(正陽寺) : 금강산 표훈사 북쪽에 있는 사찰로 삼국시대 백제의 승려 관륵(觀勒)이 창건하였다. 고지대에 정남향으로 자리하여 시계(視界)가 확 트여 금강산의 여러 봉우리를 모두 조망할 수 있다고 한다.

**358** 제좌(帝座) : 황제의 자리를 가리키는 별로 천시원(天市垣)에 속해있다.

# 헐성루[359]에서

歇惺樓

단풍 숲 비에 씻겨 티끌 하나 없이 깨끗한데　楓林雨洗淨無埃
홀로 높은 누대에 오르니 눈이 활짝 트이네　獨上高樓眼正開
아름다움 다투는 푸른 초목에 개골[360]의 형상으로 솟아있고　翠髮爭姸皆骨立
읍하는 모습의 흰 바위들 중향[361]에서 왔다네　白頭如揖衆香來
처음으로 아침 해 머금으니 정채(精彩)로운 빛 찬란하고　初含朝日晶光爛
새로 가을 서리 겪으니 기상이 드높구나　新閱秋霜氣象嵬
천일대[362] 앞에 무엇이 이처럼 아름다우랴　天逸臺前更何似
유람하는 지팡이 옮기며 또 배회하누나　遊笻移去且徘徊

**359** 헐성루(歇惺樓) : 금강산 정양사 경내에 있는 누각으로, 금강산 일만 이천 봉을 이곳에서 한눈에 볼 수 있다고 한다.

**360** 개골(皆骨) : 기암괴석들이 뼈처럼 드러남을 형용한 말이다. 한편 개골산은 겨울 금강산의 이름이기도 하다. 《신동국여지승람(新東國輿地勝覽)》 제47권 〈강원도〉에 "금강산은 이름이 모두 다섯 가지이니, 금강・개골・열반(涅槃)・풍악(楓嶽)・기달(怾怛)이다."라고 보인다.

**361** 중향(衆香) : 불교의 향적여래(香積如來)가 다스린다는 중향국(衆香國)을 이른다. 한편 금강산 내금강의 영랑봉 동남쪽을 병풍처럼 둘러싸고 있는 하얀 바위 군(群)의 이름이 중향성(衆香城)이다.

**362** 천일대(天逸臺) : 금강산 표훈사(表訓寺)에서 정양사(正陽寺)로 가는 길 중간에 있는 암봉(巖峯)으로 금강산을 두루 조망할 수 있는 곳이다.

## 천일대에서

天逸臺

천일대 앞에서 한번 눈을 들어 바라보니　　天逸臺前一擧眸
만개의 영롱한 은빛 봉우리가 빽빽하네　　玲瓏銀色萬峯稠
앉아서도 비로봉[363] 모습 알 수 있으니　　只堪坐識毗盧面
어찌 굳이 험한 길로 정상에 오를 필요 있으랴　　何必崎嶇陟上頭

**363** 비로봉(毗盧峯) : 높이 1,639m로 금강산 봉우리 중 최고봉이며 금강산 연봉의 중앙에서 약간 서쪽으로 치우쳐 있다.

## 마하연[364]에서 묵다

宿摩訶衍

| | |
|---|---|
| 암자는 작아도 더욱 깨끗하고 빼어나니 | 庵小逾淸絶 |
| 중향성이 뒤에 높이 솟아있네 | 香城在背高 |
| 어둑한 암자에 외로운 중이 있어 | 冥棲有孤釋 |
| 그윽한 곳 찾는 우리를 기다리네 | 幽討待吾曹 |
| 벼랑에 서린 기운은 항상 안개가 되고 | 崖氣長爲霧 |
| 솔바람 소리는 절로 파도가 되는구나 | 松聲自作濤 |
| 흐릿한 등불에 나른하게 꿈속으로 돌아가니 | 疏燈歸夢懶 |
| 세상 사람의 수고롭게 사는 것 참으로 우습구나 | 良笑世人勞 |

**364** 마하연(摩訶衍) : 금강산 만폭동(萬瀑洞) 골짜기 안쪽 가장 깊은 곳에 있는 암자로 신라 때 의상대사(義湘大師)가 창건하였다고 한다.

## 만폭동[365]에서

萬瀑洞

골짝 입구로 비치는 석양에 폭포가 밝게 드러나니 洞口斜陽瀑布明
나그네 지팡이 짚고 승려와 함께 찾았노라 遊人策杖與僧行
산속의 구름 안개에 신선의 기운 짙고 山中雲霧多仙氣
물가의 단풍나무 삼나무엔 새소리 드물구나 水上楓杉稀鳥聲
오래된 돌에서 양씨의 글씨[366]를 놀라며 보고 石老驚看楊氏筆
내가 길게 흐르니 박연폭포[367]의 이름과 비교하고자 하노라 川長欲較朴淵名
치달려 흐르는 백 갈래 물줄기 언제나 다할까 奔流百道何時盡
앞서 간 물 여덟 굽이 맑은 못 이루었네 前去澄潭八曲成

**365** 만폭동(萬瀑洞) : 금강산 내금강에 있는 골짝의 이름으로 수미동(須彌洞)과 팔담동(八潭洞)의 물이 교류하여 수려한 경관으로 명성이 높다.

**366** 양씨(楊氏)의 글씨 : 양씨는 조선 초기의 서예가인 양사언(楊士彦, 1517～1584)으로, 자가 응빙(應聘), 호가 봉래(蓬萊), 본관이 청주(淸州)이다. 1546년(명종1) 식년 문과에 급제하고 철원 부사(鐵原府使) 등 주로 외직을 지냈는데, 회양 군수(淮陽郡守)로 있을 적에 금강산을 여러 번 유람하고 글씨를 남겼다. 여기의 글씨는 양사언이 만폭동 입구에 써서 새긴 "봉래풍악 원화동천(蓬萊楓岳 元化洞天)"이라는 여덟 글자를 이른다.

**367** 박연폭포(朴淵瀑布) : 높이가 수십 길이 넘는 송도(松都)에 있는 폭포로, 송도삼절(松都三絶)의 하나이다.

## 만폭동에서 삼가 농암 선생의 시[368]에 차운하다

萬瀑洞 謹次農巖先生韻

골짜기 들어서자 길 더욱 으슥하고　　入洞路轉幽
물과 산 또한 겹겹이로구나　　水複山又重
오랜 비에 푸른 시냇물 불어나고　　宿雨漲綠溪
석양에 단풍잎 붉은빛 짙어지네　　斜日稠赤楓
큰바람이 폭포의 성난 기세 돋구어　　大風助瀑怒
수많은 골짜기 안을 진동시키네　　震撼萬壑中
발원한 곳 알고 싶은가　　欲知源發處
멀리 비로봉에서 비롯되었다오[369]　　迥自毗盧峯
천길 위에서 눈이 어지러이 흩날리니　　紛飛千尺雪
사계절 내내 늠연한 겨울이네　　凜慄四時冬
맑은 못이 혹 출렁이며 흘러가는데　　澄潭或演漾
그림자 잠기니 거꾸로 된 삼나무이네　　蘸影倒杉松
나의 흥 결코 다하지 않았으니　　我興殊未已
가을 기운 서늘한 하늘이네　　秋氣肅昊穹
우뚝 솟은 향로봉 올려다보니　　仰視香爐屹

**368** 농암(農巖) 선생의 시 : 농암은 김창협(金昌協, 1651～1708)의 호이다. 이 시는 《농암집(農巖集)》 권2에 '만폭동(萬瀑洞)'이라는 제목으로 실려 있다.

**369** 발원한……비롯되었다오 : 비로봉(毗盧峯)은 금강산의 주봉(主峯)으로 비로봉 아래에서 발원한 물이 서남쪽으로 흘러 여러 지류들과 합류하여 만폭동을 이루기 때문에 이렇게 말한 것이다. 《新增東國輿地勝覽 卷47 江原道 淮陽都護府》

| | |
|---|---|
| 크고 작은 연꽃이 피어난 듯하네[370] | 大小抽芙蓉 |
| 어느 숲에 깃든 학 있으며[371] | 何林有巢鶴 |
| 어느 못에 숨은 용 있는가[372] | 何淵有蟄龍 |
| 높이 노래 부르며 누차 걸음 옮기니 | 高詠屢移步 |
| 시내 서쪽에 있다가 다시 시내 동쪽으로 가네 | 澗西復澗東 |

**370** 크고……듯하네 : 만폭동의 문을 이루고 있는 대향로봉(大香爐峯)과 소향로봉(小香爐峯)이 마치 연꽃〔芙蓉〕이 핀 모습이어서 백옥부용(白玉芙蓉)이라 하므로 이렇게 말한 것이다.《樂全堂集 卷7 遊金剛內外山諸記》

**371** 어느……있으며 : 학소대(鶴巢臺)가 있어 말한 것이다. 학소대는 옛날에 한 쌍의 학이 와서 깃들었기 때문에 붙여진 이름이라 한다.

**372** 어느……있는가 : 만폭동 8담(潭) 중 화룡담(火龍潭)을 말한 것이다. 이 못에 신룡(神龍)이 숨어 있다는 전설이 있다.《陶谷集 卷25 遊金剛山記》

## 마하연[373]에서 아침에 일어나 산의 빛을 보고 시를 읊다
摩訶衍 朝起見嶽色有吟

원래부터 아침 햇살에 계곡 비탈길 걷는 것 좋아하니 自愛朝暉步澗阿
맑은 가을 계수나무 부여잡고 소리 높여 노래하네 淸秋攀桂起高歌
하인들은 중향성의 빛깔 알지 못하고 僕夫不識香城色
지난 밤 눈이 많이 내렸다고 알려주네[374] 報道前宵雪下多

**373** 마하연(摩訶衍) : 586쪽 주364 참조.

**374** 하인들은……알려주네 : 중향성(衆香城)은 내금강의 영랑봉 동남쪽을 병풍처럼 둘러싸고 있는 하얀 바위 군(群)인바, 하인들이 이를 눈이 내린 것으로 착각하였으므로 말한 것이다.

## 산중에서 삼가 삼연 선생의 시 〈정양사〉[375]에 차운하다
山中 謹次三淵先生正陽寺韻

골짜기 밝디밝아 경내가 텅 빈 듯한데　洞府昭明境若空
영롱하게 흐르는 물에 모두 맑은 바람이 이네　琮琤流水盡清風
백설이 만든 일천 봉우리에 눈이 시리고　眼寒白雪生千峀
붉은 노을 속에 서 있는 일만 단풍에 마음이 취하네　心醉紅霞立萬楓
학이 외로이 깃드니 구름은 그 아래에 있고　鶴羽孤棲雲在下
난생[376] 소리 멀리서 일어나니 달은 동쪽에 걸렸네　鸞笙遙起月懸東
삼연 어른의 시구가 제대로 묘사하였으니　淵翁詩句方能寫
겸재 노인[377]의 그림과 함께할 만하도다　謙老丹青可與同

**375** 삼연 선생(三淵先生)의 시 정양사(正陽寺) : 삼연은 김창흡(金昌翕)의 호이다. 이 시는 《삼연집》 권10에 실려 있다.

**376** 난생(鸞笙) : 신선이 부는 피리를 이른다. 이백(李白)이 지은 시 〈고풍(古風)〉에 "학의 등에 올라탄 한 선객이 날고 날아 하늘을 올라가서, 구름 속에서 소리 높이 외치며 내가 바로 안기생(安期生)이라고 하네. 좌우에는 백옥 같은 동자가 있어 나란히 자란생을 부누나.〔客有鶴上仙, 飛飛淩太淸, 揚言碧雲裏, 自道安期名, 兩兩白玉童, 雙吹紫鸞笙.〕"라고 보인다. 안기생은 옛날의 신선이라 한다.

**377** 겸재(謙齋) 노인 : 정선(鄭敾, 1676~1759)으로, 겸재는 그의 호이다. 조선 후기의 대표적인 문인화가로 금강산을 많이 그렸다.

## 유점사[378]에서

榆店寺

| | |
|---|---|
| 석탑[379]은 선교의 망령된 짓이요 | 石塔禪敎妄 |
| 사찰은 불력의 사치로다 | 琳宮佛力奢 |
| 기원에는 보배로운 나무 많고[380] | 祇園多寶樹 |
| 법계에는 연꽃이 있도다[381] | 法界有蓮花 |
| 우리의 도가 도적을 막기 어려워 | 吾道難防寇 |
| 어리석은 백성이 쉬이 집을 버리는구나 | 愚氓易棄家 |
| 이름난 사찰 시재(詩材) 풍부하나 | 名藍詩料足 |
| 이것들 도리어 부화함을 돕는구나 | 還是助浮華 |

**378** 유점사(榆店寺) : 금강산 외금강에 있는 사찰로 주로 유점사(楡岾寺)로 표기된다. 금강산 4대 고찰중 하나이다. 사지(寺誌)에 의하면 서기 4년(유리왕23)에 창건되었다고 한다.

**379** 석탑 : 유점사 경내에 있는 9층 석탑을 가리킨다.

**380** 기원(祇園)에는……많고 : 기원은 석가세존(釋迦世尊)이 일찍이 거주했던 기원정사(祇園精舍)를 가리키는데 전하여 사찰을 가리키는 말로도 쓰인다. 보수(寶樹)는 옥수(玉樹)와 같은 말로 훌륭한 인물이나 자제를 가리키는데, 여기서는 훌륭한 승려라는 의미로 쓰인 것으로 보인다.

**381** 법계(法界)에는 연꽃이 있도다 : 법계는 불교에서 우주 만법의 본체(本體)인 진여(眞如)로 영원히 존재하는 실체(實體)나 실성(實性)을 이른다. 연꽃은 더러운 물에서도 청정하고 아름다운 꽃을 피워내는 모습이 사바세계에 존재하는 부처님의 가르침과 같다 하여 불교를 상징하게 된 꽃으로, 무명(無明) 속에서 깨달음을 얻어 성취되는 진리를 뜻하기도 한다.

## 고성에서 주인 사또인 홍백능[382] 낙순 에게 주다
高城贈主人使君洪伯能 樂舜

| | |
|---|---|
| 나그네 관아에 이르자 날씨 개어 해가 비로소 뜨니 | 客到官窓霽旭初 |
| 주인이 베푼 술상에 맛있는 생선이 있네 | 主人樽酒有嘉魚 |
| 미호[383] 언덕에서 이별할 때 차가운 별들 흩어졌고 | 渼陂一別寒星散 |
| 동해에서 만나니 백발이 듬성하네 | 滄海相逢白髮疏 |
| 흥이 신령한 봉우리에 드니 물색 새롭고 | 興入靈岑新物色 |
| 스승께 전수받은 옛 시에서 말하네 | 話傳函席舊詩書 |
| 그대 병으로 누워 함께 배 타지 못한 것 한스러우니 | 恨君臥病同舟失 |
| 사흘 동안 호숫가에서 마음 서글펐네 | 三日湖邊意悄如 |

**382** 홍백능(洪伯能) : 홍낙순(洪樂舜, 1732~1795)으로, 백능은 그의 자이다. 호가 대릉(大陵), 본관이 풍산(豐山)인데 미호 김원행의 사위이다. 홍낙순은 1793년(정조 17) 고성 군수에 제수되었다.

**383** 미호(渼湖) : 지금의 구리시 한강 변 일대로 미수(渼水), 미음(渼陰)이라고도 하는데, 여기에 선원(仙源) 김상용(金尙容)과 청음(淸陰) 김상헌(金尙憲)의 무덤과 이들의 위패를 봉안한 석실서원(石室書院)이 있다. 홍낙순의 장인인 김원행의 호는 이곳의 이름을 쓴 것이다.

# 고성군에 이르러 감회를 쓰다
至高城郡述懷

| | |
|---|---|
| 증조께서 관직을 맡아 이 고을에 부임하신 것[384] | 曾祖爲官此郡臨 |
| 어느덧 팔십일 년 전의 일이 되었네 | 居然八十一光陰 |
| 아득한 옛 자취 누가 아는가 | 蒼茫古蹟有誰識 |
| 유애비(遺愛碑)[385] 마멸되어 찾을 곳 없네 | 磨滅遺碑無處尋 |
| 선포의 이야기는 일찍이 할아버지께 들었고[386] | 仙浦早聞王父語 |
| 해산정[387]은 지금 이 손자가 읊고 있네 | 海山今入小孫吟 |
| 물색이 예전 그대로인 것을 또한 알겠으니 | 也知物色應依舊 |
| 지나간 일에 감개하는 마음 특별히 많네 | 往事偏多感慨心 |

**384** 증조께서……것 : 박윤원의 증조인 박태원(朴泰遠, 1660~1722)이 1714년(숙종 40)에 고성 군수로 제수되었으므로 말한 것이다.

**385** 유애비(遺愛碑) : 지방관의 선정을 칭송하여 세운 송덕비(頌德碑)를 이른다.

**386** 선포(仙浦)는……들었고 : 선포는 고성에 있는 삼일포(三日浦)를 가리킨다. 신라 시대의 사선(四仙)으로 일컬어지는 영랑(永郎), 술랑(述郎), 남랑(南郎), 안상(安詳)이 사흘 동안 이곳에서 노닐었다고 하여 삼일포라는 이름이 붙었는데 선포라고 부르기도 한다.

**387** 해산정(海山亭) : 고성에 있던 정자로 관동 10경의 하나이다. 서쪽으로는 금강산 일만 이천 봉이 병풍처럼 둘러 있고 동쪽으로는 해금강(海金剛)이 바라보이고 남쪽으로는 남강(南江)이 흘러가 바다와 산과 강을 모두 조망할 수 있어 명승지로 유명하였는데, 지금은 남아있지 않다.

# 해산정에서 일출을 구경하다

海山亭觀日出

푸른 바다에 해가 늦게 뜨는 것 괴이하여　頗怪滄溟出日遲
찬바람 맞으며 높은 난간에 한동안 서 있었네　寒風危檻立移時
햇빛이 만경을 머금고 있으니 응당 목욕하느라 늦을 것이고[388]　光涵萬頃應經浴
그림자 천 개의 산에 번쩍이니 비로소 보이려 하네　影閃千山始欲窺
용은 천문에서 붉은 불꽃 토하고[389]　龍自天門紅燭吐
교룡은 어디에서 푸른 노을 불어내는가[390]　蜃從何處碧霞吹
한 축을 떠받들어 올려서 온 세계가 밝으니　扶昇一軸明寰宇

**388** 햇빛이……것이고 : 전설에 해는 동쪽에 있는 탕곡(湯谷)에서 목욕을 한 뒤 떠오른다고 하기 때문에 이렇게 말한 것이다. 《산해경(山海經)》 〈해외동경(海外東經)〉에 "탕곡(湯谷)은 그 위에 부상(扶桑)이 있고 열 개의 해가 그곳에서 목욕을 하는데, 흑치국(黑齒國)의 북쪽에 있다."라고 하였다.

**389** 용은……토하고 : 용은 촛불을 입에 물고 비춰 준다는 촉룡(燭龍)을 가리키고 천문(天門)은 해가 없는 서북쪽을 가리킨다. 《산해경(山海經)》 〈대황북경(大荒北經)〉의 곽박(郭璞)의 주석에 "하늘의 서북쪽에 기운이 결핍되어 있어 음양(陰陽)의 순환이 없다. 그러므로 용이 정기(精氣)를 머금고 있다가 천문(天門)을 비춘다."라고 보인다.

**390** 교룡은……불어내는가 : 원문의 '신(蜃)'은 신기루(蜃氣樓)를 만들어 낸다고 하는 전설 속 교룡의 일종이다. 푸른 노을은 해가 뜰 때에 깔리는 어스름을 말한다. 《본초강목(本草綱目)》에 "신(蜃)은 교룡의 일종인데 그 모습이 뱀과 같으면서 크고 용처럼 뿔이 있다.……기운을 토하여 누대(樓臺)와 성곽(城郭)의 형상을 만드는데 비가 오려고 할 때 보인다. 이것을 신루(蜃樓)라고 하고 해시(海市)라고도 한다." 하였다.

부상 나무의 공이 높음을 또한 알겠네[391] 桑樹功高也亦知

**391** 한……알겠네 : 부상(扶桑) 나무는 열 개의 태양이 달려있었다고 하는 전설 속의 거대한 신수(神樹)이다. 전설에 따르면 부상 나무에 걸린 10개의 태양이 번갈아 가며 하늘에 하나씩 떠오른다고 하므로 이렇게 말한 것이다. 《산해경(山海經)》에 "물속에 큰 나무가 있는데 아홉 개의 태양은 아래 가지에 있고, 한 개의 태양은 윗가지에 있다." 라고 보인다.

## 해산정에서 우암 선생의 현판에 있는 시의 운에 삼가 차운하다

海山亭 謹次尤菴先生板上韻

| | |
|---|---|
| 밤낮으로 흘러가는 물 본래 무심하니 | 長流日夜自無心 |
| 드넓은 바다 진원지를 찾을 수 없네 | 大海眞源不可尋 |
| 정자 안에 멀리서 온 나그네 머물기 좋으니 | 好是亭中留遠客 |
| 다시 하늘가에 나는 새들 전송하네 | 還從天際送飛禽 |
| 늘어선 칠성봉에는 붉은 노을 짙게 펼쳐지고 | 七星峯列丹霞積 |
| 양쪽 벽 귀부[392]에는 푸른 나무 무성하네 | 兩壁龜趺翠樹深 |
| 우암 선생의 시편이 응당 으뜸이니 | 尤老詩篇應第一 |
| 지금 이곳에 와서 소자가 감히 그 시에 화답하노라 | 今來小子敢攀吟 |

**392** 귀부(龜趺) : 거북 모양의 비석 받침돌을 이른다.

## 해금강[393]에서

海金剛

개골산 거쳐 와 형세가 성대하니　皆骨經來面勢張
바다에도 따로 금강이 있네　海中亦自有金剛
천 개의 바위 땅에 꽂혀있으니 매우 기궤하고　千巖揷地多奇詭
물이 하늘에 닿아있으니 지극히 아득하네　一水連天極杳茫
굳이 배를 타지 않아도 경치를 볼 수 있으니　不必乘舟方睹景
언덕에 오르면 충분히 바다를 바라볼 수 있네　正須登岸足望洋
바람 거세다고 하여 돌아가자고 재촉하지 말라　莫因風厲催歸去
공중에 밝은 빛 일렁이니 또다시 석양이 되었네　搖蕩空明又夕陽

**393** 해금강(海金剛) : 금강산의 동쪽 바닷가에 있는 명승지로 고성군 수원단으로부터 영랑호와 감호, 화진포까지의 외금강 동쪽에 펼쳐진 아름다운 호수와 해안 및 바다 절경을 포괄한다. 금강산의 지맥이 물속으로 뻗어 내리면서 기이한 봉우리와 기암괴석을 그대로 바다에 옮겨놓은 것 같다 하여 해금강이라고 부른다.

## 삼일포[394]에서

三日浦

삼일포 잊기 어려우니 難忘三日浦
산수가 모두 깨끗하고 고왔네 山水共淸姸
깊고 그윽하여 구름이 경계를 이루고 窈窕雲爲界
텅 비어 환하니 거울이 하늘에 달려있네 空明鏡有天
영랑이 잠자던 돌이 있고 永郎眠處石
태을이 타고 온 배가 있네[395] 太乙泛來船
다시 정자에 오르는 손님을 가리키니 更指登亭客
서로 바라봄에 모두가 신선이네 相望盡是仙

**394** 삼일포(三日浦) : 관동 팔경(關東八景)의 하나로, 고성(固城) 온정리(溫井里)에 있는 석호(潟湖)이다. 신라 시대에 영랑(永郎)·술랑(述郎)·남랑(南郎)·안상(安祥) 등 네 명의 국선(國仙)이 뱃놀이를 하다가 절경에 매료되어 3일 동안 돌아가는 것을 잊었기 때문에 삼일포라는 이름을 얻었다고 한다.

**395** 태을(太乙)이……있네 : 태을은 태일(太一)이라고도 하는데, 옛 신선의 이름이다. 북송(北宋)의 문인화가(文人畫家)인 이공린(李公麟)이 태일진인(太一眞人)이 연잎을 타고 누워서 책 읽는 모습을 그린 〈태일진인도(太一眞人圖)〉가 있기 때문에 이렇게 말한 것이다.

# 사선정[396]에서

四仙亭

| | |
|---|---|
| 높은 정자 세상에 우뚝 솟아나니 | 高亭出世間 |
| 아득한 신선의 도관(道觀)이네 | 縹緲神仙觀 |
| 푸르른 산은 깊은 골짝과 마주하고 | 靑山對窈窕 |
| 맑고 깨끗한 물은 굽어봄에 끝이 없네 | 白水俯汗漫 |
| 배 매어놓고 앞서서 올라가 내려보다가 | 繫舟始登臨 |
| 휘파람 불며 두건을 치켜 이마 드러내네[397] | 舒嘯頭幘岸 |
| 문득 두 군자[398]를 만나니 | 忽遇二君子 |
| 우선 짝을 얻은 것 기쁘구나 | 且喜吾得伴 |
| 시를 논하니 옛날 약속이나 한 듯하고 | 論詩如宿契 |
| 경치를 사랑하니 술을 가져오라 한 번 부르네 | 愛景酒一喚 |
| 네 신선이 함께 춤추는 듯하니 | 四仙齊舞否 |
| 층층의 바위를 박수 치며 바라보네 | 層巖拍手看 |

**396** 사선정(四仙亭) : 삼일포(三日浦) 안의 섬에 있는 정자로, 삼일포에서 네 신선이 놀고 간 것을 기념하여 세워진 것인데, 1326년(충숙왕13) 존무사(存撫使) 박숙정(朴叔正)이 세웠다고 전한다.《林下筆記 卷37 蓬萊秘書》

**397** 두건을……드러내네 : 태도가 소탈하거나 예모에 구애받지 않음을 비유하는 표현이다.

**398** 두 군자 : 김상임(金相任, 1753~?)과 권상신(權常愼, 1759~1824)으로 아래의 시 〈몽천암에서 점심밥을 지어 먹고 권경회 상신 과 김숙도 상임 두 친구와 헤어지다〉 시에 보인다.

정자 옆에 무선이라는 이름의 바위가 있다.

| | |
|---|---|
| 호수와 산의 형세를 대략 알았으니 | 領略湖山形 |
| 군지에서 살펴본 지도와 똑같네 | 郡誌如圖按 |
| 봉우리가 소옹(邵雍)의 괘에 응하여 | 峯應邵子卦 |
| 삼십육 궁 검푸른 산들 모였네[399] | 六六翠黛攢 |
| 맑디맑은 기운 구불구불 굽이치니 | 蜿蟺淸淑氣 |
| 모두 천지가 개벽할 때 나뉜 것이네 | 蓋自鴻濛判 |
| 석문과 사자암 | 石門與獅巖 |
| 가리켜 보니 호수 끝 다한 데에 있네 | 指點窮涯畔 |
| 석벽 꼭대기에 붉은 글씨[400]가 있고 | 丹書壁顚上 |
| 바위 복판에 매향비[401] 있네 | 香碑崖腹半 |

**399** 봉우리가……모였네 : 국지봉(國枝峯) 등 36개의 봉우리가 삼일포를 병풍처럼 둘러싸고 있으므로 이렇게 말한 것이다. 소옹(邵雍)의 괘는 북송(北宋)의 역학가인 소옹이 지은 시 〈관물음(觀物吟)〉에 "건괘(乾卦)가 손괘(巽卦) 만났을 때 월굴을 보고, 지괘(地卦)가 뇌괘(雷卦)를 만났을 때 천근을 보네. 천근 월굴을 한가로이 오가니, 삼십륙궁이 모두 봄일세.〔乾遇巽時觀月窟, 地逢雷處看天根, 天根月窟閑來往, 三十六宮都是春.〕"라고 한 것을 가리킨다.

**400** 붉은 글씨 : 사선정의 남쪽 봉우리 석벽(石壁)에 새겨진 '영랑도남석행(永郎徒南石行)'이라는 붉은색의 여섯 글자를 가리키는데, 네 신선이 쓴 것이라고 전해진다. 이 구절은 해석이 분분하여 아직 정설이 없다.

**401** 매향비(埋香碑) : 미륵불(彌勒佛)의 용화회(龍華會)에 공양할 침향(沈香)을 마련하기 위하여 향목(香木) 등을 갯벌에 묻는 매향 의식(儀式)을 기념하려고 세운 비를 이른다. 삼일포 매향비는 고려 충선왕 때에 존무사(存撫使) 김천호(金天皓)가 세운 비석이다.《新增東國輿地勝覽 卷45 江原道 高城郡》 이 비석은 지금은 사라지고 탁본만이 남아있는데, 매향을 주관하는 자의 직명, 매향의 유래, 매향처와 수량, 시납전답(施納田畓)의 양과 위치를 상세히 밝히고 있어 매향비의 한 전형이 된다.

이 경치 참으로 뛰어나니　茲境儘勝絶
어찌 십주[402]와 바꿀 수 있으랴　十洲寧容換
여기에서 백 년도 지낼 수 있으니　於焉可百年
저녁노을 마음껏 감상하노라　烟霞飽賞玩
머리 돌려 영랑에게 묻노니　回首問永郎
어찌 삼일만 노닐었는가　遊何三日但
푸른 학 날아가 돌아오지 않고　靑鶴去不返
흰 갈매기는 떼 지어 어지러이 나네　白鷗群飛亂
간이의 시문은 웅건하고[403]　簡易詞雄健
택당의 시구는 찬란하네[404]　澤老句璀璨
우암 어른은 큰 글씨를 남겨 놓았는데[405]　尤翁留大筆

**402** 십주(十洲) : 전설상 대해(大海) 가운데 있는 열 곳의 명산으로 신선이 산다고 한다. 동방삭(東方朔)의 저작으로 전해지는 〈해내십주기(海內十洲記)〉에 "십주는 조주(祖洲)·영주(瀛洲)·현주(玄洲)·염주(炎洲)·장주(長洲)·원주(元洲)·유주(流洲)·생주(生洲)·봉린주(鳳麟洲)·취굴주(聚窟洲)이다."라고 보인다. 《說郛》

**403** 간이(簡易)의 시문(詩文)은 웅건하고 : 간이는 최립(崔岦, 1539~1612)의 호이다. 자는 입지(立之), 본관은 통천(通川)이며 율곡 이이의 문인으로 시와 글씨에 모두 일가를 이루었다. 시문은 《간이집》 권8에 실려 있는 두 수의 〈삼일포(三日浦)〉 시를 이른 것으로 보이는데, 이 시들이 쓰인 현판이 사선정에 걸려 있어 이렇게 말한 것으로 보인다.

**404** 택당(澤堂)의 시구는 찬란하네 : 택당은 이식(李植, 1584~1647)의 호로, 자는 여고(汝固) 본관은 덕수(德水)이다. 시와 문장에 모두 뛰어나 월사(月沙) 이정귀(李廷龜), 계곡(谿谷) 장유(張維), 상촌(象村) 신흠(申欽)과 함께 한문 사대가로 불린다. 시구는 《택당집》 권5에 실려 있는 〈사선정 현판에 쓰인 이자시의 시에 차운하다〔四仙亭次板上李子時韻〕〉 시를 이른 것으로 보이는데, 이 시가 쓰인 현판이 사선정에 걸려 있어 이렇게 말한 것으로 보인다.

정기가 푸른 돌을 꿰뚫었네 　正氣蒼石貫
어루만지며 고적에 감동하고 　摩挲感古迹
서성이며 자주 감탄하노라 　盤桓起三歎
애석하구나 소나무 베는 나그네여 　可惜伐松客
도끼 자루 썩은 것[406] 끝내 부끄럽구나 　終慚斧柯爛
수목들이 비록 조금 경치를 가리고 있으나 　樹木雖少遮
풍광은 그래도 흩어지지 않네 　風光猶不散
석양에 다시 오르내리니 　斜陽復沿洄
마음은 은하수를 건너고자 하노라 　意欲凌霄漢

**405** 우암(尤菴)……놓았는데 : 삼일포 호숫가 바위에 우암 송시열이 쓴 '삼일호(三日湖)'라는 큰 글자가 있으므로 이렇게 말한 것이다. 《陶谷集 遊金剛山記》

**406** 도끼……것 : 신선놀음에 빠져 시간 가는 줄 모르는 것에 대한 비유이다. 진(晉)나라의 왕질(王質)이 어느 날 산에 나무하러 가서 두 동자가 바둑 두는 것을 구경하다가, 한 동자가 "당신의 도끼 자루가 벌써 썩었소."라고 하기에 놀라 마을로 돌아와 보니 이미 여러 세대가 지나 아는 사람들은 모두 죽고 없었다는 전설에서 나온 표현이다. 《述異記 卷上》

## 몽천암[407]에서 점심밥을 지어 먹고 권경회[408] 상신 와 김숙도[409] 상임 두 친구와 헤어지다

午炊夢泉菴 與權絅晦 常愼 金叔道 相任 二友分路

| | |
|---|---|
| 지팡이 짚고 잠시 쉬니 | 扶笻聊小憩 |
| 암자에서는 점심 짓는 연기가 피어나네 | 庵舍午生烟 |
| 아이는 거문고 곡조를 연주하고 | 兒奏琴中曲 |
| 승려는 꿈속의 샘을 말하네 | 僧談夢裏泉 |
| 네 신선이 돌아간 뒤의 땅이요 | 四仙歸後地 |
| 두 사람과 이별하는 때의 자리라오 | 二子別時筵 |
| 이 모임 다시 갖기 어려운 줄을 아니 | 玆會知難再 |
| 외로이 시 읊조림에 마음이 망연해지네 | 孤吟意惘然 |

**407** 몽천암(夢泉菴) : 삼일포 가에 있는 작은 암자로, 나그네와 여행자의 편의를 위하여 건립되었다. 예전에는 절에 샘이 없었는데, 꿈에 신인(神人)이 가리킨 곳을 파서 샘을 얻었기 때문에 이 이름을 붙였다고 한다. 《竹石館遺集 冊3 重修夢泉菴記》

**408** 권경회(權絅晦) : 권상신(權常愼, 1759~1824)으로 경회는 초명 권선(權襈) 때의 자로 보이나 분명하지 않다. 자는 경호(絅好), 호는 서어(西漁), 본관은 안동(安東)으로 1801년(순조1) 증광 문과에 급제하고 벼슬이 병조 판서에 이르렀다.

**409** 김숙도(金叔道) : 김상임(金相任, 1753~?)으로, 숙도는 그의 자이고, 본관은 광산이다. 1789년(정조13) 식년 진사시에 합격하고 양성 현감(陽城縣監) 등을 지냈다.

## 통천으로 가는 도중에

通川途中

| | |
|---|---|
| 나그네 길 푸른 바다에 둘러 있고 | 客路環滄海 |
| 걸음걸음 흰 모래 밟고 가네 | 行行踏白沙 |
| 물가의 돛단배에 바람이 높고 | 風高洲上帆 |
| 섬 안의 집에서는 연기 아스라이 피어나네 | 烟遠島中家 |
| 용이 노하여 은빛 물결 용솟음치니 | 龍怒銀濤湧 |
| 갈매기 놀라 흰 날개 기우네 | 鷗驚雪羽斜 |
| 머리 돌리며 외로이 시 읊으니 | 回頭發孤咏 |
| 구월인데도 해당화가 보이네 | 九月見棠花 |

## 총석정[410]에서

叢石亭

| | |
|---|---|
| 바위들이 총생하는 나무와 같으니 | 石如林木叢 |
| 빽빽하여 그 수를 알 수가 없네 | 叢雜不知數 |
| 푸른 바다에 둘러싸여 늘어서 있으니 | 羅列拱巨溟 |
| 기궤해라 온갖 모습 갖추었네 | 奇詭萬狀具 |
| 혹은 사람이 서 있는 듯 | 或如人身立 |
| 혹은 귀신이 형체를 드러낸 듯 | 或如鬼形露 |
| 혹은 병풍으로 막고 있는 듯 | 或如屛障擁 |
| 혹은 지붕 모서리가 붙어 있는 듯 | 或如屋角附 |
| 혹은 웅크린 범 모양이고 | 或蹲而爲虎 |
| 혹은 엎드린 토끼 모양이네 | 或伏而爲兎 |
| 내 여기 와서 마음 이미 놀랐으니 | 我來心已駭 |
| 천천히 걸으며 두 눈으로 주시하노라 | 行緩雙目注 |
| 별이 창공에서 떨어지는 듯하고 | 如星隕碧空 |
| 옥이 현포[411]에 쌓인 듯하구나 | 如玉積玄圃 |

**410** 총석정(叢石亭) : 강원도 통천군(通川郡) 총석리 바닷가에 있는 정자이다. 《신증동국여지승람》 제45권 〈강원도 통천군〉 편에 "총석정은 고을 북쪽 18리 지점에 있다. 수십 개의 돌기둥이 바다 가운데 모여 섰는데 모두가 육면(六面)이며 형상이 옥을 깎아 놓은 듯한 것이 무릇 네 곳이다. 정자가 바닷가에 있어 총석(叢石)에 임하였기 때문에 총석정이라 이름하였다."라고 보인다.

**411** 현포(玄圃) : 신선이 사는 곳으로, 위로 천계(天界)와 통한다고 일컬어지는 곤륜

몇 리 사이에 종횡으로 총석이 있어서 縱橫數里間
중첩되어 서로 가리고 있네 合沓相掩互
하나하나가 모두 육각이니 箇箇皆六稜
법상이 오묘하여 깨닫기 어렵구나 法像妙難悟
의심컨대 하얀 눈꽃과 疑與白雪花
똑같이 현정석[412]이 얼은 듯하네 同是玄精沍
바다 가운데 사선봉[413]은 海中四仙峯
우뚝 솟아 지주산(砥柱山)처럼 굳세네 屹若砥柱固
그림자는 자라 등이 높이 솟은 곳[414]에 떠 있고 影浮鰲背聳
형세는 큰 파도의 노여움을 막고 있네 勢捍鯨波怒
봉우리마다 각각 열 길이니 峯峯各十丈
바위를 모아 묶어 놓은 듯하네 雲根束以聚
도끼와 자귀를 휘둘러 깎아놓은 듯하고 削如揮斧斤
자로 잰 듯 가지런하구나 整如用尺度

산(崑崙山)의 정상에 있다고 한다. 그 위에는 금대(金臺), 옥루(玉樓)와 기화요초(琪花瑤草)가 만발해 있다고 하는데, 보통 선경(仙境)의 뜻으로 쓰인다.

**412** 현정석(玄精石) : 염분을 함유한 물이 땅속에 스며들어 오랜 세월이 지나 이루어진 돌로, 모양은 거북의 등과 같고 육각의 결정체를 이루며 한방에서 풍(風)과 냉(冷), 사기(邪氣)를 치료하는 약으로 쓰인다.

**413** 사선봉(四仙峯) : 총석 중에 바다 가운데 있는 네 개의 돌기둥을 이른다. 영랑(永郞)·술랑(述郞)·남랑(南郞)·안상(安祥)의 네 신선이 이곳에서 놀았다는 전설에서 유래한 이름이다.

**414** 자라……곳 : 옛날 발해(渤海) 동쪽의 다섯 신산(神山)이 파도에 떠밀리자 상제가 다섯 마리의 자라로 하여금 자라 등〔鰲背〕으로 이를 떠받치게 했다는 전설이 있으므로 이렇게 말한 것이다. 《列子 湯問》

〈우공〉에 진실로 괴석이 있으나[415]　禹貢固有怪
네 형상의 정교함은 특별히 하늘이 내리신 것이네　爾形巧偏賦
조화옹이 그 구상(構想)을 정밀하게 하여　造化費意匠
이것을 베풀었으니 참으로 우연이 아니네　設此良非偶
이는 백곡의 왕[416]을 높이고자 하여　欲尊百谷王
좌우로 삼엄하게 호위하게 한 것이네　左右森衛護
기이한 물건은 반드시 쓰임이 많으니　異物必用多
겹겹으로 두루 배치하였네　重重大排布
마침내 한 신령스런 장소를 이루어　遂成一靈府
관동의 명승을 독차지하였네　擅勝關東路
아직도 전해지기를 영랑의 무리가　尙傳永郎徒
여기서 춤추고 놀며 머물렀다고 하네　婆娑於此住
정자가 깎아지른 언덕에 자리하니　亭子據斷岸
높이 나는 모양이 새의 깃털과 같네　高飛如鳥羽
주춧돌은 세 모퉁이만을 쓰고[417]　礎用重三隅
네 기둥이 운무를 머금고 있도다　四棟含雲霧

**415** 우공(禹貢)에……있으나 : '우공'은 《서경》의 한 편명이다. 〈우공〉 청주(靑州) 편에 "공물(貢物)은 소금과 갈포요, 해물은 섞어 바친다. 대산(岱山)의 골짜기에서 나오는 것은 생사(生絲)와 모시, 납과 소나무와 괴석이다."라고 하였으므로 이렇게 말한 것이다.

**416** 백곡(百谷)의 왕(王) : 모든 골짜기의 물이 모이는 곳이라는 뜻으로, '바다'를 이르는 말이다. 《노자(老子)》 제66장에 "강과 바다가 백곡의 왕이 될 수 있는 것은 아래로 잘 내려가기 때문이다."라고 보인다.

**417** 주춧돌은……쓰고 : 정자의 주춧돌 하나를 바위로 써서 기둥을 올린 것이다.

정자는 저 바다에 서 있는 총석을 형상한 것이니　象彼水中立
사람의 솜씨가 하늘의 뜻을 돌아본 것이네　人工天意顧
난간은 비록 설치하지 않았으나　軒檻雖不設
가운데가 비어 산보할 만하네　中虛容散步
유람하는 나그네 이곳에 오래 머물며　遊客此淹留
술에 취해 노래 부르며 해 저무는 것 잊노라　醉歌忘日暮

## 통천 읍내에서 유숙하는 날 저녁에 경회와 숙도 두 친구를 만났다. 삼일포에서 이별할 때에는 다시 만날 것을 기약하지 못했으니, 놀랍고 기쁜 마음을 알 만하였다. 맞이하여 등불 앞에 앉아 각각 보았던 수석의 승경을 말하였다

夕宿通川邑底 逢絅晦叔道二友 三日浦相別時 不期其再遇 驚喜可知 迎坐燈前 各談其所見水石之勝

| | |
|---|---|
| 다시 만날 것 생각지도 못했었는데 | 不料重相遇 |
| 등잔 앞에서 너무 기뻐 옷차림도 갖추지 않았네 | 燈前喜倒衣 |
| 나는 총석정에서 왔고 | 吾從叢石至 |
| 그대들은 구룡연[418]에서 왔네 | 君自九淵歸 |
| 나는 바위가 모여 있는 것을 즐겁게 말하고 | 愛說雲根束 |
| 구룡연의 날리는 은하수 이야기 놀라며 듣네 | 驚聞銀漢飛 |
| 그윽한 구경 누가 가장 잘 하였는가 | 幽探誰最健 |
| 소년 시절 아닌 것 절로 부끄럽네 | 自愧少年非 |

**418** 구룡연(九龍淵) : 내금강 구룡폭포 아래에 있는 못으로 경관이 빼어나다. 《신증동국여지승람》에 의하면 옛날 아홉 마리의 용이 숨어 있던 연못을 메우고 유점사(楡岾寺)를 짓자, 용이 여기로 옮겨 왔기 때문에 이렇게 불렀다고 한다.

## 동쪽을 유람하고 돌아와서 평숙이 젊은 시절에 지은 장편의 〈몽금강〉[419] 시를 찾아 차운하여 아름다운 감상을 기록하다

東遊而歸 索平叔少時夢金剛長篇 次其韻以記勝賞

| | |
|---|---|
| 관동지방에 명산이 있으니 | 關東有名山 |
| 충만하게 맑은 기운 맺혀 있네 | 扶輿淑氣結 |
| 사백 리 여정을 | 道途四百里 |
| 삼십일 동안 유람했네 | 遊覽三旬閱 |
| 세상 사람들 스스로 뒤웅박이 되어[420] | 世人自匏繫 |
| 자신들을 용의 고기[421]처럼 보네 | 視如龍肉說 |
| 나는 산수를 좋아하는 벽이 있어서 | 我有烟霞癖 |
| 평소에 훌쩍 떠날 것을 생각하였네 | 尋常思奮逸 |

**419** 몽금강(夢金剛) : 이 시는 박준원(朴準源)의 문집인 《금석집(錦石集)》 권1에 수록되어 있다.

**420** 뒤웅박이 되어 : 한 군데 매여 있음을 비유한 말이다. 《논어》 〈양화(陽貨)〉에 "내 어찌 뒤웅박과 같겠는가. 어찌 한 곳에 매달린 채 먹지 못하는 것과 같겠는가."라고 보인다.

**421** 용의 고기 : 고원(高遠)하나 실제가 없음을 비유하는 말이다. 북송(北宋)의 문호(文豪)인 동파(東坡) 소식(蘇軾)이 일찍이 선(禪)을 논하기를 좋아하는 진술고(陳述古)와 대화하였는데, 진술고는 자신의 말은 지극하게 여기고 소식의 말은 비루하게 여겼다. 이에 소식이 말하기를 "그대가 하는 말을 음식에 비유해 보면 용의 고기〔龍肉〕와 같고 내가 배운 것은 돼지고기와 같으니, 용과 돼지는 참으로 차이가 있다. 그러나 그대가 종일토록 용의 고기에 대해 말하더라도, 내가 먹는 돼지고기가 실제로 맛도 있고 배도 부른 것만 못하네."라고 한 데서 나왔다. 《東坡全集 卷74 答畢仲擧書》

| | |
|---|---|
| 아득하고 아득한 단발령은 | 迢迢斷髮嶺 |
| 바라볼 수는 있지만 넘어갈 수 없었네 | 可望不可越 |
| 머뭇거리다 백발에 이르니 | 延情到白首 |
| 나이가 이미 예순하나라네 | 年已六十一 |
| 금성현에서 말을 빌리니 | 借馬金城縣 |
| 겨울 눈 내리기 전까지 여행하네 | 行及未冬雪 |
| 근력의 피로는 걱정하지 않으니 | 不憂疲筋力 |
| 기혈이 통창함 깊이 깨닫네 | 深悟暢氣血 |
| 산 중에 들어옴에 가을빛이 아름다우니 | 入峽秋色好 |
| 국화는 참으로 꺾을 만하네 | 菊花正堪折 |
| 금강산에 걸음이 곧 이르니 | 金剛脚便到 |
| 산은 높고 수세는 급해지네 | 山峩水勢潏 |
| 이미 먼지 낀 가슴 깨끗이 씻긴 것 깨달으니 | 已覺滌塵胸 |
| 고개 돌려 건몰함[422] 비웃노라 | 回頭笑乾沒 |
| 온 골짝에 물든 단풍잎 고와서 | 滿壑楓葉鮮 |
| 봄꽃이 피어난 것처럼 붉네 | 紅似春花發 |
| 기이한 일만 이천 봉우리 | 奇峯萬二千 |
| 흰 눈 사이로 푸른 초목이 있네 | 皓雪間翠髮 |
| 중국에도 없는 것이니 | 中國所未有 |
| 다른 산은 모두 자질구레하네 | 他山皆瑣屑 |
| 비온 뒤 만폭동 시끄러우니 | 雨後萬瀑喧 |

**422** 건몰(乾沒)함 : 시세(時勢)에 따라 부침(浮沈)하는 것을 말한다. 《사기집해(史記集解)》 권122 〈혹리열전(酷吏列傳) 장탕전(張湯傳)〉 주에 보인다.

나의 걸음은 나무 끝을 돌아가네 我行繞木末
흰 계곡물 흩날리며 또 춤추니 素泉飛且舞
남은 물거품 소나무와 전나무 적시네 餘沫濕松栝
봉래의 글자 없어지지 않았으니[423] 蓬萊字不滅
기세가 높은 산과 다투네 氣勢爭崔屼
승려가 말하기를 이 골짝 안은 僧言此洞裏
한여름에도 무더위가 없다 하네 朱夏無炎熱
보덕굴은 구리 기둥에 매달려 있고[424] 普窟懸銅柱
머리 감는 옥녀[425] 깨끗하기도 하구나 洗頭玉女潔
문득 은신대[426]에 올라가 보니 忽上隱身臺

**423** 봉래(蓬萊)의……않았으니 : 봉래는 양사언(楊士彦, 1517~1584)의 호이다. 자가 응빙(應聘), 본관이 청주(淸州)로 안평대군(安平大君)·김구(金絿)·한호(韓濩)(와 함께 조선의 4대 서예가로 일컬어졌으며, 특히 큰 글씨를 잘 썼다. 글자는 양사언이 금강산을 유람하면서 만폭동의 반석 위에 크게 써서 새긴 '봉래풍악 원화동천(蓬萊楓嶽元化洞天)'의 여덟 자를 가리킨다.

**424** 보덕굴(普德窟)은……있고 : 보덕굴은 내금강산 법기봉(法起峯) 만폭동에 있는 절 이름으로, 깎아지른 벼랑의 돌출 부분에 구리 기둥을 세우고 기둥 위에 판자를 얹어 쇠사슬로 엮어서 지었으므로 이렇게 말한 것이다.

**425** 머리 감는 옥녀(玉女) : 옥녀는 선녀(仙女)를 가리키는 말인데 여기서는 보덕보살을 가리켰다. 보덕굴의 창건 설화에 보덕각시의 이야기가 있으므로 말한 것이다. 《임하필기(林下筆記)》 권37 〈봉래비서(蓬萊秘書)〉에 "청룡담(靑龍潭)을 지나 옥녀(玉女)가 머리 감던 웅덩이가 있는데, 돌이 움푹 패여 마치 절구 같이 생겼으니 보덕보살(普德菩薩)이 머리를 감던 곳이다."라고 보인다.

**426** 은신대(隱身臺) : 외금강(外金剛) 구룡연(九龍淵) 인근에 있는 바위로 바위 안에 사람의 몸 하나를 숨길 수 있다 하여 붙여진 이름이다. 십이폭포를 한눈에 볼 수 있어 예로부터 좋은 전망대로 유명하다. 은선대(隱仙臺)라고도 한다.

푸른 바다에 지는 해가 일렁이는구나　滄海翻落日
지팡이 짚고 유점사[427]에 들어가니　策杖入楡寺
덩굴들이 서로 얽혀있네　藤蘿互連綴
구룡연이 솟아 나오는 곳 찾아드니　爲問龍淵湧
난생[428]의 오열하는 소리 완연히 들리는 듯　宛聽鸞笙咽
삼일포에서 배 띄우니　泛舟三日浦
붉은 글씨 눈에 들어오네　丹書入眄矚
그윽한 감상 또한 이미 많이 하였고　幽賞亦已多
바위 벼랑에서 넘어짐 면하였네　石崖免蹎跌
스스로 신선과 어울려 노는가 의심하니　自疑挾羽客
돌아온 뒤에도 여전히 황홀하네　歸來猶恍惚
늙은 몸 다행히 탈이 없으니　老身幸無恙
아이는 기쁜 얼굴빛이네　兒子色歡悅
내 아우가 일찍이 금강산 꿈을 꾸었으니　吾弟嘗有夢
신선의 봉우리에서 구름 낀 달을 희롱하는 것이었네　仙岑弄雲月
꿈을 깨고 나서 호방하게 말하더니　覺來口語豪
창졸간에 장편의 시를 내리 쓰네　大篇揮倉卒
형이 비록 진경을 밟았으나　兄雖踐眞境
그대가 진경을 다 읊은 것에 양보하네　讓爾陶寫畢
그 장관에 여운이 아직도 맴도니　壯觀紆餘思
나는 또다시 개골산을 꿈꾸네　吾又夢皆骨

**427** 유점사(楡岾寺) : 외금강에 있는 사찰로 자세한 내용은 592쪽 주378 참조.

**428** 난생(鸞笙) : 신선이 부는 피리를 이른다. 자세한 내용은 591쪽 주376 참조.

## 망실의 회갑 날에 슬픈 감회를 쓰다[429]

亡室回甲日 述悲

| | |
|---|---|
| 아내가 이미 죽은 뒤 세월이 흘러 | 已死星霜換 |
| 처음 태어난 해의 날짜가 돌아왔네 | 初生歲日回 |
| 부부가 동갑인데 | 夫妻同一甲 |
| 생사를 달리하니 한없이 애통하네 | 存歿有千哀 |
| 늙도록 해로하지 못하였으니 | 未得偕衰境 |
| 무슨 마음으로 홀로 축수하는 술잔을 들랴 | 何心獨壽杯 |
| 손녀가 새로 품에 들었는데 | 女孫新入抱 |
| 저승에서 행여 아시는지 | 泉下尚知哉 |

**429** 망실(亡室)의……쓰다 : 망실은 죽은 아내라는 의미이다. 박윤원의 아내인 안동 김씨(安東金氏)는 박윤원과 동갑으로 박윤원은 5월 5일에 출생하였고, 그의 아내는 같은 해 11월 16일에 출생하였는데 1781년(정조5) 별세하였다. 망실의 회갑이 되는 해는 1795년(정조19)이다. 《近齋集 卷29 亡室行狀》《梅山集 卷38 近齋朴先生墓誌銘幷序》

# 김정보[430] 호순 에 대한 만사

金正甫 顥淳 輓

선원 선생[431]의 문호 광채가 찬란한데 仙源門戶耀光輝
그대 쓸쓸히 포의로 늙은 것 애석하네 惜子寥寥老布衣
천 편의 많은 시문을 스스로 이루었으나 詞律自成千首富
인생은 다만 칠십 년의 희수(稀壽)를 얻었을 뿐이네 人生只得七旬稀
노령(老齡)의 어머니 울음 응당 괴로울 것이고 萱堂西日啼應苦
남쪽 하늘에서 형제들 참으로 눈물 흩뿌리리라 棣萼南天淚正飛
셋째 아들 연방에 든 것 막 보았는데[432] 纔見三哥蓮榜捷
잠깐 사이에 축하와 조문의 천기(天機)가 바뀌었네 須臾賀弔互玄機

**430** 김정보(金正甫) : 김호순(金顥淳, 1725~1795)으로 정보는 그의 자이며 본관은 안동(安東)이다. 《自著 金正甫哀辭 幷序》

**431** 선원 선생(仙源先生) : 김정보의 6대조인 김상용(金尙容, 1561~1637)으로 선원은 그의 호이다. 자세한 내용은 70쪽 주23 참조.

**432** 셋째……보았는데 : 셋째 아들은 김교근(金敎根)을 이르고 연방(蓮榜)은 사마시에 합격한 사람의 이름을 게시하는 방(榜)이다. 김교근은 1795년(정조19) 식년 생원시에 합격하였다.

## 황단에서 직접 제사하시고 지은 어제시[433]에 공경히 차운하다

敬次御製親祭皇壇詩韻

| | |
|---|---|
| 매년 황단에서 관향[434]을 친히 지내시니 | 每歲皇壇祼享親 |
| 대명홍[435] 만개하여 동산 안이 봄날이네 | 大明紅發苑中春 |
| 주나라 예법 홀로 지키니 지금의 노나라이고[436] | 周文獨秉爲今魯 |

**433** 황단(皇壇)에서……어제시 : 이 내용은 《일성록(日省錄)》 1796년(정조20) 3월 2일 기사에 "황단에 나아가 희생과 제기를 살피고 삼가 숙묘조(肅廟朝)와 영묘조(英廟朝)의 어제지감운(御製志感韻)에 차운(次韻)하고 신하들에게 이어서 지어 올리라고 명하였다."라고 보인다. 황단은 임진왜란 때에 명(明)나라 신종(神宗)이 원병을 보내 우리나라를 도와준 공을 생각하여 숙종 때 설치한 제단인 대보단(大報壇)을 이른다.

**434** 관향(祼享) : 울창주(鬱鬯酒)를 땅에 뿌려 영혼을 맞이하여 올리는 제사를 가리킨다.

**435** 대명홍(大明紅) : 꽃 이름으로, 미수(眉叟) 허목(許穆, 1595~1682)의 시문집인 《기언》 권14 〈전원거(田園居) 대명홍설(大明紅說)〉에 "대명홍은 우리나라에는 없던 꽃으로, 꽃은 붉고 꽃술은 자줏빛이며 줄기는 검고 잎은 작다. 키가 수척(數尺)으로 7월에 꽃이 핀다. 꽃잎은 다섯 개가 가지런히 나고 향기가 청량한 특이한 꽃이다. 이 꽃은 중국에서 나온 것으로 우리나라에 전해지면서 대명홍이라 한 것이다."라고 보인다.

**436** 주(周)나라……노(魯)나라이고 : 노나라는 주나라 무왕이 아우인 주공에게 내린 봉토인데, 주공이 어린 성왕(成王)의 섭정(攝政)을 맡았기 때문에 아들인 백금(伯禽)에게 다스리게 했던 제후국이다. 주공이 성왕을 보필하여 주나라의 기틀을 굳건히 하는 큰 공을 세운 것을 기리기 위해 성왕이 백금에게 주공의 사당에서 천자의 예악(禮樂)을 사용하도록 허용하였으므로 주나라의 예법이 노나라에 남아있게 되었는바, 이는 춘추시대 진(晉)나라 한기(韓起)가 "주나라 예법이 모두 노나라에 있다.〔周禮盡在魯矣.〕"라고 말한 것에 보인다.《春秋左氏傳 昭公2年》 여기에서는 정통 왕조인 명나라의 예법

순임금 제사 아직도 보존하니 완연히 진나라이네[437] 舜祀猶存宛是陳
북쪽 땅 오랑캐에 황제의 어가(御駕) 혼미하니 北地腥塵迷帝駕
동쪽 하늘에 신령스런 비 두건에 뿌려지네[438] 東天靈雨灑人巾
임금님 지으신 글에 조종의 뜻[439] 가득 띠고 있으니 奎章滿帶朝宗意
가법에 두 성군[440] 따름을 잊지 않으셨네 家法無忘二聖遵

을 우리 조선에서 보존하고 있는 것이 노나라와 같음을 말한 것이다.

**437** 순임금……진(陳)나라이네 : 진나라는 상(商)나라를 무너뜨리고 천자가 된 주나라 무왕이 순(舜)임금의 제사가 끊어지지 않도록 그 후손인 호공(胡公) 규만(嬀滿)에게 봉해준 나라이다. 우리 조선이 멸망한 명나라 황제들의 제사를 지내는 것이 진나라가 순임금의 제사를 지내는 것과 같음을 말한 것이다.

**438** 동쪽……뿌려지네 : 중원이 아직 오랑캐 청나라의 지배 아래에 있어 명나라의 황제들의 귀신이 그곳으로 가지 못하고 동쪽의 우리 해동에서 제사를 받아먹으므로 그 은택이 우리나라에 내린다는 의미로 보인다. 신령스러운 비〔靈雨〕는 군왕의 은택을 비유하는 말이다.

**439** 조종(朝宗)의 뜻 : 조종은 원래 제후가 천자에게 가서 뵙는 것을 이른다. 자세한 내용은 122쪽 주107 참조.

**440** 두 성군(聖君) : 숙종(肅宗)과 영조(英祖)를 가리킨다. 456쪽 주44 참조.

## 판서 신공[441] 응현 에 대한 만사

判書申公 應顯 輓

덕업과 문장 상촌[442]이 계셨으니 德業文章有象村
공이 그 아름다움 이어받은 어진 후손이네 公能趾美是賢孫
예문관에서 지은 시구들 빛나는 장려를 받았고 鑾坡詩句承華奬
홍문관에서 직언을 바치는 풍모 늠름하였네[443] 玉署風稜獻直言
두 조정 차례로 섬김에 마음을 더욱 가다듬었고 歷事兩朝心益勵
마침내 팔좌에 오름에 연치도 함께 높았네[444] 竟躋八座齒俱尊
이름이 영수각에 남아[445] 죽어도 유감이 없는데 名留壽閣歸無憾

**441** 판서 신공(申公) : 신응현(申應顯, 1722~1797)으로, 자가 동보(同甫), 호가 우헌(愚軒), 본관이 평산(平山)이다. 1752년(영조28)에 정시 문과에 급제하고 벼슬이 공조 판서에 이르렀다.

**442** 상촌(象村) : 대제학과 영의정을 지낸 신흠(申欽, 1566~1628)의 호이다. 자가 경숙(敬叔), 본관이 평산(平山)으로 신응현의 6대조이다. 월사(月沙) 이정귀(李廷龜), 계곡(谿谷) 장유(張維), 택당(澤堂) 이식(李植)과 함께 조선 중기 한문학의 정종(正宗)으로 칭송되어 '월상계택(月象谿澤)'이라 불렸다.

**443** 예문관에서……늠름하였네 : 신응현이 1754년(영조30)에 예문관 검열에 제수되고 이어 1770년에 홍문록에 들어 부수찬에 제수되었으므로 말한 것이다. 《英祖實錄》

**444** 마침내……높았네 : 팔좌(八座)는 재신(宰臣)의 반열에 있는 여덟 명의 고위 관료를 이르는 말로, 시대마다 지칭하는 바가 약간씩 다른데, 동한(東漢) 시대에는 육조(六曹)의 상서(尙書)와 영(令)과 복야(僕射)를 가리켰는데 조선 시대에는 흔히 판서를 가리키는 말로 쓰였다. 신응현은 1791년(정조15)에 70세의 나이로 공조 판서에 올랐으므로 이렇게 말한 것이다.

**445** 이름이 영수각(靈壽閣)에 남아 : 신응현이 1791년(정조15)에 70세의 나이로 기

게다가 당상관에 오른 훌륭한 아들이 있음에랴[446]　况復緋衣肖子存

로소(耆老所)에 들었으므로 이렇게 말한 것이다. 영수각은 기로소 안에 있는 어첩(御帖)을 보관하는 누각으로, 공경(公卿)으로서 나이가 70이 된 자는 기사(耆社)에 가입하고 영수각에다 화상을 걸었다. 《夢梧集 卷6 工曹判書申公神道碑銘》

**446** 당상관에……있음에랴 : 신응현의 장남인 신헌조(申獻朝)가 1795년(정조19)에 당상관인 정3품 대사간에 제수되었으므로 말한 것이다. 《夢梧集 卷6 工曹判書申公神道碑銘)》

지난 무오년 중춘에 선군자께서 진사시에 합격하시고 술자리를 베풀고 풍악을 울려 조부모님을 기쁘게 하시니, 그때 불초의 나이 다섯 살이었으나 또한 그 기쁨을 알았다. 세월이 흘러 이제 다시 무오년이 되니, 지난 일을 추억함에 슬픈 마음을 이기지 못해서 삼가 써서 기록한다

在昔戊午仲春 先君子中進士 置酒張樂以悅王父母 不肖方五歲 亦知其喜 年月今又重回 追憶往事 不勝感愴 謹書識之

선군자께서 진사시에 합격하신 무오년에 先子蓮科戊午年
백패[447]를 양친 앞에 절하고 올리셨네 白牌拜獻二親前
봄 동산에 음악 연주하니 꽃이 막 피었고 春園奏樂花方發
밤 뜨락에 붕[448]을 설치하니 다시 보름달이었네 夜院張棚月復圓
다섯 살 어린아이도 오히려 기억하는데 五歲穉兒猶記憶
육십 년에 인간의 일 갑자기 변하였네 六旬人事倏推遷
지금에 남은 한은 회방[449]하지 못한 것이니 于今遺恨違回榜
손자들에게 말해주면서 눈물 줄줄 흘리노라 說向諸孫淚泫然

447 백패(白牌) : 사마시에 급제한 생원이나 진사(進士)에게 주는 흰 종이의 합격 증서이다.

448 붕(棚) : 여러 가지 뜻이 있으나 여기서는 잔치를 위해 임시로 세운 작은 건물이나 대를 이른 것으로 보인다.

449 회방(回榜) : 과거에 합격한 지 60주년이 되는 해를 이른다.

## 목사 홍공[450] 선양 에 대한 만사
牧使洪公 善養 輓

당성[451]의 큰 문벌에 이런 분이 있으니　唐城巨閥有伊人
음직의 길에 맴돌며 스스로 몸을 감췄네　蔭路棲遑自晦身
왕가의 외척[452]으로 밤낮없이 삼갔고　椒掖戚聯兢日夕
매화 핀 동헌에서 따스한 봄 같은 선정 베풀었네　梅軒政布藹陽春
재주 뛰어났으나 삼품의 벼슬에 올랐을 뿐이요　才優只得躋三品
기운 강건하였으나 팔순을 채우지 못하였네　氣健還違滿八旬
효자가 먼 곳에서 별을 보며 달려오자 길가는 사람들도 눈물 흘리니　孝子星奔行道涕
교정 두터웠던 나야 어찌 갑절의 상심(傷心) 면할 수 있으리오　交情那免倍傷神

두 번째 其二

옥 같은 모습의 영손[453] 예전에 이미 보았으니　玉貌令孫見已先

**450** 목사 홍공(牧使洪公) : 홍선양(洪善養, 1727～1798)으로 자가 사호(士浩), 본관이 남양(南陽)이다. 1754년(영조30) 증광 생원시에 합격하고 여러 벼슬을 지냈는데, 1791년(정조15) 청주 목사에 제수되었다.

**451** 당성(唐城) : 홍선양의 본관인 남양(南陽)의 고호이다.

**452** 왕가의 외척 : 홍선양이 정조의 비(妃)인 효의왕후(孝懿王后)의 외삼촌이므로 말한 것이다.

**453** 영손(令孫) : 홍선양의 손자인 홍직필(洪直弼, 1776～1852)을 가리킨다. 자가

공석에 오르자 더욱 기뻤노라　及登公席益欣然
말을 삼가니 성품 원래 좋았고　愼言姿性元來好
욕심 적으니 정신이 본래 온전하였네　寡慾精神自得全
바로 서로 따르며 노년을 즐기려고 하였는데　正擬追隨歡暮境
홀연히 생사(生死)가 갈리어 황천으로 막힌 것이 서글프네　忽悲存歿隔重泉
한 경서를 바구니에 가득한 금과 바꿀 줄을 아니[454]　一經曾識籯金換
높은 집안에 여경이 있어 참으로 어진 후손이 있네　餘慶高門定有賢

백응(伯應), 호가 매산(梅山)으로 박윤원의 문인이다. 1838년(헌종4)에 재학(才學)으로 천거되어 출사하고 벼슬이 지돈녕부사(知敦寧府事)에 이르렀으나 대부분 나아가지 않고 학문에 전념하였다.

**454** 한……아니 : 이 내용은 《한서》 권73 〈위현전(韋賢傳)〉의 "자식에게 한 상자 가득 황금을 물려주는 것이 책 한 권을 가르치는 것만 못하다.〔遺子黃金滿籯, 不如敎子一經.〕"라는 구절을 원용한 것이다.

## 영원계[455]를 중수한 시 생전의 마지막 시이다

重修鴒原禊詩 絶筆

무오년(1798, 정조22) 12월 27일에 옛 영원계를 닦느라 정릉(貞陵)의 서쪽의 집에서 모임을 가졌다. 기억하건대 지난 갑술년(1754, 영조30) 가을에 창곡(蒼谷)의 모임에 갔을 적에 입으로 불러 준 오언 율시가 있어 마침내 제군을 위해 읊었는데, 이제 다시 그 운을 써서 스스로 한 수를 읊고 이어서 자리에 있는 사람들로 하여금 모두 화답하게 하였다.

| | |
|---|---|
| 별이 돌아 무오년이 돌아오니 | 星周回戊歲 |
| 옛 계를 다시 이루는 것 기쁘구나 | 舊禊喜重成 |
| 본래 난정의 고사[456]를 썼고 | 本用蘭亭事 |
| 이어서 화수의 정[457]을 통하였노라 | 仍通花樹情 |

**455** 영원계(鴒原禊) : 영원은 '척령재원(鶺鴒在原)'을 줄여 쓴 말로, 우애 있는 형제를 뜻하는 말인바, 《시경》 〈소아(小雅) 상체(常棣)〉에 보인다. 이 계는 박윤원(朴胤源)의 선대에서 두 번에 걸쳐 만들었다가 중지되었던 것을 1798년(정조22)에 8촌 아우 백상(伯常)의 제안으로 박윤원이 주축이 되어 다시 일으켰다. 《近齋集 卷21 續成鴒原四友禊帖序》

**456** 난정(蘭亭)의 고사 : 동진(東晉)의 명필 왕희지(王羲之)가 난정에서 당시의 명사(名士)인 손작(孫綽), 사안(謝安) 등과 함께 수계(修禊)한 일을 가리킨다. 난정은 중국 절강성(浙江省) 회계(會稽) 산음(山陰)에 있던 정자의 이름이다.

**457** 화수(花樹)의 정 : 친족(親族) 간에 나누는 정을 이르는 말로, 화수는 친족을 이른다. 당나라 위장(韋莊)이 자주 꽃나무 아래에 친족을 모아 놓고 술을 마시며 정을 나누었는데, 시인 잠삼(岑參)의 시 〈위원외화수가(韋員外花樹歌)〉에서 "그대의 집 형제를 당할 수 없으니 열경과 어사와 상서랑이 즐비하구나. 조정에서 돌아와서는 늘

| | |
|---|---|
| 삼대 동안 오래 유지됨에 감회가 깊고 | 感深三世久 |
| 백 잔의 청주에 기쁨이 흡족하여라 | 歡洽百盃淸 |
| 영원이란 글자 잊지 말아 | 無忘鴒原字 |
| 형제간에 화락하고 즐겁게 지내세 | 和湛弟與兄 |

꽃나무 아래 모이니, 꽃이 옥 항아리에 떨어져 봄 술이 향기로워라.〔君家兄弟不可當, 列卿御史尙書郎. 朝回花底恒會客, 花撲玉缸春酒香.〕"라고 읊은 데서 유래하였다.

지은이 **박윤원(朴胤源)**

1734년(영조10) 5월 5일에 서울 사직동(社稷洞)에서 태어나 1799년(정조23) 1월 17일에 향년 66세로 별세하였다. 자는 영숙(永叔), 호는 근재(近齋), 본관은 반남(潘南)이다. 59세이던 1792년 12월 12일에 선공감의 가 감역관(假監役官)으로 임명되었으나 신병(身病)으로 정장(呈狀)하여 동월 17일에 체직되었다. 65세이던 1798년에 원자를 위한 강학청이 설치되자, 좌의정으로 있었던 이병모(李秉模)가 박윤원을 서연관으로 천거하여 1월 17일에 원자궁 요속으로 뽑혀 아뢰어졌지만 끝내 나아가지 않았고 학문 연구에 전념하였다. 낙론(洛論)의 정통을 계승한 인물로서 성리학과 예학(禮學)에 대한 조예가 상당하였다. 그의 연원은 김원행(金元行), 이재(李縡), 김창협(金昌協), 송시열(宋時烈), 김장생(金長生)까지 소급되며, 다시 문하의 홍직필(洪直弼)에게 학문을 전수함으로써 임헌회(任憲晦), 전우(田愚)로 이어지는 19세기 낙론의 정통 학맥을 형성하였다. 사후 1845년(헌종11) 1월에는 대사헌으로 추증되었고, 1863년(철종14) 11월 16일에는 '문헌(文獻)'이라는 시호를 받았다. 저서로 《근재집》과 《근재예설(近齋禮說)》이 있다.

옮긴이

**성백효(成百曉)**

1945년 충남 예산에서 태어났다. 가정에서 부친 월산공(月山公)으로부터 한문을 수학하였고, 월곡(月谷) 황경연(黃璟淵), 서암(瑞巖) 김희진(金熙鎭) 선생을 사사하였다. 민족문화추진회 부설 국역연수원 교수를 지냈고, 현재 사단법인 해동경사연구소의 소장이다. 번역서로는 사서집주(四書集註), 《시경집전(詩經集傳)》, 《약천집(藥泉集)》, 《도곡집(陶谷集)》 등 다수가 있다.

**김성은(金成恩)**

1986년 서울에서 태어났다. 연세대학교 국어국문학과를 졸업하고 동 대학원 국어국문학과에서 석사학위를 취득하고 박사과정을 수료하였다. 한국고전번역원 부설 고전번역교육원의 연수과정과 전문과정을 마쳤다. 현재 성신여자대학교 고전연구소 연구원으로 재직하고 있다. 번역서로는 《매산집》, 《노주집》(공역)이 있다.

**이영준(李泳俊)**

1983년 목포에서 태어났다. 고려대학교 한문학과를 졸업하고 동 대학원 국어국문학과에서 석사학위를 취득하고 박사과정을 수료하였다. 한국고전번역원 부설 고전번역교육원의 연수과정과 전문과정을 마쳤다. 현재 성신여자대학교 고전연구소 연구원으로 재직하고 있다. 번역서로는 《조선왕조실록》(공역)이 있다.

**이정은(李貞恩)**

1983년 경기도 포천에서 태어났다. 성신여자대학교 한문교육과를 졸업하고 동 대학원 한문학과 석사학위를 취득하였다. 한국고전번역원 부설 고전번역교육원의 연수과정과 전문과정을 마쳤다. 현재 성신여자대학교 고전연구소 선임연구원으로 재직하고 있다. 번역서로는 《도곡집》, 《매산집》, 《노주집》(공역)이 있다.

※ 각 권별 옮긴이는 권1 · 권3 성백효, 권2 김성은 · 이영준 · 이정은이다.

**권역별거점연구소협동번역사업 연구진**

연구책임자 신영주(성신여자대학교 한문교육과 교수)
공동연구원 김용재(성신여자대학교 한문교육과 교수)
류준경(성신여자대학교 한문교육과 교수)
책임연구원 성백효
연 구 원 김형석 연석환
이영준 이정은
김성은
윤 문 윤은숙


근재집 1

박윤원 지음 | 성백효 · 김성은 · 이영준 · 이정은 옮김
2023년 12월 31일 초판 1쇄 발행
편집 · 발행 학자원
등록 2011.4.6 제2011-14호
주소 (05355) 서울시 강동구 천호대로 1121
전화 02-6403-1000 | 팩스 02-6338-1001 | 이메일 hakjaone@daum.net



값 40,000원

ISBN 979-11-6247-314-6 94810
979-11-6247-313-9 (세트)